国家卫生和计划生育委员会"十三五"规划教材
全国高等学校教材
供卫生监督、预防医学等专业用

学校卫生监督

主 编 武丽杰 马 军

副主编 潘德鸿 王忆军

编 委（以姓氏笔画为序）

马 军 北京大学公共卫生学院 武丽杰 哈尔滨医科大学公共卫生学院

马迎华 北京大学公共卫生学院 林建海 上海市卫生和计划生育委员会监督所

王忆军 哈尔滨医科大学公共卫生学院 罗家有 中南大学公共卫生学院

冯晓春 黑龙江省卫生监督局 郝加虎 安徽医科大学公共卫生学院

刘金东 辽宁省卫生计生委卫生计生监督局 段佳丽 北京市疾病预防控制中心

余毅震 华中科技大学同济医学院 徐 勇 苏州大学公共卫生学院

张 欣 天津医科大学公共卫生学院 傅明蓉 甘肃省卫生和计划生育委员会综合监督局

张慧颖 哈尔滨医科大学公共卫生学院 潘德鸿 辽宁省卫生计生委卫生计生监督局

秘 书 孙彩虹 哈尔滨医科大学公共卫生学院

人民卫生出版社

图书在版编目(CIP)数据

学校卫生监督/武丽杰,马军主编. —北京:人民卫生出版社,
2017

ISBN 978-7-117-24507-4

Ⅰ.①学… Ⅱ.①武…②马… Ⅲ.①学校卫生－卫生管理－
高等学校－教材 Ⅳ.①G478

中国版本图书馆 CIP 数据核字(2017)第 100095 号

| 人卫智网 | www.ipmph.com | 医学教育、学术、考试、健康,购书智慧智能综合服务平台 |
| 人卫官网 | www.pmph.com | 人卫官方资讯发布平台 |

学校卫生监督

主 编:武丽杰 马 军

出版发行:人民卫生出版社(中继线 010-59780011)

地 址:北京市朝阳区潘家园南里 19 号

邮 编:100021

E - mail: pmph @ pmph.com

购书热线:010-59787592 010-59787584 010-65264830

印 刷:北京机工印刷厂

经 销:新华书店

开 本:787×1092 1/16 印张:22

字 数:535 千字

版 次:2017 年 7 月第 1 版 2017 年 7 月第 1 版第 1 次印刷

标准书号:ISBN 978-7-117-24507-4/R·24508

定 价:60.00 元

打击盗版举报电话:010-59787491 E-mail: WQ @ pmph.com

(凡属印装质量问题请与本社市场营销中心联系退换)

前　言

本书是由人民卫生出版社组织编写的国内首部《学校卫生监督》教材，是国家卫生和计划生育委员会"十三五"规划教材。本教材供卫生监督专业、预防医学专业五年制本科使用，也可作为各卫生监督局（所）学校卫生监督工作监督员的培训用书。

该教材编写经过了认真调研和论证，兼顾本科教育人才培养以及行业应用需求，也将学科的基本理论、基本知识与工作实践密切结合。内容按"四篇"布局，共分为十六章和三个实习指导。第一篇（第一章至第三章）——介绍学校卫生监督总论，包括学校卫生监督概述、学校卫生监督的法律法规体系、学校卫生标准等内容；第二篇（第四章至第七章）——介绍学校卫生监督的相关基础知识，包括儿童少年生长发育理论、儿童少年疾病预防控制、学校健康教育、教育过程卫生等内容；第三篇（第八章至第十六章）——学校卫生监督各论，主要介绍学校卫生监督实际工作的内容、程序和方法，包括学校预防性卫生监督、经常性卫生监督、突发公共卫生事件应急处置卫生监督、学校卫生综合评价以及学校卫生监督的信息管理等内容；第四篇（实习一至实习三）——学校卫生监督综合性与实践性实验，密切结合监督员工作实际，介绍学校卫生监督工作的执法文书制作、行政处罚程序以及相关检验技术方法。内容编排上框架合理，条理清晰，既突出了学校卫生监督相关的基本理论、基本知识和基本技能，也考虑到与"儿童少年卫生学""学校卫生学"等相关学科知识点的引用与交叉。注重新知识、新进展的引入，也强调实践性和知识点的联结。在学校卫生监督各论中，每个章节都引用了全国学校卫生监督相关的典型案例，还特别注重引用科学的、权威性的现行法律法规文件以及学校卫生标准，并突出其实用性和时效性。

在教材编写中还注重培养学生的科学思维和解决实际问题能力，每章设立了综合性思考题和推荐进一步阅读的文献书籍；而实验内容则全部参照学校卫生监督的实际工作，设定了三个综合性和实践性的实验，提高学生的实际工作技能，除了学会制作学校卫生监督的执法文书，还引入学校卫生监督经典案例的模拟和讨论，避免了"脱离实际、纸上谈兵"的弊端。

此部教材的编写团队以从事"儿少卫生""学校卫生"工作的来自全国各高校公共卫生学院的教师为主体，同时还吸收了学校卫生监督一线、有丰富现场工作经验的从事学校卫生监督及疾病预防控制工作的专家共同参加编写。大家集思广益、取长补短，充分体现了学科交叉、精诚合作的优良传统，并力争做到理论和实践的紧密结合。

　　该部教材是首部卫生监督专业国家级规划教材。虽然我们力求作好本教材的编写工作,但理论水平和监督工作实践经验有限,难免有疏漏和不妥之处,敬请各位同道和读者批评指正,以便更好地改进。

　　谨向在本书编写过程中给予我们热情关怀和支持的专家和同行表示衷心的感谢!特别感谢国家卫生计生委卫生和计生监督中心"学校卫生监督培训教研组"各位同道在本书编写过程中所给予的大力支持!希望该教材能够顺应卫生监督、预防医学专业教学需求,为学校卫生监督事业的发展作出贡献。

武丽杰　马　军

2017 年 1 月

目　录

第一章 学校卫生监督概述

School Health Supervision

学校卫生监督（school health supervision）是国家公共卫生监督的一个重要组成部分。学校是培养儿童青少年的教育场所，儿童青少年正处在生长发育期，因此，学校卫生监督是保障儿童青少年健康、提高人口素质的重要工作体系，也是学校卫生管理过程中必不可少的工作环节。学校卫生监督的法律性、政策性、专业技术性都很强，做好学校卫生监督工作，需要有很强的综合业务技能及强烈的责任和使命感。

第一节 学校卫生监督的定义、目的、任务、职责

学校是培养儿童少年健康成长的重要场所，学校卫生工作者应对学校内影响儿童少年健康的生活和学习环境及过程实施卫生监督，针对存在的问题提出相应的要求，采取积极有效的措施，减少和控制不良因素，从而达到预防疾病、增强体质、保护和促进儿童少年健康成长的目的。

一、学校卫生监督的定义

学校卫生监督是指卫生计生行政部门依据国家相关的卫生法律、法规、卫生行政规章及有关的学校卫生标准等对学校卫生工作进行监督检查，并对违反相关法律法规规定的单位和个人依法追究其法律责任的卫生行政执法活动。学校卫生监督是一项政策性、法律规范性、科学性和技术性都很强的工作，是卫生行政执法的重要内容之一，是国家卫生监督的一个重要组成部分。

学校是指经教育行政主管机关批准或登记注册，以实施学制系统内各阶段教育为主的教育机构，是培养儿童青少年健康成长的重要场所。学校卫生是指根据儿童和青少年生长发育的特点，通过制定相应的法律法规，提出相应的学校卫生工作要求和适宜的卫生措施，消除各种不利于儿童青少年学习和生活的消极因素，创造良好的学校教学环境，保护和促进学生的正常发育和健康的卫生活动。目前我国学校卫生工作的服务对象以中、小学生为重点，也包括学龄前儿童及大学生。学生正处于生长发育的特殊阶段，学校的教育过程、建筑设计和设备条件、生活学习环境、膳食营养、体育锻炼与劳动、心理卫生、健康教育及卫生保健措施等均与学生健康密切相关。学校卫生监督正是针对该群体的年龄特点以及学校这一特殊环境而提出的，因此，做好学校卫生监督工作是促进学生健康工作的有力保障。

二、学校卫生监督的目的、意义

学校卫生监督是学校卫生工作必不可少的重要环节。开展学校卫生监督工作的目的是：促使学校落实学校卫生工作要求、明确学校卫生工作职责、规范学校卫生管理行为、改善学校卫生条件和学习生活环境、纠正被监督对象的违法违规行为，消除隐患，提高学校卫生工作水平，保障学生的身心健康和合法权益，使学校卫生工作更加有效地进行，对促进学生健康的全面发展具有重要意义。

学校卫生监督工作的主要意义：

（一）是国家不断发展的教育事业的需要

改革开放以来，我国国民经济迅猛发展，教育投入逐年大幅度提高，新建、改建、扩建的各级各类学校大量涌现，新型的学校建筑、教学和卫生设施以及学生保健服务项目等迅速增加。因此，加强对学校的经常性卫生监督和对新建校舍的选址、建筑设计、各类教学和生活卫生设施的预防性卫生监督势在必行，以适应教育事业发展的需要。

（二）是儿童青少年身心健康发展所必需

学校是儿童青少年学习、生活的主要场所，通过对现有各类学校的生活学习环境、教育过程、劳动及体育锻炼、食品安全和传染病防治等工作进行经常性卫生监督，将会为做好学校卫生保健工作提供重要保证，对培养学生身心的全面健康发展起着重要作用。

（三）保证学生用品的安全性使用所必需

随着我国市场经济的发展，学生用品（如文具、娱乐器具和保健用品等）也越来越多，品种繁多，只有通过严格的卫生监督，保证这些用品的质量和安全性，杜绝假冒伪劣的产品流入市场，才能保证学生使用产品的安全，适合儿童少年身心发展的需要，保证儿童少年健康成长。

三、学校卫生监督的主要任务

《学校卫生工作条例》中对学校卫生监督工作赋予了明确的任务。各级卫生计生行政部门及其卫生监督机构，依据有关卫生法律法规和卫生标准，执行预防性卫生监督和经常性卫生监督任务，并及时做好学校突发公共卫生事件的应急处置。具体如下：

（一）学校预防性卫生监督

学校预防性卫生监督（preventive health supervision）是指卫生计生行政部门及其监督机构依据国家有关的法律、法规、规章和卫生标准，对新建、改建、扩建的学校选址、建筑设计审查和竣工验收实施的卫生监督，包括对学校选址、学校建筑总平面布局、学校教学环境等各个环节的严格卫生学审查和验收，提出监督、审查和验收意见。即按照《学校卫生监督工作规范》要求，对新、改、扩建校舍的项目选址、设计及竣工验收，根据教育行政部门或学校申请，开展预防性卫生监督指导工作。如发现选址、建筑设计有不符合卫生法规和卫生标准要求时，提出修改和改进意见，并指导其采取有效措施，防止和消除不良环境对师生健康的影响。

（二）学校经常性卫生监督

学校经常性卫生监督（regular health supervision）是指卫生计生行政部门及其监督机构根据国家有关法律、法规、规章和卫生标准，对学校传染病防控工作、生活饮用水、学校教学环境及生活设施、学校公共场所、学校内设医疗机构和保健室等方面卫生工作所进行的日常性卫生监督。卫生行政部门必须根据本省(区、市)学校卫生监督工作规划和年度工作计划，按照《学校卫生监督工作规范》规定的具体内容和方法来实施经常性卫生监督，及时将检查情况反馈给被检查单位，以便及时改进；对存在违法行为的要依法查处并将查处结果通报当地教育行政部门，对师生健康和安全造成较大威胁的不良环境因素必须妥善处理。

(三)学校突发公共卫生事件的应急处置的卫生监督

学校突发公共卫生事件(school unexpected eventuality)主要指学校突然发生的、造成或可能造成师生员工身体健康严重损害的传染病疫情、群体性不明原因疾病、群体性异常反应、食物和职业中毒以及其他严重影响师生员工身体健康的公共卫生事件，主要包括传染病暴发疫情、食物中毒、饮水与环境污染、集体性服药不良反应等重大卫生事件。学校突发公共卫生事件没有固定的发生时间、发生方式，具有极大的隐蔽性和不确定性。学校发生突发公共卫生事件时，卫生监督部门应配合相关部门开展应急处置工作，依法采取控制措施，对违法行为进行立案调查。对于学校发生传染病疫情暴发，应依法对学校传染病防治工作进行监督检查和调查取证，依法出具监督意见，对涉嫌违反传染病防治法律法规行为的要依法立案调查；学校发生饮用水和食品污染事件，应依法对学校饮用水和食品卫生管理情况和设施设备情况进行监督检查和调查取证，并采取控制措施，对涉嫌人为投毒的，要移交公安司法机关处理。

针对学校传染病防控，国家于2011年启动了卫生监督协管服务项目，学校卫生服务是该项目中的内容之一，指基层医疗卫生机构协助卫生监督机构定期对学校传染病防控开展巡防，发现问题隐患及时报告；指导学校设立卫生宣传栏，协助开展学校学生健康教育，协助有关专业机构对校医(保健教师)开展业务培训，加强基层医疗卫生机构开展学校卫生服务的指导、培训并参与考核评估。

四、学校卫生监督的职责

《学校卫生工作条例》和《学校卫生监督工作规范》规定，国务院卫生行政部门负责对全国学校卫生工作的监督指导，国务院教育行政部门负责学校卫生工作的行政管理。县以上的卫生行政部门对学校卫生工作行使监督职权，卫生监督员执行卫生计生行政部门或其他有关部门卫生主管机构交付的学校卫生监督任务。

(一)学校卫生监督机构职责

1. 根据教育行政部门或学校申请，依据国家有关学校卫生的法律、法规、规章和标准，开展学校校舍新建、改建、扩建项目选址、设计及竣工验收的预防性卫生监督指导工作。

2. 依据相关法律法规开展学校经常性卫生监督及管理，开展对学校内影响学生健康的教学及生活环境、生活饮用水、学校内公共场所、传染病防控工作、学校内设医疗机构和保健室等实施经常性卫生监督，对违法行为依法予以查处，监督检查中存在的问题及时通报当地教育行政部门。

3. 配合相关部门开展学校突发公共卫生事件应急处置工作落实情况的卫生监督。

4. 对学生使用的文具、娱乐器具和保健用品等进行卫生监督。

5. 完成上级卫生计生行政部门交办的其他学校卫生监督任务。

行使学校卫生监督工作职责时，应当根据各级各类学校卫生特点，突出中小学校教学环境、传染病防控、饮用水卫生等监督工作重点,依照法律、法规规定及《学校卫生监督工作规范》的要求进行。

（二）学校卫生监督员的职责和素质要求

学校卫生监督员的职责范围不仅包括上述的预防性、经常性卫生监督,还应具备处理学校应急突发事件的技能,并对学生使用的各种学生服务产品进行卫生监督管理。

监督员要同多部门发生工作联系,应具备以下基本工作素质:

1. 忠实履责,严格执法,恪守职业道德,不徇私情,塑造公正、文明、优质服务的公众形象。

2. 具备丰富全面的综合业务知识,要充分了解国家相关法律、法规依据以及相关的学校卫生标准。

3. 有良好的操作技能和社会协调能力。应具备规范的操作技能,如处理应急事件时,需要现场调查、核实、取证、采样以及必要的现场保护,提出初步的处理意见,及时向上级报告。

学校卫生监督工作不是孤立的,学校卫生监督员要善于取得行政部门和学校领导的支持和配合,对不理解监督意义的当事人要耐心说服动员,既要维护法律的严肃,也要尊重当事人的权益。执行任务应出示证件,需要查阅和搜集相关资料时,要承诺保护对方的个人隐私,并对掌握的资料保密。

第二节　学校卫生监督的基本内容及工作程序

学校卫生监督是一项综合性的卫生监督工作,涉及学校预防性卫生监督、学校经常性卫生监督以及学校突发公共卫生事件应急处置的工作监督等工作内容,并有严格的工作程序和行政处罚程序。通过对新建、改建和扩建校舍的选址、设计和竣工验收的预防性卫生监督,更好地指导学校如何创建健康的学习生活环境;通过对学校的经常性卫生监督,才能促进学校对教学条件和设施设备的改善,切实保障学生的身心健康成长。

一、学校卫生监督的基本内容

（一）学校预防性卫生监督

学校预防性卫生监督工作的主要内容包括:校址的选择、学校用地和平面布局设计、各类教室、教学用房、行政办公用房(如办公室、会议室、保健室、广播室等)及生活服务用房(如厕所、淋浴室、饮水处、学生宿舍、教职工宿舍、食堂、自行车棚等)的设计、学校建筑设备(包括采光、照明、取暖、通风等及各类用房的面积指数、层数、净高、门窗等建筑结构、给排水设施、供配电等)的设计及竣工验收的卫生监督审查。

（二）学校经常性卫生监督

学校经常性卫生监督工作的主要内容有:

1. 学校传染病防治与监督　学校是否严格执行《中华人民共和国传染病防治法》规定,对学校传染病防控制度建立和措施落实情况进行监督检查指导,对学校是否依法履行传染病疫情报告职责情况以及发生传染病后防控措施落实情况进行监督指导,并对学校的违法行为调查取证,提出处理意见。

2. 学校生活饮用水卫生监督　对辖区内学校特别是农村学校生活饮用水卫生开展监督检查，对生活饮用水管理制度建立及措施落实情况进行监督指导，指导学校做好生活饮用水卫生管理工作，包括饮用水水质情况、学校内供水设施管理以及供水水源防护情况等，并依法查处违法行为。

3. 学校教学环境和生活设施卫生监督　包括校舍、教学设施、生活设施等基本卫生条件的监督检查指导，加强学校内教室人均面积、环境噪声、室内微小气候、采光、照明以及黑板、课桌椅等教学卫生环境的监督检查，对学校宿舍和厕所的卫生条件和状况进行监督检查，并依法查处违法行为。

4. 学校公共场所卫生监督　对学校内公共场所包括公共浴室、游泳场馆等的卫生监督指导，对卫生许可、从业人员健康体检、公共用品消毒等情况进行监督检查，依法查处违法行为。

5. 学校内设医疗机构和保健室的卫生监督　对学校内医疗机构或保健室设置以及学校卫生工作开展情况进行监督指导，对保健室(科)的设置和校医配备等方面以及对学校内医疗机构的设置审批、执业登记和校验、医疗机构的执业活动等进行检查指导，对传染病疫情报告、消毒隔离以及医疗废物处置情况进行监督指导，并依法查处违法行为。

(三)学校突发公共卫生事件应急处置的工作监督

主要包括传染病暴发疫情、食物中毒、饮水与环境污染、集体性服药不良反应等重大卫生事件的防控和卫生监督。加强对学校应急体系机制建设、应急预案拟定和完善、突发公共卫生事件应急处置及应急知识、技能宣教等工作落实情况的监督检查，结合传染病防控、生活饮用水卫生、基本卫生条件、食品安全等监管工作，及时发现风险隐患，督促排查，全力降低学校突发公共卫生事件危害。

二、学校卫生监督的工作程序

(一)学校预防性卫生监督审查程序

学校预防性卫生监督的审查程序是指卫生计生行政部门按照国家有关法律、法规及卫生标准，对新、改、扩建学校的选址、建筑设计的审查和验收的工作程序，包括可行性研究、设计、实施和竣工验收阶段的卫生审查。通常按以下监督程序进行：

1. 可行性研究阶段的卫生审查　学校根据自身需要，向设计单位提出新、改、扩建工程建设项目要求，索取《建设项目设计审核申请书》，卫生监督机构进行项目的图纸审核和现场审核，对符合卫生要求的建设项目签发《建设项目审查认可书》，项目施工单位按照审核后的设计进行施工。

2. 设计阶段的卫生审查　重点审查建筑物的布局及建筑材料是否符合卫生要求，建设项目单位必须提交《建设项目卫生审查申请书》及建设项目设计全套图纸。完成建设项目设计的卫生审查后，对符合卫生要求的，可按照审批合格的设计图纸进行施工；对不符合卫生要求的项目，提出具体意见，并要求设计单位按照卫生审查意见修改设计。

3. 施工阶段的卫生审查　重点审查施工单位是否按卫生行政部门审批的施工图纸进行施工；设计阶段提出的卫生建议是否得到落实。若发现施工中有违背原审定设计方案的行为，有权责令停止，并按照原审定设计方案进行施工。

4. 项目工程验收的卫生审查　是预防性卫生监督的关键阶段。项目竣工后，学校卫生监督机构根据学校提出的验收申请，按实际需要，参加对该项目的竣工验收。对验收合格的项目，签发《建设项目竣工卫生验收认可书》，该建设项目方可正式投入使用，如不符合卫生要求，则发出《卫生监督意见书》，指出存在问题，要求限期整改。

预防性卫生监督程序全部结束后，学校卫生监督机构应对该项目的预防性卫生监督相关资料整理并存档。

（二）学校经常性卫生监督检查程序

学校经常性卫生监督检查程序是建立在预防性卫生监督基础上，各类学校卫生监督员在执行学校经常性卫生监督任务时，正确运用法律、法规、实施学校经常性卫生监督的程序。包括监督前准备、现场监督检查、监督后处理、总结等四项，由以下步骤组成：

1. 监督前准备　是实施经常性卫生监督的一个重要环节。作为学校卫生监督机构，应根据卫生行政部门下达的任务，制订学校卫生监督计划和监测项目，对所辖地区的各级、各类学校实施定期、不定期或专题卫生监督。

2. 现场监督　主要环节包括：①表明身份、说明来意；②听取学校情况介绍，索取相关资料；③根据相关法律、法规要求和学校卫生标准，对校园和周围环境、办学条件、卫生设施、饮用水，学生的学习、生活、劳动、环境、食品卫生状况，学校有关传染病、常见病的防治工作状况等进行现场监督检查。

3. 监督后处理　监督员根据监督检查结果填写"监督笔录"，采样则需填写"采样登记表"。监督笔录需请受监督单位负责人 / 受监督人过目并与卫生监督人员共同签字。若对在现场中发现的较大问题和事故隐患，应同时下达监督意见书，附现场笔录；对要求限期整改的卫生措施，到期后必须到学校验收，验收合格后，监督员和受监督方共同签字、盖章。对限期未改进或改进后仍有问题的学校，应依据卫生法规提出必要的行政处罚意见，填写行政处罚文书，报卫生行政部门批准。

4. 总结　学校卫生监督员应将所有的执法文书，如现场笔录、监督意见书、行政处罚文书等有关资料，整理存档；定期对卫生监督情况加以汇总、总结，特别是对严重违反学校卫生法规的案件，要逐个编号归档，以总结经验，找出问题，提出下一步的监督工作意见。

（三）学校突发公共卫生事件处置工作程序

各级卫生监督、疾控机构及各级学校应建立健全突发公共卫生事件应急预案，当发生学校突发公共卫生事件时，依据相关法律、法规，及时采取有效措施，迅速控制事态发展，防止有害因素继续危害学生健康。主要工作程序如下：

1. 上报　严格学校突发事件的报告制度，凡有学校发生的突发事件必须以最快捷方式向当地和上级卫生行政部门、当地政府和教育主管部门报告。

2. 第一时间达到现场　接受卫生行政部门指令，或根据群众 / 家长举报，学校卫生监督人员迅速派人到现场摸清基本情况，根据事件发生情况由学校卫生监督机构牵头，会同相关卫生教育机构联合现场调查和共同处理。

3. 现场初步调查及取证　入校后立即与学校负责人取得联系，听取情况介绍，收集相关资料，同时对现场进行应急处理，开展卫生学、流行病学调查。初步判明事件性质、起因，采取必要措施控制事态发展，配合相关机构按规定的处理程序进行处理。

4. 进一步调查及处理　包括核实诊断、了解事件的发生、发展过程及波及人数；学生近期的学习、生活、劳动和预防保健情况等。查清事件暴发中的病例，特别是首批病例，进行病例调查,了解学校设施中存在的重大问题及隐患,采集必要的检验样本供实验室检查,作好监督取证。分析事件原因,制订综合性防治措施,最大限度减少危害,消除不良影响,保护学生健康和安全。事态平稳或好转后,留部分人员进行现场监护和善后处理,直至事件调查处理工作全部结束。

5. 总结 收集必要资料,由现场负责人写出完整的书面调查报告,向卫生行政部门和监督机构负责人报告,同时向学校主管部门通报。然后将全部处理过程的资料进行分类、整理、存档和备案。

(四)学校卫生监督的行政处罚程序

《学校卫生工作条例》对卫生行政处罚有明确的具体规定,未经卫生行政部门许可新、改、扩校舍的学校、在教学建筑、环境噪声、室内微小气候、采光照明、黑板、课桌椅等方面严重不符合卫生标准的学校、提供不符合卫生标准的学生用品的学校、厕所和洗手等设施不符合规定的学校以及体育场地和器材不符合卫生和安全要求的学校,均由卫生行政部门对直接责任单位或者个人给予警告并责令限期改进。情节严重的,可同时建议教育行政部门给予行政处分。

学校卫生监督还需要对违法者依法给予行政处罚,行政处罚依照《中华人民共和国行政处罚法》规定的统一行政处罚程序进行,严重者追究相应的法律责任。处罚程序如下:

1. 受理与立案 任何单位和个人发现学校有违反卫生法规的事实,有权利和义务向卫生行政部门举报,卫生行政部门认真对待举报事件,必要者进入立案程序。

2. 调查取证 立案后由卫生监督机关指定的卫生监督员及时进行专案调查,收集学校违法证据,写出调查记录。调查同时应取证(视听、实物),取证过程中必须充分听取对方当事人的申辩和意见,并记录在卷。这是保证卫生行政处罚合法、有效的重要手段。

3. 处罚决定 由以下步骤组成:

(1)告知:卫生行政机关及其执法者作出行政处罚决定前,必须将做出行政处罚决定的事实、理由及依据、被处罚人的陈述和申辩、申请行政复议或提起行政诉讼等权利告知被处罚人。

(2)听证:卫生行政机关作出较大数额罚款等行政处罚决定前,应告知当事人有要求举行听证的权利。

(3)制作卫生行政处罚决定书:调查取证后,由承办案件的卫生监督人员提出违法事实证据、违反卫生法规的具体条款,三名以上卫生监督人员组成合议组,提出应采取的行政处罚意见及适用条款,填写"行政处罚意见书"或"行政处罚审批表",然后按行政处罚审批权限进行审批。

(4)送达:卫生行政处罚决定书应在宣告后,当场交付被处罚学校。

第三节 学校卫生监督的法律法规依据

学校卫生监督是一项科学性、政策性很强的工作,必须严格纳入法制轨道,才能有效实施。此外,又是一项综合性很强的工作,涉及的法律、法规、规章、规范和卫生标准很多,还涉及许多部门和各方面配合。因此,学校卫生监督必须以科学为依据、法律为准绳,纳入法制轨道,才能有效实施监督工作。新中国成立后,尤其是 20 世纪 80 年代以来,我国先后制定了一系列保护学生健康的法律、法规、规章和技术规范，并在学校卫生法制建设、监督监测和学生常见病防治等方面取得了显著成绩。这些法规和标准，为学校卫生监督工作的实施提供了重要依据。

一、学校卫生相关法律、法规和规章

（一）学校卫生监督的相关法律

为保护儿童少年的合法权益和身心健康，20 世纪 80 年代后，我国先后颁布了《中华人民共和国未成年人保护法》《中华人民共和国食品安全法》《中华人民共和国传染病防治法》《中华人民共和国义务教育法》等法律，这些法律都是学校卫生监督的重要法律依据。2004年施行的《传染病防治法》作为一部预防、控制和消除传染病、保障人体健康和公共卫生的法律，为学校卫生在传染病防治工作方面提供了法律依据及技术指导。2006 年修订通过、2007 年施行的《中华人民共和国未成年人保护法》在保障未成年人合法权益方面做了更高立法层次上的规定，也为学校卫生法规、规章、规范的制定提供了法律依据。1999 年施行的《中华人民共和国执业医师法》、2007 年施行的《中华人民共和国突发事件应对法》、2009 年施行的《中华人民共和国食品安全法》其中的相关条款都明确规定了在完善卫生保健措施、保护学生青少年身心健康方面的职责和义务，是学校卫生监督工作的主要法律依据。

（二）学校卫生监督的相关法规、规章以及规范性文件

为了做好学校卫生工作，除了相关法律，国家还制定了一系列相应的卫生要求和卫生措施，发布了一系列法规、规章以及规范性文件。1990 年 4 月，经国务院批准，原国家教委和原卫生部颁布了《学校卫生工作条例》（简称《条例》），该条例作为我国学校卫生工作的第一部正式法规性文件，是开展学校卫生监督工作的基本依据，它的制订和实施，使我国学校卫生工作真正做到了有法可依，有章可循，使我国的学校卫生工作由行政管理走上了法制管理的轨道，对学校卫生监督起根本性的指导和保障作用。同时，原教育部和国家体委还联合颁布了《学校体育工作条例》，是我国制定的学校体育工作的法律性文件。2003 年，为了有效预防、及时控制和消除突发公共卫生事件的危害，保障公众身体健康与生命安全，国务院通过了《突发公共卫生事件应急条例》。1992 年，为更好地开展学生常见病预防及健康教育，原卫生部颁发《全国学生常见病综合防治方案》与《全国学生常见病综合防治方案技术规范》（试行），提出了学生贫血、龋齿与牙周病、营养不良、沙眼以及常见肠道蠕虫感染的综合防治方案及健康教育基本要求；此外，原卫生部还先后发布了多部与学校卫生监督相关的卫生规章，如 2011 年 5 月实施的《公共场所卫生管理条例实施细则》、教育部和原卫生部等多部委 2006 年 9 月联合发布实施的《中小学幼儿园安全管理办法》等，这些规章的发布与实施，为保证公共场所的卫生监督工作、加强中小学的安全管理、保障学校及学生的人身安全等方面起到了重要作用；此外，为保证生活饮用水卫生安全，保障人群健康，1997 年原卫生部与建设部联合颁布了《生活饮用水卫生监督管理办法》；2006 年，为进一步加强学校传染病疫情等突发公共卫生事件相关信息的报告工作，原卫生部会同教育部制定了《学校和托幼机构传染病疫情报告工作规范（试行）》。2012 年，为规范学校卫生监督工作，保障学生身心健康，原卫生部下发了《学校卫生监督工作规范》，规定了学校卫生监督职责、监督内容及方法、监督信息办理及监督情况的处理方法等，这些法规和行政规章在学校卫生方面提出了要求，为学校卫生监督的技术操作提供了法规和政策保障及工作指导。

除法律、法规和规章，学校卫生监督的政策依据还包括卫生行政机关在一定时期制定的有关政策性和规范性文件，如《中共中央、国务院关于加强青少年体育增强青少年体质的意见》《学校和托幼机构传染病疫情报告工作规范（试行）的通知》《关于进一步加强学校卫生管理与监督工作的通知》等规范性文件，这些文件虽然不是法律、法规，但是对学校卫生监督同样具有规范性和指导性作用。此外，各种具有综合行政性质的法律、法规等也被经常运用到学校卫生监督工作中，以提高行政执法的力度和准确性。

二、学校卫生标准

标准是国家法制建设的组成部分，是经公认的权威机构批准的一项特定标准化工作成果，包括在全国范围内实施的国家标准、某个行业范围内实施的行业标准以及使用范围更局限的地方标准和企业标准。卫生标准是技术标准的一类，是进行卫生监督监测的重要科学依据，即卫生监督监测的规范性依据、卫生监督评价的技术依据、实施行政处罚的法律依据、发生行政诉讼的举证依据。

学校卫生标准是学校卫生监督的专业技术依据，它是从保护儿童少年身心健康和教学任务的顺利完成出发，对学生的学习生活环境、教育过程、学习用具、营养和学生健康等有关的各种因素（物理、化学和生物等）以法律形式作出量值规定以及为实现量值所作的有关的技术行为规范的规定。学校卫生标准由国家卫生计生委组织学校卫生专业人员制定、国家标准主管部门批准颁布，是国家重要的技术性法规，具有法律约束力，是学校卫生监督和管理的专业技术依据，具有很强的技术法规性、规范的分类方法和严格的制修订程序，包括强制性和推荐性标准。

学校卫生标准的体系和结构有一定的稳定性，但也具有科学发展的时效性，随着社会经济的发展和我国标准化事业的不断发展，标准的修订和调整也不断进行，因此，标准也在不断发生变化。2010—2015年期间颁布的学校卫生标准有22项，其中新制定标准14项、修订标准8项、国家标准19项、卫生行业标准3项。包括《学校课桌椅功能尺寸及技术要求（GB/T 3976—2014）》《学校卫生综合评价（GB/T 18205—2012）》《中小学校传染病预防控制工作管理规范（GB 28932—2012）》《中小学校教室采光和照明卫生标准（GB 7793—2010）》等；这些都为学校卫生的行政监督提供了更加充分和具体的专业技术依据，在创造良好的学习环境、提供安全的教育设施、预防和控制学生常见疾病等方面发挥重要作用。

学校卫生监督的法律性、政策性、专业技术性都很强，作为一名学校卫生工作者，必须牢固掌握学校卫生监督的任务、内容和工作职责、工作程序，充分了解国家关于学校卫生监督工作的法律法规依据以及学校卫生标准，加大学校卫生监督力度，切实履行好卫生法律法规赋予的职责，提高学校卫生监督专业人员的业务素质和监督工作能力，确保其在学校卫生监督工作方面的专业性和执法能力的提高。

学校卫生监督工作是国家公共卫生监督的一个重要组成部分，也是保障儿童青少年健康、提高人口素质的重要工作体系。学校是儿童少年学习、锻炼、娱乐和教学活动的场所，学生的大部分时间都生活在学校里，对学校内影响学生健康的各种因素开展学校卫生监督工作对培养学生身心全面发展起重要作用，对保护儿童青少年身心健康有重要而深远的意义。

目前，在学校卫生监督工作中还存在着《学校卫生工作条例》的相对滞后、学校卫生监督执法力度不够、学校卫生监督人员数量和配置不足等问题。但是，党和政府十分关注儿童少年的健康成长，为更好地指导和规范学校卫生监督工作，国家卫生计生委及时下发了《关于进一步加强学校卫生管理与监督工作的通知》以及《学校卫生监督工作规范》（简称规范），在强化学校传染病防控、学校饮用水卫生监督、突发事件卫生应急工作监督以及督促学校落实各项基本卫生条件等方面提出了明确要求，以顺应当前学校卫生的实际工作和现实需求。

总之，随着社会经济的发展和变迁，学校卫生监督工作面临新的形势和挑战，需要切实加强学校卫生监督工作，完善学校卫生监督的工作体系，掌握学校卫生监督的工作要求以及国家法律法规和技术标准，使学校卫生监督真正成为卫生执法的重要组成部分，把我国学校卫生监督工作提高到更高水平，切实保障儿童青少年的身心健康。

（武丽杰）

【学习思考】

1. 简述学校卫生监督的定义、任务以及监督人员的职责。
2. 简述学校卫生监督的工作内容和工作程序。
3. 简述学校卫生监督工作的主要执法依据。

第二章 学校卫生监督的法律法规体系

Law and Regulation System of School Health Supervision

学生是一个年龄相近、正处于接受教育和生长发育过程中、共同生活在学校环境的特殊群体。学生的发育尚未完全成熟,其生长发育、身心健康受遗传、环境和社会因素的综合影响。学校卫生工作者在实施保护、促进、增强学生身心健康的过程中,需要基础医学、临床医学、预防医学等基础和理论,需要社会学、教育学、体育科学等知识和技能,也需要家庭、学校、社会参与和支持,学校卫生工作具有高度社会性特点。因此,学校卫生工作需要依据相关法律法规,明确职权、任务和责任,法制化、规范化的学校卫生工作是保障儿童少年身心健康的基础。当前,我国学校卫生法律体系可分为三类:一是国家相关法律,二是行政部门相关法规、规章,三是学校卫生标准。国家相关法律是促进和保护学生健康的重要法律基础,行政相关法规是学校卫生监督的重要法律依据,学校卫生相关标准是学校卫生监督的重要技术依据。

第一节 学校卫生监督的相关法律

学生时期是生长发育的关键时期,学生的健康水平不仅关系个人健康成长和幸福生活,而且关系整个民族未来的健康素质。做好学生时期的卫生保健工作,是为国家培养德、智、体、美全面发展的建设人才和提高国民素质的关键。《中华人民共和国宪法》及国家相关法律法规对保护学生健康发挥积极作用,也是学校卫生监督重要的法律依据。

一、法律、法规基本概念

法律、法规、规章等是国家相关机关在职权范围内依法制定的具有普遍约束力的文件。

1. 宪法 宪法是规定国家根本制度和根本任务,集中表现各种政治力量对比关系、保障公民权利的国家根本大法。宪法具有最高法律权威和最高法律效力,是制定普通法律的依据,普通法律的内容都必须符合宪法的规定。

2. 法律 法律是指全国人民代表大会及其常务委员会依照法定程序制定,由国家主席签署,并以国家主席令公布实施的规范性文件。其中,由全国人民代表大会制定和修改的法律称为"基本法律",如《刑法》《民法》。由全国人民代表大会常务委员会通过的法律又称为"一般法律",如《中华人民共和国传染病防治法》《中华人民共和国食品安全法》。法律的效力仅次于宪法,高于行政法规、地方性法规和规章。

3. 法规 主要指行政法规,是国务院根据宪法和法律制定,由国务院总理签署,以国务院令发布实施的规范性文件。1988年11月16日国务院决定，改变用"红头"文件形式发布行政法规的办法，代之以由国务院总理签署国务院令的形式发布行政法规，国务院不再另外行文，如《学校卫生工作条例》。行政法规的效力低于宪法和法律。

4. 规章   主要指部门规章，是指国务院各部（局）、委员会在本部门的权限范围内制定，由部（局）长或者委员会主任签署发布的规范性文件，如《学校卫生监督工作规范》等。部门规章在全国范围内有效，其效力低于法律、行政法规和地方性法规。

5. 规范性文件   规范性文件有广义、狭义之分。广义上的规范性文件包括宪法、法律、法规、规章以及国家机关在职权范围内依法制定的具有普遍约束力的文件。狭义上的规范性文件是指除宪法、法律、法规、规章以外的具有普遍约束力的非立法性文件。

6. 标准   《标准化工作指南 第1部分：标准化和相关活动的通用词汇》（GB/T 20000.1—2014）中对标准的定义是：通过标准化活动，按照规定的程序经协商一致制定，为各种活动或其结果提供规则、指南或特性，供共同使用和重复使用的文件。

二、学校卫生监督的法律要求

主要包括《中华人民共和国宪法》《中华人民共和国义务教育法》《中华人民共和国未成年人保护法》和《中华人民共和国预防未成年人犯罪法》，就儿童青少年培养、教育、保护等提出明确要求。

《中华人民共和国宪法》明确要求，国家培养青年、少年、儿童在品德、智力、体育等方面全面发展。《中华人民共和国义务教育法》要求，教育应培养德、智、体全面发展的社会主义事业的建设者和接班人，国家实行九年制义务教育，各级人民政府采取各种措施保障适龄儿童、少年就学。《中华人民共和国未成年人保护法》要求，国家根据未成年人身心发展特点给予特殊、优先保护，保障未成年人的合法权益不受侵犯；国家、社会、学校和家庭应帮助未成年人维护自己的合法权益，增强自我保护的意识和能力，增强社会责任感。《中华人民共和国义务教育法》和《中华人民共和国预防未成年人犯罪法》具体规定，家庭、学校、社会、司法等方面有责任和义务保护儿童少年的身心健康和合法权益。

《中华人民共和国传染病防治法》明确规定了传染病的分类，确定了开展传染病监测、预测、流行病学调查、疫情报告以及其他预防和控制工作的机构和部门，并要求，学生是传染病易感人群，为防止传染病在学生中发生和传播，各级各类学校应当对学生进行健康知识和传染病预防知识的教育。《中华人民共和国食品安全法》对学校等集中用餐单位管理做出具体规定，明确将学校等集中用餐单位纳入食品安全法，属于餐饮服务范畴，归属食品经营范围；要求学校等集中用餐单位食品经营应依法取得许可，并遵从《中华人民共和国食品安全法》中食品经营的相关规定。

三、学校卫生监督的相关法律

（一）《中华人民共和国食品安全法》

《中华人民共和国食品安全法》（简称《食品安全法》）由中华人民共和国第十二届全国人民代表大会常务委员会第十四次会议于2015年4月24日修订通过，以中华人民共和国主席第二十一号令公布，于2015年10月1日起施行。

《中华人民共和国食品安全法》为保证食品安全和保障公众的身体健康和生命安全而制

定,其遵循的基本理念是实施统一监管,明确相关责任,强化预防为主、风险管理,实施全程控制、社会共治,落实最严谨的标准、最严格的监管、最严厉的处罚、最严肃的问责"四个最严"要求,并体现食品安全工作实行预防为主、风险管理、全程控制、社会共治的新理念,建立科学、严格的监督管理制度。

《中华人民共和国食品安全法》对学校等集中用餐单位管理做出具体规定,明确将学校等集中用餐单位纳入食品安全法,属于餐饮服务范畴,归属食品经营范围;要求学校和托幼机构等集中用餐单位的食堂应当严格遵守法律、法规和食品安全标准,从供餐单位订餐的,应当从取得食品生产经营许可的企业订购,并按照要求对订购的食品进行查验;而供餐单位应当严格遵守法律、法规和食品安全标准,确保食品安全。此外,《食品安全法》还明确了学校等集中用餐单位的主体责任,对生产经营食品的安全负责(即对产品质量负责);明确了经营者的自查责任,即检查、评价、整改、报告等经营责任;明确了学校等集中用餐单位管理责任,其主管部门应当加强对集中用餐单位的食品安全教育和日常管理,降低食品安全风险,及时消除食品安全隐患。

(二)《中华人民共和国传染病防治法》

《中华人民共和国传染病防治法》(简称《传染病防治法》),于 2013 年 6 月 29 日第十二届全国人民代表大会常务委员会第三次会议修正,包括总则、传染病预防、疫情报告、通报和公布、疫情控制、医疗救治、监督管理、保障措施、法律责任等方面。《传染病防治法》目的是预防、控制和消除传染病的发生与流行,保障人体健康和公共卫生;策略是国家对传染病防治实行预防为主的方针,防治结合、分类管理、依靠科学、依靠群众;《传染病防治法》明确将传染病分为甲类(2 种)、乙类(25 种)和丙类(12 种)。

《传染病防治法》规定,县级以上人民政府制定传染病防治规划并组织实施,建立健全传染病防治的疾病预防控制、医疗救治和监督管理体系。国务院卫生行政部门主管全国传染病防治及其监督管理工作。县级以上地方人民政府卫生行政部门负责本行政区域内的传染病防治及其监督管理工作。各级疾病预防控制机构承担传染病监测、预测、流行病学调查、疫情报告以及其他预防、控制工作。各级各类学校应当对学生进行健康知识和传染病预防知识的教育。国家实行有计划的预防接种制度,国家免疫规划项目实行免费预防接种;此外,还建立了传染病监测制度,国务院卫生行政部门制订国家传染病监测规划和方案,各省、自治区、直辖市人民政府卫生行政部门根据国家传染病监测规划和方案,制订本行政区域的传染病监测计划和工作方案。

任何单位和个人发现传染病病人或者疑似传染病病人时,应当及时向附近的疾病预防控制机构或者医疗机构报告。县级以上人民政府卫生行政部门对传染病防治工作履行监督检查职责,对疾病预防控制机构、医疗机构的传染病防治工作进行监督检查;对公共场所和有关单位的卫生条件和传染病预防、控制措施进行监督检查。

第二节　学校卫生监督的相关法规及规章

学校卫生监督是国家卫生监督的重要组成部分,具有高度的法律规范性、政策性,国务院等行政部门制定的学校卫生监督相关法规及部门规章,使学校卫生工作由行政管理走向法制管理,这些行政法规及规章制度也为开展学校卫生监督提供了具体的行政执法依据。

一、学校卫生监督的相关法规、规章

学校卫生管理与监督工作是学校卫生工作的重要组成部分，是维护广大青少年身体健康的重要保障。为了加强学校卫生监督和管理，卫生行政部门出台了相关法规。

1990年6月4日，经国务院批准，以国家教育委员会令第10号、原卫生部令第1号发布施行《学校卫生工作条例》（以下简称《条例》），这是我国学校卫生工作第一部正式的行政法规，标志着学校卫生工作法制化管理的开始。《学校卫生工作条例》作为法律组成的一部分，也明确规定学校卫生工作的根本目的是提高学生健康水平；并明确学校卫生工作的主要任务是监测学生健康状况、对学生进行健康教育、培养学生养成良好的卫生习惯、改善学校卫生环境和教学条件、加强学校传染病和常见病的预防及治疗。教育行政部门负责学校卫生工作的行政管理，卫生行政部门负责对学校卫生工作的监督指导。

《条例》的第四章对学校卫生工作监督作出明确规定，县以上卫生行政部门对学校卫生工作行使监督职权。其职责是：对新建、改建、扩建校舍的选址、设计实行卫生监督；对学校内影响学生健康的学习、生活、劳动、环境、食品等方面的卫生和传染病防治工作实行卫生监督；对学生使用的文具、娱乐器具、保健用品实行卫生监督。国务院卫生行政部门可以委托国务院其他有关部门的卫生主管机构行使学校卫生监督职权，设立学校卫生监督员，由省级以上卫生行政部门聘任并发给学校卫生监督员证书。学校卫生监督员执行卫生行政部门或者其他有关部门卫生主管机构交付的学校卫生监督任务，有权查阅与卫生监督有关的资料，搜集与卫生监督有关的情况，被监督的单位或者个人应当给予配合。

除《学校卫生工作条例》外，与学校卫生相关法规还有《突发公共卫生事件应急条例》《公共场所卫生管理条例》《中华人民共和国食品安全法实施条例》等。此外，还有若干个部门规章，如《公共场所卫生管理条例实施细则》《生活饮用水卫生监督管理办法》等。

二、学校卫生监督的相关规范性文件

狭义的规范性文件是指除宪法、法律、法规、规章以外的具有普遍约束力的非立法性文件。2007年印发的《中共中央、国务院关于加强青少年体育增强青少年体质的意见》（中发〔2007〕7号）明确指出，学校卫生是国家公共卫生服务体系建设的重点，要依据《学校卫生工作条例》规定，定期对学校的食品卫生、饮用水、传染病防治等开展卫生监督、监测，依法进行免疫预防接种。原卫生部关于认真贯彻落实《中共中央、国务院关于加强青少年体育增强青少年体质的意见》的通知（卫疾控发〔2007〕214号）提出了做好学校卫生监督工作的明确要求，按照《学校卫生工作条例》的要求和相关标准，对学校教学建筑、环境噪声、室内微小气候、采光、照明等环境质量以及黑板、课桌椅的设置进行卫生监督和指导，定期开展学校食品卫生、饮用水、传染病防治等卫生监督检查；加强学校食品卫生监督检查，严格学校食品从业人员管理，督促学校加强食品从业人员健康检查，发现消化道传染病患者或带菌者要求其立即停止从事与食品有关的工作并依法调离。《关于进一步加强学校卫生管理与监督工作的通知》（卫办监督发〔2010〕30号）是原卫生部于2010年2月22日下发的规范性文件，目的是为进一步贯彻落实《中共中央国务院关于加强青少年体育增强青少年体质的意见》（中发〔2007〕7号）和2008年教育部、原卫生部联合召开的全国学校卫生工作电视电话会议精神，切实维护青少年群体的身体健康，根据《学校卫生工作条例》和相关法律法规，就进一步加强学校卫生管理与监督工作提出了具体要求。特别是在强化学校传染病防控措施的监督检查、加强学校饮用水卫生监督检查、督促学校落实各项基本卫生条件、强化学校食品安全综合协调工作和开展突发事件卫生应急工作监督检查方面做出具体要求。

《学校卫生监督工作规范》（卫监督发〔2012〕62号）是原卫生部于2012年9月24日下发的，主要是依据《中华人民共和国传染病防治法》《学校卫生工作条例》《医疗机构管理条例》《生活饮用水卫生监督管理办法》等法律、法规、规章及卫生监督工作职责，规范学校卫生监督工作，保障学生身心健康。学校卫生监督职责主要包括教学及生活环境的卫生监督、传染病防控工作的卫生监督、生活饮用水的卫生监督、学校内设医疗机构和保健室的卫生监督、学校内公共场所的卫生监督、配合相关部门对学校突发公共卫生事件应急处置工作落实情况的卫生监督以及根据教育行政部门或学校申请，开展学校校舍新建、改建、扩建项目选址、设计及竣工验收的预防性卫生监督指导。

下面是几个重要的学校卫生监督规范性文件的具体要求和内容。

（一）《关于进一步加强学校卫生管理与监督工作的通知》

该通知明确提出，学校卫生管理与监督工作是学校卫生工作的重要组成部分，各级卫生、教育行政部门要坚持预防为主的学校卫生工作方针，按照教育行政部门管理督查，卫生行政部门监督指导，学校具体实施的原则，共同做好学校卫生管理与监督工作，就进一步加强学校卫生管理与监督工作提出了如下要求。

1. 强化学校传染病防控措施的监督检查　各级卫生、教育行政部门积极主动、科学有效地做好传染病防控监督指导工作，监督学校落实各项传染病防控措施；督促指导学校按照卫生、教育行政部门相关文件精神，建立和完善传染病防控制度，落实各项防控措施，有效防范传染病疫情在校园内的发生，确保一旦发生疫情能做到早发现、早报告、早处置。

2. 加强学校饮用水卫生监督检查　各级卫生、教育行政部门以饮用水卫生管理措施的落实情况、供水设施卫生状况及饮用水水质情况为重点，加强辖区内学校特别是农村学校饮用水卫生的监督检查，防范介水传染病的发生。

3. 督促学校落实各项基本卫生条件　各级卫生、教育行政部门依据《国家学校体育卫生条件试行基本标准》等法规、标准规定，对新建、改建、扩建校舍的学校进行监督检查，从源头上加强校舍、教学设施、生活设施、卫生保健室配备等基本卫生条件的建设管理；加强学校内影响学生健康的教室建筑、环境噪声、室内微小气候、采光、照明以及黑板、课桌椅等教学卫生环境的监督检查。

4. 强化学校食品安全综合协调工作　卫生行政部门或地方政府确定承担食品安全综合协调职能的部门认真履行食品安全综合协调职责，组织协调相关部门加大学校和学校集体供餐配送单位食品安全监督力度，督促有关部门落实监管责任，并指导学校建立健全食品安全制度和食品安全事故处置方案，采取有针对性的预防措施。

5. 开展突发事件卫生应急工作监督检查　各级卫生、教育行政部门依据相关法律法规，加强对学校应急体系机制建设、应急预案拟定和完善、突发公共卫生事件应急处置及应急知识、技能宣教等工作落实情况的监督检查，结合传染病防控、饮用水卫生、基本卫生条件、食品安全等监管工作，及时发现风险隐患，督促排查，全力减少学校突发公共卫生事件危害。

（二）《学校卫生监督工作规范》

该规范规定了卫生行政部门及其卫生监督机构依据法律、法规、规章对辖区内学校的卫生工作进行检查指导，督促改进，并对违反相关法律法规规定的单位和个人依法追究其法律责任，工作要求和内容如下。

1. 教学、生活环境卫生监督　监督内容包括教室人均面积、环境噪声、室内微小气候、采光、照明等环境卫生质量情况；黑板、课桌椅等教学设施的设置情况；学生宿舍、厕所等生活设施卫生情况。监督方法包括测量教室人均面积、教室噪声、通风、温度、二氧化碳浓度等，检查教室采光、照明符合卫生标准情况；检查课桌椅配置及符合卫生标准情况；检查学生厕所、洗手设施和寄宿制学校洗漱、洗澡等设施条件是否符合卫生要求，了解学生宿舍卫生管理制度落实情况，测量学生宿舍人均居住面积。

2. 传染病防控工作卫生监督　监督内容包括传染病防控制度建立及措施落实情况；学校依法履行传染病疫情报告职责情况；发生传染病后防控措施落实情况。监督包括查阅学校传染病防控制度及应急预案等资料；查阅传染病疫情信息登记报告制度和记录等资料；查阅学生晨检记录、因病缺勤登记、病愈返校证明、疑似传染病病例及病因排查登记、学生健康体检和教师常规体检记录、新生入学预防接种证查验及补种记录、校内公共活动区域及物品定期清洗消毒记录等资料；对发生传染病病例的学校，查阅传染病病例登记及报告记录、被污染场所消毒处理记录、使用的消毒产品卫生许可批件等相关资料，核实学校传染病控制措施落实情况。

3. 生活饮用水卫生监督　监督内容包括生活饮用水管理制度建立及措施落实情况；生活饮用水水质情况；学校内供水设施卫生许可、管理情况；供、管水人员持有效"健康合格证明"和"卫生培训合格证明"情况；学校索取涉水产品有效卫生许可批件情况；学校内供水水源防护情况。监督方法包括查阅生活饮用水卫生管理制度及水污染应急预案；查阅水质卫生检测资料，检查学校饮用水供应方式，根据实际情况，开展现场水质检测或采样送检；查阅供水设施卫生许可证，供、管水人员"健康合格证明"和"卫生培训合格证明"；查阅供水设施设备清洗消毒记录；查阅涉水产品的卫生行政许可批件；检查学校内供水水源防护设施。

4. 学校内设医疗机构或保健室卫生监督　监督内容包括医疗机构或保健室设置及学校卫生工作开展情况；医疗机构持有效执业许可证、医护人员持有效执业资质证书情况；医疗机构传染病疫情报告、消毒隔离、医疗废物处置情况。监督方法包括检查医疗机构、保健室设置及功能分区，查阅中小学校卫生专业技术人员配置相关资料及卫生专业技术人员或保健教师接受学校卫生专业知识和急救知识技能培训记录以及相应的培训合格证书；查阅《医疗机构执业许可证》、医护人员执业资质证书，查阅开展学校卫生工作资料；查阅传染病疫情报告、疫情控制措施、消毒隔离等制度，检查执行情况，核实疫情报告管理部门和专职疫情报告人员及依法履行疫情报告与管理职责的情况；检查医疗废物的收集、运送、贮存、处置等环节，并查阅相关记录；查阅消毒剂的生产企业卫生许可证及消毒产品卫生许可批件复印件。

5. 学校内游泳场所的卫生监督　监督内容包括持有卫生许可证的情况，从业人员健康检查和培训考核情况；卫生管理制度落实及卫生管理人员配备情况；游泳场所水质净化、消毒情况；传染病和健康危害事故应急工作情况。监督方法包括查阅公共场所卫生许可证及从业人员"健康合格证明"和"卫生培训合格证明"；查阅卫生管理制度，核实设立有卫生管理部门或者配备专（兼）职卫生管理人员情况；查阅水质净化、消毒、检测记录及近期水质检测报告，根据实际情况，开展现场检测或采样送检；检查清洗、消毒、保洁、盥洗等设施设备和公共卫生间卫生状况，查阅卫生设施设备维护制度和检查记录；查阅传染病和健康危害事故应急预案或者方案。

6. 学校预防性卫生监督　根据教育行政部门或学校申请，对新建、改建、扩建校舍的选址、设计监督指导并参与竣工验收。监督方法包括查阅建设单位提交的相关材料，核实材料的真实性、完整性和准确性；查阅相关检测（评价）报告，核实建设项目符合卫生要求情况；指定 2 名以上卫生监督员进行现场审查，核实学校选址；建筑总体布局；教学环境（教室采光、照明、通风、采暖、黑板、课桌椅设置、噪声）、学生宿舍、厕所及校内游泳场所、公共浴室、医疗机构等符合相关卫生要求情况，以及核查建设单位提交材料与现场实际的吻合情况，并出具相关意见。

（三）《国家学校体育卫生条件试行基本标准》

该标准是教育部、原卫生部、财政部于 2008 年 6 月 9 日联合下发的，以下简称《标准》，该《标准》对中小学校教学卫生、生活设施、卫生保健室配备以及学生健康体检等方面提出最基本要求，主要包括中小学校教学卫生基本标准、中小学校生活设施基本标准、中小学校卫生（保健）室建设基本标准、中小学生健康检查基本标准。

1. 中小学校教学卫生基本标准

（1）教室：普通教室人均使用面积：小学不低于 1.15 平方米，中学不低于 1.12 平方米；教室前排课桌前缘与黑板应有 2 米以上距离；教室内各列课桌间应有不小于 0.6 米宽的纵向走道，教室后应设置不小于 0.6 米的横行走道。后排课桌后缘距黑板不超过 9 米。

（2）课桌椅：教室内在座学生应每人一席，每间教室内至少应设有 2 种不同高低型号的课桌椅。

（3）黑板：黑板应完整无破损、无眩光，挂笔性能好，便于擦拭。黑板下缘与讲台地面的垂直距离：小学为 0.8～0.9 米，中学为 1～1.1 米；讲台桌面距教室地面的高度一般为 1.2 米。

（4）教室采光：单侧采光的教室光线应从学生座位左侧射入，双侧采光的教室主采光窗应设在左侧；教室墙壁和顶棚为白色或浅色，窗户应采用无色透明玻璃；教室采光玻地比（窗的透光面积与室内地面面积之比）不得低于 1∶6。

（5）教室照明：课桌面和黑板照度应分别不低于 150lx 和 200lx，照度分布均匀；自然采光不足时应辅以人工照明。教室照明应配备 40 瓦荧光灯 9 盏以上，并符合节能环保要求；灯管宜垂直于黑板布置。教室照明应采用配有灯罩的灯具，不宜用裸灯，灯具距桌面的悬挂高度为 1.7～1.9 米。黑板照明应设 2 盏 40 瓦荧光灯，并配有灯罩。

（6）教室微小气候：教室应设通气窗，寒冷地区应有采暖设备；新装修完的教室应进行室内空气检测，符合《室内空气质量标准》的可投入使用，并保持通风换气。

2. 中小学校生活设施基本标准

（1）学生宿舍：学生宿舍不应与教学用房合建；男、女生宿舍应分区或分单元布置；一层出入口及门窗，应设置安全防护设施。学生宿舍的居室，人均使用面积不应低于 3.0 平方米。应保证学生一人一床，上铺应设有符合安全要求的防护栏。宿舍应保证通风良好，寒冷地区宿舍应设有换气窗。学生宿舍应设有厕所、盥洗设施。宿舍设室外厕所的，厕所距离宿舍不超过 30 米，并应设有路灯。

（2）学校集体食堂：学校食堂应取得卫生许可证。食堂从业人员应取得健康证明后方可上岗。食堂应距污染源 25 米以上。食堂应有相对独立的食品原料存放间、食品加工操作间、食品出售场所；食堂加工操作间最小使用面积不得小于 8 平方米；墙壁应有 1.5 米以上的瓷砖或其他防水、防潮、可清洗的材料装修的墙裙；地面应由防水、防滑、无毒、易清洗的材料装修；配备有足够的通风、排烟装置和有效的防蝇、防尘、防鼠、污水排放以及存放废弃物的设施和设备。食堂应当有洗刷、消毒池等清洗设施设备。采用化学消毒时，需具备 2 个以上的水池（容器），不得与清洗蔬菜、肉类等设备混用。

（3）学校生活饮用水：学校必须为学生提供充足、安全卫生的饮水以及相关设施。供学校生活用水的自备井、二次供水的储水池（罐），应有安全防护和消毒设施，自备水源必须远离污染源。采用二次供水的学校应取得有效的二次供水卫生许可证后方可向学生供水。

（4）学校厕所：新建教学楼应每层设厕所。独立设置的厕所与生活饮用水水源和食堂相距 30 米以上。女生应按每 15 人设一个蹲位；男生应按每 30 人设一个蹲位，每 40 人设 1 米长的小便槽。厕所内宜设置单排蹲位，蹲位不得建于蓄粪池之上，并与之有隔断；蓄粪池应加盖。小学厕所蹲位宽度（两脚踏位之间距离）不超过 18 厘米。厕所结构应安全、完整，应有顶、墙、门、窗和人工照明。

3. 中小学校卫生（保健）室建设基本标准

（1）卫生（保健）室设置：卫生室是指取得《医疗机构执业许可证》的学校卫生机构，承担学校预防保健、健康教育、常见病和传染病预防与控制、学校卫生日常检查并为师生提供必要的医疗服务。保健室是指未取得《医疗机构执业许可证》的学校卫生机构，在卫生专业人员指导下开展学校预防保健、健康教育、常见病和传染病预防与控制、学校卫生日常检查。寄宿制学校必须设立卫生室，非寄宿制学校可视学校规模设立卫生室或保健室。

（2）卫生（保健）室人员配备要求：寄宿制学校或 600 名学生以上的非寄宿制学校应配备卫生专业技术人员；卫生专业技术人员应持有卫生专业执业资格证书。600 名学生以下的非寄宿制学校，应配备保健教师或卫生专业技术人员；保健教师由现任具有教师资格的教师担任。卫生专业技术人员和保健教师应接受学校卫生专业知识和急救技能培训，并取得相应的合格证书。

（3）卫生保健室设施与设备：卫生室建筑面积应大于 40 平方米，并有适应学校卫生工作需要的功能分区。卫生室应具备以下基本设备：视力表灯箱、杠杆式体重秤、身高坐高计、课桌椅测量尺、血压计、听诊器、体温计、急救箱、压舌板、诊察床、诊察桌、诊察凳、注射器、敷料缸、方盘、镊子、止血带、药品柜、污物桶、紫外线灯、高压灭菌锅等。

保健室建筑面积应大于 15 平方米，并有适应学校卫生工作需要的功能分区。保健室应具备以下基本设备：视力表灯箱、杠杆式体重秤、身高坐高计、课桌椅测量尺、血压计、听诊器、体温计、急救箱、压舌板、观察床、诊察桌、诊察凳、止血带、污物桶等。

学校卫生监督相关的法律法规体系中除了上述法律、法规、规章以及规范性文件外，还有学校卫生标准。学校卫生监督的规范性和政策性主要依据国家相关法律及行政法规和规章制度，而学校卫生监督的科学性和技术性主要依据相关标准。学校卫生监督主要依据学校卫生标准及卫生、教育行政部门发布的规范性文件开展工作，对学校建筑设备、学校生活环境、学生用品、学校卫生服务工作等进行监督检查。

学校卫生标准是贯彻各项学校卫生法律法规的重要技术依据，是我国学校卫生法规的重要组成部分,是贯彻执行学校卫生法规的重要工具,是开展学校卫生监督和管理的法定依据。近期发布了学校建筑设计及教学设施卫生标准、学校生活服务设施卫生标准、学校家具、教具及儿童少年用品卫生标准、教育过程卫生方面标准、儿童少年健康检查与管理规范以及健康教育规程等。

1. 学校建筑设计及教学设施卫生标准　如《学校课桌椅功能尺寸及技术要求》(GB/T 3976—2014)规定了课桌椅尺寸及相关技术要求、《中小学校教室采光和照明卫生标准》(GB 7793—2010)规定了学校教室采光和照明要求。

2. 学校生活服务设施卫生标准　如《学生宿舍卫生要求及管理规范》(GB 31177—2014)规定了学生宿舍卫生要求及管理规范。

3. 学校家具、教具及儿童少年用品卫生标准　如《铅笔涂层中可溶性元素最大限量》(GB 8771—2007)、《中小学生教科书卫生要求》(GB/T 17227—2014)等。

4. 教育过程卫生标准　如《电视教室座位布置范围和照度卫生标准》(GB 8772—2011)规定了电视教室座位布置范围、照度及普通教室电视教学要求;《中小学生一日学习时间卫生要求》(GB/T 17223—2012)规定了中小学生一日学习时间、睡眠与体育活动时间、课间休息与排课要求;《书写板安全卫生要求》(GB 28231—2011)规定了教学用书写板(粉笔板和白板)的安全卫生要求、书写板外观质量、结构、分类、安装、标志、说明书和试验方法;此外,还有《学生使用电脑卫生要求》(GB/T 28930—2012)。

5. 儿童少年健康检查与管理规范标准　如《中小学生健康检查表规范》(GB 16134—2011)规定了中小学生健康检查表要求及健康检查管理;《学生健康检查技术规范》(GB/T 26343—2010)规定了学生形态、生理功能、五官科、外科、内科与实验室检查指标的技术要求;《标准对数视力表》(GB 11533—2011)规定了视力表设计标准、印制规格、使用方法以及视力统计方法等;此外,还有《儿童青少年脊柱弯曲异常的筛查》(GB/T 16133—2014)等。

6. 健康教育规程方面标准　如《中小学健康教育规范》(GB/T 18206—2011)规定了在中小学校开展健康教育的一般要求、实施目标、教育内容、实施途径和评价建议;《学生心理健康教育指南》(GB/T 29433—2012),规定了在大、中、小学校开展心理健康教育的目标、原则、实施途径、教育师资要求和教育内容。

此外,学校卫生标准还包括《学校卫生综合评价》(GB/T 18205—2012),该标准规定了学校卫生综合评价项目、评价方法以及综合评价判定;《中小学校传染病预防控制工作管理规范》(GB 28932—2012),规定了中小学校法定传染病及其他可能导致学生群体流行或暴发的非法定传染病的预防控制工作要求和内容。

关于学校卫生标准的特性、分类、制修订及管理以及学校卫生标准体系及其应用请参见第三章《学校卫生标准》。

学生正处于生长发育关键时期,学校卫生的任务是保护、促进、增强学生身心健康,学校卫生监督具有高度的法律规范性、政策性、科学性和技术性,使学校卫生工作法制化、规范化。《中华人民共和国宪法》及国家相关法律对保护学生健康发挥了积极作用,也是学校卫生监督重要的法律依据;国务院等行政部门制定的学校卫生监督相关法规及规章制度为开展学校卫生监督提供了具体的行政执法依据;学校卫生标准及卫生、教育行政部门发布的规范性文件为学校卫生监督提供了专业技术依据。

(马　军)

【学习思考】

1. 简述实施学校卫生监督主要有哪几个方面的依据?
2. 简述学校卫生监督的法律依据有哪些?
3. 简述学校卫生监督的行政执法依据有哪些?
4. 简述学校卫生监督的专业技术依据有哪些?

第三章 学校卫生标准

School Health Standard

学校卫生标准（school health standard）是卫生标准的重要组成部分，是经国家标准化主管部门（或国务院有关行政部门）批准，以一定形式发布，对学生的学习生活环境、教育过程、营养和心理、行为等及其有关的各种因素（物理、化学和生物等）进行科学规定，对保护儿童青少年身心健康和教学任务的顺利完成具有重要作用。

第一节 卫生标准概述

卫生标准是指为实施国家卫生计生法律法规和政策，保护人体健康，在研究与实践的基础上，对职责范围内涉及人体健康和医疗卫生服务等事项制定的各类技术规定。卫生标准是国家一项重要的技术法规，是进行卫生监督和管理的法定依据。卫生标准具有很强的技术法规性、规范的分类方法和严格的制修订程序。

一、卫生标准特性

卫生标准作为卫生法律、法规体系的重要组成部分，在保障人民身体健康、促进我国经济和社会发展方面发挥着重要的作用，卫生标准具有技术法规、科学和可行等基本特性。

（一）技术法规性

卫生标准作为卫生法律法规体系的重要组成部分，是贯彻卫生法律、法规的重要技术依据。在各项卫生法律、法规的具体贯彻执行中，都必须有与之配套的卫生标准作为技术依据，与其他技术标准相比，卫生标准具有很强的技术法规性。

（二）科学性

卫生标准是为保护人体健康而制定的特殊技术要求，其制定过程不是一个简单的科研过程，而是一个科学的管理过程；必须以科学评价为基础，结合国际标准并考虑我国国情，全面考虑政治、经济、社会、文化等各方面因素后才能制定出来；具有严格的科学性和很强的专业性。卫生标准在保障人民身体健康、促进我国经济和社会发展方面发挥着更为重要的作用。

（三）可行性

卫生标准作为卫生要求及监督执法的技术依据，需要全社会共同遵守，必须具有很强的可行性。

（四）社会性

卫生标准的对象广泛，既有规范产品安全卫生方面的要求，也有规范场所、环境、人群、疾病诊断等各有关方面的卫生技术要求，具有很强的社会性。

二、卫生标准分类

分类是标准化工作的基础，是统一和交流的前提，是把事物按一定标准进行归类。标准化工作是一项复杂的系统工程，标准为适应不同的要求从而构成一个庞大而复杂的系统，为便于研究和应用，从不同的角度和属性将标准进行分类，如目前常见的标准化法分类和标准文献分类。

（一）标准化法分类

根据《中华人民共和国标准化法》（以下简称《标准化法》）的规定，在标准化法实施过程中，一般根据适用范围、法律约束性、标准性质、标准化对象和作用等对标准进行分类。

1. 根据适用范围分类　按《标准化法》的规定，我国标准根据适用范围分为国家标准、行业标准、地方标准和企业标准等四类。这四类标准主要是适用范围不同，不是标准技术水平高低的分级。

（1）国家标准：由国务院标准化行政主管部门制定的需要全国范围内统一的技术要求，称为国家标准。国家标准的代号由大写汉语拼音字母构成，如强制性标准为 GB、推荐性标准为 GB/T。国家标准的编号由国家标准的代号、国家标准发布的顺序号和国家标准发布的年号构成。

（2）行业标准：没有国家标准而又需在全国某个行业范围内统一的技术标准，由国务院有关行政主管部门制定并报国务院标准化行政主管部门备案的标准，称为行业标准。行业标准的代号由行业名称大写汉语拼音字母构成，如卫生行业强制性标准为 WS、推荐性标准为 WS/T。行业标准的编号由行业标准代号、标准顺序号及年号组成。

（3）地方标准：没有国家标准和行业标准而又需在省、自治区、直辖市范围内统一的工业产品的安全、卫生要求，由省、自治区、直辖市标准化行政主管部门制定并报国务院标准化行政主管部门和国务院有关行业行政主管部门备案的标准，称为地方标准。地方标准的代号由大写汉语拼音字母和地区代码构成，如北京市强制性地方标准为 DB11、推荐性地方标准为 DB11/T。地方标准的编号由地方标准的代号、标准发布的顺序号和标准发布的年号构成。

（4）企业标准：企业生产的产品没有国家标准、行业标准和地方标准，由企业制定的作为组织生产依据的相应企业标准，或在企业内制定的严于国家标准、行业标准或地方标准的企业（内控）标准，由企业自行组织制定的并按省、自治区、直辖市人民政府规定备案（不含内控标准）的标准，称为企业标准。企业标准的代号用"Q/"加企业代号组成，企业代号可用汉语拼音字母或阿拉伯数字或两者兼用组成。企业标准编号由企业标准代号、标准发布顺序号和标准发布年代号组成。有些企业将其企业标准分为技术标准、管理标准、工作标准，表示方法是在其企业标准代号后面加标准类别代号，如技术标准加"/J"、管理标准加"/G"、工作标准加"/Z"。

2. 根据法律的约束性分类

（1）强制性标准：强制性标准是国家技术法规的重要类别，强制标准范围主要是保障人体健康及人身、财产安全的标准以及法律、行政法规规定强制执行的标准。对不符合强制标准的产品禁止生产、销售和进口。为使我国强制性标准与 WTO/TBT 规定衔接，其范围要严格限制在国家安全、防止欺诈行为、保护人身健康与安全、保护动物植物的生命和健康以及保护环境等五个方面。

（2）推荐性标准：推荐性标准是指导性标准，基本上与 WTO/TBT 对标准的定义接轨，即由公认机构批准的，非强制性的，为了通用或反复使用的目的，为产品或相关生产方法提供规则、指南或特性的文件。标准也可以包括或专门规定用于产品、加工或生产方法的术语、符号、包装标准或标签要求。推荐性标准是自愿性文件。

（3）标准化指导性技术文件：标准化指导性技术文件是为仍处于技术发展过程中（为变化快的技术领域）的标准化工作提供指南或信息，供科研、设计、生产、使用和管理等有关人员参考使用而制定的标准文件。指导性技术文件编号由指导性技术文件代号、顺序号和年号构成。

3. 根据标准的性质分类

（1）技术标准：对标准化领域中需要协调统一的技术事项而制定的标准。主要是事物的技术性内容。

（2）管理标准：对标准化领域中需要协调统一的管理事项所制定的标准。主要是规定人们在生产活动和社会生活中的组织结构、职责权限、过程方法、程序文件以及资源分配等事宜，它是合理组织国民经济，正确处理各种生产关系，正确实现合理分配，提高生产效率和效益的依据。

（3）工作标准：对标准化领域中需要协调统一的工作事项所制定的标准。工作标准是针对具体岗位而规定人员和组织在生产经营管理活动中的职责、权限，对各种过程的定性要求以及活动程序和考核评价要求。

4. 根据标准化的对象和作用分类

（1）基础标准：在一定范围内作为其他标准的基础并普遍通用，具有广泛指导意义的标准。如：名词、术语、符号、代号、标志、方法等标准；计量单位制、公差与配合、形状与位置公差、表面粗糙度、螺纹及齿轮模数标准；优先数系、基本参数系列、系列型谱等标准；图形符号和工程制图；产品环境条件及可靠性要求等。

（2）产品标准：为保证产品的适用性，对产品必须达到的某些或全部特性要求所制定的标准，包括：品种、规格、技术要求、试验方法、检验规则、包装、标志、运输和贮存要求等。

（3）方法标准：以试验、检查、分析、抽样、统计、计算、测定、作业等各种方法为对象而制定的标准。

（4）安全标准：以保护人和物的安全为目的而制定的标准。

（5）卫生标准：为保护人的健康，对食品、医药及其他方面的卫生要求而制定的标准。

（6）环境保护标准：为保护环境和有利于生态平衡对大气、水体、土壤、噪声、振动、电磁波等环境质量、污染管理、监测方法及其他事项而制定的标准。

（二）标准文献分类

世界各国对标准文献的分类都十分重视，几乎所有先进的工业国家都有自己的分类法，我国于 1983 年编制了"中国标准文献分类法（CCS）"。国际标准分类法（ICS）是由国际标准化组织编制，是受到世界各国遵守的标准文献分类法。

1. 中国标准文献分类法（chinese classification for standards，CCS）　中国标准文献分类法的类目设置以专业划分为主，适当结合科学分类。序列采取从总到分、从一般到具体的逻辑系统。中国标准文献分类法采用二级分类，一级主类目的设置主要以专业划分为主，二级类目的设置采取非严格等级制的列类方法；一级分类由二十四个大类组成，每个大类有 100 个二级类目；一级分类由单个拉丁字母组成，二级分类由双数字组成。如 A、B、C、D、E、F、G、H、J、K、L、M、N、P、Q、R、S、T、U、V、W、X、Y、Z，分别代表综合、农业林业、医药卫生劳动保护等 24 个专业类别，在 C 类即医药卫生劳动保护一级分类之下，还分为 00～99 共 100 个二级类目录，C50～C64 为卫生标准，其中 C56 为学校卫生标准。

2. 国际标准分类法（international classification for standards，ICS）　国际标准分类法是由国际标准化组织编制的标准文献分类法。它主要用于国际标准、区域标准和国家标准以及相关标准化文献的分类、编目、订购与建库，从而促进国际标准、区域标准、国家标准以及其他标准化文献在世界范围的传播。ICS 是每个国家标准封面上都有的编号。

ICS 是等级分类法，包含三个级别。第一级包含 40 个标准化专业领域，各个专业又细分为 407 个组（二级类），407 个二级类中的 134 个又被进一步细分为 896 个分组（三级类）。国际标准分类法采用数字编号，第一级和第三级采用双位数，第二级采用三位数表示，各级分类号之间以实圆点相隔。学校卫生标准 C56 对应的国际标准分类是 ICS 13.100。

第二节　学校卫生标准体系

标准体系是将一定范围内的标准按其内在联系形成科学的有机整体。卫生标准体系就是将所有的卫生标准按其内在联系以一定形式排列起来，用图表表达的一种形式。它不仅包括现行标准，还包括正在审校、制（修）定的标准以及将来要制定的标准。

一、学校卫生标准体系

学校卫生标准体系就是在学校卫生专业范围内，包括现有、应有和预计发展的标准，按一定方式排列起来，有内在联系的标准的整体。

（一）学校卫生标准体系框架图

学校卫生标准体系框架图就是把学校卫生标准按一定形式排列起来的图表（图 3-1），实际上是标准体系组成的系统树，将学校卫生标准体系的全部内容及其内在结构，用图表加以表达的一种形式。

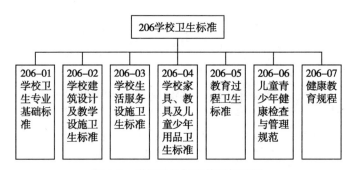

图 3-1　学校卫生标准体系框架图

学校卫生标准体系制定的法律依据是现行的国家法律、法规和行政部门规章,内容可根据学校卫生发展和需要适当调整。

(二)学校卫生标准体系内容

1. 学校卫生专业基础标准　包括学校卫生名词术语、标准研制与编写总则等。

2. 学校建筑设计及教学设施卫生标准　包括学校及托幼机构建筑设计卫生要求、学校教学设施卫生要求、教室微小环境卫生要求等。

3. 学校生活服务设施卫生标准　包括学生营养午餐营养供给量、学校及托幼机构饮水设施卫生管理规范、学生宿舍卫生要求及管理规范等。

4. 学校家具、教具及儿童少年用品卫生标准　包括学校课桌椅、黑板、中小学校教科书卫生标准等。

5. 教育过程卫生标准　主要是对学习负担、体育运动负荷的限制标准。

6. 儿童少年健康检查与管理规范　包括学生健康检查技术要求、方法,健康监测、评价方法,疾病预防以及学校卫生监督与管理。

7. 健康教育规程　包括健康教育规范、健康促进学校规范等。

二、学校卫生标准体系的制定原则

学校卫生标准主要适用对象是学校的教学环境与设备、生活环境、学校或学生使用的用具和产品,学校或社会管理者/行为人的有关卫生行为等。学校卫生标准涉及儿童青少年健康与生命安全,不仅关系到人民群众的切身利益,而且关系到社会稳定和经济发展。学校卫生标准体系建设与发展的总体原则应包括以下几个方面。

1. 保护儿童青少年健康的原则　学校卫生标准制定应该从保护儿童青少年身心健康和教学任务的顺利完成出发,保护儿童青少年健康是学校卫生标准制定的主要原则。

2. 促进我国国民经济和社会发展的原则　学生用品标准涉及不同经济环节,如生产、消费等各环节;不同经济部门,如工业、教育等部门;不同经济地区,如国内及国际等区域。合理标准能够通过贸易和保护,促进我国国民经济和社会发展。

3. 按卫生标准体系统筹安排的原则　学校卫生标准涉及卫生标准的各专业委员会,如环境卫生、营养、流行病、消毒等,标准立项、制定应该从专业角度考虑,统筹卫生标准体系,发挥专业委员会优势,安排学校卫生标准制定。

4. 卫生标准与标准方法相匹配的原则　卫生标准规定的指标及限值要求,必须与相关指标的检测标准方法匹配,使得标准具有可操作性。

5. 卫生标准与卫生法规相配套的原则　卫生标准制定及相关标准要求,必须依据相关卫生法规,使得卫生标准与卫生法规相配套。

6. 跟踪社会发展和最新科研成果的原则　学校卫生标准制定要跟踪经济发展、社会健康需求,并将最新科研成果应用到学校卫生标准的制修订工作中。

7. 积极采用国际与先进国家卫生标准的原则　在制修订学校卫生标准过程中,如果国际组织或先进国家有相关标准,应该积极采用国际与先进国家卫生标准。

第三节　学校卫生标准制(修)订及管理

学校卫生标准涉及儿童青少年健康与生命安全,不但关系到人民群众的切身利益,而且关系到社会稳定和经济发展。学校卫生标准是贯彻各项学校卫生法律法规的重要技术依据,是我国学校卫生法规的重要组成部分,是贯彻执行学校卫生法规的重要工具。

一、学校卫生标准制(修)订

学校卫生标准制修订,应当遵循《卫生标准制(修)订项目委托协议书》确定的原则、要求、时限,符合法律、法规、《卫生标准编写技术指南》及本专业领域的相关规定、程序和方法等。

(一)学校卫生标准制(修)订原则

学校卫生标准制(修)订应该遵循如下原则:①符合国家有关法律、法规与政策;②满足卫生监督和疾病防治的需要;③具有充分的科学依据;④做到技术先进、经济合理、安全可靠、切实可行;⑤在充分考虑我国国情的基础上,积极采用国际标准;⑥有利于促进国家经济建设与社会发展。

(二)学校卫生标准制(修)订程序

制定卫生标准应符合相应的程序,卫生标准制定程序分为通用程序和快速程序。

1. 通用程序　通用程序一般包括8个阶段,即编制规划和计划、研制与起草、征求意见、审查、批准、出版、复审和废止阶段。

2. 快速程序　快速程序又可分为:①等同或等效采用国际标准或国外标准,或者由现行标准转化的标准,可省略研制与起草阶段;②修订现行国家标准的项目,可省略研制与起草阶段和征求意见阶段。

(三)学校卫生标准制(修)订要素表达

卫生标准制定时,其要素表达往往因条款不同而表述所用助动词不同,要求型条款表述所用助动词为应(shall)、不应(shall not),推荐型条款所用助动词为宜(should)、不宜(should not),陈述型条款所用助动词为可(may)、不必(need not)或能(can)、不能(cannot)。

1. 要求型条款要素表达　要求型条款要素利用助动词"应"或"不应"来表达。

(1)应:应该,只准许;不使用"必须"。

(2)不应:不得,不准许;不使用"不可"。

2. 推荐型条款要素表达　推荐型条款要素利用助动词"宜"和"不宜"来表达。

(1)宜:推荐,建议。①在几种可能性中推荐的,特别适合的一种,不提及也不排除其他的可能性。②某个行动步骤是首选的,但未必是所要求的。

(2)不宜:不推荐,不建议。以否定形式表示不赞成,但也不禁止某种可能性或行动步骤。

3. 陈述型条款要素表达

(1)陈述型条款(允许)要素表达:利用助动词"可"或"不必",表示在标准的界限内所允许的行动步骤。可:可以,允许;不必:无须,不需要。不使用"可能"或"不可能";也不使用"能"代替"可"。

（2）陈述型条款（能力和可能性）要素表达：能—能够，不能—不能够；可能—有可能，不可能—没有可能。

4. 条款要素表达助动词的比较 卫生标准不同条款要素表达对助动词要求不同，其表述的意思也完全不同，下面以"应""宜""可""能"为例，解释各助动词的含义。

（1）目次应自动生成：表示一种要求，只有自动生成目次，才认为符合标准。

（2）目次宜自动生成：表示一种建议，目次最好自动生成。

（3）目次可自动生成：表示一种允许，标准许可自动生成目次。

（4）目次能自动生成：陈述一种事实，一种可能性，目次能够自动生成。

二、学校卫生标准管理

学校卫生标准不仅强调执法监督工作中的技术法规制约作用，更强调对儿童青少年生存、生活、学习的各种环境条件和各种学习用品卫生质量的导向和评价作用，是改善环境、减少疾病、提高儿童青少年健康水平的重要保障。学校卫生标准范围涉及学生的学习生活环境、教育过程、营养和心理、行为等及其有关的各种因素（物理、化学和生物等），充分体现学校卫生标准范围具有多元性、制修订来源及管理具有多渠道的特点。

（一）卫生标准管理组织

国家标准化管理委员会是国家标准化管理机构，卫生标准归国家卫生与计划生育委员会法制司管理。国家卫生标准委员会是国家卫生和计划生育委员会领导下的卫生标准技术管理组织。国家卫生标准委员会下设国家卫生标准委员会信息、传染病、寄生虫病、地方病、营养、病媒生物控制、职业卫生、放射卫生、环境卫生、学校卫生、医疗机构管理、医疗服务、医院感染控制、护理、临床检验、血液、消毒标准专业委员会等。

卫生标准管理实施归口管理、分工负责、三级审查：

（1）国家卫生标准委员会秘书处设在国家卫生计生委法制司，归口管理卫生标准工作。负责全国卫生标准政策、规划、年度计划的制定管理工作。

（2）国家卫生与计划生育委员会相关业务司局会同各标准专业委员会负责相关专业领域卫生标准的制定、修订工作。

（3）各专业委员会依据《国家卫生标准委员会章程》确定的职责开展工作，负责本专业卫生标准的技术审查。

中国疾控中心、国家卫生计生委统计信息中心和医管中心三家协调机构负责卫生标准的格式和协调性审查，以及组织标准立项评审、实施评估和宣贯、舆情监测等管理工作。

（二）卫生标准工作程序

卫生标准工作程序的目的是加强卫生标准工作程序化和规范化，提高工作效率，保证卫生标准质量。卫生标准工作程序主要包括以下几个方面：

（1）标准制修订立项申请及审查。

（2）项目计划的下达和签署委托协议。

（3）起草征求意见。

（4）标准项目的调整和中止。

（5）标委会审查、监督中心审核。

（6）国家卫生计生委司局审核。

（7）批准发布实施。

（8）标准修改单。

（9）标准的复审及解释。

（三）学校卫生标准制修订来源

我国学校卫生标准制修订来源主要有以下 2 个方面：

（1）由国家卫生与计划生育委员会提出和归口的专用标准，如学校课桌椅功能尺寸、中小学校采光、照明卫生标准、小学生一日学习时间卫生标准等，均是由国家卫生标准委员会下设学校卫生标准专业委员会组织制定；另外，由其他卫生标准专业委员会组织制定的标准同样也适用于学校卫生管理和学校卫生监督，如生活饮用水卫生标准、乙型肝炎的诊断标准与处理原则等。

（2）由国家卫生与计划生育委员会以外的行政主管部门提出和归口的标准（或规范等），如中小学校建筑设计规范、室内照明测量方法等。这些也同样是学校卫生管理或学校卫生监督工作必须遵守的准则和方法，是学校卫生的相关标准。

第四节 学校卫生标准应用

学校卫生标准是国家立法的重要基础，也是学校卫生行政部门进行预防性和经常性卫生监督的重要依据，主要涉及学校教育教学环境与设施、教育过程卫生、健康教育、学生用品、学生营养餐供给、学生健康检查等方面，在实际应用中有效地改善了学校卫生状况，促进了儿童青少年身心健康。2010—2015 年期间颁布学校卫生标准 22 项，其中新制定标准 14 项、修订标准 8 项、国家标准 19 项、卫生行业标准 3 项。学校卫生标准在创造良好的学习环境、提供安全的教育设施、预防和控制学生常见疾病等方面发挥重要作用。

一、创造良好的学习环境

教育过程中，适合儿童少年的年龄特点、符合卫生要求的课业学习、体育、劳动等活动，是促进身心健康发展不可缺少的有利因素。通过制定《中小学生一日学习时间卫生要求》《中小学生体育锻炼运动负荷卫生标准》和《学生军训卫生安全规范》，可以防止学习负担过重、体育及军事训练创伤的发生等。

学校是健康教育的最佳场所，学生是健康教育的最佳人群。根据学生生理和心理特点制定的《中小学校健康教育规范》和《学生心理健康教育指南》，可以规范开展中小学生健康教育及心理健康教育，大大提高儿童青少年自我健康意识和能力。

儿童少年不同于成年人，机体对有害因素的反应更敏感。许多学习用品和玩具等或有传播疾病的危险，或其材料、涂料含有过量的有毒物质，威胁他们的健康。制定《铅笔涂层中可溶性元素最大限量》《中小学教科书卫生要求》等学生用品卫生标准，加强学生用品的卫生监督监测，有利于儿童少年的健康成长。部分标准简述如下。

（一）《中小学健康教育规范》（GB/T 18206—2011）

《中小学健康教育规范》（GB/T 18206—2011）于 2011 年 12 月 30 日发布，2012 年 5 月 1 日实施。

1．范围　本标准规定了在中小学校开展健康教育的一般要求、实施目标、教育内容、实施途径和评价建议。本标准适用于中小学（包括九年义务教育、高中阶段）在校学生。

2．要求　本标准提供了中小学发展健康教育课程内容的基本框架。学校负责依据此标准进行课程计划、教学组织、课堂活动及实践安排。

3．目标　培养儿童青少年良好的健康意识与公共卫生意识，提高学生的健康素养，培养学生保持和增进健康的态度与实践能力，为一生的健康打下坚实的基础。

4．内容　中小学健康教育内容包括健康行为与生活方式、疾病预防、安全应急与避险、心理健康、生长发育与青春期保健等五个领域。

（二）《学生心理健康教育指南》（GB/T 29433—2012）

《学生心理健康教育指南》（GB/T 29433—2012）于2012年12月31日发布，2015年5月1日实施。

1．范围　本标准规定了在大、中、小学校开展心理健康教育的目标、原则、实施途径、教育师资要求和教育内容。本标准适用于普通大、中、小学在校学生，中等职业学校可参照使用。本标准不适用于学龄前儿童心理健康教育。

2．教育目标　提高学生心理健康素养，培养学生健全的心理素质，使其形成完善的人格和良好的社会适应能力，为促进学生整体素质的全面发展奠定基础。

3．教育原则　根据不同年级学生生理、心理发展特点，实施心理健康教育的规范化操作，以保障教育总体目标的实现。在心理健康教育过程中，遵循主体性原则和互动性原则。

4．教育实施途径　通过心理健康教育课程、学科教学渗透和心理健康专题训练等途径实施教育。

5．教育内容

（1）小学低年级心理健康教育内容：主要包括帮助学生适应新的环境、新的集体、新的学习生活，感受学习知识的乐趣；乐于与老师、同学交往，在谦让、友善的交往中体验友情。

（2）小学中、高年级心理健康教育内容：主要包括帮助学生在学习生活中体会解决困难的快乐，调整学习心态，提高学习兴趣与自信心，正确对待自己的学习成绩，克服厌学心理，体验学习成功的快乐；培养集体意识，在班级活动中，善于与更多的同学交往，主动参与集体活动；塑造开朗、合群、乐学、自立的健康人格。悦纳自己的性别，正确面对生理变化引起的心理反应，正确对待性意识，了解调节和控制情绪的方法。

（3）初中年级心理健康教育内容：主要包括正确认识青春期，培养自重、自爱、自尊、自信的独立人格；培养正确的学习观念，发展其学习能力，改善学习方法；学会调节和控制自己的情绪，抑制自己的冲动行为；提高情感自我调节和人际交往的能力，建立良好的人际关系；正确认识自我意识，逐步提高社会责任感；能以积极心态面对学习、生活压力和自我身心所出现的变化，提高应对挫折的能力。

（4）高中年级心理健康教育内容：主要包括发展创造性思维，充分开发学习的潜能；在了解自己的能力、特长、兴趣和社会就业条件的基础上，确立自己的职业志向，进行职业的选择和准备；认识自己的人际关系的状况，正确对待和异性伙伴的交往，建立对他人的积极情感反应和体验；提高承受挫折和应对挫折的能力，形成良好的意志品质。

（5）大学生心理健康教育内容：根据大学生的心理特点，有针对性地讲授心理健康知识，开展辅导或咨询活动，帮助大学生树立心理健康意识，优化心理品质，增强心理调适能力和社会生活的适应能力，预防心理问题。促进大学生学会适应环境、人际交往、交友恋爱、求职择业、人格发展和情绪调节等方面的技能，提高心理健康水平。

（三）《中小学生一日学习时间卫生要求》（GB/T 17223—2012）

《中小学生一日学习时间卫生要求》（GB/T 17223—2012）于 2012 年 12 月 31 日发布，2015 年 5 月 1 日实施。

1．范围　本标准规定了中小学生一日学习时间、睡眠与体育活动时间、课间休息与排课要求。本标准适用于全日制普通中小学，其他类型中小学可参照使用。

2．一日学习安排

（1）一日学习时间：小学一、二年级一日学习时间不应超过 4 小时，小学三、四年级一日学习时间不应超过 5 小时，小学五、六年级一日学习时间不应超过 6 小时，初中各年级一日学习时间不应超过 7 小时，高中各年级一日学习时间不应超过 8 小时。

（2）课时安排：小学生每节课时间不应超过 40 分钟，上午 4 节，下午 1～2 节；中学生每节课时间不应超过 45 分钟，上午 4 节，下午 2～3 节。

（3）早读、课外自习：小学一、二年级不宜安排早读，不留书面家庭作业；小学三至六年级早读不宜超过 20 分钟，课外自习时间不应超过 60 分钟；中学各年级早读不宜超过 30 分钟，课外自习时间不应超过 90 分钟。

3．睡眠与体育活动时间

（1）每日睡眠时间：小学生不应少于 10 小时，初中生不应少于 9 小时，高中生不应少于 8 小时。

（2）体育活动时间：确保中小学生每天锻炼 1 小时。没有体育课的当天，下午课后应组织学生进行 1 小时集体体育锻炼。

4．课间休息与排课要求

（1）课间休息：在两节课之间，课间休息时间不应少于 10 分钟。第 2 节与第 3 节课之间，课间休息时间不宜少于 20～30 分钟。

（2）排课要求：一日内不连排两节相同的课程（除作文、实验等特殊需要外），各种文化课间宜插入体育、手工、画图等课程。小学一、二年级周总课时不应超过 26 节，小学三至六年级周总课时不应超过 30 节，中学各年级周总课时不应超过 34 节。

二、提供安全的教育设施

学校卫生工作的人群对象是正在生长发育和受教育的儿童青少年一代。教育设施的环境条件，不仅要满足教育功能，同时也必须符合卫生、安全、艺术、经济等各方面的要求，达到合理的统一。卫生要求内容广泛，除一般环境卫生要求外，还要求适合儿童青少年身心发展的年龄特点，这是学校环境卫生不同于一般环境卫生的关键所在。因此，学校卫生标准不仅作为学校教育设施和环境要求的技术依据，而且成为学校卫生监督的重要内容。《学校课桌椅功能尺寸及技术要求》《中小学校教室采光照明卫生标准》《电视教室座位布置范围和照度卫生标准》《中小学校教室换气卫生标准》《中小学校教室采暖温度标准》《书写板安全卫生要求》《盲校建筑设计卫生标准》《学校卫生综合评价》等标准，有利于保护学生良好的身体形态，减少疲劳，提高学习效率；有利于保护视力，减少近视眼的发生；有利于改善学校教学条件,保障学生安全健康。这些标准的颁布受到建筑设计部门、教育部门、卫生部门乃至全社会的关注。部分标准简述如下。

(一)《中小学校教室采光和照明卫生标准》(GB 7793—2010)

《中小学校教室采光和照明卫生标准》(GB 7793—2010)于2011年1月14日发布,2011年5月1日实施。

1.范围　本标准规定了学校教室采光和照明要求。本标准适用于城市、县镇的新建、改建和扩建的普通中小学校、中等师范学校和幼儿师范学校。

2.教室的采光要求

(1)学校教室的朝向宜按各地区的地理和气候条件决定,不宜采用东西朝向,宜采用南北向的双侧采光。教室采用单侧采光时,光线应自学生座位的左侧射入。南外廊北教室时,应以北向窗为主要采光面。

(2)教室窗地面积比不应低于1:5。

3.教室的照明要求

(1)教室课桌面上的维持平均照度值不应低于300lx,其照度均匀度不应低于0.7。

(2)教室黑板应设局部照明灯,其维持平均照度不应低于500lx,照度均匀度不应低于0.8。

(二)《电视教室座位布置范围和照度卫生标准》(GB 8772—2011)

《电视教室座位布置范围和照度卫生标准》(GB 8772—2011)于2011年12月30日发布,2012年5月1日实施。

1.范围　本标准规定了电视教室座位布置范围、照度及普通教室电视教学要求。本标准适用于各类学校中以电视为主要教学手段的教室。其他装备有电视机的各种类型教室亦应参照使用。

2.座位布置范围

(1)座椅前缘至电视屏幕垂直面的水平距离,应在观看电视的有效视距范围内。对PAL制(帕尔制)电视机,以电视机屏幕对角线尺寸的倍数计算,有效视距范围为3～12倍。对观看图像的细节分辨要求较高的电视教学任务,座位布置应在最佳视距范围内,以电视机屏幕对角线尺寸的倍数计算,最佳视距范围为5～10倍。

(2)观看电视的水平斜视角不应超过45°。

(3)观看电视的仰角不应超过30°。

3.照度

(1)电视教室课桌面上的采光系数最低值应符合GB 7793要求。

(2)电视教室利用电视机进行教学时,课桌面人工照明的维持平均照度应为60lx±6lx,其照度均匀度不应低于0.7。

(3)电视教室照明宜采用小于26mm细管径直管形稀土三基色荧光灯,不应采用裸灯。灯具距课桌面的最低悬挂高度不应低于1.7m。灯管排列宜采用其长轴垂直于黑板面布置。对于阶梯教室,前排灯不应对后排学生产生直接眩光。

4.普通教室电视教学要求

(1)电视机规格不宜小于74cm(29英寸)。

（2）采用吊装形式安置电视机时，吊架底部至地面的距离小学宜在 1.7～1.8m 之间，中学宜在 1.8～2.0m 之间，吊架在水平方向上应可以调节。

（3）教室内照明灯的控制开关应至少设置三组，可采用黑板灯、窗侧灯和门侧三组布控形式，或采用黑板灯、前排灯和后排灯三组布控形式。

（4）教室前排窗宜加设遮光窗帘或厚窗帘。

（三）《书写板安全卫生要求》（GB 28231—2011）

《书写板安全卫生要求》（GB 28231—2011）于 2011 年 12 月 30 日发布，2012 年 5 月 1 日实施。

1. 范围　本标准规定了教学用书写板（粉笔板和白板）的安全卫生要求、书写板外观质量、结构、分类、安装、标志、说明书和试验方法等。本标准适用于各级各类学校在普通教室、实验室和其他专用教室中使用的书写板。其他教学活动和交流、记事、宣传等使用的书写板可参照使用。本标准不适用于告示及电子记忆传输显示书写板。本标准不涉及书写板的电器控制部分，相关内容可参照相应的电器安全要求。

2. 要求　教学用书写板的要求主要包括颜色、光泽度、附着性、擦拭性、粉笔板表面粗糙度、粉笔板耐磨性、耐光性、耐腐蚀性、甲醛释放量限量、书写板的标称尺寸等。

3. 外观质量

（1）书写面应表面平整，没有波纹、龟裂、针孔、斑痕及凹凸不平等缺陷。

（2）拼接而成的平面书写面板，用游标卡尺测量，接缝的间隙应小于 1mm，接缝两侧的高度差不应超过 1mm。

（3）书写面的颜色应均匀。

（4）所有用于书写板正面的框架、配件、附件等都应具有装饰性的保护层。保护层的色调应与书写板有明显区别，不产生眩光。

4. 其他规定　本标准还对书写板结构、书写板的分类、书写板的安装、标志、使用说明书、试验方法等进行了规定。

（四）《学校卫生综合评价》（GB/T 18205—2012）

《学校卫生综合评价》（GB/T 18205—2012）于 2012 年 12 月 31 日发布，2015 年 5 月 1 日实施。

1. 范围　本标准规定了学校卫生综合评价项目、评价方法以及综合评价判定。标准适用于全日制小学（含民办小学）、初级中学、高级中学（含中等职业学校、民办中学）和普通高等学校（含民办高等学校、独立院校）各项卫生状况的综合评价。

2. 综合评价项目

（1）管理：突发公共卫生事件、传染病预防控制、常见病与多发病、学校食品安全、生活饮用水卫生、教室环境卫生、生活环境卫生和公共场所卫生。

（2）监测：学校食品安全（食饮具消毒）、生活饮用水卫生、教室环境卫生、生活环境卫生和公共场所卫生。

3. 评价方法

（1）管理：包括突发公共卫生事件、传染病预防控制、常见病与多发病、学校食品安全、生活饮用水卫生、教室环境卫生、生活环境卫生、公共场所卫生等管理。

（2）监测：包括学校食品安全（食饮具消毒）、生活饮用水卫生、教室环境卫生、生活环境卫生、公共场所卫生等监测。

4．综合评价得分及判定 学校卫生管理评价得分与监测评价得分的总和为综合评价实际得分。凡综合评价实际得分达到管理与监测标准总分的85%及以上者为学校卫生优秀学校，定为A级；60%～85%为学校卫生合格学校（不含85%），定为B级；60%以下者（不含60%），为学校卫生不合格学校，定为C级。

三、预防和控制学生常见疾病

1998年和1999年原卫生部分别颁布了《学生营养午餐营养供给量》和《学生营养餐生产企业卫生规范》，这两项标准的颁布与实施为学生营养餐的食谱编制与卫生管理要求提供了法规依据和技术依据，保障了学生午餐的安全与营养，促进了学生营养的改善及学生营养午餐的全面推广。

《中小学生健康检查表规范》和《学生健康检查技术规范》的颁布实施，规范了中小学生健康检查要求及健康检查管理，并对学生形态、生理功能、五官科、外科、内科与实验室检查指标的检查技术提出要求。《儿童青少年发育水平的综合评价》《儿童青少年伤害监测方法》《学龄儿童青少年营养不良筛查》《标准对数视力表》《中小学校传染病预防控制工作管理规范》等标准，在学生伤害监测、学生常见病检查、学生健康状况评价及学生常见病预防控制方面发挥了重要作用。

学校卫生中疾病诊断评价标准的制定，提高了疾病诊断和治疗水平，推动了先进医疗技术在全国的应用，确保儿童青少年疾病的正确诊断和治疗。例如，正常的生理性脊柱弯曲是在儿童少年生长发育期间逐渐形成的，与充分的体力活动、良好的用眼习惯、正确的坐姿等有密切关系。但是有近15%～18%的脊柱弯曲异常被扩大诊断，实际却属于姿势不正。颁布、实施《儿童少年脊柱弯曲异常的初筛》，对纠正学生健康检查，以及升学、参军体检中的错误判定（误诊）起到澄清作用。目前，国际上认为该方法优于照相等判定方式，对此标准评价较好。再如，《儿童少年斜视的诊断及疗效评价》《儿童少年弱视的诊断及疗效评价》《儿童少年屈光度检测要求》和《儿童少年矫正眼镜》等卫生标准，为正确诊断儿童弱视、斜视、屈光检查、配备适宜的矫正眼镜提供了技术规范，提高了眼疾的诊断和治疗水平，有效地保护了学生的视力。部分标准简述如下。

（一）《中小学生健康检查表规范》（GB 16134—2011）

《中小学生健康检查表规范》（GB 16134—2011）于2011年12月30日发布，2012年5月1日实施。

1．范围 本标准规定了中小学生健康检查表要求及健康检查管理。本标准适用于普通中小学生健康检查，职业高中、技校亦可参照使用。本标准不适用于学龄前儿童健康检查。

2．规范

（1）中小学生健康检查表要求：包括《中小学生健康检查表》纸张规格和式样、健康检查项目以及《中小学生健康检查表》填写要求。

（2）中小学生健康检查管理：包括《中小学生健康检查表》的建表、存表和转表，中小学生健康检查频率，开展中小学生健康检查的机构与人员资质，中小学生健康检查的场所，生物标本的收集，中小学生健康检查结果评价与反馈。

（二）《学生健康检查技术规范》（GB/T 26343—2010）

《学生健康检查技术规范》（GB/T 26343—2010）于 2011 年 1 月 14 日发布，2011 年 5 月 1 日实施。

1. 范围　本标准规定了学生形态、生理功能、五官科、外科、内科与实验室检查指标的技术要求。本标准适用于普通中小学校、职业高中与技校学生健康检查，普通高等学校学生健康检查亦可参照执行。

2. 内容　《学生健康检查技术规范》是为贯彻执行《学校卫生工作条例》《中小学生健康体检管理办法》制定的，以《中小学生健康检查表规范》确定的内容为框架，规范了学生形态、生理功能、内科、外科、五官科与实验室检查指标的检查技术与方法。该标准有利于提高学生健康检查质量，对学生健康监测，制定学生常见疾病防治措施以及提高学生健康水平有重要作用。

（三）《标准对数视力表》（GB 11533—2011）

《标准对数视力表》（GB 11533—2011）于 2011 年 12 月 30 日发布，2012 年 5 月 1 日实施。

1. 范围　本标准规定了视力表设计标准、印制规格、使用方法以及视力统计方法等。本标准适用于 3 岁及以上儿童、青少年和成人的一般体检，招生、招工等体检的远、近视力测定与视力障碍的筛查，眼科和视光学临床等方面亦可参照使用。

2. 视力表使用

（1）视力表放置距离（检查距离）：远视力表应置于被检眼（结点）前方 5m（即远视力表标准距离）处；或 2.6m 处，需在该距离立一面垂直的镜子，以确保经反射后的总距离为 5m。近视力表应置于被检眼（结点）前方 25cm（即近视力表标准距离）处。

（2）视力表放置高度：远视力表 5.0 行视标与被检眼等高，近视力表与被检眼视线垂直。

（3）视力表照明：应采用人工照明，如用直接照明法，照度应不低于 300lx；如用后照法（视力表灯箱或屏幕显示），则视力表白底的亮度应不低于 200cd/m^2。照明力求均匀、恒定、无反光、不眩目。视力表应避免阳光或强光直射。

（4）视力测定：一般视力测定按视力表一般使用方法，测出被检眼所能辨认的最小行视标（辨认正确的视标数应超过该行视标总数的一半），记下该行视标的视力记录值，即为该眼的视力。超常视力和低视力测定按要求进行。

（5）视力记录：经本标准测得的视力用 5 分记录法记录。

（四）《中小学校传染病预防控制工作管理规范》（GB 28932—2012）

《中小学校传染病预防控制工作管理规范》（GB 28932—2012）于 2012 年 12 月 31 日发布，2015 年 5 月 1 日实施。

1. 范围　本标准规定了中小学校法定传染病及其他可能导致学生群体流行或暴发的非法定传染病的预防控制工作要求和内容。本标准适用于各级各类中小学校，托幼机构可参照执行。

2. 组织保障与制度

（1）成立传染病预防控制工作小组，职责明确，责任到人。

（2）学校应明确传染病疫情报告人。

（3）制定传染病预防控制的应急预案和相关制度：传染病疫情及相关突发公共卫生事件的应急预案、传染病疫情及相关突发公共卫生事件的报告制度、学生晨检制度、因病缺课登记及追踪制度、复课证明查验制度、学生健康管理制度、学生免疫规划的管理制度、传染病预防控制的健康教育制度、通风、消毒制度等。

3. 预防　通过健康教育、晨检、因病缺课的登记及追踪、健康管理、预防接种和卫生条件改善等措施进行预防。

4. 控制　通过报告、实施相关控制措施、加强个人防护等措施进行控制。

四、其他方面作用

学校卫生标准除了在创造良好的学习环境、提供安全的教育设施、预防和控制学生常见疾病之外,《0～6 岁儿童健康管理技术规范》《儿童安全与健康一般指南》《学生宿舍卫生要求及管理规范》《学生使用电脑卫生要求》等标准在学校卫生管理及儿童健康管理方面也发挥重要作用。

学校卫生标准涉及儿童青少年健康与生命安全,不但关系到人民群众的切身利益,而且关系到社会稳定和经济发展。学校卫生标准是贯彻各项学校卫生法律法规的重要技术依据,是卫生标准的重要组成部分,具有很强的技术法规性、规范的分类方法和严格的制修订程序。2010—2015 年期间,我国颁布了学校卫生标准 22 项,其中新制定标准 14 项、修订标准 8 项,国家标准 19 项、卫生行业标准 3 项。学校卫生标准在创造良好的学习环境、提供安全的教育设施、预防和控制学生常见疾病,以及学校卫生管理和儿童健康管理方面发挥着重要作用。

（马　军）

【学习思考】

1. 简述卫生标准的内涵、特性及分类。
2. 简述学校卫生标准体系作用及制定原则。
3. 简述学校卫生标准制定原则要求及要素表达。
4. 简述学校卫生标准的意义及其对学校卫生工作的作用。

第四章 儿童少年生长发育

Growth and Development of Children and Adolescents

儿童少年生长发育（growth and development of children and adolescents）包括身体、心理发育两方面，是儿童少年群体的基本特征之一。个体的生长发育水平是健康状况的反映，群体的生长发育水平则是社会发展、卫生保健和社会文明的标志。生长发育是反映儿童少年个体和群体健康状况的重要内容，只有了解儿童少年身体发育、心理行为发育、认识生长发育的一般规律，才能更好地发现和探究各种影响生长发育的因素，以便有针对性地采取干预措施，提高儿童生长发育水平，防治生长发育障碍性疾病，还可以为制定学校卫生各项标准，实施学校卫生监督提供科学依据。因此，儿童少年生长发育是儿少卫生、学校卫生监督的重要学科基础内容之一。

第一节 儿童少年身体及心理行为发育

一、儿童少年身体发育

（一）儿童少年体格发育

儿童的体格发育（physical growth）是儿童生长发育测量的重要内容，指人体外部形态、身体比例和体型等方面随年龄而发生的变化，亦称身体发育。

儿童体格发育水平反映个体的生长状况，提高儿童体格发育水平，是学校卫生和儿少卫生最基本的工作内容。体格发育测评指标很多，是评价儿童少年发育水平和健康状况的重要指标。

体格发育指标 体格发育测量指标可以用人体测量学方法准确测得，这些指标代表了人体体格发育的不同方面，大体可分为三类：

（1）纵向测量：主要是长度指标，包括身高（stature，height）、坐高（sitting height）、上肢长（upper extremity length）、下肢长（lower extremity length）、手长（hand length）、足长（foot length）等。

（2）横向测量：包括围度和径长。围度的测量包括：胸围（chest circumference）、头围（head circumference）、腹围（abdominal circumference）、上臂围（girth of upper limb）、大腿围（thigh circumference）、小腿围（calf circumference）、臀围（hip circumference）等。径长的测量包括：肩宽（breadth of shoulder）、骨盆宽（crista breadth）、胸廓前后径及左右径、头前后径及左右径等。

（3）重量的测量：包括体重（body weight）、瘦体重（lean body mass）、体脂含量（body fat）等。

其中，身高、体重、胸围是体格发育的最基本的指标，其综合代表性最强，在学校卫生保健工作中应用广泛。

（二）儿童少年体能发育

体能（physical fitness）是生理功能（physiological function）和运动能力（motor ability，也称运动素质）的统称，是个体在先天遗传和后天获得基础上表现出的相对稳定的特征。体能是健康概念的重要延伸，体能评价可全面、准确地评价人体的生理功能和健康状况，指标以生理功能和运动素质指标反映。

1. 生理功能指标　生理功能水平反映机体及各系统、器官表现出的生命活动能力。常用的生理功能指标有：①反映心血管功能的指标：包括一定负荷下人体心率（heart rate）、脉搏（pulse）、动态血压（blood pressure）的变化；②反映呼吸功能的指标：呼吸频率（breathing rate）、呼吸差（respiration difference）、肺活量（vital capacity）、肺通气量（pulmonary ventilation volume）等；③反映肌肉力量的指标：握力（grip strength）、拉力（pulling force；tensile force）和臂肌力（arm strength）等。

儿童少年生理功能的发育速度呈现波浪式的发展规律。如心血管功能指标和呼吸功能指标，其发育模式与身高、体重相同，均随年龄增长而增高，并有明显的生长突增表现。

2. 运动素质（motor constitution）指标　指人体在运动中有效完成某些专门动作的能力，是不同肌群协调性动作的体现。运动素质是衡量体质状况的一个主要标志，受遗传与环境因素的双重影响。运动素质水平因人而异，同一个人在不同年龄段和不同条件下也会发展变化，可自然增长、自然消退和训练增长。

运动素质指标包括：力量、速度、耐力、灵敏性、柔韧性、平衡和协调能力等。各个运动素质之间，彼此相互影响、密切联系。无论哪方面指标，都需要通过一种或几种运动项目的成绩来反映。

在儿童少年中常采用的运动项目有：①力量指标：俯卧撑、引起向上、立定跳远、仰卧起坐、屈臂悬垂、投掷铅球等；②速度指标：短跑、游泳、球类等；③耐力指标：中距离耐力跑、投掷、仰卧起坐、引体向上、立位体前屈和反复横跳等。

此外，利用台阶运动试验、最大耗氧量（maximum oxygen expenditure）等来反映生理功能、肌力、耐力等综合体能发育指标；利用各种田径、游泳等项目，反映个体的力量、耐力和运动技巧等；一定运动负荷下表现出的心率、血压等指标，能敏感反映个体的心血管和肺功能综合水平。

除生理功能、运动素质指标外，还有一些用来评价儿童的体能和素质的指标，如灵敏性（sensitivity）和柔韧性（flexibility）。灵敏性说明了神经、肌肉的协调能力，是人的运动技能、神经反应和各种身体素质的综合表现；柔韧性为人体关节活动能达到的范围和幅度，其增长随人体的生长发育而自然获得，在儿童少年的生长发育期发展柔韧性素质更易取得成效，其发展的敏感期大约在8~12岁，随年龄的增长，柔韧性相对降低。

（三）儿童少年体成分与体质

身体成分（body composition）简称体成分，指人体总重量中不同身体成分的构成比例，属于化学生长（chemical growth）范畴。儿童青少年处于生长发育的关键时期，了解不同性别、年龄、种族间体成分的差异，探讨体成分发育与疾病的关联，将为增强儿童少年体质、预防和控制成年期慢性疾病提供重要思路。

描绘体成分发育变化的最常用指标是体脂和瘦体重，体成分发育有明显的年龄特征和性别特征。就体脂而言，我国学者观察了6～18岁双生子队列，发现男孩在6～12岁期间体脂百分比（%BF）持续增加，青春期开始明显降低；而女孩青春期前体脂百分比则缓慢上升，进入青春期后快速增长；而瘦体重（LBM）则随着年龄的增长而增长，性别差异也随年龄增长而扩大。

体质（physical fitness）是指人体的质量，是一切生命活动的物质基础。它是在遗传和环境的相互作用下表现在人体形态结构、生理功能及心理素质等方面的综合的、相对稳定的特征。

遗传是人体体质形成和发展的先天条件，奠定了体质发育的基础，决定了它的发展潜力，而人类的生存环境、劳动情况、受教育状况、体育锻炼水平等环境因素对人体体质的发展有着直接或间接的作用，影响了遗传所赋予的发展潜力，决定了体质发育的现实性。一般而言，人的体质水平表现出经济发达国家比不发达国家高、城市比农村高、经常参加体育锻炼的人比极少参加体育锻炼的人高的特征。

人体体质的形成和发展具有非常明显的个体差异和阶段性，其强弱反映了人体在某一发育时期的形态结构、生理功能和心理因素的综合的、相对稳定的一种状态，可见人的体质发展水平是处在动态变化中的。在影响体质的诸因素中，良好的营养以及有目的、有计划、科学的进行体育锻炼是最为积极有效的提高体质的手段。

体质的内容包括：身体的发育水平，包括体格、体型、营养状态和身体组成成分等；生理功能水平，包括机体的新陈代谢水平及各系统、器官的工作效能；身体素质和运动能力发展水平，包括身体在运动中表现出来的力量、速度、耐力、灵敏性、柔韧性、平衡和协调能力等素质；心理的发展水平，包括感知觉、言语、记忆、思维、情感、性格、行为等；适应能力，包括对自然环境、社会环境、各种生活紧张事件的适应能力以及对疾病和其他有碍健康的不良应激原的抵抗能力或抗病能力。

国家体委、教育部、国家卫生计生委等多部门共同组织实施的每五年一次的体质调查和研究，为揭示儿童少年国民体质发育状况及变化规律等提供了非常丰富的基础资料，为政府促进学生健康的科学决策提供了详实可靠的依据。

二、儿童少年心理行为发育特点

儿童心理行为发育是一个非常复杂的过程。从受精卵开始到出生、成熟，其心理和行为特征都在不断地发生变化，每一个年龄阶段都表现出不同的心理行为发育特征，既表现出连续性，又表现出发育的年龄阶段性。在整个发育过程中，脑发育是各种心理行为发育的物质基础。儿童心理行为发育的总趋势是从简单到复杂、从低级到高级的上升过程，各种心理过程和行为特征相互联系、相互影响、共同发展。

心理发育（psychological development）是指个体或种系从产生到死亡期间持续而有规律的心理变化过程。儿童心理行为发育包括认知、语言、情绪、人格和社会适应等方面，这些方面的发展相互影响，相互促进。

婴幼儿期是心理行为发育的关键期，是心理行为发生发展、人格初步形成的重要时期，具有巨大的发展潜力和可塑性,对儿童一生的发展至关重要;学龄前期是儿童进入学校前的生理和心理的准备时期;学龄期是儿童心理行为发育的一个重要转折时期;青春期其生理发育已达到成熟,在个性及其他心理品质上表现出更加丰富和稳定的特征,是人生发展的重要阶段。

(一)婴幼儿期心理行为发育特点

婴幼儿期是人生的最早阶段,人类各种心理活动包括感觉、知觉、注意、记忆、学习、想象、思维、言语、情感及自我意识以及个性心理特征都是在该阶段逐渐发展的。在婴幼儿的认知能力中,感知觉是最先发展且发展速度最快的,在婴幼儿认知活动中一直占主导地位。感知觉是人脑对当前作用于感觉器官的客观事物的反映,是感性认识的最初形式,可分为视觉、听觉、嗅觉、味觉和皮肤觉五种,儿童通过感知觉获取周围环境的信息并适应周围的环境。

1. 感知觉发育

(1)视觉:出生后24～96小时的新生儿就能觉察移动的光,3～4周后视觉开始集中,可以注视物体,逐渐用眼睛追踪移动的物体,4个月左右的婴儿开始对颜色有分化反应,6个月以前是视力发展的敏感期。2～3岁已能正确辨别红、黄、绿、蓝四种基本颜色并出现双眼视觉。

(2)听觉:听觉的发生在胎儿期,5、6个月的胎儿即已开始建立听觉系统。出生24小时后,对听刺激有反应,能区分不同频率的声音,对语音特别敏感。4个月就能分辨成人的声音,5个月已经能感知音乐旋律的变化,1岁左右,两眼能注视声源,开始学样发音,并听懂自己的名字;到2岁以后,听力已经很灵敏,几乎达到成人水平,能够判断声响的发生方位,对声音节奏的变化已经相当敏感,常常能表现出跟随音乐节拍的身体运动。

(3)味觉、皮肤觉:味觉在出生时发育已相当完好,新生儿对酸、甜、苦、辣、咸等味道,都有不同的反应,并表现出明显"偏爱"甜食。味觉在婴儿和儿童时期最发达,以后就逐渐衰退。皮肤觉中最发达的是触觉、痛觉,逐渐产生温度觉。对婴儿的抚触就是通过对触觉的刺激,增强婴儿触觉的敏感性,加强对外界的反应,促进其发育。

(4)知觉的发展:知觉(perception)是人体的各种感觉器官在外物刺激下协同活动的产物。刚出生的新生儿就具有基本的听觉定向能力,3个月左右的婴儿已具有分辨简单形状的能力(形状知觉),6～14个月的儿童已有了深度知觉,对不同复杂程度的黑白线条图表现出不同的凝视时间,偏爱复杂的曲线图形,尤其对人脸和与人脸相似的图形的注视时间较长。到了3岁末儿童开始有了空间知觉和时间知觉的萌芽,能辨别上下,但还不能很好地辨别前后左右;能正确地运用早上和晚上的时间概念,能听懂"昨天""明天"这些词,但不能正确使用。

2. 气质(temperament)　是婴儿出生后最早表现出来的一种较为明显而稳定的个性特征,气质类型是指表现在婴幼儿的一类共同的或相似的心理活动特性的典型结合。一般将气质类型分为容易型、困难型、迟缓性、中间型等。气质及其类型在婴儿社会发展过程中具有重要的地位和作用,对了解和预测婴儿的个性发展与社会相互作用具有重要的指导意义。

3. 注意和记忆的发展　注意(attention)是心理活动对一定对象的有选择的集中。注意是人们获得知识和提高工作效率的必要前提。而记忆(memory)是人脑对过去经验的反映,是人脑保持信息和再现信息的心理过程。记忆是在注意力的基础上逐步发展起来。人们对已有的知识、经验、动机、情绪和某些个性品质等主客观因素,都对记忆的效果有影响。

3 个月起婴儿能够比较集中地注意新鲜事物，5、6 个月后能够比较稳定地注视一个事物，但时间不能持续很长，而且仍有不随意性；记忆的表现是再认，4 个月可区分熟悉的人和陌生人，表现为认生与再认。5、6 个月可再认妈妈，但再认保持时间较短（几天），1 岁时只能再认相隔十几天的事物，3 岁时能再认相隔几十天或几个月的事物，此期记忆以无意记忆、形象记忆、机械记忆为主。

4. 思维和想象力的发展   思维（thinking）是人脑对客观事物间接、概括的反映，它能认识事物的本质和事物之间的内在联系。想象（imaging）是对已有的表象进行加工改造，形成新形象的心理过程。婴幼儿的思维特点主要是直观行动性，即思维是在动作中进行的，而不能离开动作在动作外思考，更不能计划动作、预见动作的后果。想象是随着语言的发展而产生的，1～2 岁出现想象的萌芽，主要是通过动作和口头言语表达出来；3 岁时，随着在日常生活中积累的经验与言语的发育，逐渐产生了具有简单想象性的游戏，但这种想象是没有目的性的，比较零散，内容简单。

5. 言语及语言发育   婴幼儿的言语发育可以大致划分为三个不同的阶段：言语发展的准备时期（从出生到 1 周岁）、单词句时期（1～1.5 岁）和多词句时期（1.5～3 岁）。在婴儿期，5 个月左右，儿童能够发出一些音节，如 ma-ma。10～11 个月起开始模仿成人的发音，能听懂成人的一些话，并做出相应的动作（如拍手）；1 岁左右能听懂 10～20 词，并能说出很少的几个单词。而幼儿期是完整的口头言语发展的关键期，也是连贯性言语逐步发展的阶段，不但能理解成人的言语，也能运用语言和成人进行交际。1.5～2 岁，幼儿掌握的词汇迅速增加，18 个月以后的婴儿掌握新词的速度提高到每月 25 个，这种掌握新词的速度猛然加快的现象，被称为"词汇激增"或"词语爆炸"现象；19～20 个月末时，幼儿逐渐进入双词语阶段；2～3 岁儿童所说的句子逐渐加长，并基本掌握词法和句法，3 岁时已经基本能够表达完整的句子。

6. 情绪和个性的发展   新生儿有两种基本的情绪：愉快和不愉快。在整个婴幼儿时期，情绪体验相当丰富，但此期婴幼儿内抑制力较差，情绪易变，易感受外界刺激的影响。随着活动内容的增加和活动范围的扩大，幼儿的情绪经验更加深化、发展，情绪逐渐与社会性需要相联系，社会化成为儿童情绪情感发展的一个主要趋势。从情绪所指向的事物来看，儿童的情绪发展趋势越来越丰富和深刻化，情绪的冲动性逐渐减少，稳定性逐渐提高，在2～3 岁时，当儿童获得自我认知和评价自己行为的标准时，会出现尴尬、骄傲、内疚和害羞等次级情绪。

（二）学龄前期儿童的心理行为发育特点

学龄前儿童（3～6 岁）的心理行为发育水平很大程度上取决于其动作和言语的发展。此时期幼儿的主要活动是游戏活动，各种心理过程带有明显的具体形象性和不随意性。随着活动和言语能力的提高，学前期儿童的游戏从模仿型游戏发展为主题游戏，在认知方面，空间知觉和时间知觉有了初步的概念，但欠准确，也不稳定；注意以无意注意占优势，鲜明、新颖、具体、变化的事物都能引起幼儿的注意，识记也有很大的随意性，还有很大的直观性和形象性，儿童感兴趣的、印象鲜明强烈的事物容易记住。此期儿童的思维发展的特点从以具体形象思维为主要形式逐步过渡到以抽象逻辑思维为主要形式，其中占主导地位的仍然是具体思维，其想象力也以无意想象为主，集中表现在游戏活动中，表现为好奇、好问，这种特点将持续整个儿童阶段，但在学龄前期最为突出。此外，学龄前是完整的口头语言发展的关键时期，是一生中词汇量增加最快的时期，言语功能迅速发展，词汇的数量不断增加，内容不断丰富，逐步掌握语法结构，掌握一些抽象性和概括性较大的词，也是连贯性语言逐步发展的时期。到5～6岁，已能讲述完整的故事，言语的表达能力从情境性言语向连贯性言语过渡，从外部言语向内部言语过渡，而语言的连贯性发展也促进了此期儿童逻辑性思维的发展。学前期儿童的情绪情感从易变性冲动性向稳定性、自控性发展，最重要的发展是社会性情感如道德感、美感的发展。到了学前晚期，情绪的冲动性逐渐减少，自我调节情绪的能力逐渐增强，情感的稳定性和有意性逐步增长起来，并能有意地控制自己情感的外部表现。此时期还是个性初步形成的时期，其中自我意识的发展起重要作用，如自我评价、自我概念、自我体验和自我控制等逐步形成并进一步发展，成人的评价在儿童个性发展中起重要作用，儿童从轻信成人的评价，到独立自我评价，成人的评价在儿童个性发展中起重要作用。因此，成人必须对儿童作适当的评价，对儿童过高或过低的评价都是对儿童有害的。

总之，学前期儿童最突出的特点是活泼好动、好奇心强、好提问题、易冲动、自制力差、易受暗示、模仿性强。故针对儿童以上的特点，应给予正确指导，努力创造良好的环境，为儿童创设良好的榜样，使儿童在模仿中学习。

（三）学龄期儿童的心理行为发育特点

6～12岁是儿童进入学校学习的时期，学习活动逐步取代游戏活动而成为儿童的主要活动形式，并对儿童的心理行为发展产生重大影响。学龄期开始，空间知觉进一步发展。能够根据自己的位置正确判断与各种物体之间的空间关系，注意力、记忆力全面发展，表现为有意注意延长，观察力提高；注意的内容由具体直观到抽象概括，注意的特性如集中性、稳定性随年龄的增长而逐步提高。此期儿童的记忆能力迅速发展，从机械记忆占主导地位逐渐向理解记忆占主导地位发展；从无意识记占主导地位向有意识记占主导地位发展；从具体形象识记占主导地位向词的抽象识记逐渐增长发展；表明记忆在童年期发生了重大变化。此期也是儿童思维发展的一个重大转折时期，是具体形象思维向抽象逻辑思维发展的过渡阶段。思维尽管仍带有很大的具体性，但已逐步过渡到以抽象逻辑思维为主要形式。此期儿童具有较强的模仿力，其想象力发展也以模仿性想象为主，因此，成人的言行对其行为塑造起关键作用。学龄期儿童口语发展迅速，对语言的理解能力逐渐增强，并开始大量地学习和使用书面语言。内部语言有了明显的发展，内部语言是语言发展的高级形态，其发展与书面语言及思维的发展密切相关。此外，个性和情绪的发展处于过渡阶段，从外露的、易激动的表现向内化的、稳定的表现发展，即随着年龄的增长，儿童对情绪的自我控制能力逐步增强，冲动表现减少，情感的稳定性逐渐上升，自主行为和道德行为也开始发展，一些高级情感如责任感、集体荣誉感、社会道德感等都表现出来。随着社会化的丰富使儿童进一步加深了对自我和他人的认识和了解，使其个性和社会性有了新的发展。学龄期儿童的自我意识处于客观化阶段，从逐渐摆脱对外部控制的依赖，到发展内化的行为准则来监督、调节和控制自己的行为，从对外部行为的认识转向到对自己内部品质的评价，从比较笼统的评价转到比较细致的评价，自我评价逐渐趋于成熟。

（四）青春期儿童的心理行为发育特点

青春期是个体从童年期向青年期过渡的阶段，是一个从不成熟到成熟发展的时期，是生理和心理上的急剧变化和自我意识迅速发展的时期。

青春期的儿童记忆、思维、分析功能已接近成人，有意注意进一步发展，注意力能高度集中而且能保持40分钟以上，注意的转移能力提高，能主动调节自己的心理活动指向某种必须注意的客体，努力抑制自己的兴趣，排除周围的干扰而持久地集中注意，注意范围也较儿童期显著扩大。理解和抽象记忆能力达到一生中的高峰时期，抽象逻辑思维能力迅速发展并占主导地位，从"经验型"的抽象向"理论型"抽象发展，思维的独立性、批判性逐渐加强，富有创造精神，常提出一些新设想、新见解，但认识问题能力一般不稳定，行为带有一定的冲动性和盲目性。青春期还是情感、意志和个性加速发展的重要时期，处于一个既成熟又不成熟、既独立又依赖的错综矛盾时期，主要表现在独立和依附的矛盾、闭锁性和开放性的矛盾、生理发育迅速但心理发展相对缓慢的矛盾中。

青春期还是自我意识迅速发展的时期，特别是表现出"成人感"的意识，有一种成熟的体验，模仿成人的外表，也学习成人的优秀品质、知识和技能。但由于少年期道德观念不成熟，当遇到不良环境的影响，易于出现消极不端行为。此外，其自我评价逐渐趋于成熟，从片面性向全面性发展，对自己的评价也从身体特征和具体行为向个性品质方面转化。青春期还是性意识发展时期，随着性发育的逐渐成熟，青少年的性意识急剧发展，从对异性的好奇转向对异性的向往和接近，并做出一些超乎寻常的举动甚至恶作剧来吸引异性对自己的注意。

总之，青春期是一个不稳定时期，也是可塑性大、成长快的时期，大多数青少年在该阶段已经能通过对自己和社会环境的综合认识来调整自己的行为发展，并逐步建立起与周围相适应的行为模式，但由于青春期的少年身心发展不均衡，又会感受许多心理矛盾、压力和冲突，初步形成的人生观还不稳定，容易受外界影响而改变，因此，容易出现心理行为问题。

各阶段儿童心理年龄特征是在一定社会和教育条件下形成的，既是稳定的，又是可变的，心理发展的各阶段顺序、各阶段的心理特点以及各阶段的心理发展过程和发展速度保持相对稳定，但心理年龄特征受社会和教育条件的制约，所处社会和接受的教育会对儿童心理行为发育产生重要影响。了解儿童青少年的心理行为发育需要明确：第一，儿童的认知、语言、情绪和行为等在不同年龄段有不同的发育特点，评价儿童的心理行为发育通常以年龄、性别的心理发育水平为标准；第二，同龄儿童在各项心理要素发展水平上存在个体差异，当这些差异偏离正常水平时，属心理行为异常。

第二节   儿童少年生长发育的特征及一般规律

生长发育一般规律（general principles of growth and development）指儿童少年生长发育过程中普遍所具有的现象。在生长发育过程中，因受遗传、环境多因素影响，生长和发育速度个体间差异较大。每个儿童的生长发育都有其特殊性，但又遵循一些普遍规律。了解生长发育的特征及发育规律，不仅可评价儿童的生长发育现状，而且可了解其既往发育史和未来的生长潜力，对儿童青少年的健康成长提供科学指导。

一、生长发育的阶段性和连续性

生长和发育密不可分，是一个动态的连续过程。整个儿童时期，生长发育都在不断地进行，但每个时期呈现出的特点不尽相同。根据这些阶段的特点，加上生活和学习环境的不同，可将儿童少年的生长发育过程划分为以下几个年龄期：

婴儿期（infant period）：0～1岁；

幼儿期（toddle period）：2～3岁；

学前期（pre-school period）：3～6岁；

学龄期（school period）：6～12岁，也称童年期（child period）；

青春期（adolescence）：约10～19岁，女孩比男孩早2年；

青年期（youth period）：约18～25岁。

上述年龄分期仅人为规定，相邻各年龄期之间并没有明显的界限，与教育阶段的划分基本一致。目前，世界卫生组织（WHO）将18岁以下的人群都界定为儿童。

生长发育有一定程序，各阶段间顺序衔接，不能跳跃。发育过程按照一定程序由上而下、由近到远、由粗到细、由低级到高级、由简单到复杂地进行。前一阶段为后一阶段奠定基础，而后一阶段是前一阶段发展的必然趋势；任何阶段发育出现障碍，必然对后一阶段产生不良影响。

如婴儿初生一年，语言发育必须先学会发音，同时听懂单词，然后会说单词；消化系统发育必须从流食开始，然后半流食、固体食物。婴幼儿期，粗大动作（gross motor）按抬头、翻身、坐、爬、站、走、跑、跳的发育程序进行，即遵循"头尾发展律"（principal of cephalocaudal development）。同时，粗大动作和精细动作（fine motor）遵循"近侧发展律"（principal of proximodistal development），即近躯干的四肢肌肉先发育，手的精细动作后发育，遵循由近而远，身体的中心部分比末梢部分先发育，如新生儿只会上肢无意识的乱动（初生时），到有取物动作，但全手一把抓（4、5个月），到能用拇指、食指取物（8个月），12个月左右才会用拇指和其余指指尖来拿捏细小物体，握放自如，粗大动作逐渐变成细致的，正确有目的的动作。说明粗大动作先发育，精细动作后发育；近端先发育，远端后发育。2岁后手动作更准确，会用勺子吃饭，但需在手、腕的协调配合下进行；画图、写字等精细动作则要到5～6岁左右才能实现。

青春期前身体的生长也遵循头尾发展规律，伴随肢体、躯体的线性生长，2个月胎儿的头与躯干的比例为1：1，出生时该比例为1：4，而成人时头颅仅占躯干长度的1/8。青春期身体各部形态的发育遵循"向心律"（centripetal pattern），即下肢先于上肢，四肢早于躯干，呈现自下而上，自肢体远端向中心躯干的规律性变化。

二、生长发育速度的不均衡性

生长发育是连续的，但不是以同一速度进行，整个生长期内，个体的生长速度是不均衡的，时快时慢，使生长速度呈波浪式曲线。

从胎儿到成人，全身和大多数器官系统先后出现两次生长突增。第一时期自胎儿期，是人类发育的第一个快速增长时期，称为第一生长突增期。此时期身长在胎儿4～6月增长约27.5cm，占正常新生儿身长的一半，是一生中增长最快的阶段；体重在胎儿7～9月增长约2.3kg，占正常新生儿平均体重的2/3以上，也是一生中增长最快的阶段（图4-1）。出生后生长速度有所减慢，但生后第一年身长增幅仍达20～25cm，约为出生时身长的40%～50%；体重增长6～7kg，为出生时的2倍，都是出生后生长最快的一年。出生后第二年，身长增长约10cm，体重增长约2～3kg。

　　2 岁后生长速度减慢并保持稳定,身高年均增长 4～5cm,体重增长 1.5～2kg,直到青春期开始。这一时期称为稳定生长期。此阶段部分儿童可出现生长加速现象,多出现在 6～7 岁。

　　青春发育开始后,女童约 9～10 岁,男童约 10～12 岁生长速度再次加快,在青春发育初期出现第二次生长突增,持续约 3 年左右,称为第二生长突增期。此时期身高一般增长 5～7cm/ 年,身高突增高峰(peak height velocity,PHV)时一年即达 10～12cm,男孩增幅大于女孩。体重一般增长 4～5kg/ 年,高峰时可达 8～10kg/ 年(图 4-2、图 4-3)。约 3 年后,生长速度又减慢,到女 17、18 岁、男 22 岁左右,身高基本停止增长。

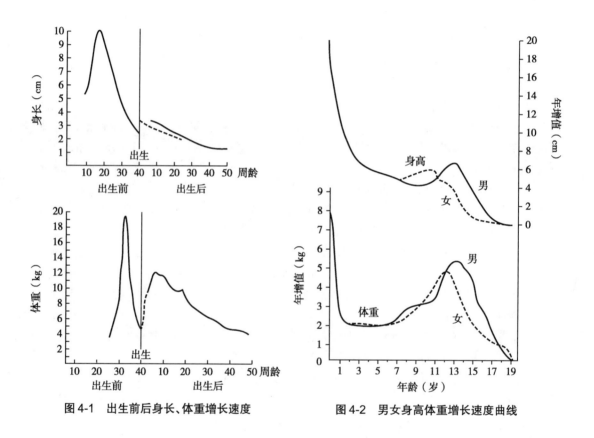

图 4-1　出生前后身长、体重增长速度　　　　图 4-2　男女身高体重增长速度曲线

　　值得注意的是,由于女孩第二次生长突增较男孩开始早,故在 10 岁左右,男、女的生长曲线出现第一次交叉。交叉前男孩的生长水平略高,交叉后女孩超过男孩;到 12 岁左右,男孩第二次生长突增开始,而此时女孩生长速度已开始减慢,故生长水平又是男高于女,曲线呈现第二次交叉。而且,由于男孩突增期间的增长幅度较大,生长时间持续较长,所以到成年时绝大多数身体形态指标均比女孩的高。

　　由于身体各部的生长速度不同,故在出生后的整个生长发育过程中,身体各部的增长比例大致是:头颅增 1 倍,躯干增 2 倍,上肢增 3 倍,下肢增 4 倍,最终形成以较小的头颅(占全身 1/8)、较短的躯干和较长的下肢(占全身 4/8)为特征的成人体态(图 4-4)。

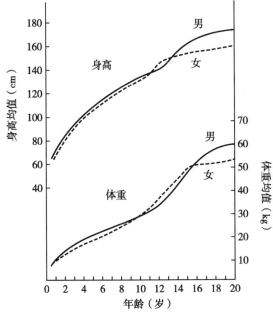

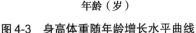

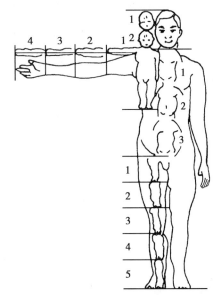

图 4-3 身高体重随年龄增长水平曲线　　图 4-4 婴儿至成人身体各部分发育的比例

三、各系统生长模式的程序性和时间性的协调

生长发育中各器官、系统的发育类型也称生长模式（growth pattern），表现为各器官、系统的成熟度随年龄而发生变化，在时间进程上各有不同。如神经系统发育较早，大脑在孕后期以及生后头两年发育较快；淋巴系统在儿童期生长迅速，但于青春期前达到高峰，以后又逐渐下降；生殖系统发育最晚，在青春发育期前，生殖系统一直处于幼稚状态，青春期启动后生殖系统开始加速发育；Scammon.R 通过发育水平曲线的描述，将人体器官、系统的生长曲线归纳为五类，称 Scammon 生长模式（图 4-5）。

1. 一般型　以体格形态发育为代表，全身的肌肉、骨骼、主要脏器包括心脏、血管、肾、脾以及呼吸器官、消化器官及血流量等，它们的生长与身高、体重呈同样模式，即出生后第一年增长最快，以后稳步增长，到青春期出现第二次突增，然后增长趋势再度减慢，直到成熟。

2. 神经系统型　脑、脊髓、视觉器官和反映头颅大小的头围、头径等，只有一个生长突增期，而没有青春期第二次生长突增。其快速增长阶段主要出现在胎儿期至 6 岁前，出生脑重达成人脑重的 25%，6 周岁时脑重约 1200g，达成人脑重的 90% 左右。因此，头围测量在评价 6 岁前（学前）儿童神经发育方面很有意义，尤其是 3 岁前更为重要。

3. 淋巴系统型　胸腺、淋巴结和间质性淋巴组织等，在出生后的头 10 年生长非常迅速，12 岁左右约达成人的 200%，青春期达到高峰，以后逐渐衰退，成年时仅相当于高峰时的一半。为此，在体检时对儿童淋巴系统状况的评价，不应以成人的标准来衡量。

4. 生殖系统型　除子宫外的生殖器官，生后头 10 年内几乎呈停滞状态；青春期突增开始后迅速生长，并通过分泌性激素，促进身体全面发育与成熟。

5. 子宫型　子宫、肾上腺发育在出生时较大，其后迅速变小，青春期开始前才恢复到出生时的大小，其后迅速增大。

总之，机体各系统的发育既不平衡又相互协调，各系统的生长发育也并非孤立地进行，而是相互影响和相互适应，是人类在长期生存和发展中对环境的一种适应性表现。任何一种对机体作用的因素，都可能影响到多个系统。

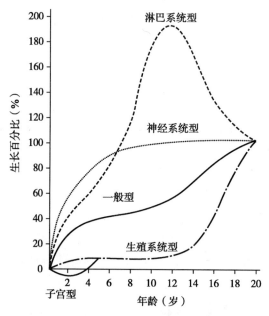

图4-5   身体组织器官的五种生长模式

四、生长轨迹现象和生长关键期

人类生长的显著而基本的特征是自我稳定或向着一定的目标前进，通过遗传的控制和从环境中摄取能量。在外环境无特殊变化的条件下，个体的发育过程通常稳定，呈鲜明的轨迹性，称为生长轨迹现象（growth canalization phenomenon），即指群体儿童少年在正常环境下，生长过程将按照遗传潜能决定的方向、速度和目标发育。该轨迹有动态、复杂的调控系统。它尽力使生长中的个体在群体中保持有限的上下波动幅度。一旦出现疾病、内分泌障碍、营养不良等不良影响，会出现明显的生长发育迟滞；一旦这些阻碍因素被克服，儿童会立即表现出向原有生长轨道靠近和发展的强烈倾向。这种在阻碍生长的因素被克服后表现出的加速生长并恢复到正常轨迹的现象，称"赶上生长（catch-up growth）"，也称追赶性生长。如，群体儿童在战争、饥荒之后几年内的生长发育即属此类。日本在战后大量补充牛奶，"一杯牛奶救活了一个民族"，使战后日本儿童的身高明显达到了赶上生长。营养不良儿童、生长激素缺乏和甲状腺机能低下儿童进行治疗后就能出现加速生长，使发育恢复或者接近正常。

然而，并非所有的疾病恢复过程一定能回到原有的生长水平，当阻碍儿童生长的因素被克服后，能完全回到原来的生长轨道时称作完全性赶上生长，否则称作不完全性赶上生长。患儿能否出现赶上生长，能否使生长恢复到原有的正常轨迹，取决于致病的原因、疾病的持续时间和严重程度。如果病变涉及中枢神经系统和重要的内分泌腺，或病变较严重，或体液的内环境和代谢过程平衡长期得不到恢复，就不能出现赶上生长或完全性赶上生长。

　　赶上生长是儿童生长发育研究领域中的重要课题，它对于促进儿童生长发育具有重要的现实意义。但并非所有的疾病恢复过程必然伴随赶上生长。患儿能否出现赶上生长，能否使生长恢复或接近到原有正常轨迹，取决于致病的原因、疾病的持续时间和严重程度。如果病变涉及中枢神经系统，病变比较严重，或者阻碍生长的因素发生在儿童生长发育的各个关键时期，就不能出现赶上生长。

　　许多重要的器官和组织都有生长关键期（critical growth period）。此时若生长发育过程受到干扰，常导致永久性的缺陷或功能障碍。换言之，一旦不能抓紧时机治疗，这些器官、组织即便出现赶上生长，也往往是不完全的。例如，如胎儿及婴幼儿期是脑发育的关键时期，尤其是胎儿中后期至出生后 6 个月，脑发育迅速，脑细胞数量大量增加，此期若发生严重的热量 - 蛋白质营养不良、缺氧、产伤等，细胞的分裂、增殖速度将急剧减慢，形成脑组织不可逆性的障碍。即便以后采取积极干预措施，也不能完全实现赶上生长，脑细胞数量不能恢复到应有水平，患儿的智力将受到严重影响。

　　人类的语言、运动、社会行为的发育都有关键期，如 2～3 岁是口头语言发展的关键期，掌握词汇能力 5～6 岁发展最快，儿童视觉发展的关键期是从出生到 4 岁，4 岁前形象视觉发展最敏感，4 岁是图像的视觉辨别的最佳时期。掌握数的概念，最佳年龄 5～5.5 岁，4～5 岁是儿童学习书面语言的最佳期。因此，早期教育和训练非常重要。

　　生长发育的一般规律是在种系发育过程中机体与环境长期相互作用的结果，认识这些规律，对正确评价发育水平、发育速度以及适时地采取相应的卫生措施都有重要指导意义。

第三节　儿童少年生长发育的影响因素

　　儿童少年的生长发育是在机体与外环境相互作用下实现的。影响生长发育的因素是复杂的、多方面的。归纳起来，可分为遗传因素和环境因素两大类。遗传因素决定了生长发育的可能性，即决定了生长发育的潜力；各种环境因素则在不同程度上影响该潜力的正常发挥，决定发育的速度及可能达到的程度，即决定了生长发育的现实性。儿少卫生学的重要任务之一是在认识生长发育规律的基础上，研究其各种影响因素；充分利用有利因素，尽可能消除或控制不利因素，使生长潜力得到最大限度发挥，保障儿童少年正常生长发育。

　　影响生长发育的因素是多种多样的，可归纳为遗传因素及环境因素两大类。

一、遗传对生长发育的影响

　　遗传是指子代和亲代间在形态结构及生理功能上的相似性。在胚胎发育过程中，由于受精卵中父母双方各种基因的不同组合，决定了子代个体发育的各种遗传性状，通过基因传递，使子代可以显现亲代的形态、功能、性状和心理素质等特点，形成每个儿童各自的生长发育潜力。但这种潜力能否充分发挥，受到环境因素的制约及其和遗传因素的交互作用。

　　遗传是影响生长发育的重要因素，儿童的生长发育"轨迹"（trajectory）、特征、潜能、趋势等是由父母双方遗传因素共同决定的。身高、体重、性成熟早晚、智力等都与家族遗传有关；个体的外貌特征（如肤色、发色、眼色等）、体型、月经初潮年龄、生长发育水平等有鲜明的种族遗传特征。

　　一般而言，父母为高身材，子女的身材也较高，但子女成年身高超过父母身高的可能性较小，而低于父母身高的可能性较大；父母为矮身材，子女的身材也矮些，但子女成年身高超过父母身高的可能性较大。人类经过世代繁衍，其身高总是遵循正态分布规律，表现为中等身材者占大多数。父母与子女身高的相关系数有随年龄上升的趋势，提示遗传因素越是在后代接近个体成熟阶段表现得越充分，该现象称为"家族聚集性"。智力受遗传影响，但环境因素可影响该遗传效应。因为高智商父母更倾向于在家里为孩子准备书籍、玩具，营造有利于智力发展的环境条件。同时这些儿童常能主动寻求有利于自身智力发展的环境，因此，个体智商的高低是遗传和环境因素共同作用的结果。

遗传对心理发展的作用和影响在不同年龄阶段有所不同。研究显示，遗传对感知觉和气质有较大的影响；而在个性品质、道德行为习惯方面，遗传影响比较小，且随着年龄增大而减弱，尤其是到青少年期，遗传因素的作用不如环境和教育的影响明显和直接。

个体的体型、躯干和四肢长度比例等受种族特征影响较大。不同种族在身高、坐高、坐高／身高、骨龄、齿龄、月经初潮年龄等方面存在显著差异。同样生活条件下成长的非裔和欧裔美国儿童，成年身高的均值虽无明显差异，但前者的腿长超过后者。在美国长大的日本儿童，生活环境与美国白人相近，但其腿长却低于同等身高的白人儿童，说明体型、躯干和四肢长度比等指标主要受遗传因素影响。

双生子研究（twin study）为研究遗传、环境因素对生长发育的影响提供了很好的素材，是人类区分遗传和环境相对作用的最理想方法之一。双生子有同卵（MZ）、异卵（DZ）之分，理论上，同卵双生子由同一个受精卵发育而成，具有完全相同的遗传基因，在外显性状上的差异完全来自环境；而异卵双生子由两个不同的受精卵发育而成，其遗传基因只有 50% 相同，如同兄弟姐妹，但比兄弟姐妹有更加相同的宫内和出生后环境。故他们间的性状差异可来源于遗传和环境两个方面。对这两类双生子进行比较，就能区分出遗传和环境因素相对作用大小，并以计算出的遗传度来表示。

遗传度（hereditary）（也称遗传力、遗传量）是衡量遗传、环境因素各自对表型性状总变异相对作用大小的指标，指在群体表型特征遗传和环境变异中，遗传变异所占的比例。遗传度越接近 1，提示遗传的作用越大；越接近 0，说明环境的作用越大。实际上，同卵双生子在个性、爱好等方面比异卵双生子更接近，容易选择比后者更相似的环境；同时，他们的外貌、行为等也比后者更相似，故容易受到更相似的对待。因此，计算出的表型指标的遗传度往往偏高。

遗传对生长发育的影响是比较大的，但遗传潜力的发挥主要取决于环境条件，尤其是生命早期的环境条件对儿童的后期发育起到关键作用。由于文化习俗、社会制度、经济条件等诸多背景不一样，如何为儿童创造一个良好生长发育环境，是非常必要的。

二、生长发育的社会决定因素

人类生存于社会环境中，社会因素对生长发育的影响具有多层次、多方面的综合作用，不仅影响儿童少年体格发育，同时也影响心理、智力和行为发展。社会因素包括社会的政治制度、经济状况、文化教育、卫生保健、社会福利、生活学习环境等，并涵盖家庭结构和家庭生活质量、父母职业和受教育程度、亲子感情联结、个人与社会其他成员的关系等，这些因素相互交织，错综复杂，共同对生长发育产生影响。

1. 社会经济对生长发育的影响   社会因素中应用最广泛的概念是"社会经济状况"

（socioeconomic status, SES），该因素可完全独立于自然环境因素，对儿童少年生长发育产生直接影响。随着一个国家或地区的社会经济状况不断改善，儿童少年群体生长发育水平会逐步提高；反之，则出现群体生长发育的停滞或下降。在发展中国家，生长发育的城乡差异是社会经济状况影响的集中体现。我国当前正处于社会转型阶段，工业化、城市化进程加快，但因儿童少年群体生长发育变化相对会滞后于社会经济的发展，故城乡差异依然明显。2000年全国学生体质健康调研显示，1995—2000年间7~17岁城乡男、女生平均身高差异分别为4.4cm和3.4cm，但与之前的调查结果比较差距有缩小趋势，且乡村学生的身高年增长率首次超过城市。2010年中国7~22岁汉族学生体质与健康调研结果显示，无论男女城市学生身高均高于乡村，以7岁组为例，城乡男生、女生身高差距均为2.76cm。

此外，不良的社会环境如战争、经济萧条和饥荒对处于生长发育阶段的儿童非常不利，使儿童得不到生长发育所必需的生理需求、心理支持，甚至失去最基本的物质营养。当脱离了战争环境，生长发育会出现明显的赶上生长现象。

2. 家庭因素对生长发育的影响　家庭是社会的组成细胞，是儿童最早、最多接触的重要生活环境。社会经济状况中的许多因素，如生活方式、家庭气氛、生活制度、居住条件、饮食和行为习惯，父母的性格、爱好、对子女的期望和态度等，主要通过家庭直接或间接地影响着儿童少年的生长发育。其中，家庭经济状况、父母的受教育水平和文化素养、家庭结构、教养方式等，对儿童少年身心发育的潜移默化作用最大。

家庭经济收入的高低直接影响到为儿童提供的居住环境、膳食营养水平、社交活动、智力投资等；父母受教育程度高，重视子女智力开发和早期教育，注重培养孩子养成良好的饮食习惯和卫生习惯，使其生活作息制度更加科学合理，对促进儿童少年身心健康有积极作用。家庭结构是否健全对儿童心理发展影响很大。我国的家庭结构以三口之家的核心家庭占多数，部分是与祖父母辈生活在一起的大家庭以及少数单亲家庭或重组家庭。有研究报道，大家庭中儿童行为问题检出率最低，核心家庭次之，单亲和重组家庭最高。而父母的教养方式作为家庭教育的主要形式，可直接塑造子女身心发展的轨迹，对子女的心理发展、人格形成、学业成绩、社会适应性等有重要影响，许多研究报道，当父母给予更多关爱、更少的忽视和惩罚时，儿童少年焦虑、抑郁、敌对、偏执、人际敏感等问题随之减少，自尊和独立、较好的社会交往能力将逐渐增强。

3. 现代媒体对生长发育的影响　随着网络技术的飞速发展，现代媒体文化已和我们的日常生活息息相关。儿童少年是现代媒体的主要消费群体。现代媒体给我们带来信息与方便的同时，如果使用不当或过度沉溺，会对儿童少年身心发育与健康带来不利影响。现代媒体主要指电视和网络。

电视对儿童生长发育的作用和影响主要取决于看电视的时间及内容两个方面。看电视时间过长，会减少儿童体力活动时间，影响正常的生长发育速度；另外，过度沉溺于电视对儿童性格发展、语言表达能力等会产生不良影响，同时，由于看电视主要是静坐式方式，也使儿童少年的近视和肥胖发病率明显增高。

儿童少年每天看电视的时间不能太长，美国儿科学会推荐，2岁以下的儿童不应该看电视，2岁以上儿童每天看电视的时间不应超过2小时。在观看过程中，每30分钟应闭上眼睛做短暂休息或向远处眺望，最好做些伸展运动等，以预防视力下降和体质下降以及控制肥胖。

　　电视的内容对儿童少年的心理行为会产生较大、甚至结果截然不同的影响。国外有研究证实，那些经常收看如探索和发现、科普知识、地理历史等频道的儿童，具有较广的知识面和较强的阅读能力，其智力、反应能力、想象力、创造力等都会获得良好发展，他们在学校的成绩也非常优秀。然而，如果孩子经常看不适宜儿童的电视节目如离婚、犯罪、谋杀等，对其心理发展会产生不良的影响。这些电视内容会使一些不健康的想法进入他们的思维，分散学习注意力，增加儿童少年的暴力和欺侮行为，也使高风险行为如吸烟和酗酒以及性行为等开始增加。因此，家长应关注孩子看电视的时间和内容，在规定的时间内帮助他们选择适宜儿童少年健康成长的电视节目。

　　互联网为儿童少年提供了求知和学习的平台，通过网络查阅信息、学习新知识、并进行网络创作等活动，都为其不断提高自身技能、形成创造性人格提供了益处，有助于拓宽儿童少年的思路和视野，加强人际交流和沟通。通过网络，可以参与讨论社会问题，从而加强了人际间的交流和沟通，增强社会参与度，开发内在的潜能。但网络是把"双刃剑"，给儿童少年带来诸多好处的同时，也带来一些消极的影响，如沉湎于网络游戏甚至网络成瘾已成为日益突出的社会问题，因此，家长、学校和社会都有责任指导和监督青少年科学、合理地使用网络。

三、生长发育的环境影响因素

　　影响生长发育的环境因素是多方面的，如营养、体育锻炼、疾病、生活作息制度、气候和季节、环境污染等。近年来，儿童少年营养状况不断改善，身高和体重呈逐年增高趋势，但缺乏体育锻炼和不良的生活行为方式成为影响生长发育和健康的主要因素；此外，随着环境污染的加剧，各种环境毒物对身心发育和健康的影响愈来愈引起广泛关注。

（一）营养因素

　　营养（nutrition）是生长发育最重要的物质基础。适宜的营养不仅能促进健康、生长和智力发展，而且能预防各种营养相关性疾病（肥胖、营养不良等）的发生，并且对成年期多种慢性疾病（心脑血管疾病、肿瘤、糖尿病等）的预防有长期作用。

　　儿童少年正处在旺盛的生长发育阶段，必须不断由外界摄取各种必要的营养素，尤其是足够的热量和优良蛋白质、脂肪、碳水化合物、各种维生素、矿物质以及微量元素等。能量是生长发育的动力，由蛋白质、碳水化合物、脂肪三类产能营养素提供。儿童少年热能需要量主要取决于个体的基础代谢率、生长速度和活动情况。不同发育阶段的儿童，对热能的需要量不同，如果能量和营养素摄入不足，各种营养素的摄入不均衡，膳食结构不合理，就会引起生长发育迟缓，免疫功能低下，影响学习和劳动能力，并可导致各种急、慢性营养不良和各种营养缺乏症。

　　一般来说，短期缺乏影响小，且营养补充后，可以很快赶上；如长期营养不良，会减慢骨发育速度，体格矮小，性成熟迟缓，智力发育差。营养补充也难以跟上，影响深远。

　　幼年期——在许多人群中，从出生至5岁是儿童受到营养不良和传染病双重威胁的时期。在某些发展中国家的婴儿出生体重（在同样的怀孕时间和胎次条件下）很大程度上取决于母亲的营养；青春期——儿童对营养不良特别敏感的第二阶段是青春期，处于青春期生长突增阶段的儿童，对热能和营养素的需求量明显增高，这和青春期的突增期生长发育增快是一致的。缺乏足够的热量，可引起突增的幅度减小或突增年龄推迟，营养摄入不足对突增期本身的影响是低体重，身体瘦弱；但供给量过多又会造成肥胖。应尽可能地避免膳食热能供给大幅度变化，以保证儿童青少年的健康成长。

营养对儿童智力发育有决定性影响，曾有学者研究认为妊娠的后三个月至出生后六个月营养不良对大脑正常发育的损害具有一定的"不可逆性"，可造成脑细胞分裂期缩短、细胞数量减少、脑重量减轻，即使日后营养状况改善，出现体格上的赶上生长，智力方面存在的缺陷也很难完全弥补。国外有学者经长期追踪观察后发现，婴幼儿期严重营养不良的儿童头围比对照儿童小，智商也低。他曾测定了非洲南部营养不良儿童的智力，其智商为70.9，（对照组儿童为93.5）。这些儿童到6～7岁时阅读书写有困难，理解力低下，学习能力低下。可见，营养对学龄儿童和青少年的智力活动影响也很大。

在所有人体需要的营养素中，蛋白质是生命的重要的物质基础。正常的生长发育不但需要充足数量的蛋白质，且要求高质量的优质蛋白质。如果膳食供给的蛋白质数量不足或（和）质量差，可导致生长发育迟滞，免疫功能低下，严重者出现消瘦、矮身材、贫血、性发育落后，智力发育迟滞等。脂肪对生长发育的影响主要体现于不同类型脂肪酸的作用。必需脂肪酸是生长发育所必需的，对神经髓鞘的形成和脑的发育有极其重要的作用，并具有维持细胞膜的完整性，维护皮肤的屏障功能，而且有利于婴幼儿视力的发育。必需脂肪酸缺乏可引起生长发育迟缓、生殖功能障碍、皮肤损伤以及肝、肾、神经和视觉等方面多种疾病。二十二碳六烯酸（docosa hexenoic acid，DHA）是大脑和视网膜细胞中含量最丰富的多不饱和脂肪酸。

碳水化合物是身体重要的能量来源，对保障身体发育和维持大脑正常功能有重要作用。如果膳食中碳水化合物摄入不足，儿童少年可表现为记忆力下降，头昏、嗜睡、注意力不集中，学习效率降低，体重减轻等。维生素在生长发育过程中起重要的调节作用。多数维生素在体内不能合成，需要每天从食物中摄取，如果膳食中某种维生素长期缺乏，可引起代谢紊乱并出现相应维生素缺乏症，同时可影响生长发育。如，维生素A对维持正常视觉功能、促进细胞生长和分化有重要作用，维生素A缺乏，可导致暗适应能力下降，引发眼干燥症，造成生长发育停滞，骨发育不良，牙齿发育缓慢，甚至影响免疫功能；维生素D能促进钙的吸收，加速钙沉积于骨骼，促进骨骼、牙齿发育，缺乏维生素D会影响膳食钙的吸收利用，使骨密度降低，生长发育迟滞，增加将来患骨质疏松症的危险。经常到户外参加各种活动是身体获取维生素D的最好来源。B族维生素、叶酸和生物素等，主要参与能量代谢和神经系统的生物氧化及功能维持，是促进身体和智力发育所必需的神经营养物质。

矿物质是人体的重要组成部分，为维持生命活动所必需。按体内含量的多少可分为常量、微量两类。根据我国居民膳食结构特点，儿童少年容易缺少的矿物质主要有钙、铁、锌、碘等。钙对儿童少年生长发育至关重要，能促进骨骼生长，膳食钙摄入不足，可引起生长发育迟滞，骨钙化不良，骨密度下降，严重者可致生长迟缓，骨骼变形。牛奶是儿童少年补充钙良好的替代方法，此外，豆类及其制品、虾皮、芝麻等含钙也很丰富。

锌对生长发育有明显促进作用，儿童是锌缺乏的高危人群。缺锌可表现为食欲减退，头发稀疏和枯黄，生长发育和智力发育迟滞，异食癖，机体抵抗力下降等。对年龄较大的儿童，则可引起性发育不良。碘缺乏可影响甲状腺素合成，导致儿童体格发育迟缓，并影响智力发育。青春期需碘量增多，如果供给不足易导致甲状腺代偿性肿大。目前广泛采用的食盐加碘也是预防碘缺乏病的有效措施。

脑发育和脑功能有赖于多种营养素的共同作用。学习 - 记忆是大脑的重要功能之一，影响脑发育和功能的营养素必然影响学习 - 记忆功能。许多营养素（蛋白质、磷脂、葡萄糖、维生素及微量元素锌、铁、碘等）与脑发育和脑功能都密切相关。

（二）体育锻炼对生长发育的影响

在诸多环境因素中，营养是生长发育的物质基础，体力活动是生长发育的源泉。"生命在于运动"，体育锻炼（physical exercise）是促进儿童少年身心发育和增强体质的最重要因素之一。在保证营养供给充足的前提下，体育锻炼作为自觉的有目的的自身改造手段，可以充分发挥机体的生长潜能，有效利用各种营养物质，促进代谢过程加强，全面提高人体形态、功能的发育水平。

体育锻炼可通过调节机体的新陈代谢、神经内分泌系统的作用机制，对儿童形态发育产生不同程度的影响。国内外学者调研发现，经常参加体育锻炼的青少年身高、体重、胸围的增长幅度，会高于不经常锻炼的儿童青少年。双生子调查表明，积极参加体育活动和不经常参加体育活动生长发育水平和体质状况有明显的差异，爱好运动的比少参加体力活动的身高平均高 4cm，体重重 3kg。体育锻炼还可调节体成分，使体成分产生明显改变，瘦体重显著增加，体脂肪相应减少。

此外，体育锻炼可明显促进骨骼、肌肉生长。经常体育锻炼，能促进骨的生长，使管状骨变长，横径增粗，骨重量增加，同时有效刺激骨骺，促进骺板软骨细胞成骨，使身高增长，还可使新陈代谢旺盛，有利于骨细胞的增殖、加速钙化过程，使骨质更坚实；运动时血液循环加速，可使肌肉获得更多的营养，因此肌纤维变粗，体积增大，弹性增强，整个肌肉变得更发达，活动能力和耐力相应增强。长期体育锻炼可使关节韧带变得更坚韧、结实，关节灵活性增强。

体育锻炼对儿童少年生理功能发育有明显作用。体育锻炼可使心肌收缩力增强，这是各种变化中的最基本变化。长期锻炼可使心脏容量增大，心壁心肌增厚，静态心率减慢，心脏功能水平提高，还可使呼吸肌发达，肺活量增大，呼吸系统功能增强。体育锻炼能有效调节内分泌系统，锻炼过程中，生长激素可出现类似深度睡眠时的脉冲式分泌现象，同时旺盛分泌的性激素通过对神经—内分泌轴的反馈，加速下丘脑促性腺激素释放激素的分泌，加快青春期生长发育。经常锻炼可提高神经系统的工作强度、均衡性、灵活性、协调性和耐久性，运动使大脑的兴奋 - 抑制过程实现合理交替，有助于消除神经紧张和脑疲劳，提高学习效率。体育锻炼时环境中的空气、日光、水等因素反复刺激身体，增强机体对外环境改变的应激和适应能力，提高机体免疫功能。

体育锻炼能有效促进生长发育，提高健康水平，但必须与卫生保健相结合，在科学指导下进行，并及时补充较大运动量后的生理需要量和各种营养素，做到平衡膳食。以使儿童在锻炼中收到更大的效益。

（三）疾病对生长发育的影响

各种疾病都可能影响生长发育，但影响程度各不相同，主要取决于疾病的性质、严重程度、所累及组织、器官和系统的重要性和范围、病程的长短以及有无后遗症等。早期发现、确诊和及时治疗疾病，对保护儿童少年生长发育非常重要。

发热，是各种感染性和非感染性疾病最常见的症状之一，是机体抵御外来侵害的本能反应。儿童常因感冒等原因发热，只要治疗及时，不引发各种并发症，不会影响生长发育。但持续高热可导致机体功能失调，伴随的是食欲下降，恶心呕吐，胃肠功能紊乱等症状，致使儿童生长速度减慢。儿童期疾病引起的高热性惊厥，其发作次数、持续时间都与其后发生的智力发育障碍的程度相关。

消化系统疾病，包括消化道溃疡，各种原因引起的腹泻，原发性和继发性吸收不良综合征，急、慢性肝炎等，均可干扰胃肠道正常的消化吸收功能，引起机体营养缺乏，影响体格和各系统生长发育的正常进行。

寄生虫感染，如蛔虫、钩虫、血吸虫等，均可导致营养不良或贫血，影响生长发育。有学者在四川眉山血吸虫流行区对 7～11 岁患儿与同地区非感染儿童作配对比较，发现两组间身高、体重、头围、胸围、上臂围、小腿围和肩宽等发育指标均存在显著性差异，提示血吸虫感染对生长发育有严重不良影响，尤其表现在青春期生长突增阶段。

地方病，如碘缺乏病、地方性氟中毒、大骨节病等都严重影响儿童生长发育。我国曾是碘缺乏病的严重流行区，地方性克汀病和亚临床克汀病患儿生长发育落后、身材矮小、性发育迟缓、智力低下，严重者同时出现呆小、聋哑、肢体瘫痪等症状。地方性氟中毒影响骨骼发育，引起氟斑牙和氟骨症等，过量氟还可引发钙磷代谢紊乱、三羧酸循环障碍，严重影响全身各组织器官正常生长发育。

各种先天性、遗传性疾病可使生长发育受阻。如唇裂、腭裂等严重影响患者对食物的吞咽及消化吸收功能，导致营养缺乏。先天性心脏病可导致动脉血氧饱和度下降，全身组织缺氧，严重影响生长发育。唐氏综合征患儿智力、体格发育指标低下，骨发育和性发育延迟。其他如先天性睾丸发育不全综合征、卵巢发育不全综合征、先天性代谢异常（苯丙酮尿症、甲状腺功能低下）等，都可引起生长发育异常。

此外，小儿糖尿病、肾炎、风湿病、结核病和其他慢性消耗性疾病对生长发育的不利影响也不容忽视。

（四）生活作息制度对生长发育的影响

合理安排生活作息制度（daily life system），使生活有规律、有节奏，保证足够户外活动时间和学习时间，定时进餐，充足睡眠，对生长发育有良好的促进作用。

人体各组织、器官、系统的活动都有一定的节奏和规律，在合理生活制度下，身体各部分活动和休息得到适宜交替，有利于促进生长发育。睡眠对大脑皮层功能的恢复最为重要；睡眠是各种能量物质的储备过程；是生长激素脉冲性分泌的高峰阶段，儿童少年应有充足的睡眠，年龄越小，睡眠时间应越长。此外，还要合理营养、平衡膳食，并安排好进餐间隔和进餐时间。强调体育锻炼，每天保证 1 小时左右的户外运动。对增强体质、促进生长发育有重要作用。

幼儿进入托幼机构后，由于生活有规律，饮食有节制，作息定时，其体格发育常在一个较短时期后比散居儿童有显著增长。中小学生尤其应严格遵守合理的生活制度，减轻过重的学习负担，保证课间休息和课外文体活动时间，使儿童少年能身心愉悦地投入到学习生活中。暑假应组织学生参加夏令营生活，安排适量的劳动和体育活动，为他们在新学期更好地学习新知识奠定良好的基础。

（五）地理气候和季节对生长发育的影响

地理气候因素（geographic-climate factors）对生长发育的影响，国外有大量报道。但是，因无法排除其他影响因素的干扰作用，该类因素对生长发育影响的作用尚难得到肯定结论。

地理气候因素包括日照时数、年平均气温、气温年均差、平均地表温度、年降水量、平均相对湿度、大气压、平均水气压等，均与群体发育水平密切相关。其中，日照时间越长、气温年均差越大的地区，身高等体格发育水平越高。相反，生活在温热、降水量大、相对湿度和水气压高地区的儿童群体，体格发育水平一般较低。我国历次全国规模的儿童生长发育调查都证实，生长发育水平存在显著的南北差异。北方地区男、女青少年的身高、体重均值大于南方。从世界范围看，多数国家或地区的身高都是北高南低。欧洲人的平均身高以南欧最低，中欧处于中等水平，北欧最高。同一民族的身高，还常表现为沿海比内陆高，平原比山区高，城市比乡村高，经济文化发达地区人群身高较高。这些现象一定程度上说明地理环境因素对人群身高起一定作用。

唐锡麟等（1994）研究发现，中国汉族高身材人群分布在北京、天津、辽宁、山东等环渤海地区，最高的不是黑龙江省；矮身材人群分布在以贵州为中心的区域，最矮的并不是海南省。表明不同地域人群身高水平的差异，不全是自然、地理环境因素作用的结果，还与民族起源、迁徙、融合和发展有关，其间掺杂生活环境、膳食营养、社会经济水平等复杂因素的作用。

季节（season）对生长发育有明显影响。春季身高增长最快，3～5月的身高增长值等于9～11月的2倍左右，在身高增长较快的季节里，新的骨化中心出现也较多。体重增长的季节差异尤其显著，9～11月增长较快，若以半年为观察单位，体重增加的2/3发生在9月到第二年2月。但是，出生后的第1、2年内体重的增长无明显的季节差异。月经初潮同样受季节影响，我国女孩的初潮高峰普遍发生在2～3月和7～8月。因为生长发育的季节性差异较大，故收集、整理和分析生长发育的群体差异和发展趋势一定要在完整年资料的基础上进行。

（六）化学性环境污染对生长发育的影响

人类在改造自然环境及开发利用自然资源的过程中，一方面为人类的生存和健康提供了良好的物质条件，另一方面也对原生环境施加了一定的人为影响。工业化污染和环境污染可涉及整个社会的所有年龄组的人群，包括婴幼儿及儿童青少年。与工业污染相比，环境污染对人群的影响具有剂量低、作用时间长、影响范围广等特点，工业和环境污染不仅影响儿童少年健康，引发各种疾病，而且明显阻碍其正常发育进程，必须予以重视。

在所有环境污染因素中，化学性污染（chemical pollution）的危害最直接、最严重。处于生长发育阶段的儿童少年，对化学性污染物具有远高于成人的易感性，不仅阻碍身心发育，而且引发各种疾病。

1. 大气污染　国内外有关大气污染对儿童体格影响的报道较多。美国一项历时8年的前瞻性研究发现，交通污染显著阻碍儿童肺功能发育，将儿童按居住地与高速公路间的距离分成"近""远"两组，前者肺功能水平比后者低20%。对那些居住在空气严重受二氧化硫、硫酸、铝、铜、砷等飘尘污染的炼钢厂周边地区的儿童生长发育调查结果表明，污染区儿童体格发育水平较对照区落后，尤以女孩突出。这些儿童青春期生长突增现象多不明显，体型瘦小者明显多于对照区儿童。还有研究显示，由于大气污染使紫外线含量降低，污染区儿童的佝偻病发病率（32.2%）显著高于对照区（9.3%）。我国广州、武汉、重庆、兰州四城市调查显示，大气中 PM_{10} 和 $PM_{2.5}$ 污染水平与儿童呼吸道炎症、哮喘的患病率呈线性关系。

2. 室内空气污染　室内空气污染物对机体的毒性作用机制复杂，严重的室内空气污染不仅导致儿童哮喘病发病率增高，且诱发血液系统疾病，影响智力发育。美国环境保护总署（EPA）的统计表明，室内空气污染程度平均比室外高 1～4 倍。我国学者在一些城市调查发现，部分室内空气污染程度比室外高数十倍。北京儿童医院的一项调查结果显示，90%以上的白血病患儿家庭住房曾在半年内装修过，造成这一严重恶果的罪魁祸首是有害气体甲醛。挥发性有机物（VOCs）是造成儿童神经系统、血液系统、后天心脏疾患的重要原因。研究证实，生活在挥发性有机化合物污染环境中的孕妇，胎儿畸形率远高于常人，并且对孩子今后的智力发育产生影响。

3. 铅污染　铅是环境污染物中毒性最大的重金属之一。儿童可通过含铅的尘土、室内墙壁、学习用品、玩具色漆、含铅食物摄入铅；还可通过胎盘和乳汁将铅转入体内。铅是多亲和性毒物，能抑制体内很多酶的活性，干扰多种细胞的代谢和功能，因此铅中毒的靶器官几乎是全身性的，尤以对神经系统的毒性最强。

儿童是铅中毒最易感人群，成人摄入铅后大约吸收 10%，儿童却吸收 40%～50%，且儿童肾脏排铅能力仅为成人的 66%，铅容易滞留体内；儿童骨骼中的铅容易向血液和软组织中移动，增加铅对机体的毒性强度。微量的铅就可以影响血红素生成，降低甲状腺素和性激素水平，抑制甲状旁腺素功能，影响维生素 D 和钙磷代谢，阻碍儿童体格生长。铅还可以通过血脑屏障而进入脑内，影响大脑皮质神经元轴突、树突和突触的形成，并选择性地蓄积、作用于海马部位，影响正常的学习记忆过程。

儿童铅中毒主要表现为注意力不集中、多动、记忆力降低、眼手协调能力差、学习能力和学习成绩低于同龄儿童。铅损害引起的其他症状有贫血、牙齿发育不良等，不同血铅水平与儿童的智力及身体发育水平呈负相关，长期低水平铅暴露，仍会带来其生物学毒性。因此，铅对儿童健康的损害无安全临界值，理想的血铅水平应该是零。

4. 环境雌激素　环境雌激素（environmental estrogens）是一类环境内分泌干扰物。在体内可模拟细胞内雌激素作用或改变其活性，通过多种途径表现出拟天然雌激素或抗天然雄激素的效应。

环境雌激素种类繁多，环境污染范围广，在大气、水、土壤、植物、人体和动物组织中均可检出。环境雌激素种类包括：人工合成雌激素，如己烯雌酚（DES）；植物性雌激素，如异黄酮类、香豆雌酚和木酚素等；真菌性雌激素，如玉米赤霉烯酮；有雌激素活性的农药，如有机氯农药 DDT、拟除虫菊酯类等；工业化学物质，如多氯联苯、邻苯二甲酸酯类、双酚类化合物、二噁英、甲基汞、呋喃类，重金属中的铅、镉、汞等；生活类化学物质，如食品添加剂中的苯甲醚，去污剂/洗涤剂中的表面活性物质烷基酚、壬基酚、辛基酚，防腐剂五氯酚，杀菌剂苯菌灵，促瓜果蔬菜早熟而喷洒在其表面的乙烯利和脱落酸等。

环境雌激素可通过食物链或直接接触等途径进入人体，与相应受体结合，扰乱正常的生殖、内分泌、神经、免疫等系统，从而对机体的生长发育、生殖、肿瘤发生、神经系统功能等产生多方面的影响。生长发育中的儿童对环境雌激素更易感，尤其在胎儿期至青春期受到环境雌激素干扰，将对男女性生殖系统的生长发育与未来生殖能力造成严重损害。

值得注意的是，有些植物雌激素对健康有益，如异类黄酮、白藜芦醇、黄酮醇等，对某些激素相关性疾病有预防作用。

（七）物理性环境污染对生长发育的影响

物理性环境污染（physical environmental pollution）因素包括噪声、电磁辐射、放射性辐射、光辐射等。近年来，物理性环境污染物对儿童少年生长发育和健康的危害引起高度关注。

1. 噪声污染   噪声（noise）是指人体不需要，令人烦躁并干扰学习、工作、休息和正常生活的声音。随着工业、交通运输业发展和城市化进程，我国的噪声污染日益严重，多数大中城市噪声已达中等污染水平，严重干扰着人们的生活，对儿童少年的身心发育和健康产生明显危害。WHO 将噪声、污水、废气并列称为三大污染公害。国家规定，居民住宅区噪声白天不能超过 50dB，晚上不宜超过 45dB；适宜的学校环境应≤50dB。环境噪声的来源主要有：交通噪声，来自火车、汽车、摩托车、飞机、轮船等交通工具的发动机、汽笛等；工业和施工噪声，来自工厂和市政施工过程中的机械振动、摩擦、撞击、气流扰动等；生活噪声，来自流动叫卖、商业活动、汽车和摩托车启动、音响设备等；学校噪声，外源性的来自于上述环境噪声，内源性的来自于学校自身的教学、文娱和体育活动等。

噪声会明显干扰儿童的学习和生活，教学环境噪声超过 65dB，教师将被迫提高嗓音，学生不能集中注意力听课，甚至产生头晕、耳鸣、心悸和失眠等症状。噪声对听觉的损害作用最直接，其损害过程随噪声接触时间的延长而加重，逐步历经听觉适应、听觉疲劳、听觉损伤、噪声性耳聋四个阶段。噪声还可影响儿童少年的视觉功能，噪声强度达 90dB 时，视网膜视杆细胞区别光亮的敏感性下降；噪声达 115dB 时，人眼球对光亮度适应性将不同程度衰减，发生视觉疲劳、眼痛、眼花、视物流泪、对眼前运动体反应失灵等。噪声通过听觉器官作用于神经系统，使中枢神经处于高度紧张状态，影响正常的生理、心理功能和神经行为。儿童少年长期接触噪声，可导致头痛、头晕、心慌、失眠多梦、记忆力减退等神经衰弱症状。孕妇长期暴露于噪声环境，可导致胎儿发育迟缓、智力水平降低。在长期强噪声刺激下，人体的心血管系统、消化系统、内分泌系统等均可产生功能紊乱或器官损伤。

2. 电磁辐射污染   电磁辐射（electro-magnetic radiation）由电磁场产生，可分成电离辐射和非电离辐射两大类。电离辐射是指可导致生物组织电离的电磁波，波长越短，频率越高，对人体的生物效应越大，主要存在于各种职业暴露环境，一般人很少接触。非电离辐射中与人类健康密切相关的是频率小于 300Hz 的极低频电磁辐射（最常见的是 50Hz/60Hz 的工频磁场）及频率在 300KHz～300GHz 之间的射频辐射（radio-frequency radiation）（又可分为高频、超高频和微波）。极低频电磁辐射主要来源于电力设施和家用电器；射频辐射主要来源于手机及其通讯基站、广播、雷达等无线通讯设备。就当前而言，人们可能暴露于多种不同来源的电磁场中，然而接触最为广泛和直接的是手机使用产生的射频辐射。越来越多的儿童少年在频繁地使用手机，虽然该人群对射频辐射的敏感性和易感性仍在探索，但手机对人体健康造成危害则是共识。

射频辐射对儿童少年生长发育和健康的影响主要是：①影响神经系统发育，引发神经衰弱，特别是长时间操作电脑、上网等可导致头痛、乏力、嗜睡、失眠、多梦、记忆力减退、脑电波节律紊乱等。②影响视力，长时间接触射频辐射，如上网游戏时，双眼持续紧盯画面，缺少眨眼动作，可导致其眼睛干涩感，视力模糊、下降，晶状体产生点状或片状浑浊，甚至视网膜脱落；特别严重的因眼部肌肉过度疲劳或痉挛性肌麻痹，而导致暂时性或永久性失明。

3. 放射性污染   放射性污染（radioactive contamination）是指因人类活动排放的放射性污染物造成的环境污染及其对人体健康的危害。放射性物质的原子核能发生衰变，放射出射线，这些物质被分为：①天然放射性物质，广泛存在于矿石、土壤、水、大气及所有动植物组织中，如 ^{14}碳、^{3}氢、^{238}铀、^{40}钾、^{87}铷等，目前确定的超过 40 种；②人为放射性物质，主要来源于核工业排放物、核武器试验沉降物，医疗科研单位排放的含放射性物质的废水、废气、废渣;还有意外事故造成的放射性物质污染、居室装修污染,如 $^{89、90}$ 锶、^{137} 铯、^{131} 碘、^{140} 钡、^{222} 氡等。环境放射性物质可通过食物链、呼吸、皮肤等多种途径进入人体。微量的放射性辐射一般不影响人体健康,只有达到一定剂量才会发生有害作用。放射性物质不但可以通过外照射,还可以形成内照射对人体产生危害。放射性物质可改变组织结构、破坏分子结构、引起基因突变和染色体畸变,极高量急性损伤可直接致死。儿童在同样的剂量水平所受到的放射性损伤的程度明显重于成人。

影响儿童生长发育的因素很多,也很复杂,包括遗传、环境因素两大类。遗传因素决定儿童生长发育的潜力,而各种环境因素在不同程度上影响这些潜力的正常发挥,决定生长发育的速度及可能达到的程度。生长发育可反映儿童少年个体和群体的健康状况,在学校卫生工作中,无论是制定相关卫生标准、实施学校卫生监督,还是提出针对学生健康促进的各项卫生要求,都需要以儿童生长发育资料为参考依据;因此,儿童少年生长发育是儿童少年卫生、学校卫生专业所了解和掌握的必备内容,掌握和了解各年龄段儿童形态、功能、心理行为特征,才能更有效地针对儿童青少年群体开展健康指导,保障其生长发育的顺利进行。

(武丽杰)

【学习思考】

1. 简述学龄期儿童心理行为特征。
2. 简述儿童生长发育速度的不均衡性发展特点。
3. 什么是生长轨迹现象?什么是生长关键期?简述其意义。
4. 简述人类区分遗传和环境相对作用的最理想方法是什么?为什么?
5. 简述影响生长发育的环境因素有哪些?

第五章 儿童少年疾病预防

Diseases Prevention of Children and Adolescents

预防疾病是学校卫生的重要工作内容之一，随着传染性疾病的逐步被控制，在儿童少年时期与学习、生活有关的疾病预防显得越来越重要。社会进步、经济发展以及由此带来的自然环境、社会环境的深刻变化，给儿童少年疾病预防工作带来了巨大挑战。

第一节 概　述

儿童青少年是处于快速生长发育期的特殊群体，人数众多，生活和学习环境密集，驻留时间长，所在环境的地区差异性大。了解儿童青少年的健康状况，良好地开展群体性疾病预防，是促进该群体的生存、保护、发展、提高人口素质的重要基础。

一、儿童少年时期疾病预防的目的、意义

儿童少年是社会上的特殊群体，其在生理上、心理上都尚未完全成熟，处于生长发育的旺盛阶段，是人格完善的重要养成期，对疾病的抵抗能力、对社会的适应能力相对较弱，易沾染不良的行为习惯和罹患相关疾病。对儿童少年期疾病的积极预防，可以帮助儿童少年对相关的疾病形成正确的认识，促使其树立正确的观念，养成良好的生活、行为习惯，不仅对其健康成长具有十分重要的意义，对其长远发展亦有着深远的影响。

二、儿童少年时期患病特点

儿童少年时期疾病具有鲜明的年龄特征，并与集体生活、学习条件密切相关。

1. 婴幼儿期　呼吸道疾病、消化道疾病、蛲虫病和佝偻病多发。

2. 学龄前期　急性呼吸道传染病和上呼吸道感染仍较多，消化道疾病有所下降，肠道寄生虫病、龋齿、沙眼等患病率有较大增加。

3. 童年期（学龄期）　呼吸道和消化道疾病仍居前列，与卫生习惯和生活条件有密切关系的蛔虫、沙眼感染最多见。近年来沙眼和蛔虫感染率在城市有较大幅度下降，龋齿患病率则有上升趋势；与学习生活有密切关系的近视和脊柱弯曲异常等患病率比学龄前大幅增加；结核病、意外事故等与生活环境有密切关系。

4. 青春期（中学阶段）　沙眼和蛔虫感染率明显减少，龋患率也呈下降趋势（与乳恒牙交替有关），而与学习负担有关的近视却逐年明显增多。青春期少女中月经异常（包括痛经）较多见。风湿病、肾炎、肝炎、结核病、胃病等较前有所增多。中学生中慢性鼻炎、副鼻窦

炎较多,是兵役体检不合格的重要原因之一。青春期心理行为问题较为突出,应引起高度重视。

三、儿童少年时期死亡率和死亡原因

(一)死亡率

通常用年龄别(组)死亡率(‰)表示,公式为:

$$年龄别(组)死亡率 = \frac{某年内某年龄组儿童死亡人数}{同年该年龄组平均人口数} \times 1000‰$$

婴儿死亡率(infant mortality)为婴儿出生后第一周岁以内的死亡率,亦即未满周岁前死亡数与活产婴儿数的比率。一般以年度为计算单位,以千分数表示。计算公式为:

$$婴儿死亡率 = \frac{某年内不满周岁死亡人数}{同年活产婴儿数} \times 1000‰$$

5岁以下儿童死亡率和婴儿死亡率一样,都是衡量一个国家儿童健康状况的重要指标。1960年我国5岁以下儿童死亡率为209.9‰,随着医疗保健水平的提高,2014年我国婴儿死亡率、5岁以下儿童死亡率下降到8.9‰和11.7‰,位居发展中国家前列,均提前实现了联合国千年发展目标。从年龄分布看:0岁组死亡率最高,随着年龄的增加死亡率逐步下降,5~14岁阶段降至最低;15~24岁阶段死亡率略有上升。从性别分布看,男孩高于女孩;从城乡分布看,农村依然高于城市,但城乡差距逐渐缩小。我国不同群体儿童死亡率受到社会经济因素的较大影响,地区差异很大。

(二)死因分析

死因构成与社会经济发展水平密切相关。我国大城市呈现与发达国家类似的婴儿死因顺位,围产因素、先天异常、恶性肿瘤等位居前列。出生缺陷已成为我国婴儿死亡和儿童残疾的主要原因。但在偏远地区和农村,呼吸、消化系统等感染性疾病位仍是导致婴幼儿死亡的重要原因。

儿童少年的死亡率和婴幼儿时期不同,有两大特点:一是死亡率显著低于婴幼儿;二是其死亡率和患病率不呈平行关系,而婴幼儿时期的患病和死亡病种基本一致。儿童少年时期常见病、多发病的患病率虽很高,但并不致死。据全国学校卫生监督统计年报显示,意外死亡是中小学生的首位死因,其构成占总死亡数的40%~50%,个别群体甚至高达70%;意外死亡的死因顺位依次为溺水、车祸、跌坠、电击等。近年来我国每年死于意外事故的学生,其人数已达因疾病死亡者(死因顺位为呼吸系统疾病、传染病、恶性肿瘤、先天异常等)两倍以上。因此,学校卫生工作者既要努力采取措施降低各种常见病、多发病的患病率,更要和教育、临床医学、交通、公安、环境保护等部门密切配合,积极开展健康教育,预防意外事故发生。

第二节 儿童少年常见病

儿童少年常见病有视力低下、沙眼、龋齿、营养不良、缺铁性贫血、脊柱弯曲异常等。加强这些常见病相关知识的宣教、预防和监督,有助于中小学生养成良好的生活习惯,树立正确的观念,以自觉的行动来保护自己的身体,从而降低患病率。

一、视力低下

视力低下（low vision）又称视力不良，是指采用远视力表站在 5m 远处检查时，裸眼视力低于 5.0，包括近视、远视和其他眼部疾病如散光，屈光不正等。其中近视在学龄儿童中的高患病率，成为损害儿童少年视力的主要眼病，因此预防近视是防治视力低下、保护学生视力的核心。以下主要就近视进行相关介绍：

（一）概述

近视（myopia），指眼睛辨认远方（5 米以上）目标的视觉能力低于正常。此时，从远处来的平行光线经过眼的屈光系统，提前在视网膜前聚焦成像，因此看不清远处的物体形象。更严格的近视定义是：在不使用调节功能的状态下，远处来的平行光线在视网膜感光层前方聚焦。

我国儿童少年近视患病率仍然居高不下。根据教育部公布的 2014 年全国学生体质与健康调研的结果显示，7～12 岁小学生为 45.71%，比 2010 年增加 4.57 个百分点；13～15 岁初中生为 74.36%，比 2010 年增加 6.79 个百分点；16～18 岁高中生为 83.28%，比 2010 年增加 3.87 个百分点。值得注意的是：视力不良低龄化的趋势依然存在，如：7 岁男生、女生视力不良检出率分别为 28.95%、32.15%，比 2010 年分别增加了 0.81、0.46 个百分点。近几十年来的流行趋势展现以下特征：近视率随年龄、学龄而上升；学龄的影响比年龄更大；近视程度在青春期（自小学高年级至高中）进展加速；近年来近视发生年龄有明显的小龄化趋势；城市高于乡村，女生高于男生，汉族高于少数民族。

（二）近视发生原因及影响因素

儿童少年近视的发生和发展，是遗传和环境因素综合作用的结果。家系调查表明，学生近视的发生与家族遗传因素有关。有学者认为，在我国有约占总人口 2% 的高度近视（-6.0D 以上）患者，基本上由遗传决定，其中大多数病例为常染色体隐性遗传；不良的生活习惯，如躺着看书，在昏暗的地方看书，视近工作时间长等也是造成近视的危险因素；儿童少年的体质、营养和健康状况在一定程度上可影响近视的形成和发展。

（三）预防近视的措施

近视的发生原因和影响因素多种多样，所以保护视力和预防近视应兼顾各方面，采取有针对性的综合措施：

1. 限制近距离用眼时间　预防近视眼的根本措施是限制过多的长时间近距离视近活动。日本曾采取让小学生每天减少学习时间的措施，经过 5～6 年后，近视眼患病人数降低一半以上。日常生活中，应合理安排生活制度，缩短近距离工作时间，每天保证一小时以上的课外活动，充足睡眠。每日可 3～4 次向 5m 以外的远处眺望；远望时宜选择固定的目标，如树木和房屋，每次 5～10 分钟，避免刺眼的光刺激。

2. 重视读写卫生　阅读与书写时坐姿要端正，眼书距离保持在 30～35cm 左右；阅读时尽可能使书本的平面与视线成直角，使书本上每一个字中两笔画延伸到眼所形成的视角最大，在视网膜上形成的影像最清晰。因此，在平面桌上阅读时，宜适当垫高书本上端，或使用可调式阅读架，使书本与桌面形成 30°～40° 夹角。读写持续时间应控制在一定范围内，每隔 1 小时左右应有短时间休息，变换活动或望远，帮助消除眼疲劳。边走路边看书，或在震荡大的车厢里看书时，书本与眼的距离不断改变，字体不易看清，同时由于需要不断的调节,眼睛极易疲劳。躺着看书不易保持适当的眼书距离和充足的光照度,易使眼和全身都产生疲劳。还应避免在光线过强或过弱的地方读写。

3. 开展体育锻炼,增加室外活动　活动有助于眼压下降。Mcdanie 的研究表明,一次剧烈运动可使眼压平均降低 6mmHg 并维持 1 小时;自行车负荷运动试验 1 分钟后眼压可降低 25%;这些变化都有助于近视眼的预防。保健操通过对眼部周围穴位的按摩,可使眼内气血通畅,改善神经营养,达到消除睫状肌紧张或痉挛的目的。中山大学何明光团队(《美国医学会杂志》,2015)通过为期三年的随机对照研究,证明了户外活动作为简单的公共卫生干预措施,可以显著降低近视眼的发生,从而为近视眼防控提供了证据。

4. 合理饮食、均衡营养　合理营养是预防近视眼的综合措施之一。要使儿童养成良好的饮食习惯,不偏食,不挑食;保证各种营养素平衡摄入,尤其应补充足够的优良蛋白质、钙、磷、维生素和锌、铬等微量元素。

5. 改善学习环境　教科书、儿童读物的字体大小应与儿童少年的年龄相适应,即:年龄越小,字体应越大。文字与纸张背景的亮度对比应大些,字迹要清晰并便于阅读;尽量使用色深质软的铅笔,写的字体不宜过小,以减轻眼的负担。学校应定期检查教室的采光、照明状况;自然采光不足的应增加人工照明;及时检修损坏灯具;教室墙壁要定期粉刷,黑板要定期刷黑,使其平整无反光。课桌椅应根据学生身高进行调整,定期轮换座位,以保证正确的读写姿势。

6. 定期检查视力,加强学生视力健康管理　学校应每年两次进行视力检查,建立学生视力健康管理档案,了解学生的视力变化,早期发现视力开始下降的学生,以便及时采取措施,控制近视的发生、发展。

7. 健康教育　利用多种形式,深入开展用眼卫生的健康宣教,提高广大师生、家长和社会对保护视力重要意义的认识,培养学生良好的用眼行为习惯。

二、沙眼

(一)概述

沙眼(trachoma)是由沙眼衣原体引起的慢性传染性眼病,传播面广,幼儿期和学龄期患病率高。沙眼发展到晚期,常因并发症而导致视力障碍,严重者失明。新中国成立前,沙眼病人中有 1.2% 致盲;而所有盲人中的 40% 因沙眼引起。新中国成立后多次开展全国性沙眼普查、普治工作,加之生活水平提高、卫生条件改善,使沙眼患病率大幅度下降。目前我国城市中小学生中沙眼患病率已降到 10% 以下,北方农村接近 20%。

(二)影响因素及防治措施

感染沙眼的主要原因是由于不良的卫生习惯引起病原体的传播。沙眼主要通过接触传染。凡是被沙眼衣原体污染的手、毛巾、手帕、脸盆、水及其他公用物品都可进行传播。儿童沙眼多由父母或其他家庭成员传染。因此预防的重点是防止接触感染,主要措施有:

1. 积极治疗现患者　这是预防沙眼传播的最主动措施。在治疗儿童少年患者的同时,还应抓紧治疗保教人员和家长中的现症者。

2. 加强健康宣教　以电视、广播等大众传播媒介,采用电化教育、图片展览等形象生动的方法,以学生、家长、教师、幼儿园保育员等为重点人群,传授有关沙眼的病因和防治方法。注意培养儿童爱清洁、讲卫生的习惯,如勤洗手,使用流动水洗脸,不共用毛巾和脸盆,使用清洁的手帕和毛巾，不用脏手、衣服或不干净的手帕擦眼睛等。用过的手帕、毛巾，要经常洗晒。

3. 人员培训　有计划地定期培训保教人员、保健教师和校医等，使他们掌握防治沙眼的基本知识，以及对沙眼的检查、诊断和治疗技能。

4. 治疗方法　治疗沙眼主要使用利福平、四环素族、金霉素等抗生素。

三、龋齿

（一）概述

龋齿（dental caries）是一种由口腔中多种因素复合作用所导致的牙齿硬组织进行性病损，表现为无机质的脱矿和有机质的分解，随着病程的发展而由色泽变化到形成实质性病损的演变过程。它可以继发牙髓炎和根尖周炎，甚至能引起牙槽骨和颌骨炎症。它是人类中广泛流行的慢性疾病，也是学生常见病之一，流行面广、发病率高、危害大。因此，世界卫生组织将其列为全球范围内需重点防治的第三位非传染性疾病。目前，发达国家通过综合性预防措施，已使龋齿患病率明显下降；但在我国这样的发展中国家，随着生活水平提高，饮食的日趋精细化和食糖消费量的大量增加，龋齿患病率仍呈上升趋势。据 2010 年全国学生体质调研结果显示，多数年龄组学生乳牙龋齿患病率、恒牙龋齿患病率出现不同幅度的增高。如：城市男生、城市女生、乡村男生、乡村女生 7 岁年龄组乳牙龋齿患病率分别为 55.84%、57.48%、62.10%、62.55%，12 岁年龄组恒牙龋齿患病率分别为 19.80%、18.64%、18.64%、23.85%。因此，如何有效预防龋病，仍是我国学校卫生工作今后将面临的重大挑战。

（二）龋齿的发生原因和影响因素

龋齿是多因素作用下的慢性感染性疾病。New-Brun 等在 Orland 和 Keys 等提出的细菌、食物、宿主三联因素基础上补充了时间因素，构成"四联因素"学说得到广泛认可（图 5-1）。

1. 细菌和牙菌斑　龋病过程中，细菌是龋齿发生的必不可缺因素。正常口腔中细菌和宿主保持平衡。当某些因素使致病菌发生异常的生态变化，导致平衡失调，则失控的细菌及其毒素会使牙齿出现慢性病理性损害。牙菌斑（由黏附在牙面上的细菌和糖类食物残屑形成的斑垢）是细菌在牙面上代谢和致病的生态环境；细菌在牙菌斑深处产酸，酸逐渐腐蚀牙齿，使牙齿脱钙、软化，造成组织缺损而形成龋洞。研究证实主要致龋菌是变形链球菌。

2. 食物因素　糖类食物是细菌进行代谢和形成牙菌斑的物质基础，研究表明，糖类在龋齿发生过程中起重要作用，动物实验（Miller，1962 年）证实，食糖量与老鼠龋齿的发生有密切的关系。流行病学调查证实，蔗糖

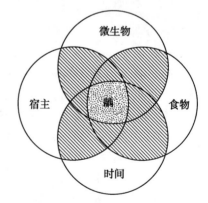

图 5-1　龋病的四联因素理论

消耗量和龋齿患病率间存在高度的正相关。如巴西人平均每人每天食糖量 120g，大大超过 WHO 规定的每人每天食糖量 50g 的标准，其国民龋患率高达 98%；一些发达国家龋患率随食糖量的增加而增加。碳水化合物（尤其蔗糖）是主要的致龋食物，不但可酵解产酸，降低菌斑 PH，还可通过合成细胞内外多糖的过程，直接参与菌斑的形成和作用。

3. 宿主　机体抗龋能力包括全身和牙齿本身的抗龋能力，包括牙齿对龋病的抵抗力或

敏感性。对宿主的抗龋力起重要作用的影响因素有：①牙齿的形态结构、排列组成，如牙齿的点、隙、裂、沟处易患龋。②牙齿排列不整齐，拥挤重叠，易滞留食物残渣和细菌，也易患龋。③唾液质量。唾液的流量越多，流速越快，其清洁牙齿、稀释口腔内酸的能力越强，越有助于抑制龋病发生。④营养状况。若膳食中缺乏蛋白质、维生素和矿物质（尤其是微量元素氟），将显著降低牙齿的抗龋能力。⑤全身性内分泌功能改变，如甲状腺功能亢进或减退等病症，都会影响牙齿的抗龋能力。

4．时间因素　龋齿是慢性硬组织破坏性疾病，时间对龋病发生的影响作用表现在两方面。一是龋病的发生，即从开始形成菌斑到出现一个小的早期损害（大小刚能钩住探针），再发展为龋洞，是一个缓慢的逐步发展过程，平均需 18 个月。流行病学研究发现，所有牙的龋齿发生都有明显的周期性曲线，一般在牙萌出后 2～4 年内龋患达到高峰，以后逐渐下降，提示在牙釉质表面的成熟过程中易患龋。二是 2～14 岁在整个儿童少年生长过程中，既是乳牙，也是恒牙的患龋敏感期。其中 6～8 岁期间龋患率的下降，是因为乳恒牙交替而出现的假象。实际上，在该年龄期的前后 5 年左右，都是龋病发病的高峰期。

（三）龋齿的防治措施

1．加强口腔保健宣教　教育儿童从小认识口腔保健的重要性，懂得龋齿对健康的严重危害，培养良好的卫生习惯。学校应和家长密切配合，督促孩子从小注意口腔清洁，养成早晚刷牙、饭后（或吃糖果后）漱口、睡前不吃零食的习惯。应强调睡前刷牙比早上刷牙更重要，目的是清除残留食物，减少或控制菌斑。要指导儿童采用正确的刷牙方法。即：刷上牙内外面时从上往下刷，刷下牙内外面时从下往上刷；刷咬合面时前后拉动着刷；各牙面和缝隙均应仔细刷到，尤其要注意磨牙的咬合面。使用温水，动作应轻柔缓慢，为有效去除牙菌斑，每次刷牙的时间不宜少于 3 分钟。刷牙的最佳时间是进食后 30 分钟，刷牙后充分漱口。应根据儿童年龄选择大小适宜的保健牙刷。刷牙后应将牙刷冲洗干净，牙头向上，放通风处存放。牙刷不宜使用过久，3 个月左右即应更新，以免细菌附着于牙刷，引发疾病。

2．定期口腔检查　是防龋工作的重要内容，每年应至少保证一次。定期检查有利于及早发现龋齿并采取治疗措施，防止龋蚀进一步发展。每次口腔检查后，学校应认真分析检查和治疗结果，修订预防措施，调整治疗方案。

3．合理营养和体育锻炼　日常饮食中应供给合理充分的营养，尤其应注意摄入钙、磷、维生素（尤其维生素 D）；适当多补充豆类、乳、肉类、蛋等优良蛋白质，芝麻、鱼虾等富含钙的食物，富含纤维素的蔬菜等。茶叶含氟量较多，可适量饮用或用茶水漱口。要限制精制糖的摄入，尤其不宜多吃黏稠甜食、奶糖和黏点心。它们在牙面、窝沟的停留时间长，致龋作用大。还应加强体育锻炼和户外活动，接受足够的日光，促进身体和牙齿发育，增强抗龋能力。

4．药物防龋　主要使用氟化物，是世界公认的有效防龋方法，有全身加氟法和局部加氟法两种。前者主要是在低氟地区对饮用水进行加氟处理，使机体摄入氟化物后再转运至牙釉质。也可通过对食品（面粉、食盐、牛奶、饮料等）加氟、使用氟片等方法。局部加氟法适应范围更广。如用 0.2% 氟化钠溶液漱口、牙面涂氟、氟离子透入等。用含氟牙膏刷牙是最简便易行的方法，对乳、恒牙均有良好的防龋作用。对年幼儿童，实施中应加强监督，防止大量吞入氟制剂。

5．窝沟封闭　是世界卫生组织推荐的另一个重要防龋措施。窝沟封闭利用合成高分子树脂材料的强大防酸蚀能力，将点隙裂沟封闭，像一道屏障，起到隔绝口腔致龋因素侵害窝沟的作用。正确选择适应证，对取得良好的封闭效果至关重要。应重点选择那些牙面深而窝沟窄的牙齿，以及那些已患早期龋或可疑龋的点隙裂沟进行封闭。封闭乳磨牙宜在3～4岁、封闭第一恒磨牙宜在6～7岁、封闭双尖牙和第二恒磨牙应在12～13岁时进行。窝沟封闭的防龋效果非常明显，一般可使龋患率下降60%～99%。为防止涂料脱落，应定期检查和复涂。

6. 其他防龋技术　可使用化学制剂，如洗必泰0.2%溶液漱口，或用含1%洗必泰牙膏刷牙。激光防龋也很有效，使用小能量激光照射牙齿，可显著增加牙齿的抗酸防龋能力。其他如免疫防龋，微量元素防龋等，目前尚处于研究阶段。

四、营养不良

（一）概述

营养不良（malnutrition）指蛋白质 - 热能营养不良（protein-energy malnutrition，PEM），是因食物供应不足或某些疾病因素而引起的。迄今仍是全球儿童健康和生存的主要威胁，贫困国家尤其多见，亚洲和非洲是营养不良儿童的高发地区。随着经济水平的提高，学生的营养状况得到改善，PEM的检出率和严重程度持续下降，但由于自然环境、食物资源和文化背景等因素影响，轻度或亚临床状态的PEM仍然普遍存在，尤其在农村地区。据2014年中国学生体质与健康调研报告，7～22岁学生营养不良检出率进一步下降，且基本没有中重度营养不良。例如，7～18岁年龄组轻度营养不良检出率分别为2.28%、4.43%、2.04%、4.22%，比2010年分别平均降低0.34、0.78、0.52、0.64个百分点。19～22岁年龄组轻度营养不良检出率分别为2.88%、6.04%、2.75%、6.52%，比2010年分别平均降低0.32、0.99、0.31、0.23个百分点。PEM对儿童的生长发育、抵抗感染的能力以及疾病后的康复能力都有很大影响，仍是目前威胁我国儿童健康的重要问题。

（二）营养不良的影响因素

小儿（尤其2岁以下）是营养不良的高发人群，其中断奶前后的婴儿最常见。学龄期儿童少年也可发生营养不良，但发生原因不尽相同。

1. 膳食摄入不足　儿童生长发育迅速，对热能与营养素需求量大，如进食量过少，热能与蛋白质供给长期不足，同时膳食维生素或铁、锌等微量元素摄入过少，可发生营养不良。

2. 不良饮食习惯　挑食、偏食、吃零食过多，或以大量饮料代替食物等，都是导致营养素摄入不足或不平衡的重要原因。

3. 疾病　儿童少年时期某些疾病，如胃病、龋病、肠道蠕虫感染等，直接导致营养素吸收不足；慢性消耗性疾病如结核、肝炎等营养素消耗量大，恢复期需求量大；若供给不足或不及时，都可导致营养不良发生。

（三）营养不良预防

加强社区保健工作，开展营养指导，早期发现营养不良并及时纠正。认真防治各种急、慢性疾病，合理安排生活作息，加强体育锻炼。

1. 保证合理营养　学龄期儿童和青春期少年处在旺盛的生长发育阶段，需供给营养丰富的食物，如牛奶、鸡蛋、豆浆、豆腐、鱼、肉类、蔬菜水果等。合理安排膳食结构，实现营养素的平衡摄入。要保证早餐吃饱、吃好，有条件的学校尽可能组织学校营养午餐，以每天主要营养素需要量的40%～45%在午餐中供给为准，以满足生长发育需要。

2．培养良好饮食习惯　应从小培养,纠正挑食、偏食、吃零食过多等不良习惯,定时、定量进餐。发现食欲下降儿童应及时查明原因,合理调配膳食,使其尽早恢复正常的营养摄入。

3．定期体检,及早筛查　做到早发现,早治疗,积极治疗肠道蠕虫感染和消化道疾病等。对处于慢性消耗性疾病康复期的学生,应提供专门的营养指导,配合营养治疗和体育锻炼,促其早日康复。

五、缺铁性贫血

(一)概述

缺铁性贫血(iron-deficiency anemia)是指由于铁元素缺乏引起的周围血液中的血红蛋白浓度、红细胞数和红细胞比积低于正常的一种常见于儿童的贫血。世界各国儿童的缺铁性贫血患病率均较高,是一种全球性营养缺乏病。儿少卫生领域内通常以血红蛋白浓度(g/L)作为人群中贫血的筛查指标。WHO 儿童贫血的诊断标准是 6 个月至 6 岁血红蛋白浓度 <110g/L,6～14 岁 <120g/L。我国儿童少年近年来贫血状况有显著改善,但群体患病率仍较高。学龄期患病率呈现规律变化:低年龄小学生出现高峰,其后逐步下降;伴随青春期发育,14 岁左右出现第二个高峰;患病率整体上乡村高于城市,女生高于男生。

(二)发生原因及影响因素

1．机体需铁量增多　青春期少年生长迅速,需铁量增加。3～10 岁儿童需铁 10mg/日,青春期可高达 15～18mg/日,比成人需求量高出近一倍。女孩月经来潮后若不及时补充因经血而丢失的铁,易发生贫血。

2．铁摄入量不足　主要来自两个方面:①摄入食物中含铁量不足,是导致贫血发生的主要原因。有些儿童因挑食、偏食等不良习惯,导致营养素摄入不全面,尤其铁摄入不足。②缺乏铁营养知识。许多谷类、蔬菜类食物含铁量不少,但这些铁主要是以高铁络合物形式存在的非血红素铁,不能被肠黏膜上皮细胞直接吸收,即使经消化道的代谢作用,使高铁变为亚铁,其吸收率仍很低,所以以谷类为主要膳食来源者易患缺铁性贫血。有些家长误以为只要是动物性食品就可提供丰富的铁。实际上动物性食品中也有许多不是富铁食物。如牛奶中的铁含量就很低;鸡蛋中的铁被卵黄素牢固结合,大部分难以被吸收。应尽量为孩子提供血红素铁食物,才能保证铁的充分摄入。

3．长期慢性失血　体内存在慢性反复出血的原因,如钩虫病、胃溃疡、肠息肉、月经不调等,可因铁丢失过多,影响血红蛋白和红细胞生成,发生贫血。

(三)缺铁性贫血防治

儿童少年贫血发生率高,防治任务重,宜采取以下措施:

1．营养健康教育　以铁营养为重点,进行科学营养知识宣教;自幼培养良好的饮食习惯,不挑食,不偏食。定时定量进餐,不以糕点等零食代替正餐。

2．合理膳食　选用补铁食物时,不仅要选择含铁量和吸收率高的食物,而且应考虑食物的综合营养效应。例如,豆制品含铁量较高;蛋类尽管铁吸收率很低,但含铁量丰富(每百克蛋黄含铁 7mg),可作为铁的来源之一;蔬菜的铁吸收率很低,但在其同时含有的维生素 C 协助下,铁的吸收率可显著增加。此外,主食可尽量选用含铁量比大米高的粗面粉;增加芝麻、绿叶蔬菜、蘑菇、木耳、虾皮、鱼、海带等含铁丰富的副食,其中如黑木耳的每百克含铁量超过 180 毫克以上,和肉类等一起食用可显著增加铁的吸收,是补血上品。

3. 合理应用强化含铁食品   强化奶粉、强化铁饼干、猪血饼干和含铁饮料等,多含易被吸收的二价无机铁,是快速纠正缺铁性贫血的重要手段。但是,强化铁食品不宜过量摄入,否则会使铁的摄入量超过需要量,甚至引起铁中毒。

4. 积极治疗贫血患者   在体格检查的同时,应检测其血红蛋白浓度,以早期发现贫血患者。已来月经的女孩要注意补充含铁及蛋白质丰富的食物;月经过多者应加服铁剂,以补充失铁后的需要。根据贫血的轻重程度,酌情决定是否采用铁剂治疗。

六、脊柱弯曲异常

(一)概述

正常的脊柱在矢状面有颈、胸、腰、骶 4 个生理弯曲,而在冠状面上不应有任何弧度。如果脊柱的 1 个或数个节段在冠状面偏离身体中线向侧方弯曲形成一个弧度,就称之为脊柱侧凸。如果脊柱在矢状面上的弯曲超过了正常范围,则会出现驼背、鞍背、直背、圆背 4 种异常情况。脊柱在矢状面和冠状面上的症状可同时存在,并可伴有脊柱的扭转。以上所有症状统称为脊柱弯曲异常(defects of vertebral column)。脊柱弯曲异常是危害儿童青少年健康的常见疾病之一。儿童少年中的脊柱弯曲大多是姿势性的,可分为脊柱侧弯、后凸(驼背)、前凸和平背(直背)。较之儿童少年其他常见病,人们对脊柱弯曲异常的研究工作明显滞后,只有少量的地区性调查资料,缺乏大样本规范的研究资料。有报道,1997—2005 年我国 6～18 岁儿童青少年脊柱弯曲异常检出率为 2.15%～22.09%,女生高于男生,乡村高于城市,并且随着学生升学压力的不断加大,该病的检出率有进一步增高的趋势。

轻微的脊柱弯曲异常会影响儿童青少年的姿势和体态,使脊柱着力的作用点不平衡,青少年易产生疲劳感和背部不适。如不加以干预,畸形和疼痛会加剧,严重的会损伤脊髓和神经根,甚至造成瘫痪。同时,异常的弯曲也会妨碍内脏器官的功能和发育,如果脊柱不正引起了肋骨和胸廓的畸形,还将造成心肺功能障碍,导致心肺功能衰竭。

(二)导致脊柱弯曲异常的因素

1. 习惯性姿势不良

(1)不良站姿:身体重心习惯性侧向一边,形成一肩高一肩低;一些女生因羞于乳房发育而低头含胸;一些高个学生有伸颈、挺腹、水蛇腰状、单侧髂骨突出等不良"站相"。

(2)不良坐姿:身体偏斜,歪歪扭扭;歪头写字,胸部过分靠近桌子、含胸驼背。也有的喜欢半躺半坐、东倒西歪;一腿盘在另一腿上,或两腿叉开;身体前弯,腰部塌陷,臀部后翘等不良"坐相"。

(3)不良走姿:走路时上身左右晃动,双肩前倾,垂首含胸,或与伙伴勾肩搭背等。

2. 桌椅高矮不适合   桌高太矮、桌椅高差过大,均导致坐姿不正,是引起学生脊柱弯曲异常的重要原因。

3. 缺乏锻炼和体力劳动   学生的姿势不正习惯,可通过锻炼和劳动得到纠正,或减少姿势不正的持续时间。

4. 营养和体质因素   营养不足、体质弱者骨骼肌发育不充分,同样条件下更易发生脊柱弯曲异常。

(三)脊柱弯曲异常的防治

学生的脊柱弯曲异常多为姿势性轻度异常,其发生、发展与学习、生活条件和姿势习惯有关。因此,预防学生脊柱弯曲异常应采取以下综合措施。

1. 注意学生的姿势教育,培养良好的读写习惯和正确的坐、立、行姿势,同时应使课桌椅符合学生身高。

2. 读写时光线要有良好的光照条件,应进行左侧采光。

3. 劳动时要注意左右肢体都得到锻炼,避免长时间的屈曲体位。

4. 儿童携带的书包不宜过重(书包重量不宜超过儿童本身体重的1/10～1/8),提倡双肩背书包,不要睡软床。

5. 坚持全面的体育锻炼,上好体育课,课间操,开展课外体育活动,同时要注意合理营养,增强体质。

6. 定期进行检查,并提醒家长经常注意儿童的胸脊柱的外貌进行观察,做到早期发现,早期矫治。

在强化上述综合措施基础上,针对已发现脊柱弯曲异常的学生,要认真分析其缺陷及原因,及时消除危险因素,组织有针对性的矫治运动。只要矫治及时,轻度的姿势性脊柱弯曲异常可得到良好纠正。若错过生长发育最佳时机,可造成无可挽回的后果。

七、肥胖

(一)概述

肥胖(obesity)是在遗传、环境因素交互作用下,因能量摄入超过能量消耗,导致体内脂肪积聚过多,从而危害健康的一类慢性代谢性疾病,分为单纯性肥胖和继发性肥胖。单纯性肥胖,占儿童肥胖的绝大多数,其发生与遗传因素有关,更与诸多环境因素的综合作用有关。继发性肥胖只占肥胖症的很小比例,病因明确,主要因神经—内分泌功能失调或代谢性疾病引起。肥胖症与心脑血管疾病、糖尿病等均有密切关系,对人类健康有明显危害。近年来由于生活水平提高,高热量、高脂、高糖食物大量增加,加之膳食结构不合理、体力活动量减少等原因,我国儿童少年中的肥胖检出率有大幅增加趋势。国际上已将肥胖症和儿童期高血压危险因素的识别和干预,等同视为成人期心血管疾病一级预防的主要内容。预防控制儿童肥胖症的发生,对许多成年期疾病的早期预防有重要意义。

我国20世纪80年代肥胖检出率尚很低,未出现肥胖流行,城市儿童少年肥胖发生率不到1%,很多农村地区学生群体没有肥胖发生;90年代开始,超重、肥胖检出率迅速增加;特别自1995年以来,伴随生活水平的迅速提高,城市儿童少年超重、肥胖检出率呈成倍增长趋势。部分大城市男性小学生的肥胖检出率已接近15%,接近发达国家水平,部分发达地区乡村儿童中的肥胖率增长趋势也不容忽视。2014年学生体质监测结果显示,学生肥胖和超重检出率继续增加。如7～12岁年龄组城市男生、城市女生、乡村男生、乡村女生肥胖检出率分别为18.17%、9.71%、14.48%、8.28%,比2010年分别平均上升2.52、2.17、4.74、3.07个百分点。与此同时,我国儿童少年营养分布的双峰现象(two peak phenomenon)依然存在,研究发现,我国经济欠发达地区一旦营养和生活条件显著改善,儿童少年随年龄增长更容易发生肥胖,因此加强我国儿童少年肥胖的防治工作刻不容缓。

(二)肥胖发生的影响因素

单纯性肥胖病因复杂,大体可归纳为遗传和环境两个方面。

1. 遗传因素   肥胖受遗传影响,有一定的家族倾向。Gurnry 报道,双亲均为肥胖者,子女约有 70%~80% 出现肥胖;双亲之一肥胖者,子女 40% 发生肥胖,而双亲均非肥胖者,子女仅 10%~14% 发生肥胖。双生子研究表明,单卵双生无论共同抚养还是分开抚养,体重差异较小;而异卵双生子成年后才体重差异很大。

2. 环境因素   是肥胖发生不可忽视的原因。膳食营养、社会经济条件、家庭环境、体育活动等与儿童肥胖的发生有密切关系。在热能摄入的增加超过热能消耗的情况下,多余热能以甘油三酯形式储存于体内,导致肥胖。不良饮食习惯,如暴食暴饮、喜食油炸食品、晚上进食多、爱吃甜食、边吃饭边看电视等,都易发生肥胖。缺少体育锻炼、长期静坐以及心理情绪因素等与肥胖发生关系密切。肥胖患病率还受母亲文化程度的直接影响。发达国家中,低阶层儿童肥胖检出率高于高阶层者数倍以上。文化程度高的母亲较担心孩子肥胖,了解肥胖的危害,因而更倾向于调整孩子的饮食,鼓励他们多参加体育活动。文化程度低的母亲相反,往往鼓励孩子多食,更倾向于购买那些价廉而热量高的食物,自己吃饭也无节制,故子女肥胖患病率高。而在发展中国家,肥胖儿童主要发生在高阶层人群。导致这一差异的根本原因是发展中国家人群儿童肥胖预防意识较差,活动量较少,相对那些活动量大、户外活动多的儿童少年中肥胖则较少发生。

3. 肥胖的易感阶段   儿童少年发生肥胖,有四个较敏感的年龄阶段:

(1)孕后期:孕期 30 周开始,胎儿体细胞增殖迅速,对热量增加的反应敏感。

(2)婴儿期(尤其生后 9 个月内):细胞体积迅速增大,易积聚脂肪。

(3)青春早期:无论男女,因身体需要为生长突增准备充足能源,使下丘脑对饱食中枢的抑制作用下降,食欲猛增,易因过食而导致肥胖。

(4)青春后期:生长速度减慢,热量总需求下降,但青少年食欲仍很旺盛,加之某些不良饮食习惯已养成,易使膳食摄入热量超过身体热量消耗,久之引起肥胖。

(三)肥胖的防治

应从小养成良好的饮食习惯,纠正偏爱高糖、高脂、高热量饮食的不良习惯。家长应掌握科学的儿童营养知识,不应把进食量多少或以吃某种食物作为对儿童的奖惩手段。肥胖儿童应限制过量进食,摄取的热量、蛋白质和其他营养素要做到既保证生长发育充分,同时又能使储存脂肪逐渐减少。在上述四个肥胖发生的易感阶段尤应注意对体重的定期监测。少年期肥胖的防治,应控制热能摄入,同时注意补充足量维生素和矿物质,加强体育锻炼与户外活动,养成每天坚持锻炼的良好习惯。学校和家长应协调配合,为他们营造良好的体育运动氛围。还可以"减肥夏令营"等形式,指导肥胖少年开展科学减肥活动。慢跑、快走、爬山、游泳、有氧体操等都能通过低强度、有节奏、持续一定时间的有氧运动,消耗体内多余脂肪,达到有效减肥、促进身体健康的目的。

第三节   儿童少年传染病

传染病(infectious diseases)是由各种病原体引起的能在人与人、动物与动物或人与动物之间相互传播的一类疾病。病原体中大部分是微生物,小部分为寄生虫,寄生虫引起者又称寄生虫病。中国目前的法定传染病有甲、乙、丙 3 类,共 39 种。传染病是一种可以从一个人或其他物种,经过各种途径传染给另一个人或物种的感染病。通常这种疾病可借由直接接触已感染的个体、感染者的体液及排泄物、感染者所污染到的物体传播,也可以通过空气传播、水源传播、食物传播、接触传播、土壤传播、垂直传播等。

一、流行性腮腺炎

(一)概述

流行性腮腺炎(mumps)简称流腮,俗称痄腮,它是由腮腺炎病毒引起的儿童和青少年期常见的呼吸道传染病,以腮腺肿痛为主要特征,有时亦可累及其他唾液腺。患者在腮腺肿大前7天至肿大后9天可从唾液中排病毒。主要通过直接接触、飞沫、唾液的吸入传播。好发年龄为5～14岁,男女患病比例为1.5∶1。城市发病高于农村。常在集体场合如学校、幼儿园、托儿所暴发流行,四季均有流行,以冬、春季常见。

(二)预防措施

1. 管理传染源　早期隔离患者直至腮腺肿胀完全消退。接触者一般检疫3周。

2. 被动免疫　给予腮腺炎高价免疫球蛋白可有一定作用,但来源困难,不易推广。

3. 自动免疫　生后14个月常规给予腮腺炎减毒活疫苗或麻疹、腮腺炎和风疹三联疫苗免疫效果好。免疫途径皮下注射,还可采用喷鼻或气雾吸入法,接种后可出现一过性发热,偶有在接种后1周发生腮腺炎者。

本病为自限性疾病,目前尚无抗腮腺炎特效药物,抗生素治疗无效。主要对症治疗,隔离患者使之卧床休息直至腮腺肿胀完全消退。

二、流行性感冒

(一)概述

流行性感冒(influenza,简称流感)是流感病毒引起的急性发热性呼吸道感染,也是一种传染性强、传播速度快的疾病。其主要通过空气中的飞沫、人与人之间的接触或与被污染物品的接触传播。该病是由流感病毒引起,可分为甲(A)、乙(B)、丙(C)三型,甲型病毒经常发生抗原变异,传染性大,传播迅速,极易发生大范围流行,如2009年暴发的甲型H1N1流感的全球流行,再次敲响了流感预防的警钟,尤其是中小学生处于生长发育的关键阶段,身体素质、免疫力相对低下,更是重点保护对象。流感病人是主要的传染源,潜伏期即有传染性。发病3天内传染性最强,轻型患者在传播上有重要意义。流感流行的特点是突然发病,致病率高,迅速蔓延,流感病程较短,但能多次复发。流感病毒若入侵器官,可引致严重的并发症,例如肺炎、支气管炎、充血性心力衰竭、肠胃炎、晕厥、出现幻觉等。

(二)预防措施

流行性感冒是世界卫生组织首个施行全球性监测的传染性疾病。由于流行性感冒病毒抗原容易产生变异,最为关键的对策莫过于实施有效的预防控制措施。

1. 对患者进行隔离治疗,切断传播途径,控制传染源,采用隔离治疗措施,患者可在家或当地卫生院进行隔离治疗,注意对健康学生的保护,尽量避免群体性活动,教室及学生宿舍要经常通风,保持环境整洁。并进行消毒,每日2次。

2. 加强对疫情的监测,加强校园晨检制度,观测体温的变化,对中小学生进行健康晨检工作,并及时上报检查结果到相关的上级部门,如发现有疑似病症的学生应立即隔离,送往当地的卫生院进行进一步的检查、诊断。

3．由各级医护人员共同协作，积极开展对于流行病学的调查研究，全面性的了解疫情情况，为及时采取有效的救治措施提供依据。

4．全面开展卫生常识教育，可通过板报、小讲课、宣传单、广播等形式对学生、老师进行宣传教育，提高对于传染性疾病的认识及防治知识，提高卫生防范意识，与学生家长建立好联系簿，以便能更好地与学生家长沟通，同时能够更好的配合学校的工作。

流感一般为对症治疗，卧床休息，多饮水，给予流质或流质饮食，适宜营养，补充维生素，进食后以温开水或温盐水漱口，保持口鼻清洁，全身症状明显时予抗感染治疗。

三、细菌性痢疾

（一）概述

细菌性痢疾（bacillary dysentery）简称菌痢，是一种由志贺氏菌属感染引起的常见的肠道疾病，全球每年约有 1.2 亿人次患病，病例以发展中国家居多。该病具有发病率高、起病急、传播快，而且人群普遍易感的特点，属于法定乙类传染病中的一种。近年来，随着医学科学技术的发展，特别是疾病预防控制力度加大和规范化管理，我国菌痢发病率和死亡率均呈现下降的趋势，发病病例以散居儿童和农民为主，菌痢的流行时间周期具有较明显的稳定性，一般在每年 7～9 月份出现高峰，基本符合肠道传染病发病的基本特点。临床表现主要有发热、腹痛、腹泻、里急后重、黏液脓血便。中毒性菌痢起病急骤、突然高热、反复惊厥、嗜睡、昏迷、迅速发生循环衰竭和呼吸衰竭，而肠道症状轻或无，病情凶险。所以加强菌痢的监测和预防亦是学校卫生监督工作的重点。

（二）预防措施

1．控制传染源　病人及带菌者应及时隔离并彻底治疗至粪便培养阴性。加强学校餐饮等服务人员的管理，定期粪检，一旦发现及时隔离治疗。在菌痢流行的季节，凡突然发热、惊厥而无其他症状的患儿，必须考虑到中毒性菌痢的可能，应尽早用肛拭子取标本或以盐水灌肠取材做涂片镜检和细菌培养，一旦发现及时隔离治疗。

2．切断传播途径　管好水、饮食。粪便，消灭苍蝇。注意个人卫生，做到饭前便后洗手。

3．保护易感人群　人群普遍易感，采取综合性预防措施保护易感人群非常重要。

四、水痘

（一）概述

水痘（varicella）是由水痘—带状疱疹病毒引起的一种常见、多发的儿童传染病，通过直接接触、飞沫、空气传播，可产生反复持续的、无临床症状的潜伏感染。本病多发生在冬末、初春季节。90% 患儿年龄在 10 岁以下，大部分集中在 6～9 岁。水痘结痂后病毒消失，故该病传染期是出疹前 24 小时至病损结痂，约 7～8 天。潜伏期 11～21 天，一般 14 天左右。水痘的临床特点是皮肤黏膜出现瘙痒性水疱疹，个别病例病变可累及肺、食管、胃、小肠、肝、肾上腺、胰等处，引起局部充血、出血、炎细胞浸润及局灶性坏死。

（二）预防措施

1．控制传染源，病人必须隔离至皮疹全部结痂为止（不少于发病后 14 天），对学校中接触的易感者应检疫 3 周。

2．学校应加强教室的通风、换气，必要时实施空气消毒。

3. 培养学生养成良好卫生习惯，做到勤洗手，保持皮肤清洁，尽可能减少皮肤的破溃，防止继发感染。

4. 接种水痘疫苗是预防该种传染病的有效措施。

五、猩红热

（一）概述

猩红热（scarlet fever）是 A 组溶血性链球菌感染引起的急性呼吸道传染病，主要通过飞沫等传播，也可以通过接触等传播。多见于儿童，尤以 5～15 岁居多。本病一年四季都有发生，尤以冬春之季发病为多。潜伏期为 2～12 天，多数为 2～5 天。起病多急骤，以发热、咽峡炎、全身弥漫性鲜红色皮疹和疹退后明显的脱屑为主要临床表现。少数患者患病后由于变态反应而出现心、肾、关节的损害。

（二）预防措施

1. 控制传染源 在猩红热流行期间，学校应采取预防措施，一旦发现有猩红热患者，应及时隔离病人，防止与其他学生接触，一般隔离至咽拭子培养连续 2 次链球菌阴性为止。

2. 在流行时可用药物预防，注射长效青霉素 120 万单位 1 次可使流行中止，并可防止风湿热和肾小球肾炎的发生。咽部带链球菌者应接受青霉素治疗 7～10 天。

六、麻疹

（一）概述

麻疹（measles）是由麻疹病毒引起的一种急性呼吸道传染病。麻疹好发于冬春季节，其他季节也有散在发生。未患过麻疹又未接种过麻疹疫苗者普遍具有易感性，尤其是 6 个月～5 岁幼儿发病率最高（占 90%）。患病后可获得持久免疫力，第二次发病者较少见。麻疹是通过呼吸道飞沫途径传播，病人是唯一的传染源，传染性极强，传染期一般为出疹前 5 日至出疹后 5 日，潜伏期第 7 日起已具传染性，但以潜伏期末到出疹后 1、2 日传染性最强。麻疹以发热、咳嗽、流涕、眼结膜充血、口腔黏膜疹及全身斑丘疹为临床特征，常可并发肺炎，患者若并发肺炎，传染性可延长至出疹后 10 日。

（二）预防措施

1. 控制传染源 学校发现麻疹病人应立即作疫情报告，并对病人进行隔离至疹后 5 天，有并发症者延至 10 天。凡接触患者的易感儿童应检疫 3 周，并根据情况给予自动免疫或被动免疫，接受免疫制剂者，应延长检疫至 4 周。

2. 接种麻疹减毒活疫苗 我国目前定于出生后 8 个月时初种，18 月龄加强一次。

3. 在麻疹流行期间，学校应大力宣传患者不出门，医药送上门，易感儿不串门，学校应加强晨间检查，对可疑者应隔离观察；加强室内通风和消毒，保持良好的环境卫生。

七、手足口病

（一）概述

手足口病（hand-foot-mouth disease）是由肠道病毒引起的传染病，引发手足口病的肠道病毒有 20 多种（型），其中以柯萨奇病毒 A16 型（Cox A16）和肠道病毒 71 型（EV 71）最为常见。其感染途径包括消化道、呼吸道及接触传播。手足口病主要发生在 5 岁以下的儿童，潜伏期多为2～10天，平均3～5天。主要表现为咽痛、厌食、低热、手、足、口腔等部位出现小疱疹或小溃疡，多数患儿一周左右会自愈，少数患儿可引起心肌炎、肺水肿、无菌性脑膜脑炎等并发症。个别重症患儿病情发展快，甚至能导致死亡。目前该病缺乏有效治疗药物，主要是对症治疗。

（二）预防措施

1．控制传染源，加强患者隔离与治疗。

2．加强个人防护　保持良好的个人及环境卫生，勤洗手，不要喝生水、吃生冷食物，避免接触患病儿童。成人看护人接触儿童前、处理粪便后均要洗手，并妥善处理污物，在该病流行期间不宜到人群聚集、空气流通差的公共场所，出现相关症状要及时到医疗机构就诊。

3．加强对玩具、个人卫生用具、餐具等物品的清洗消毒。

4．学校在疾病流行期间应加强晨检，发现可疑患儿时，采取及时送诊、居家休息的措施；对患儿所用的物品要立即进行消毒处理。根据疫情控制需要，当地教育和卫生部门可决定让托幼机构或小学采取放假措施。

八、病毒性肝炎

（一）概述

小儿病毒性肝炎（virus hepatitis）是由几种不同的肝炎病毒引起的以肝损害为主的一种全身性传染病。病原学分类可分为甲型肝炎、乙型肝炎、丙型肝炎、丁型肝炎、戊型肝炎。该病是小儿常见的传染病，无论是发病率、急性或重症病例以及病死率均高于成人。其中最常见的是乙型肝炎。乙型肝炎是经血液传播的危害严重的病毒性传染病，我国每年报告乙型肝炎新发病例约50万，约占全国甲、乙类传染病报告发病总人数的1/4。全球感染乙型肝炎病毒人数为20亿，我国为6.9亿；全球乙型肝炎病毒表面抗原携带者为3.5亿，我国为1.2亿；全球每年死于乙型肝炎病毒感染引起疾病的人数为75万，我国为28万，由此可见我国乙型肝炎流行的严重性。乙型肝炎病毒携带者和急慢性患者为传染源，通过密切接触带毒血液、排泄物、分泌物和体液等传播。人群普遍易感，发病无明显季节性。乙肝起病缓慢，易成为慢性携带者。

（二）预防措施

1．管理传染源　对急性甲型肝炎患者进行隔离至传染性消失，慢性肝炎及无症状、乙肝病毒（HBV）、丙肝病毒（HCV）携带者应禁止献血及从事饮食幼托等工作，对HBV标志阳性肝病患者，要依其症状、体征和实验室检查结果，分别进行治疗和管理指导。

2．切断传播途径　甲、戊型肝炎重点防止粪-口传播，加强水源保护食品及个人卫生，加强粪便管理。乙、丙、丁、型肝炎重点在于防止通过血液、体液传播，加强献血员筛选，严格掌握输血及血制品应用，如发现或怀疑有伤口或针刺感染乙型肝炎病毒可能时，可应用高效价乙肝免疫球蛋白注射器介入性检查治疗，器械应严格消毒控制母婴传播。

3．保护易感人群　人工免疫特别是主动免疫为预防肝炎的根本措施，然而有些肝炎病毒（如HCV）因基因异质性，迄今尚无可广泛应用的疫苗。甲肝疫苗已开始应用，乙肝疫苗已在我国推广取得较好的效果，对HBsAg、HBeAg阳性孕妇所生婴儿，于出生24小时内注射高效价乙肝免疫球蛋白（HBIG），同时接种一次乙肝疫苗，于出生后1个月再注射HBIG和疫苗。对病毒性肝炎要尽早发现、早诊断、早隔离、早报告、早治疗及早处理，以防止流行。

九、肺结核

（一）概述

结核病是儿童少年较常见的慢性传染病，由结核杆菌引起。结核杆菌是结核病的病原体，对环境适应力较强，在适宜环境中可长期存活并保持致病力。据 2010 年，全国第五次结核病流行病学抽样调查结果显示，全国活动性肺结核患病率 459/10 万，与 2000 年相比呈下降趋势。男性高于女性，乡村高于城市，患病率随着年龄增加逐步增高。

肺结核（pulmonary tuberculosis）是最为常见的一种结核病，是由于结核杆菌在肺部感染所引起的一种对健康危害较大的慢性传染病。一般有较密切的结核病接触史，起病可急可缓，多为低热、盗汗、乏力、纳差、消瘦、女性月经失调等；呼吸道症状有咳嗽、咳痰、咯血、胸痛、不同程度胸闷或呼吸困难。肺结核分为原发性肺结核（Ⅰ型）、血行播散型肺结核（Ⅱ型），浸润型肺结核（Ⅲ型），慢性纤维空洞型肺结核（Ⅳ型）、结核性胸膜炎（Ⅴ型）等。

儿童少年肺结核无论是在世界范围内还是在我国都是一个严峻的问题，其感染率及患病率都相当高。其传染源为有咳嗽、咳痰症状的痰中带菌的成人肺结核病患者。尤其是家庭中排菌的肺结核患者是儿童结核病的主要传染源。因此，儿童接触者是儿童结核感染、发病的高危人群。在流行较严重的国家 / 地区，几乎所有患者都在儿童期受到结核杆菌感染。

（二）预防措施

1. 控制传染源　结核病人是重要的传染源。传染性的病人在隔离期不要到公共场所去活动，也不要近距离对别人咳嗽、高声谈笑，咳嗽、打喷嚏时要用手帕或手巾掩口鼻，以免传染给他人。若早期接受合理治疗，痰中结核杆菌可在短期内大量减少，乃至消失，几乎 100% 可获治愈，因此早期发现病人，尤其是结核菌阳性者，并及时给予合理治疗是现代预防肺结核工作的中心环节。

2. 提高卡介苗接种覆盖率及接种质量　卡介苗接种是预防儿童结核病的有效措施，特别对儿童结脑、粟粒性结核的预防和成年后继发性结核病的预防起重要作用。接种于人体后可使未受结核菌感染者获得对结核病的特异性免疫力，保护率约为 80%。中小学生结核菌素试验阴性者应进行接种或复种。我国虽已广泛开展了卡介苗接种工作，但农村卡介苗接种覆盖率仍较低，流动人口子女也多无接种和补种卡介苗的机会，结脑和重症结核发病率高，故应对农村地区及流动人口子女卡介苗接种实行规范化管理，提高接种覆盖率。

3. 切断传染途径　结核菌主要通过呼吸道传染，学校要加强教室和学生宿舍的通风，禁止随地吐痰，对菌阳性病人的痰、日用品，以及周围接触的东西要加以消毒和适当处理。

4. 对高危人群进行筛查　儿童接触者是儿童结核感染的高危人群之一，故儿童接触者应作为试验重要筛选对象。幼托机构、学校一旦发现结核患者，这一单位也将成为高危筛选人群。通过筛查可早期发现结核感染及发病者并对其及早防治，这是降低儿童结核病发病率和死亡率的有力措施。

5. 加强防痨宣教　让广大人民群众认识到结核的疫情与危害，提高对结核的警惕性，儿童与家庭结核患者作好隔离，尽量减少结核感染机会。向医务工作者宣传，使非结防工作人员了解结核归口管理的重要性及新观点。

十、艾滋病

（一）概述

自 1981 年美国首次报告艾滋病（acquired immune deficiency syndrome，AIDS）以来，人类不但没有征服它，而且病人急剧增加，尤其是拉丁美洲、南亚及东南亚地区增加更为迅猛。AIDS 是一种死亡率很高的疾病，也是当代西方青年的最新流行病。据我国卫生计生委发布的数据显示，截至 2015 年，中国近 50 万人感染艾滋病，在中国所有艾滋病病毒（human immunodeficiency virus，HIV）感染者中约 15% 为 15~24 岁的年轻人，且年轻男性的感染率在上升。经异性传播感染成为主要的传播途径，男男同性恋 HIV 疫情未能得到控制，感染率持续上升。

儿童青少年艾滋病毒感染及 AIDS 日益引起人们的关注（1989 年世界艾滋病日就进行了主题为"青年与艾滋病"的宣传活动），有关青少年高危行为引起 HIV 感染乃至发生 AIDS 的报道日益增多。由于儿童青少年 HIV 感染潜伏期长（最长可达 8 年），许多青壮年发病乃是由于儿童青少年期的感染所致。因此，加强儿童青少年 HIV 感染流行病学、自然病程和防治对策的研究已成为当前 AIDS 研究的一个重要课题。

（二）传播方式

由于儿童青少年本身的特殊性，其传播方式与成人有一定差异。

1．母婴垂直传播　艾滋病病毒 HIV 可通过母亲妊娠分娩传播给新生儿即艾滋病的母婴传播，大约 90% 的儿童感染艾滋病都是通过母婴途径。艾滋病母婴传播可发生在妊娠分娩和哺乳的各个过程，在分娩前后的传播比例最高。

2．性行为传播　性行为传播是青少年 HIV 感染和 AIDS 发生最常见的原因。同性恋、双性恋及性伴侣多是青少年发生 AIDS 的重要危险因素，异性性交在青少年 AIDS 发生中占有重要地位。青少年还是成人同性恋或双性恋的重要受害者。

3．吸毒及滥用药物　在欧美，青少年吸毒及滥用药物相当普遍，美国大城市青少年中，50% 以上的滥用药物者血清 HIV 阳性，我国因吸毒及滥用药物导致 HIV 感染人数在今年有不断增加的趋势。

4．输血和血液制品　污染的血液可使受血者感染。尽管儿童受血明显少于成人，但儿童受血者 HIV 感染的比例比成人高得多。

5．其他　从病人唾液、泪液曾分离出 HIV 病毒，因此经唾液、泪液传播也有可能，尤其是母婴接触密切，应引起足够重视。患 AIDS 或 HIV 阳性的母亲哺乳也可导致婴儿感染，故建议危险母亲不哺乳。

（三）预防措施

鉴于目前对 AIDS 治疗的局限性，减少 HIV 感染及 AIDS 发病的重要措施是加强健康教育。1990 年召开的《亚太地区 AIDS 预防学校卫生教育专家会议》强调："开展以学校为中心的卫生教育是从根本上防止 AIDS 蔓延的最有效的手段。"实践也证明，在青少年中开展 AIDS 知识的健康教育是一项非常有效的预防措施。为了有的放矢地进行健康教育，许多国家都开展了青少年 AIDS 知识、态度的调查，并据此提出了青少年 AIDS 健康教育的主要内容：

1．介绍 HIV 感染及 AIDS 发生的流行情况及危害，从思想上认识到 HIV 感染及 AIDS

发生给人类带来的巨大灾难，从而认识到预防的重要性。

2. 介绍 AIDS 传播的主要方式，努力消除青少年中可能传播 AIDS 的行为，如同性恋、双性恋、滥用药物等。

3. 加强性行为保护措施，例如避孕套的使用，减少性伴侣等。

4. 提高自身的卫生意识及保健能力，不与已有或怀疑有 AIDS 的人密切接触，不共用牙刷、刮脸刀及其他可能传染污染血液的工具等。

5. 预防婴幼儿 HIV 感染的主要措施是加强对其母亲的健康教育，包括孕前检查、建议 HIV 阳性的妇女不怀孕、妇女自觉改变其危险行为、加强性保护措施等。

对于已经查出 HIV 阳性的患者，可采取免疫缺陷的纠正、合并症治疗、心理治疗、病原治疗等措施来延缓疾病的进程。

十一、肠道蠕虫感染

肠道寄生虫感染是人体最常见的寄生虫病，曾严重威胁人体健康，在我国分布广泛，感染人数众多，是影响社会经济发展的公共卫生问题。肠道寄生虫病为儿童时期最常见的一类疾病，对儿童危害甚大，其中中小学生肠道寄生虫感染率偏高。肠道寄生虫掠夺营养，易造成儿童发育不良，还可引起严重并发症，严重危害儿童的身体健康和发育。肠道寄生虫病常见的为肠道蠕虫感染（helminth infection），常见蠕虫有 40 余种；从对人体寄生关系看，以线虫、吸虫、绦虫为主，其次是棘头虫。学龄儿童中，以蛔虫、蛲虫感染最常见，感染率最高。

（一）蛔虫病（ascariasis）

1. 概述　蛔虫病又称蛔虫感染（roundworm infection），是由人蛔虫（似蚓蛔线虫）引起的一种肠道寄生虫病，我国各地分布广泛，是儿童期最多见的肠道寄生虫病（intestinal parasitic disease）。据 2014 年中国学生体质与健康调研报告，与 2010 年相比，我国乡村小学生蛔虫感染率继续下降。例如乡村男生、乡村女生 7 岁年龄组的粪蛔虫卵检出率分别为 1.72%、1.48%，比 2010 年分别下降 1.94、1.66 个百分点；9 岁年龄组分别为 1.60%、1.51%，比 2010 年分别下降 1.11、0.91 个百分点。

2. 影响因素　蛔虫感染之所以在人群广泛流行，与下列因素有密切关系：蛔虫有极强的繁殖力和虫卵抵抗力。用未经处理的人粪做肥料，随地大小便，是蛔虫卵污染环境的主要原因。感染蛔虫病的主要方式是经口吞入感染期虫卵。手接触被虫卵污染的泥土，使手上或指甲缝里黏附虫卵。用大粪施肥的瓜果、蔬菜亦常被虫卵污染。因此，不剪指甲，饭前便后不洗手，喝生水，生吃未洗净的瓜果蔬菜，把手指放在口里吸吮等不卫生习惯，都易导致蛔虫感染。

3. 预防措施　从预防感染和驱蛔两方面着手，以加强人畜粪便管理和无害化处理、搞好环境卫生、开展健康教育、培养良好卫生习惯、集体投药驱蛔等为目标，采取综合防治措施。

（1）改善环境卫生：大力加强学校、社区环境卫生，及时处理污物，消灭蚊蝇滋生地，切断传染途径。特别是乡村地区，要大力进行改厕工作，积极推广堆肥、沼气池等粪便无害化处理，防止污染环境；将粪便虫卵杀死后再作肥料使用。

（2）健康教育：是防治蛔虫感染的重要手段。应将预防蛔虫感染作为学校卫生工作的重要内容，普及卫生知识，提高学生的自我防治意识和技能。健康教育对象还应包括家长、教职员工和保教人员，尤其学校炊管人员。针对蛔虫经口感染的特点，从严把住"病从口入"关，养成良好的饮食、个人卫生习惯。

（3）驱虫治疗：治疗蛔虫感染不仅可保护儿童健康，而且能降低对周围环境的污染，减少疾病传播，是积极的预防手段。利用化学药物驱虫治疗，是降低蛔虫患病率、感染度的重要措施。驱虫治疗还能消除病源，减少和阻断传播。原卫生部、教育部、全国爱卫会颁布的《全国学生常见肠道蠕虫感染综合防治方案》要求：感染率高于 40% 的地区，每年 2 次（间隔至少 3 个月）在中小学校集体服药驱蛔。选用安全、广谱、高效、服用方便、价格适宜的驱虫药。集体服药可先小范围试点，取得经验后再有计划扩大覆盖范围，及时处理可能出现的副作用。严格掌握服药适应证和禁忌证。集体驱蛔前，做好对家长、学生的知情同意工作，减少心理压力；服药过程中，要加强疗效及副作用观察，及时处理可能出现的不良反应。

（二）蛲虫病（enterobiasis）

1. 概述　蛲虫（oxyurid），是一种白色细小、两端尖直的线虫，雄虫体长 2～5mm，雌虫体长 8～13mm，俗称"白线虫""线头虫"，在体内引起蛲虫病。城乡儿童中均有较多患者。成虫寄生在人体阑尾、结肠、直肠等处，以吸取肠内营养物和血液为生。雄蛲虫交配后不久即死亡，雌虫则在患儿睡眠时爬出肛门产卵。肛周温度、湿度适宜，氧气充足，虫卵只要 5～6 小时即可发育成感染性虫卵。

主要传播途径有三条：

（1）经口吸入：患儿因痒而搔抓肛门，手上沾满虫卵；虫卵污染裤子、被褥、生活用品，再通过手拿食物，虫卵经口进入消化道而感染，是主要感染途径。蛲虫寿命只有 2～4 周，但可通过该途径使儿童长年累月地自身重复感染。

（2）虫卵随空气尘埃飞扬，被吸入鼻咽部而感染。

（3）幼虫在肛门口发育成熟后，逆行爬回肠内，发育为成虫。

2. 预防与治疗

（1）预防：①治疗病例，清除传染源。②培养孩子养成良好的卫生习惯。蛲虫重复感染率高，不易根治，关键是搞好卫生，养成良好的个人卫生习惯，应发动家人、同学、室友都注意个人卫生，防止交叉感染。内衣、内裤天天更换，被褥经常放置太阳下曝晒。③清洁肛门。晨起后洗淋浴，冲洗肛门，可将大量幼虫冲走。④肛门痒者可用 10% 氧化锌软膏、2% 白降汞软膏或 10% 硫黄软膏局部外搽。利用中药百部浸膏、甲紫（龙胆紫）配制的蛲虫膏等，既止痒又兼杀虫，效果良好。

（2）治疗：服抗寄生虫药。家人及密切接触者应同样治疗。再感染很常见。如继续接触寄生虫，可能需多次治疗。常用口服药物有甲苯达唑、噻嘧啶，复方甲苯达唑、吡维氯铵（扑蛲灵）等。蛲虫易自身重复感染，故服药后 2～3 周宜重复服药以根治。可用蛲虫软膏、2% 白降汞软膏等在睡前涂于肛门部，以杀虫止痒。集体治疗，特别是在幼儿园等，要全体治疗，才能收到比较好的效果。

第四节　儿童少年食物中毒

食物中毒指摄入了含有生物性、化学性有毒有害物质的食品或把有毒有害物质当作食品摄入后出现的非传染性急性、亚急性疾病。食物中毒的发病特征有：潜伏期短，发病突然，常呈暴发性；中毒者一般具有相似的临床症状，常常出现恶心、呕吐、腹痛、腹泻等消化道症状。由于进食的是同一种中毒食品，病原相同，因此患者的临床症状也基本相同，由于个体差异，其临床症状可能有差异；发病与食物有明确的关系；患者对患者无传染性，停止使用有毒食物发病很快停止；从中毒食物和患者的生物样品中能检出引起中毒临床表现一致的病原。

一、细菌性食物中毒

（一）概述

细菌性食物中毒（bacterial food poisoning）是指患者摄入被细菌和（或）其毒素污染的食物或水所引起的急性中毒性疾病，是最常见的一种中毒，多发生在夏秋炎热季节，主要是因为食物在制作、储存、出售过程中处理不当，被细菌污染，食用后引起胃肠炎和中毒症状。潜伏期一般在 48 小时以内；成暴发性一般病程较短，病死率低；可表现为胃肠道症状型或神经症状型食物中毒。细菌性食物中毒以沙门氏菌、金黄色葡萄球菌最为常见，其次为蜡样芽孢杆菌。细菌性食物中毒发病率较高而病死率较低，具有明显的季节性，多发生在气候炎热的季节。

（二）预防措施

1. 严格食品的采购关　禁止采购腐败变质、油脂酸败、霉变、生虫、污秽不洁、混有异物或者其他感官性状异常的食品以及未经兽医卫生检验或者检验不合格的肉类及其制品（包括病死牲畜肉）。

2. 注意食品的贮藏卫生　防止尘土、昆虫、鼠类等动物及其他不洁物污染食品。剩余食品必须冷藏，冷藏时间不得超过 24 小时，在确认没有变质的情况下，必须经高温彻底加热后，方可食用。带奶油的糕点及其他奶制品要低温保藏。储存食品要在 5 ℃以下。若做到避光、断氧，效果更佳。生、熟食品分开储存。

3. 食堂从业人员每年必须进行健康检查　凡患有痢疾、伤寒、病毒性肝炎等消化道疾病（包括病原携带者），活动性肺结核，化脓性或者渗出性皮肤病者，不得从事接触直接入口食品的工作。食堂从业人员有皮肤溃破、外伤、感染、腹泻症状等不要带病加工食品。食堂从业人员工作前、处理食品原料后、便后用肥皂及流动清水洗手。

4. 生熟分开　加工后的熟制品应当与食品原料或半成品分开存放，半成品应当与食品原料分开存放。食物要烧熟熟透，需要熟制加工的大块食品，其中心温度不低于 70℃。

二、真菌性食物中毒

（一）概述

真菌广泛分布于生活环境中，种类极多，长久以来人们就利用真菌酿造食品，造福于人类。但也有很多种真菌对动植物和人类危害极大。由于误食毒蕈或食用真菌毒素污染的食物引起的中毒称为真菌性食物中毒（fungal food poisoning）。粮食类食物贮存不妥可导致对人体有害的真菌生长繁殖，产生真菌毒素，大多数真菌毒素不容易被烹煮的高温所破坏，食用后可导致中毒。有些是急性中毒，死亡率极高；有些是慢性中毒，可发生癌变。真菌性食物中毒有明显的季节和地区性，雨季多见，与食物的霉变有关；潜伏期短，多在数小时内发病；临床表现为胃肠炎型、神经损害型和肝脏损害型。如赤霉变麦中毒、霉变甘蔗中毒。

（二）预防措施

加强食物的管理，防止霉变大米、小麦等食材流入学校，进入餐桌。定期检查食堂饭菜的卫生，对相关工作人员进行规范化管理。对于真菌性食物中毒目前尚无特效治疗，可对症治疗。

三、动物性食物中毒

（一）概述

将天然含有有毒成分的动物或动物的某一部分当做食品，误食引起的中毒为动物性食物中毒（animal food poisoning）。如河豚中毒、鱼胆中毒、鱼肝中毒、蟾蜍中毒等。有毒动物食物中毒有明显的季节和地区性，与有毒动物的分布有关；多为家庭散发；潜伏期短，数分钟至数小时；发病率和病死率高；临床表现多为神经损害型、过敏型、皮炎型等。

（二）预防措施

及时宣传，使学校工作人员及学生认识到动物性食物中毒的危害；抓薄弱环节，对食堂进行整顿，对食堂的管理人员、从业人员进行知识培训；加强肉制品卫生监督管理力度，降低动物性食物中毒的发生率。针对不同的中毒原因，采取不同的治疗措施。

四、化学性食物中毒

（一）概述

化学性食物中毒（chemical food poisoning）是指误食有毒化学物质，如鼠药、农药、亚硝酸盐等，或食入被其污染的食物而引起的中毒。潜伏期极短，多在数分钟至数小时；发病率和病死率较高；不同的化学物质有不同的靶器官损害，表现特异；发病无季节、地域特征。常见引起中毒的化学毒物有农药、砷化物、多氯联苯，亚硝酸盐等。化学毒物中毒的发生多属偶然，但后果严重，故应加强宣教，防止食品污染和误食。

（二）预防和治疗

1. 加强食堂管理，对食堂从业人员进行相关知识的培训和普及，了解常见食物在某些特定情况下产生的毒作用。比如储存过久的蔬菜、腐烂蔬菜及放置过久的煮熟蔬菜，原来菜内的硝酸盐会转化成亚硝酸盐。刚腌不久的蔬菜（暴腌菜）含有大量的亚硝酸盐，一般于腌后 20 天消失。

2. 严禁食品贮存场所存放有毒、有害物品及个人生活物品。鼠药、农药等有毒化学物要标签明显，存放在专门场所并上锁。

3. 不随便使用来源不明的食品或容器。

4. 蔬菜加工前要用清水浸泡 5～10 分钟后，再用清水反复冲洗。一般要洗三遍，温水效果更好。水果宜洗净后削皮食用。

5. 加强亚硝酸盐的保管，避免误作食盐或碱面食用。

6. 食堂应建立严格的安全保卫措施。严禁非食堂工作人员随意进入学校食堂的食品加工操作间及食品原料存放间。厨房、食品加工间和仓库要经常上锁，防止坏人投毒。

预防化学性食物中毒是一个系统工程，需要全社会的共同努力。为了确保食品的安全性，以控制食源性疾病特别是食物中毒事件的发生，需要政府、企业和消费者的共同努力。

儿童少年时期常见病、多发病具有一定的年龄、性别特点，患病率比较高，对个体生长发育和健康危害巨大。但多数疾病与学习、生活关联密切。预防疾病、促进健康是全社会共同责任，需要学生、家长、学校、社会共同努力。学校卫生工作者要不断探索学生常见病、多发病的预防和控制措施，同时，积极开展健康教育，加强这些常见病相关知识的宣教、预防和监督，促成学生养成良好的卫生意识和行为习惯，以期降低各种常见病、多发病的患病率，更好地促进儿童少年健康。

（余毅震　吴春侠）

【学习思考】

1. 试述儿童少年时期患病特点。加强儿童少年疾病预防工作的意义何在？
2. 什么是近视？如何开展学生近视预防工作？
3. 试述龋齿形成的原因和预防措施。
4. 试述儿童少年时期 AIDS 传播特点及主要预防措施。
5. 什么是食物中毒？如何初步判断是否发生食物中毒？

第六章 学校健康教育

School Health Education

学校是培养正在生长发育的儿童青少年的重要教育场所，遵照我国的教育方针，要将儿童青少年培养成德、智、体、美全面发展的社会主义接班人，这就要求学校在提供学科教育的同时，还承担保障学生安全、保护和促进学生健康的任务。儿童青少年健康教育已经成为真正促进学生健康、帮助学生建立健康生活方式的重要策略，在预防学生各种常见病、促进学生健康体质的改善上发挥重要的作用，对于提高全民族的健康水平具有深远的意义。

第一节 学校健康教育概述

学校提供适宜的学习生活环境和良好的健康教育是保障青少年健康成长的重要条件。通过健康教育教学活动，可有效促进儿童青少年养成良好的卫生行为、减少疾病危险因素，提高自我保健的意识和能力，为享有终身健康奠定基础。

一、学校健康教育的概念

健康教育（health education）是为协助人们自愿地采纳有益于健康的行为所设计的各种学习活动的综合。通过有计划、有组织、有系统的教育活动，促使人们自觉采纳有益于健康的行为和生活方式，消除或减轻健康危险因素，预防疾病，促进健康，提高生活质量。教育的核心目标是树立健康意识、培养良好行为，形成对公众健康的自觉性和责任感。

学校健康教育（school health education）是以在校学生为教育对象，通过有计划、有组织、多种形式的以健康为中心的教育教学活动，使学生获得完整的健康观念，培养学生各种有益于自身、社会和全民健康的行为和习惯，自觉地改造及保护环境，有能力规避危害身心健康的各种因素，从而达到预防和减少常见病和多发病的发生，尽可能避免意外伤亡事故，增强体质，促进身心正常发育，享有健康并为终身享有健康奠定基础。学校健康教育是学校教育的重要组成部分。

学校健康教育活动通常包括规划设计、实施和评价三部分。第一是规划设计，针对目标人群的认知特点和健康需求，形成对解决某一问题的理论假设，提出目标、策略和措施、评价指标；第二是实施，使规划设计能按规划确定的方法、步骤，逐步达到目标的过程；第三是评价，对教育活动的全过程进行质量控制，评价教育效果，为是否要实施、怎样实施下一步教育活动提供科学依据。

二、学校健康教育的意义

开展学校健康教育是保障儿童青少年身心健康的有效措施之一。有效的学校健康教育，可以促进儿童青少年养成良好的卫生行为、提高自我保健的意识和能力。儿童青少年健康教育，在预防学生各种常见病、促进学生健康体质的改善上发挥重要的作用，对于提高全民族健康水平具有深远的意义。

1. 学校具有数量庞大的受教育者群体　据 2010 年第六次人口普查数据，我国 6~22 岁儿童青少年 3.10 亿，占总人口 23.27%。开展健康教育，可使这些未来的国家建设人才在获得健康知识、态度技能等方面直接受益；学生通过健康教育建立起来的良好行为和习惯，将对整个国家和民族的健康水平产生深远影响。

2. 学校健康教育影响人的整个生命周期　儿童少年时期是一生中接受能力最强、可塑性最强的年龄段，是人生观、价值观、行为形成的关键时期，通过教育建立健康的习惯和行为，并使其得到巩固；如果存在不良习惯，也容易改正。

3. 学校比任何社会机构都更能为儿童少年提供帮助　学校有完整、系统的教育体系、教育资源和教育手段，可方便地将健康教育整合到教育全过程，有利于健康教育的实施，理想效果的获得。通过系统的健康教育过程，对学生一生的健康和生活质量起到重要影响。

4. 学校教育具有强大的社会辐射效应　学校健康教育不仅教给学生知识，还可以鼓励他们向成年人传递健康信息，促使教育效果向社会辐射，对全社会建立良好的健康风尚发挥积极作用。

三、学校健康教育的目标

学校健康教育活动是促进学生健康知识增长、健康信念价值观形成和健康行为养成的连续过程。通过教育，增长学生知识，加深其理解；引导学生将认知渗透到信念、价值中，增强对健康的需求愿望；促使学生自觉培养良好习惯，改变不良行为，提高健康水平。在实施学校健康教育的过程中，应确定以下目标：

1. 传播知识，提高认知　健康教育主要通过课堂内外的教育方式向儿童少年传授卫生保健科学知识，目的是将他们的行为引向正确的方向。很多儿童少年中某些不良的生活方式和卫生习惯的形成，往往是缺乏必要的卫生保健科学知识所致，如目前儿童少年近视发病率增加，与不注意用眼卫生有很大的关系。如果在小学生一进入学校就及时地向他们传授关于近视的发病原因及预防方法，加强视力监测工作，就可以控制近视发病率的增加并使其下降。因此，在健康教育教学中，应结合小学生实际存在的不良卫生习惯，有针对性地对小学生进行卫生保健科学知识教育。只有小学生掌握了一定的卫生保健科学知识，才能对人的生命活动规律有所了解，才能懂得讲究卫生的道理并预防疾病。

2. 转变态度，培养保健意识和能力　态度是一定行为倾向的反映，正确态度有助于学生将掌握的知识转化为建立健康行为的动力。儿童少年时期是人生成长过程中的一个关键性阶段，对成年时期影响极其重要。儿童少年在这一时期中会遇到各种生理和心理问题，如果能够及早地、有针对性地给予卫生保健知识教育，传授心理自我调节的方法等，完全可以克服这些问题。通过学校的健康教育，使儿童少年懂得有关的卫生保健知识，形成健康意识。

3. 发展技能，建立健康行为　维护健康不仅需要知识，学生还需要掌握各种必要的健康保健和安全应急的技能。学校健康教育应为受教育者提供各种训练机会，帮助他们获得应对健康挑战所必备的技能，形成有利于健康的行为。

四、学校健康教育的原则

为了做到突出重点、循序渐进，不断强化和促进健康知识的掌握、健康技能的提高、健康意识的形成、健康行为和生活方式的建立，学校健康教育应遵循以下原则：

1. 坚持健康知识传授与健康技能传授并重　学校健康教育不仅要考虑传递健康的知识、信息，同时还要重视学生心理社会适应能力、各种卫生保健技能运用的培养。目前，健康教育特别强调以技能为基础，关注学生健康素养的全面提高。

2. 遵循教育学规律，坚持健康知识和技能传授的循序渐进　学校健康教育涉及的人群年龄范围广泛，因此，提供教育内容应科学、准确，符合不同发育阶段儿童青少年的身心发育水平和认知能力，由浅入深，由易到难，由具体到抽象，螺旋式递进，逐步深入，更好地促进学生对健康知识、技能的理解与掌握。

3. 坚持健康教育理论学习和学生生活实际相结合　要充分认识和分析学校儿童青少年所面临的各种健康问题以及不同的社会文化背景，使教育贴近学生的生活和健康需求，寓教于乐，鼓励学生主动参与各种教育活动，学以致用，真正形成解决实际健康问题的决策能力并付诸行动。

4. 与家庭、社区密切结合　通过多种形式，如家长会、社区活动，获得家长和社区的支持配合，为学校开展健康教育创造良好的社会支持性环境。

第二节　学校健康教育的对象与内容

学校健康教育主要针对在校学习的儿童青少年，向其传播健康知识，提高健康自我意识，发展健康行为技能。具体而言，引导儿童青少年学习个人及环境卫生、合理营养与平衡膳食、注重体育锻炼与健康、关注心理卫生、预防常见疾病、预防伤害，抵制健康危险行为等。针对慢性非传染性疾病的早期预防、青春期生理和生殖健康教育、生活技能教育和学校避难与避险等内容开展学校专题健康教育。

一、学校健康教育的目标人群

学校健康教育的目标人群为在校学习的儿童青少年。根据《中国人口和就业统计年鉴》(2015)，2014 年全国共有大中小学校 28.37 万所（不含学前教育），其中大学 2529 所，普通中小学校 26.72 万所；在校学生 2.06 亿（小学生 0.95 亿，初中生 0.44 亿，高中生 0.24 亿，中等职业教育在校生 0.18 亿，普通高等教育在校 0.25 亿），占总人口 15.06%。健康教育不仅使他们受益，更可对国家、民族的健康发展产生深远影响。

儿童青少年正值行为、人生观、价值观形成的关键期，可塑性强，通过教育改变其自身行为的潜能，并可由他们扩展到学校教职员工、家庭和社区。然而，儿童青少年是一个发展各异的群体，不同年龄、不同性别、不同身心发育水平、不同生活环境，其所面临的问题不同，同一知识、技能并非对所有年龄段的学生都有效。因此，要根据地区、学校和学生的实际情况，设计学校健康教育的内容、选择健康教育的方式方法。

二、学校健康教育的内容

学校健康教育的主要任务包括三个方面，一是传播健康知识，使学生了解自身机体的正常功能，各种危害健康的因素，从而能自愿做出有益于健康的选择；二是提高健康自我意识，使学生明确对自己、他人、家庭、社会健康的角色责任和义务；三是发展健康行为技能，通过教育和训练，学习各种健康行为和技能。因此，学校健康教育的主要内容如下。

（一）个人及环境卫生

有害微生物和环境污染等对处于生长发育阶段的儿童会造成直接伤害，不仅阻碍身心发育，还可能引发各种疾病。应围绕这些内容开展教育，帮助学生养成良好的卫生习惯来避免上述问题。主要内容包括：掌握正确的洗手方法，养成勤洗手的习惯；养成每天刷牙洗脸的习惯，正确选择适宜的牙膏牙刷，预防龋齿；勤洗澡、更换并清洗衣服和被褥、勤理发、勤剪指甲，不共用毛巾和牙刷等洗漱用品；防止病从口入，不要用牙齿咬手指和其他物品；注意用眼卫生，不用手揉眼睛；咳嗽、打喷嚏时遮掩口鼻；了解环境污染（大气、水、土壤）、噪音和辐射等的健康危害，并掌握基本的防护知识，如在尘埃较重的环境中正确佩戴口罩等；经常开窗通风；了解蚊虫、苍蝇、老鼠、蟑螂等传播性疾病；培养环保意识，不乱丢果皮纸屑，生活垃圾应分类处理，不随地吐痰，不随地大小便等。

（二）合理营养与平衡膳食

营养是生长发育重要的物质基础，是促进学生健康成长的保障，保证合理营养与膳食平衡尤为重要。主要内容包括：树立"合理营养、平衡膳食"的意识，不偏食、挑食；膳食以谷类为主，多吃蔬菜水果和薯类，注意荤素搭配，经常喝牛奶、食用豆类及其制品；对高年级同学讲解人体所需营养素的相关知识或居民膳食指南的内容；吃好早餐，一日三餐有规律，日常生活饮食应适度，不暴饮暴食、不盲目节食，吃零食要适量；购买包装食品应注意查看生产日期、保质期、包装有无胀袋或破损，掌握识读营养成分表的技能，不购买无证摊贩食品；妥善保存食品，拒绝腐败变质、过期、不洁食品，生吃蔬果要洗净；不食用容易引起食物中毒的食品，不吃病死禽畜肉；保证每日适量饮水，提倡饮用白开水等。

（三）体育锻炼与健康

体育锻炼是促进儿童青少年身心发育和增强体质的重要因素之一，健康教育包括体育锻炼对维持健康的益处；体育锻炼遵循循序渐进，全面锻炼，运动与休息交替进行等原则；运动前做好准备和整理活动，避免剧烈运动后立即躺下或坐下；预防运动创伤，避免受伤的危险因素，掌握受伤后的简单治疗处置措施等。

（四）心理卫生

社会急速变迁对各方面都会产生深刻影响，儿童青少年身心发育尚未成熟，易在这些改变的影响下遭受健康损害，导致各种心理、情绪和行为问题发生。真正的健康不仅仅是身体没有疾病或虚弱，还包括心理健康和良好的社会适应。因此，需要强调心理卫生的必要性，让学生掌握相关技能。主要内容包括：使用日常生活中的礼貌用语，与同学友好相处；保持自信，自己的事情自己做，建立自我认同，客观认识和对待自己；客观看待事物，了解不良情绪对健康的影响，学习调控情绪、缓解压力的基本方法以及合理宣泄与倾诉的适宜途径；根据自己的学习能力和状况确定合理的学习目标，能够应对考试等特殊时期的心理问题；认识竞争的积极意义，正确应对失败和挫折；正确对待青春期心理变化，学会与异性自然相处；学习人际交往中的原则和方法，做到主动、诚恳、公平、谦虚、宽厚的与人交往等。

（五）常见疾病预防

围绕以下学生常见病，重点开展预防工作：

1. 近视　我国是世界上儿童青少年近视患病率最高的国家，保护学生视力、减少近视的发生和加重，是儿少／学校卫生最重要的工作任务之一，在学生健康教育中应强调：学会合理用眼，培养正确的读书写字习惯，在良好的环境中进行读写；知道看电视、电脑的卫生要求，避免长时间、近距离观看电子屏幕；多休息眼睛、眺望远方，多参加户外互动；了解近视的成因，学会做眼保健操，注意用眼卫生，定期检查视力等。

2. 肥胖　肥胖是一种常见的营养代谢性疾病，儿童青少年时期的肥胖绝大多数为单纯性肥胖，主要因摄食量过多、缺乏运动等原因引起。健康教育内容包括：了解肥胖对健康的直接危害和深远危害（易继发多种疾病），注意对体重的定期监测；从小养成良好、均衡的饮食习惯，纠正偏爱高糖、高脂、高热量的饮食习惯；减少看电视、用电脑等静态活动时间；认真参加体育课，保证每天 30 分钟以上体力锻炼，同时培养"随时消耗体内多余脂肪"的意识（如可爬楼梯不坐电梯，可走路时不坐车等）；对肥胖儿童青少年开展心理辅导，疏解压抑、自卑等消极心理，树立信心，积极减重等。

（六）伤害预防与安全

伤害是由各种物理性、化学性、生物性事件和心理行为因素等导致个体发生暂时性或永久性损伤、残疾或死亡的一类疾病的总称，目前已成为儿童少年的第一位死因。它不仅对儿童身心有严重影响，还会导致沉重的疾病负担和社会经济负担。

首先应告知学生紧急的报警求助电话：匪警 110，火警 119，医疗急救 120，交通事故服务 122。除此以外，常见的伤害形式和预防教育内容如下：

1. 交通事故　主要内容包括：熟悉常见的交通安全标志与行人应遵守的基本交通规则；掌握乘车和骑自行车等交通工具的安全常识；学会自我保护，知道发生交通事故后的求助方式和基本应对措施。

2. 跌倒　主要内容包括：走路时不要分心或嬉笑打闹；树立正确的运动概念，强调在进行体育运动前充分活动热身，运动中遵守规则；通过基础性或特殊性运动培养运动技能，促进身体协调性；了解跌倒受伤后的基本处理原则，学习骨折后简易应急处理方法（搬运、固定）等。

3. 溺水　主要内容包括：不去危险的或无人看管的水塘等，恶劣气象（暴雨、洪水）时遵照安全指示；学习游泳和滑冰的安全知识；知道溺水后的应急处理。

4. 烧烫伤　主要内容包括：注意用火、用电安全，不玩火，远离火源；知道触电、雷击的预防；认识危险标志和安全标志，发生轻微烧烫伤后能够自我处理等。

5. 中毒　主要内容包括：知道容易引起食物中毒的常见食品（发芽土豆、不熟的扁豆和豆浆、毒蘑菇、新鲜黄花菜、河豚等），不采摘、不食用野菜；不乱吃东西，不吃陌生人给的东西；服药要遵医嘱，不乱服药物；了解不同情况下中毒后的应急处理：化学品中毒应撤离现场、停止与毒物的接触、适当冲洗，食品中毒选择催吐或去医院处理，燃气中毒要尽快开窗通风等。

6. 窒息　主要内容共包括：吃东西时尽量避免说笑和跑动；知道火灾或其他灾害发生

时保证呼吸畅通的方法；学习抢救窒息的应急方法等。

7. 故意自我伤害 主要内容包括：营造良好的学校氛围，为重点人群提供帮助；面向全体学生，以提高心理健康水平为目标开展心理健康教育，树立正确的生命观念，了解自身的价值和能力，懂得寻求帮助；提供心理咨询，缓解学生心理困扰，提高其自我调节能力；早期筛选心理 - 行为障碍高危者，为他们建立心理保健档案，纠正其错误认知；曾发生自杀事件的学校应加强团体情绪辅导，并配合生命教育；提供防治知识和资源，如学校或当地的危机干预中心、电话和网络热线等。

8. 校园暴力与欺凌 校园内暴力有三种形式：躯体暴力、言语 / 情感暴力和性暴力，主要表现为学生间、师生间和校外人员闯入暴力事件。它不仅对学生身心健康有害，而且污染校园环境。可从以下几方面开展教育活动：营造温馨的校园环境，让所有学生都感到受关注和被接纳；加强教师德育教育，提高自身素质，减少对孩子的负面影响；老师和学生密切沟通，使他们建立安全感；发现孩子与同学有矛盾时，指导其通过理性的渠道解决；通过心理辅导，排解学生自卑、孤独、嫉妒等心理问题和自暴自弃、怨天尤人、偏激等不良情绪，提高人际交流能力；组织丰富多彩的文体活动，减少不良娱乐场所对学生的吸引力等。

（七）健康危险行为预防

青少年是发生危险行为的高发人群，但只要帮助他们提高生活技能、改善周围环境，提供支持和帮助，健康危险行为都是可预防控制的。

1. 使用烟草与饮酒 教育内容包括：了解吸烟（包括"二手烟"）与饮酒对健康的危害、学会远离被动吸烟、学会拒绝吸烟与饮酒的技巧、知道过量饮酒后的急救方法等。

2. 药物滥用 教育内容包括：不擅自服用或滥用镇静催眠等成瘾性药物和止痛药；知道常见毒品的名称，以及毒品对个人和家庭的危害；拥有自我保护意识，远离毒品、拒绝毒品；学习拒绝毒品的方法，知道寻求帮助途径等。

3. 网络成瘾 教育内容包括：认识网络的虚拟性，培养正确的人生观、价值观和世界观；培养多元的健康爱好，积极参加各种有益身心的活动；在网络上进行交友、支付 / 转账时要格外谨慎，提高防范意识；掌握网络成瘾的识别与矫治方法。

4. 不安全性行为 教育内容包括：识别容易发生性侵害、性骚扰和性虐待的危险因素，保护自己不受性侵害、性骚扰或性虐待；认识婚前性行为对身心健康的危害，树立健康文明的性观念和性道德；了解艾滋病病毒和性传播疾病的传播途径，避免发生不安全的行为，学习自我保护方法等。

三、学校专题健康教育的内容

（一）慢性非传染性疾病的早期预防

1. 高血压 高血压是心脑血管病的病理基础之一，也是冠心病、脑卒中的重要危险因素。大量证据表明：儿童期和成年期血压水平存在一定相关。应帮助学生从小养成健康的生活习惯：了解高血压的危害和预防知识，定期测量血压；倡导合理膳食，避免脂肪、钠盐过多摄入；适度的体育锻炼，合理安排生活作息，保持心情愉快；戒除吸烟、酗酒等不健康行为等。

2. 糖尿病 糖尿病对人类健康的影响越来越大，其发生是多种因素长期作用的结果，包括儿童青少年生活环境中的各种不利因素和不健康的生活方式。健康教育内容包括：提高对糖尿病的认知，有家族史者、长期使用激素等药物的儿童青少年，定期检查血糖；定期检测体重，积极防治肥胖；改变不良的饮食结构，尤其避免脂肪和糖类摄入过多；积极参加体育锻炼以增加热量消耗，树立终身运动的信念等。

3. 肿瘤　主要内容包括：儿童期开始加强防癌教育，提高自我保健能力；保护环境，减少与污染环境的接触；改变与肿瘤发生有关的行为危险因素，如不吸烟、饮酒；注意饮食，控制脂肪和胆固醇摄入，多吃富含营养的食物。少食烟熏、盐渍或霉变、烧焦的食品；少吃过烫、过辣的食物，进食细嚼慢咽，防止食管因反复损伤而诱发癌变。

（二）青春期生理和生殖健康教育

青春期是个体从童年向成年逐渐过渡的时期，是生长发育过程中的一个极其重要的阶段。在这一时期应引导青少年正确接受并对待自己和周围环境的变化，帮助他们解决这个阶段会遇到的各种特殊问题。

1. 青春期保健　主要内容包括：了解青春期的变化规律，掌握基本的卫生保健知识；了解青春期生理发育基本知识、男女青少年在此时期的发育差异；知道女生月经初潮的意义、正常的月经周期和经期卫生保健常识，了解正确选择和佩戴胸罩的知识；知道男生首次遗精的意义；注意青春期个人卫生，了解痤疮发生的原因和预防方法；变声期嗓子的保护、保健措施；正确对待心理变化，学会调控自己的情绪、热爱生活、珍爱生命；针对不同发育认知水平，适时、适度的开展性教育，保证性知识和性道德教育同步，学会自我保护。

2. 预防艾滋病教育　由于缺乏相关知识和做出正确决策并执行的能力，青少年成为艾滋病的脆弱人群。预防艾滋病健康教育可以通过专题讲座、同伴教育等多种形式开展，应覆盖以下内容：知道艾滋病的危害及传播途径，学习艾滋病的预防知识，会判断危险行为；学会自尊、自爱，增强抵御不安全性行为和性侵犯的能力；了解献血及使用血制品的注意事项；珍爱生命，远离毒品；学习相关法制教育，知道寻求帮助的途径和方法；区分可以传播和不会传播艾滋病的途径，不歧视艾滋病病毒感染者与患者，在向他们提供帮助时学会自我保护。

（三）学校生活技能教育

生活技能（life skills）指一个人的心理社会能力（psychosocial competence）。世界卫生组织专家认为："心理社会能力，是指人能有效处理日常生活中的各种需要和挑战的能力；是个体保持良好的心理状态，并在与他人、社会和环境的相互关系中表现出适应的和积极的行为的能力"。青少年仅仅学习知识并不能面对生活中的种种挑战，需要利用生活技能将知识转化为行为。利用青少年的趋众倾向，选择同伴教育形式开展学校生活技能教育，致力于使学生具备以下十种能力：

1. 自我认识能力　能对自己的个性、特长和缺点做出客观评价，从而在正确认识自我的基础上，建立自信心，并与周围人保持和发展良好的人际关系。人们在成长中，通过他人评价和实践，形成自我认识与自我评价。

2. 同理能力　能从他人角度考虑问题，与人交往过程中能设身处地为别人着想，不仅表现出充分的理解和同情，而且能主动关怀、帮助别人，共同协商和解决问题。

3. 有效交流能力　能恰当运用口头或身体语言（手势、姿势、表情、动作等），准确表达自己的心情和观点，并能在需要时寻求他人的帮助和建议。能与其他人在合适的时间和地点分享想法和信息的能力。

4. 人际关系能力　能以积极方式与他人交往,建立保持友谊,与家人相互沟通,使自己经常保持良好的心理状态,并获得社会支持。还能在必要时,采用恰当的、使自己和别人都不受到严重伤害的方式,巧妙地断绝和他人的关系。

5. 调节情绪的能力　能认识自己和他人的情绪,运用适当方法尽量把消极情绪逐渐调整为积极情绪,使之不对自己和他人的身心健康造成有害影响。

6. 缓解压力的能力　能正确认识自己面临的压力,通过改变环境或生活方式来减少压力;或者学会放松,使压力减轻到不对自身健康造成危害的程度。

7. 创造性思维能力　思考问题时能抛开经验束缚,不因循守旧,而是积极探索其他可能的途径和方式,找到更多、更好解决问题的方法。

8. 批判性思维能力　善于开拓思路,用批判的眼光分析信息和以往经验,抛开经验束缚,从各个角度考虑问题。与创造性思维结合,可帮助人多角度、全面、灵活考虑各种问题,做出合理决定。

9. 决策能力　能通过权衡不同选择并考虑其不同后果以便做出正确决定,包括分析问题、查询信息、寻找方法、制订计划及实施等综合能力。

10. 解决问题能力　能正确认识自己面临的主要问题,寻找解决该问题的方法及其利弊得失。从中选择最适合的解决方式,并付诸实施。

（四）学校避难与避险

近年来,各种伤害、灾害事件频发,有时即使避开原发灾害,也会因缺乏避难、避险和自救常识而发生继发事故,酿成悲剧。一些常见的灾害事故预防知识应被加入学校健康教育中,具体内容如下:

1. 地震　内容包括:知道地震预警,树立在预警期间抓紧时间避震的意识;因地制宜的选择正确的避震方式:如果不能跑出室外,则应快速寻找适宜的室内避震场所;在人员集中的区域,地震发生时不要惊慌乱窜,应以各种可能的方式注意保护自己的身体免受伤害;如果被埋压后应首先保证呼吸通畅,尽量减少体力消耗,利用一切办法与外界救援人员联系,寻找代用食物和水,并努力保持坚强和自信;救助他人时应先保护好自己,先救近、再救远,先救易、再救难;灾后的一些注意事项,如长时间处于黑暗状态下不要突然见强光、长时间受压的部位不能突然完全松解,努力消除心理阴影等。

2. 火灾　内容包括:不玩火,使用电源、燃放鞭炮等情况下注意安全;知道火警电话119,认识危险标志和安全标志,熟悉逃生路线;学习使用灭火器;掌握失火时自救常识,如:披上浸湿的被褥衣服等、用湿毛巾轻掩口鼻呼吸,放低身体或匍匐前进寻找安全出口逃生,或用浸湿的被褥堵住门口防止火势蔓延并呼救;身上起火不要奔跑,就地打滚或用厚重衣物盖压灭火;失火时不要惊慌,不要贪恋财物,不要乘坐电梯,不要盲目从高处直接跳落等。

3. 雷电　内容包括:雷电天气要离开水面及其他空旷场地,远离树木和电线杆,在空旷场地不宜打伞;尽量躲入建筑物内或留在室内,关好门窗;减少电话使用,关闭电器,拔掉插头,远离水管等金属物及电力设施等。

4. 暴力事件　内容包括:事件发生时不要惊慌失措,寻找合适的避难所,伺机报警;学习一些安全防范的格斗措施;救助他人时应先保护好自己,先救近、再救远,先救易、再救难等。

第三节　学校健康教育方法与组织实施

学校健康教育是健康教育的一部分,是健康传播学在学校的具体实践。健康传播学是运用各种传媒渠道及方法,以维护和促进儿童青少年健康为目的,遵循健康教育、信息传播的有关规律,采用适合青少年学生的教育教学方法,通过一定的组织方式开展健康教育教学活动,使儿童青少年易于并乐于接受相关的健康信息和理念,远离危险行为,培养健康生活方式。

一、健康传播

(一)传播与健康传播的概念

1.传播(communication)　指人与人之间通过一定的符号进行的信息交流与分享,是人类普遍存在的一种社会行为。我国《新闻学字典》对传播一词的定义为:"传播传递信息的行为,是个人之间、集体间以及集体个人之间交换,传递新闻、事实、意见的信息过程。"传播学是研究人类制作、储存、传递和接受信息等一切传播活动,研究人们之间交流与分享信息的关系的一般规律的科学。

2.健康传播(health communication)　是传播学的一个分支和组成部分,它是指以"人人健康为出发点,运用各种传播媒介渠道和方法,为维护和促进人类健康的目的而制作、传递、分散、交流、分享健康信息的过程。健康传播是一般传播行为在医学领域的具体和深化,并有其独自的特点和规律。健康传播是健康教育与健康促进的重要手段和策略。

(二)传播要素

人类社会的信息传播具有明显的目的性、过程性和系统性,传播是一个连续过程,由各个相互联系、相互作用的构成要素组成。一个基本的传播过程,包括以下要素:

1.传播者　是指在传播过程中"传"的一端的个体(如领导、相关领域学者、记者、导演、编辑、主持人、制作人等)或媒介组织(如报社、电台、电视台、出版社、电影公司、互联网等)。就传播主客体而言,是传播中信息的主动发出者和媒介的控制者。

2.信息与讯息　信息泛指情报、消息、数据、信号等有关周围环境的知识;讯息是由一组相关联信息符号所构成的一则具体的信息,即将原始的数据、事实,以文字、电讯号等具体符号表达后的形式。

3.媒介渠道　是讯息的载体,传递信息符号的中介、渠道。一般特指非自然的大众传播中的电子类、印刷类及通信类传播媒介。如纸条、传单、信件、挂历、书刊、杂志、报纸、广告牌、电话机、传真机、收音机、电视机、光碟(LD、VCD、DVD)、计算机互联网络及手机短信等新型的流媒体。人际传播是一种借助自然媒介传播信息的渠道。

4.接受者　指在传播过程中接受信息的一端的个体或团体。大量的接受者又称为"受众",是读者、听众、观众的总称。

5.反馈　指传播者获知接受者获得信息后的心理行为反应。及时的反馈是使传播活动有效进行的重要条件。反馈越及时、越充分、越真实准确无误,则越有利于传播双方的信息沟通。

(三)传播模式

传播模式指为研究传播现象,采用简化而具体的图解模式来对复杂的传播现象、传播结构和传播过程进行描述、解释和分析，以揭示传播结构内各因素之间的相互关系。

1. 拉斯韦尔五因素传播模式　美国社会学家、政治家哈罗得·拉斯韦尔（Harold Dwight Lasswell）于 1948 年在《传播在社会中的结构与功能》论文中首次提出了构成传播过程的五种基本要素，并按照一定结构顺序将它们排列，形成了后来人们称之"五 W 模式"或"拉斯维尔程式"的过程模式。这五个 W 分别是英语中五个疑问代词的首字母，即：Who（谁）、Says What（说了什么）、In Which Channel（通过什么渠道）、To Whom（向谁说）、With What Effect（有什么效果）。

（1）"谁"：指传播者，在传播过程中负责信息的收集、加工和传递的任务。传播者既可以是单个的人，也可以是集体或专门的机构。

（2）"说什么"：指传播的讯息内容，它是由一组有意义的符号组成的信息组合。符号包括语言符号和非语言符号。

（3）"渠道"：是信息传递所必须经过的中介或借助的物质载体。它可以是诸如信件、电话等人际之间的媒介，也可以是报纸、广播、电视等大众传播媒介。

（4）"对谁"：指接受者或受众。受众是所有接受者如读者、听众、观众等的总称，它是传播的最终对象和目的地。

（5）"效果"：指信息到达受众后，在其认知、情感、行为各层面所引起的反应。它是检验传播活动是否成功的重要尺度。

拉斯韦尔五因素传播模式见图 6-1。

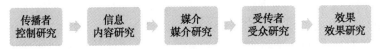

图 6-1　拉斯韦尔的 5W 模式和研究内容

拉斯韦尔五因素传播模式，根据繁杂的传播现象明确地将传播过程划分为 5 个部分或者要素，并且相对应地限定了 5 个研究领域，有效地描述了传播和规划了传播学研究，形成了传播学研究的五大领域，即控制研究、内容研究、媒介研究、受众研究、效果研究，为传播学研究奠定了基础。

2. 美国布雷多克 7W 模式　1958 年，美国学者布雷多克（Richard Braddock）在拉斯韦尔 5W 模式的基础上，添加了"为什么（why）"和"在哪里 where"两个因素，发展成"7W"模式，分别反映了"动机"和"情境"两个要素。动机是引起、维持个体活动并使活动向某一目标进行的内在动力。动机是用来说明个体为什么要从事某种活动，是为实现一定目的而行动的原因。情境是在一定时间内各种情况相对的或结合的境况。该模式是通过一定的情境给受传者以某种压力，以影响受传者的传播形式。健康传播者可以有意图地创设某种情境，对受传者施加影响。

布雷多克的 7W 模式见图 6-2。

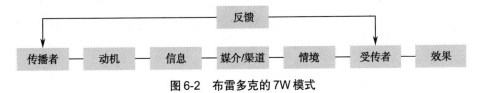

图 6-2　布雷多克的 7W 模式

3．施拉姆双向传播模式   1954 年，美国传播学者威尔伯·施拉姆（Wilbur Lang Schramm）用传播模式将传播过程描述为一种有反馈的（指传播者得知受传者接受信息后的心理和行为反应）信息交流过程。这一传播模式强调传播双向都是传播的主体，在传播过程中，传受双方的角色并不是固定不变的，一个人在发出信息时是传播者，而在接受信息时则又在扮演受传者的角色。

（四）传播的分类

人类的传播活动纷繁复杂，形式多样。以传播的符号，可分为语言传播、非语言传播；以使用的媒介，可分为印刷传播、电子传播；以传播的内容，可分为新闻传播、知识传播、娱乐传播；以传播的效果分，可分为告知传播、说服传播、教育传播等等。目前通用的是以传播的规模，将人类传播活动分为五种类型：

（1）自我传播：又称人的内向传播、人内传播，指个人接受外界信息后，在头脑内进行加工处理的心理过程，如独立思考，自言自语等。自我传播是人最基本的传播活动，是传播活动的前提和生物学基础。一般讲，自我传播属于心理学的研究范畴。

（2）人际传播：又称亲身传播，是指个人与个人之间直接的信息交流。人际传播是最典型的社会传播活动，是人际关系得以建立的基础，也是人与人社会关系的直接体现。

（3）群体传播：群体是将个人与社会相连接的桥梁和纽带。群体传播是指组织以外的一般群体（非组织群体）的传播活动。同伴教育就是典型的群体传播活动。

（4）组织传播：组织是人类社会协作的群体形态之一，是一个结构顺序严密、有明确的目标、制度，严格分工和统一指挥的管理体系的社会结合体。组织传播是以组织为主体的信息传播活动，现代社会中，组织传播已发展成为一个独立的研究领域，即公共关系。

（5）大众传播：指职业性传播机构通过报刊、广播、电视、书籍、电影等大众传播媒介向范围广泛、为数众多的社会大众传播社会信息的过程。

二、教学方法

学校健康教育的发展趋势是教育和传播并重。可从传播学角度将学校健康教育的方法分为直接式和间接式两种。前者又可分为传统式健康教育（traditional health education）和参与式健康教育（participated health education）两类形式。

（一）传统式健康教育方法

1．课堂讲授（lesson）   该方法迄今仍是国内最普遍采用的学校健康信息传播方法。教师是教学过程的主导者，以课本为教材，针对学生认知水平，围绕知识、态度、技能、行为等方面需求，设置系统课程，规定教学时数。每次教学都要有明确的目标、重点、难点。教师可根据实际需要，灵活选用多种教学方法，以加深学生理解，提高兴趣。教学不仅限于课堂内，还可通过课外的社会实践，如组织学生参加 5 月 31 日"世界无烟日"、6 月 26 日"国际禁毒日"、12 月 1 日"世界艾滋病日"等宣传教育活动。活动前要充分动员；教师要注意自己的言传身教作用，启发学生观察思考，促进观念转变；活动后及时小结，使教育内容得到升华。

2．讲座（lecture）   围绕带普遍性的问题，请一名或多名专家（围绕同一课题分别展开）作专题讲座。优点是针对性强，主讲人专业水平高，提供的知识较深入，对开拓学生思路、加深理解、激发学习动机有较大帮助。

3．示教（demonstration）   通过具体演示，让学生参与练习，加深对内容的理解并掌握相关技能。优点是教学过程生动具体，能使学生在积极参与下，学到相应技能。教师应注意：①上课开始后，首先介绍清楚示教的目的和要点；②操作示范的程序、动作要准确；③保证学生有足够操作时间，在练习中进行具体指导，及时纠正错误；④通过小结，鼓励学生提出疑问，发表自己意见。

（二）参与式健康教育方法

参与式教学是指为学生提供各种机会，发动学生以积极的方式和教师及其他学生相互学习、相互有效交流，鼓励学生参与教学活动全过程。参与式教学的优势在于能促进双向式交流，创造师生平等、和谐互动的学习氛围，让学习者有自由思考，运用自己智慧的时间和机会，提高学生自主学习和独立思考的自觉意识，激发学生自身的潜能和创造力，通过活动达到认识共振，思维同步，情感共鸣，创造性地完成教学目标的教育实践活动。目的是通过学生喜闻乐见的方式，激发他们主动学习的兴趣和主动参与的热情，鼓励探究式学习方式，以达到提升学习动机和学习趣味等目的，学习到的健康知识与日常生活紧密结合，促进生活技能发展和行为的培养。常用的参与式教学方法如下：

1. 头脑风暴（brain storming） 又称快速反应或快速抢答。是指教师确定一个中心议题，邀请学生在较短时间内，自愿就此问题迅速进行思考，在轻松而有目的的气氛下各抒己见，然后不加评论地记录每一种意见，在大家都表达完自己的观点后，对各种意见进行归纳汇总，提出进一步讨论或思考的问题，也可达成一致意见或找出这一问题的最佳解决方案。这种方法有利于创造参与的气氛，启发学生通过思考，激发兴趣并集思广益，提高学习效率。同时，也能使教师了解学生对此问题的认识现状，在短时间内收集信息，以便有针对性地准备更深入的问题，开展进一步的教育活动。

实施步骤包括：①教师提出问题；②鼓励学生对该问题说出尽可能多的答案，教师或学生代表在黑板上或大白纸上记录其中的关键词；③教师通过整理、归类，提出进一步讨论或思考的问题。

在实施过程中，教师要鼓励学生畅所欲言，每个人做出的与话题有关的回答都将被接纳；强调每个人的意见和看法没有对错之分，各种意见仅供参考，而不是追求形成一个统一的认识。每个人都不必对发言者个人见解的正确与否作价值评论。

2. 小组讨论（group discussion） 让学生围绕一个或几个问题，充分发表意见。讨论可穿插在课堂授课中，也可单独设立某专题进行。在教师的积极引导下，小组讨论可激发各种观点的自由交换、分享信息与经验。教师要努力营造良好的讨论气氛，各种观点的碰撞能加深学生的认识，帮助个人澄清概念、阐明感受及态度，增进同学间的相互理解。它反映了学生认知活动由浅入深，由低级向高级的激活和发展过程，这一过程表现出两个显著特征：一是参与分享活动；二是高级认知能力的激活。实施步骤包括：①确定讨论主题或题目，进行分组；②推选小组讨论的主持人、记录员；③规定讨论时间，鼓励充分参与；④小组为单位推选报告人代表集体汇报；⑤教师总结。

在实施过程中，教师要尽可能多地更换组成小组的方法，提高学生们对小组讨论的兴趣，增加学生与班级中不同的同学一起讨论和交流的机会。教师应根据本班的人数和活动空间等实际情况，灵活掌握分组方式。一般来讲，每组4～6人为宜。但如果班级人数较多（如50人以上），则每组的人数可适当增加。因为如果增加小组的数目，会使小组汇报时间延长，以至于不能完成本节课的教学计划。另外，人数较多、活动空间较小的班级，也不宜选用复杂的分组方式，以免耽误时间。另外，讨论的题目要明确，涵盖面要宽，但又要有共性，使学生觉得确实"有题可讨""有论可放"。小组讨论还要求教师具有课堂驾驭能力，能作即兴归纳、小结与评解。

3. 角色扮演（role play）　是指通过让学生模仿演员进行相关的表演，以他人的观点来看待问题，理解他人的处境和感觉，预测他人可能采取的行动，以及对自己行动所做出的反应。使学生通过在其他学生面前表演或观察其他学生表演的方法来"亲身"体验某一种情况或观点。它能够使学生在一个没有评判的环境里体验感受角色特征的影响力；不需要精心细致的表演技能；在教室里就可进行；对每一个学生都可以产生有意义的效果。

实施步骤和要点：①按事先准备好的脚本设置场景，邀请2～3名学员分别扮演其中某个角色；②通过扮演该角色，再现生活情景，使自己和观众受到感悟和启发；③重视参与者的即兴发挥和表达真实感受，以利调动学生兴趣，从而促进其态度、信念及价值观转变，同时培养彼此间的交流及合作精神。

在实施过程中，教师要给学生进行角色扮演创造一个良好的环境，帮助学生把角色演好。学生在角色扮演中出现的问题教师要灵活地给予解决。教师要把学生的注意力集中在所扮演的角色而不在学生身上。鼓励学生把角色扮演当作一种游戏，将角色扮演作为一个课堂练习和一项非常特殊的任务。注重角色所表现出的意义和感觉，而不是学生的表演水平。创造一种非批判的气氛，使学生有信心，喜欢表达他们自己；同时要坚持采用自愿参与的原则，不强迫学生做表演。

4. 案例分析（case study）　是指把真实的事件或一个虚构的故事作为案例，交给学生研究分析，培养学生的分析能力、判断能力、解决问题能力的方法。由于学生讨论的是别人的行为，因而避免泄露其个人经历而使他们陷入难堪，符合了在涉及敏感话题时不使学生成为第一当事人的原则。它使学生在分析别人行为的同时，思考自己的行为和结果，并从中学习某些生活技能。鼓励学生根据自己具有的知识、态度和技能经验思考故事中人物应该如何做，并对他们行为的结局做出推断。在诸多意见中教师积极发现、引导、总结，使学生自己得出正确的结论。通过案例分析，使学生巩固已学到的健康知识，促进自我决策技能和解决问题能力的提高。

实施步骤包括：①选择或编写适宜的案例，既要包括背景材料，也要有准备讨论的问题；②以小组为单位进行案例分析；③小组为单位选出代表作汇报；④最后教师进行总结。

在实施过程中，教师选择的案例要真实、有代表性，能激发学生兴趣；可根据授课时间的长短有针对性地酌情选用不同案例；力争为每个人提供参与机会。

5. 辩论（debate）　辩论式教学是指在教学过程中，以学生为主体，针对授课内容中的某一问题进行辩驳问难、各抒己见的一种竞赛活动。辩论是口语艺术的一种，是观点对立的双方围绕同一个辩题运用言语彼此阐述理由，辩驳争论，说服听众接受或反对一个立场或主张。将同学分成两组，对某个问题持不同观点的学生旁征博引，以证明自己的观点并试图说服对方。通过辩论，学生既可以锻炼自己的表达能力，又能复习和运用所学习的知识，同时，学生还可以发挥自己的创造力，从多个角度去阐明问题。

实施步骤包括：①辩论前，教师请全班学生就某个问题进行表决，确定辩论题目；②双方各自选派几名代表参加辩论，其他学生可以负责收集材料或出谋划策；③双方开始旁征博引进行辩论；④教师评价和总结。

在实施过程中，教师首先要确立辩论题，然后再确立正方和反方的学生，让学生课后广泛收集有说服力的资料。辩论主题的选用一定要恰当，要有可争议性，能激发双方的辩论兴趣，切忌走过场，否则毫无意义。上课时，先让正方、反方的学生集中一起发表言论，再让双方各推出四位口才好的学生上台辩论，提出正反两方面的不同意见、根据和理由。辩论时，老师可充当主持人，也可以请学生代表承担。在现场辩论时老师要注意让全员参与、公平竞争，对"沉默者"应给予机会，注意双方学生在辩论过程中不要使用侮辱和攻击性语言。

辩论只是教学过程中的一个环节，而不是最终的目的。通过辩论，让学生对所学知识有更为深入、全面的理解。教师总结时注意要对辩论双方的辩论过程进行评价，而不是辩论的立场和观点。

6. 小品（drama）　与角色扮演相似，请几名学生按剧本要求表演描述真实生活情景的短剧，其他学生在座位上观看，并仔细体会小品的含义。它把幽默、讽刺或赞许的语言与滑稽的动作结合起来，展示生活、学习中的一些事情，告诉同学们其中的道理及处理问题的方式等。小品表演大多为多个同学参与，以期接近生活，情境显得较真实，富有感染力。这种方法能够生动、有效地说明问题，深受学生欢迎。

实施步骤与要点：①为了节约课堂时间并取得好的效果，教师应提前几天把小品的内容告诉"演员"，使他们有充足的时间准备和编排；②可只给学生提供部分情节，请他们自行编排小品，这样更能调动学生的积极性；③开始时，主要请班上一些幽默、活泼的学生参加表演，以后可以大胆起用新人，让更多的学生有展示和锻炼自己的机会；④可帮助学生提供表演相关的道具，使表演更加生动。

7. 游戏／活动（games/activities）　是指以游戏为途径，让学生在游戏活动中，自由地表达自己的内心世界，体验与反思自己的行为，分享同伴的经验与感悟，从而达到活动目的。该方式有利于激发学生对相关知识和技能学习的动机和兴趣，不仅可以带来快乐，还可以培养彼此间的交流与合作精神。游戏活动既可与教育主题有直接关系，也可只有间接关系。

实施步骤包括：①明确开展本游戏和活动的目的；②选择适宜的游戏和活动方式；③游戏和活动结束后，教师应针对这些活动对健康知识教育和健康行为培养所起到的作用，进行小结或提示。

在实施过程中，教师要明确游戏的目的，做到活跃但不混乱。不要让游戏和活动本身取代或冲淡健康教育的主题。

8. 同伴教育（peer education）　利用青少年的团伙倾向，首先从群体中挑选出有影响力和号召力的骨干进行培训，使其掌握一定知识和技巧。鼓励他们向周围青少年传播这些知识和技能，达到共同受教育的目的。同伴教育巧妙利用青少年同伴压力的正向作用，具有实效性。活动形式多种多样，可是集体方式的，如参加各种信息传播活动，或小组讨论、演讲比赛，或共同编制表演节目等。也可是同伴间一对一的谈心活动，帮助个体解决特殊问题。同伴教育的内容多是敏感问题，如性行为、吸毒、控烟、意外伤害等危险行为等。

（三）间接传播方法

随着现代媒介技术的发展，以间接方式传播健康知识、信息和技能的方法在学校健康教育中得到日益广泛的应用。间接传播方法主要有大众媒介、视听手段和网络学习等三类。

1. 大众媒介（mass media）　是健康教育的强有力工具。其目标人群（读者、听众、观众）数量多，信息完整且影响巨大。常用三种方式：①电子媒介：电视、广播；②印刷媒介：杂志、报纸、宣传栏；③展览媒介：健康科普展览、图片展览、科技馆等。学校健康教育应充分利用这些媒介，同时注意克服其针对性较弱的特点，对学生进行有组织的积极引导，如鼓励学生订阅卫生报刊、杂志；阅读健康宣教丛书和卫生宣传画；组织收听、收看卫生广播、电视、卫生科教电影；开展"卫生科普游园""卫生知识竞赛"等生动活泼的宣教活动。最好将大众媒介的宣教内容和学校当前的健康教育活动紧密结合，以取得更大实效。恰当地选择传播媒介，是取得预期传播效果的一个重要保证。在选择传播媒介时，应遵循如下原则：

（1）保证效果原则：根据预期达到的健康传播目标和信息内容选择传播媒介。注意媒介对讯息内容表达的适应性和效果。如传染病暴发流行期间，宜选用大众媒介的健康新闻网发布或公益广告传播，以达到"广而告之"的目的；而开展青春期性教育，采用咨询等人际传播手段效果会更好。

（2）针对性原则：针对性是指所选择的媒介针对目标人群的适用情况。比如对儿童采用卡通视图与儿歌等，视听电子媒介就比文字印刷媒介效果好。

（3）速度快原则：力求将健康信息以最快、最通畅的渠道传递给目标人群。一般讲，电视、广播是新闻传递最快的渠道。如在学校常见的迅速传递信息形式是校园广播。

（4）可及性原则：根据媒介在当地的覆盖情况，受众对媒介的拥有情况和使用习惯来选择媒介。

（5）经济性原则：从经济角度考虑媒介的选择，如有无足够经费和技术能力制作、发放材料或使用某种媒介。

2. 视听手段（audio visual approach） 是利用人的视觉和听觉的感性认识，加深理解，提高教学效果的教学与学习方法。主要包括：①视听觉活动，展览、演示、戏剧、参观等。②视听觉教具、教材，包括立体的视觉教具，如标本、地球仪等；平面的视觉教具，如照片、绘图、图表、图解、地图、插图、宣传画、连环画、黑板、布告牌等；映写视觉教具，如静画、无声影片、幻灯、实物投影、显微镜投影等；听觉的教具，如唱片、磁带录音机、校内广播装置、收音机等；视听觉的教具，如有声电影、闭路电视等。通过上述视听觉活动和教材、教具，可以显著地提高教学效率。实验证明，比起传统的教学方式来，视听教学效率可以提高约25%～40%。视听手段常局限在一个年级或班的小群体内，环境空间远不如大众媒介，信息也缺乏综合性。但其针对性和时效性强，且可反复来回播放，适用于教授某种具体技能，对其他健康教育活动如课堂教育、讲演、小组讨论、游戏或行为矫正等，起重要的补充、强化作用。

3. 网络系统性学习（network systemic learning） 由健康教育研究机构和计算机人员合作，将与某教育项目有关的知识、信息和技能分门别类，编制成教学软件，放在计算机局域网上。学生通过计算机终端连接网络，进行学习。不同类教育内容组成的类似软件，可在网上建立多个平台，使学生有更多的选择。目前，越来越多的学校已建成校内局域网，给网络系统学习创造了良好条件。如果内容清晰，可以自学为主，适用于学生了解那些不宜公开的信息（如性问题），或根据自身兴趣选择内容，掌握进度。也可以集体方式，在老师指导下循序渐进地接受系统学习。有些教育软件设置多条途径：若回答正确，可向下深入；若回答错误，计算机边指出错误边退回原点重新开始。这种方式能引起学生极大兴趣，对提供知识和信息有很大帮助，但其转变态度、促进健康行为的作用不明显，需和其他教育方式紧密结合。

三、健康教育实施途径

健康教育目标的实现有赖于学校健康教育整体效益的获得。课程实施体现三个原则：①学科教育（体育与健康课程）与专题教育（预防毒品专题教育等）相结合原则。载体课程是健康教育内容落实的主要形式。②课堂教学与课外活动相结合的原则。课外活动，包括主题班会、演讲比赛、健康实践活动、健康服务等。③经常性教育与集中式宣传相结合的原则。通过校园广播、宣传板报、校园微信平台等进行经常性教育活动，以各种卫生宣传日开展集中式的健康教育活动。

中小学可以通过学科教学和班会、团会、校会、升旗仪式、专题讲座、墙报、板报等多种宣传教育形式开展健康教育。学科教学每学期应安排 6～7 课时，主要载体课程为"体育与健康"。另外，小学阶段还应与"品德与生活""品德与社会"等学科的教学内容结合，中学阶段应与"生物"等学科教学有机结合。对无法在"体育与健康"等相关课程中渗透的健康教育内容，可以利用综合实践活动和地方课程的时间，采用多种形式，向学生传授健康知识和技能。

高等学校和中等职业学校要通过专题讲座、选修课、网络教育等，全面普及预防艾滋病、禁毒、无偿献血、性与生殖健康等综合健康知识，提高学生自觉规避影响健康的危险行为的能力，树立正确的人生观、价值观，形成健康文明的生活方式。充分调动校内各部门工作的积极性，整合宣传部门、教务部门、学生工作部门、共青团组织、校医院、学生社团等各种资源，形成合力，共同推进高校健康教育工作。

第四节　学校健康教育效果评价

学校健康教育是一门应用科学，健康知识、行为与技能的传播与教育效果可以通过科学的方法进行评价。评价可以立足不同的维度（如知识、态度、行为）和受众（如学生自我评价、与家长和老师评价等外围观察者角度）开展，可以针对健康教育的过程与阶段（如过程评价和结局评价）进行，通过长期和短期的效应指标反映健康教育的效果。

一、评价类型与作用

学校健康教育实践中，常用以下几种评价方法。它们有不同的目的、方法、特点和指标，针对健康教育活动的不同方面提出不同要求。

1. 需求评价（requirement evaluation）　在教育活动开展前进行，通过收集信息，了解基本情况，为确定教育目标、步骤和方法等提供科学依据。如某地计划开展预防艾滋病学校健康教育，需要准备一下资料：①收集国家和当地卫生部门发布的艾滋病疫情报告，国家、卫生和教育行政部门关于学校艾滋病预防的政策和文件；②通过抽样问卷调查，掌握当地学生有关艾滋病知识、态度、行为准则的基线状况；③邀请相关人员，如班主任、家长、校医、心理咨询工作者、医生、社会工作者等进行座谈；④从目标人群中选取部分代表分组座谈，了解学生们对有关艾滋病预防教育的愿望、需求和建议等。

2. 过程评价（process evaluation）　在活动过程中进行。目的是保证该活动按计划顺利进行并达到预期效果。评价的主要方式是观察、检查和分析，以掌握动向，了解有哪些因素在阻碍计划的进行，帮助实施者分析原因，及时修改计划，保障活动质量。过程评价又被称为"计划的质量保证审查"。作为评价的接受方，实施者应随时准备好相关的报告内容和进度表，涉及活动的组织管理、内容、方法、人力和物力资源等；需要回答的问题常是：本活动究竟完成到什么程度？要回答这个问题，还需对本活动的一些外部特征进行评估。如：教材的质量、课程设置的合理性、课时数、对活动记录的真实性与可靠性等。如果活动内容规模较大，或跨地区进行，还要有相应的反馈机制和追踪系统支持。

3. 效应评价（effect evaluation） 在教育活动的近期、中期进行，分别称为"近期效应评价"和"中期效应评价"，主要针对健康教育活动（或课程）对学生知识、态度和行为的影响作用。如：学生中的健康促进因素是否增加？健康危害因素是否得到控制？暴露于危险环境的几率是否降低？等等。通常，近期效应评价侧重于学生知识、态度的转变程度等。如，教育后对艾滋病传播途径的了解（知识）是否提高？对其流行趋势和危害程度是否引起注意（态度）？中期效应评价主要涉及行为，如学生中是否有更多的人开始采取预防艾滋病的保护措施？这些措施集中体现在哪些方面？等等。

学校健康教育的最终效果建立在知（识）、信（念）和行（为）的转变上。尤其行为转变，通常要经过几年甚至更长时间的努力才能表现出来。所以，就一个具体的学校健康教育活动而言，效应评价是真正的重点。为使评价结果具有科学性和说服力，对它的评价设计应比过程评价周密，常需采用随机、对照的方法。

4. 结局评价（outcome evaluation） 在健康教育活动全部结束后进行。它着眼于目标人群的健康状况和生命质量是否得到改变。体现在两个方面：一是效果，如本项目执行一两年后，某种（或某些）相关疾病的流行率是否出现下降趋势？二是效益，如本项目导致的人群健康状况变化带来哪些远期的社会、经济效益，如生活质量是否提高，疾病负担是否下降？等等。

二、常用评价方法

可根据评价的目的和性质，从以下方法中选择使用：

1. 问卷调查（questionnaire survey） 根据事先设计好的调查问卷，内容包括一系列与本教育活动相关的问题，由受试学生选择答案。根据答案的准确与否，判断受试者的知、信、行水平。问题尽量简单明了，内容不宜过多，时间不宜过长；答案应尽量具体化、数量化；评分方法应统一。

2. 行为观察（behavior observation） 通过现场直接观察，记录学生的态度反应和行为表现，并以量化方式和时间顺序记录结果，以了解本教育活动在促进学生态度、行为转变方面产生的作用。

3. 自我评估（self-evaluation） 如学生以日记方式向教师报告自己对本活动的参与过程和体会；通过认知、兴趣和信念，对自身行为改变的满意程度进行自我评价。

举例：对小学生传染病预防内容的评价，可以围绕教学目标（了解什么是传染病、认识传染病对人类的危害、知道传染病的传播途径），引导学生对自己的卫生习惯进行客观公正的评价，以此来警醒自己积极行动起来，讲究卫生，预防传染病，健康快乐地学习和生活（表 6-1）。

4. 个别访谈（individual interview） 师生面对面交谈，了解对方态度、问题及其心理状态，从另一角度了解教育活动的实施状况，掌握学生知、信、行方面的典型表现，据此对实施中的教育活动的内容和方法进行改进。

5. 小组讨论（group discussion）　根据具体要求分组讨论。鼓励学生发表看法时不要有顾虑；使讨论在无拘无束的气氛中进行，从而获得更多、更直接的信息。

6. 家长访谈（teacher-parent interview）　以家长会或家访形式，通过座谈或交谈了解学生开展本教育活动以来知识掌握程度、将所学知识向家人传播情况、已养成的卫生习惯、态度出现的转变、存在的薄弱环节等。同时征询家长对本活动的意见，争取积极配合，共同促进学生的行为转变。

表 6-1　小学生良好的卫生习惯自我评价表

姓名：　　　　　　性别：　　　　年龄：　　　　（周岁）

评价项目	选择内容	你的选择记录 （在 A、B、C 相应选项上打钩）
1. 不随地吐痰	A 从未做到★	
	B 偶尔做到★★	
	C 天天做到★★★	
2. 不随手乱扔垃圾	A 从未做到★	
	B 偶尔做到★★	
	C 天天做到★★★	
3. 饭前便后洗手	A 从未做到★	
	B 偶尔做到★★	
	C 天天做到★★★	
4. 不喝生水喝开水	A 从未做到★	
	B 偶尔做到★★	
	C 天天做到★★★	
5. 每天早晚刷牙	A 从未做到★	
	B 偶尔做到★★	
	C 天天做到★★★	
6. 每天进行 1 小时体育锻炼	A 从未做到★	
	B 偶尔做到★★	
	C 天天做到★★★	
夺星记录	你一共获得_____颗星	

注：如果你选择 A 可以得到一个★；选择 B 可以得到两个★★；如果你选择 C 可以得到三个★★★，看看谁的星星最闪耀

三、评价指标

指标应尽量从不同类中分别选择有代表性者，组成相对完整的指标体系，使评价全面、客观：

1. 健康知识　主要来自问卷调查，以量化方式表现。对低年龄、不具备用文字确切表达能力的小学生可以个别谈话方式进行。群体评价主要通过"知晓率""及格率""平均得分"

等衡量；个体可用自身教育前后的得分来衡量。

2. 健康信念　内容概括自学生对健康知识、保健设施、保健行为等所持的认识、观点和态度。以控烟教育为例，如对拒绝吸第一支烟的"肯定率"，对影视作品中大量吸烟镜头的"否定率"等。

3. 健康行为　可分别从"形成率"和"参与率"角度选择指标。例如评价口腔健康教育，可用早晚刷牙率，有效刷牙率，牙刷、牙膏的正确挑选率等"形成率"指标，也可用主动参加爱牙日活动等指标。

4. 生长发育和常见病患病率　用于中、长期效应评价。如某校持续开展"合理营养、自觉锻炼"健康教育活动，若干年后，可结合体检结果，在受教育组和对照组间进行相关指标的比较：①身高、体重、胸围等体格发育水平的差异；②因病缺课率的变化；③营养不良、贫血、肥胖等的检出率等。

学校健康教育是针对在校儿童青少年开展健康教育和习惯养成的重要手段，包括合理营养与平衡膳食、体育锻炼与健康、常见疾病预防、伤害预防与安全、健康危险行为预防、成年期疾病的早期预防、青春期生理和生殖健康教育、生活技能和学校避难与避险教育等多种内容，探索多种青少年易于接受的教学手段和方式，并可通过科学客观的手段对健康教育的实施和效果进行评价。学校健康教育手段和方式的探索和发展，可以促进儿童青少年形成健康的生活方式，形成有益于终身的生活习惯，最终提高全社会的健康素养。

（马迎华）

【学习思考】

1. 如何理解学校健康教育的目标与原则？

2. 常见的参与式的健康教育方法有哪些？

3. 以艾滋病健康教育为例，说明健康教育评价的指标有哪些？

第七章 教育过程卫生

Health of Education Process

处在生长发育期的儿童少年，同时又经历着受教育的过程。而教育是既有脑力活动又有体力活动的教学安排，为培养德智体美全面发展的人才，保护和促进儿童的身心健康，需要对教育过程卫生加以关注。教育过程卫生（health of education process）是从卫生学角度出发，研究科学合理地安排教与学，使儿童少年保持良好的生理和心理状态，充分发挥大脑潜力，提高学习效率，并防止脑力和体力负荷过重，避免疲劳发展为过劳。教育过程卫生的任务是：从卫生学角度出发，研究教育措施对不同年龄期儿童少年脑力和体力工作能力、身心健康和生长发育的影响，并根据儿童少年的年龄特点、脑力和体力劳动生理以及心理卫生知识，提出组织教育过程的卫生要求，以防止脑力和体力负荷过重，避免疲劳发展为过劳，进一步提高学习效率。教育过程卫生的内容，主要包括学习卫生、作息制度卫生、体育锻炼卫生及劳动教育卫生等。

第一节 学习的脑力劳动卫生

学习是人类适应环境变化的一种有效手段，是以掌握系统的科学知识、技能、形成科学世界观和道德品质为主要任务的一种活动。这一过程既有脑力活动又有体力活动。了解学生学习过程中的生理心理活动，从而可以有效地引导学生的学习，对学生发挥大脑潜力、促进全面发展有着十分重要的意义。

一、学习的生理心理基础

我国古代教育家认为学习过程包括"学"与"习"两方面，通过"学"和"思"获得知识和技能，通过"习"和"行"培养能力和德行。现代教育学和心理学研究显示，学习过程可分为五个阶段：学习动机的产生、知识的定向选择、理解领会、获得和巩固。

儿童青少年阶段的学习过程，主要采取脑力活动为主的方式。通过神经系统不断接受环境刺激，获得新知识、建立新行为。大脑和神经系统是进行学习和其他心理活动的重要物质基础，在建立产生条件反射基础上，尤其是通过对第二信号发生反应，即在语言参与下，通过认知活动、言语和交流，形成有调节、控制、思维等过程实现的复杂的心理活动。因此，学习的生理负荷主要由高级神经系统承担。

学习时，视听分析器接受语言、行为、文字、符号等刺激，把兴奋传到大脑皮层相应部位，通过神经元对兴奋的分析和综合，进行信息的接受、编码、储存、密码运演和提取，从而产生知觉、注意、记忆和思维等一系列心理过程,完成学习任务。

记忆是与学习密切相关的神经系统的高级功能活动,是需要大脑进行一系列紧张的神经活动,其过程包括识记、保持、回忆和再认。记忆按保持时间的长短,可分为:感觉性记忆(一般保持 0.25～2 秒),又称瞬时记忆;短时记忆(保持数秒至 1 分钟),为第一级记忆;长时记忆(保持数分钟至数年),为第二级记忆;永久记忆(保持时间更长,甚至终生),为第三级记忆。

小年龄段儿童具有短时记忆力强而长时记忆力不足的特点,故对所学知识更应注重复习和应用,减少遗忘,使记忆得到巩固。

在学习过程中,与记忆相对的是遗忘。遗忘是指部分或完全失去记忆和再认知的能力,一般属于正常的生理现象。按照信息加工的观点,遗忘过程在记忆的不同阶段都存在,只是学习的最初阶段,遗忘的速度很快,以后逐渐减慢。产生遗忘的原因与条件刺激相隔时间长、缺少强化而引起的消退抑制以及大量新信息的干扰等因素有关。

另外,皮层内生化代谢的活跃是提高学习与记忆能力的关键。从神经生物化学的角度看,较长时性的记忆必然与脑内的物质代谢有关,尤其是与脑内蛋白质的合成有关。研究发现,学习过程中大脑皮层不断合成新的蛋白质分子,而蛋白质的合成以及基因的激活通常发生在从短时程记忆开始到长时程记忆建立的这段时间里。RNA(主要是作为蛋白质合成模板的 mRNA)、DNA 的含量越高,学习效率也越高。与学习和记忆密切相关的,还有一些中枢神经递质和内分泌激素,如乙酰胆碱、肾上腺素、去甲肾上腺素、多巴胺、5- 羟色胺、谷氨酸和氨基丁酸等,以及血管紧张素、促肾上腺皮质素、脑啡肽、内啡肽以及生长激素等。学习时这些神经递质的释放增加,构成肾上腺素和胆碱能两大系统,在大脑皮层各功能区通过相互抑制和协调,加强学习和记忆活动。如 5- 羟色胺 / 去甲肾上腺素比值较大,注意和记忆就较好。学习疲劳时,肾上腺能和胆碱能系统的功能活性将降低。因此,与学习、记忆有关的神经生化物质不仅能提高学习工作能力,而且可以成为评价学习疲劳的重要生理指标。

学习和记忆是在大脑多部位的协调分工下完成的。例如:大脑皮层的适宜唤醒状态需要依靠丘脑和脑干网状上行激活系统;知觉的产生需要枕区、颞区、枕 - 顶区和额叶的联合工作;注意和记忆依赖颞叶→海马回→穹窿→下丘脑乳头体→丘脑前核→扣带回→海马所构成的海马环路完成。大脑中的额叶发育最晚,其皮层的高级部分(联络层和整合层)6～7 岁时只达到成人时面积的 60%;13 岁左右才开始参与复杂和稳定的随意注意活动。额叶的发育和成熟水平,对儿童的思维、判断、归纳、推理和综合能力发展起决定性作用,是反映智力和学习能力的重要标志。

二、大脑皮层的功能活动特性及其卫生意义

大脑皮层在参与学习的脑力活动中具有一些功能活动特点。教育活动的组织若符合这些特点,可显著提高儿童少年的学习效率,促进身心发育和健康。

1. 始动调节(initial regulation)　皮层工作能力在工作开始时水平较低,经启动过程后逐步提高,称始动调节。产生原因是神经细胞功能的启动和它对其他器官系统功能的调节都需要一定时间;随着脑力工作时的功能消耗增加,可引起恢复过程的逐步加强,使工作能力逐渐上升。始动调节现象在学日、学周、学期、学年开始时都能看到。根据本特点,教学

内容在开始时难度和强度不宜太大,应逐步提高。

2. 优势法则(dominant rule)　人在从事脑力或体力活动时,在大脑皮层都有代表性的区域,其工作效率的高低取决于有关的皮层区域的参与和兴奋性。人能从作用于自身的大量刺激中选择最强、最重要、符合自己愿望的少数刺激,使相应区域的兴奋状态占优势,即在皮层中形成优势兴奋灶。这些优势兴奋灶不仅兴奋性高于其他区域,还可将皮层其他部位的兴奋性吸引过来,在加强自己的兴奋度的同时使其他部位呈现抑制状态。因此,优势兴奋灶具有良好的反应能力,易形成条件反射,可显著提高学习、工作的能力和效率。

教育过程中,通过让儿童少年明确学习目的,激发学习兴趣,注重恰当的教学方式方法,就能使他们在大脑皮层上形成学习的优势兴奋灶,使注意力集中指向学习,不受其他刺激干扰。年龄越小,优势兴奋灶越容易扩散和消失,有意注意不易持久。因此,组织教学时,应根据学生的年龄特点,安排好教学的持续时间,年龄越小,一节课时的时间安排应越短。

3. 动力定型(dynamic finalization)　身体内外条件刺激按一定的顺序重复多次后,在皮层上与此相关的神经环路将相对固定,形成动力定型。此时,神经通路变得更通畅,使条件反射的出现愈来愈恒定和精确,使神经细胞能以最经济的损耗来准确调动其他器官的功能,收到最大的工作效果。动力定型对促进学习、提高脑力工作效率有重要作用。一切习惯、技能以及生活方式等的培养和训练都是动力定型的形成过程,但它绝非一朝一夕能形成,需要反复训练。能否形成动力定型,需要多长时间,取决于儿童的身心发育水平、皮层中形成神经环路的复杂程度、训练次数、新旧动力定型间是否存在冲突等因素的综合作用。

动力定型的形成分三个时相。第一时相的特征是兴奋过程扩散,如儿童在刚刚开始学习写字时会有大量多余动作。第二时相的特征是兴奋过程逐渐向优势兴奋灶集中。这是由于各种正诱导(如安静环境)对优势兴奋灶的强化作用,以及负诱导(如老师提醒儿童"坐直、头不要偏"等)对与该活动无关皮层区的抑制作用,可促使兴奋集中指向学习,逐步形成动力定型的雏形。第三时相的特征是动力定型的巩固、完善和自动化,需要较长时间的反复训练,动作愈复杂所需要的训练时间愈长和训练的次数愈多。儿童年龄越小,可塑性越大,动力定型越易形成,因此从小养成有规律的作息、正确的动作技巧、良好的学习习惯和保健行为是非常重要的。而对于已建立的动力定型,不要轻易改变,否则会加重儿童大脑皮层的工作负担,对幼小儿童,特别是心理社会应激能力差的儿童,甚至可导致高级神经活动的病理反应。

4. 镶嵌式活动(mosaic situation)　学习中,大脑皮层各区域并非全都处于兴奋状态,始终是部分区域呈兴奋(工作)状态,而另一部分处于抑制(休息)状态。随着学习性质的变化,皮层的兴奋区与抑制区、工作区与休息区会发生相互轮换,称为镶嵌式活动。镶嵌式活动特性,可使各皮层区轮流休息,且新的兴奋区对其周围区域的负诱导,可使对后者的内抑制作用加深,更快得到恢复。根据这一特点,教学安排中应注意课程的性质轮换,脑力与体力活动交替,使大脑皮层能较长时间地保持工作能力,减少疲劳发生,提高学习效率。儿童年龄越小,神经系统的发育越不成熟,兴奋越容易扩散和转移,因此同一性质的教学活动时间要越短,各种活动的轮换越要频繁。

5. 保护性抑制(protective inhibit)　一旦皮层的工作负荷超过其功能限度,它就会自动反馈性地进入抑制状态,称为保护性抑制。此时,由于神经细胞的功能活性暂时降低,可出现疲劳、小动作增多、打瞌睡等早期疲劳的表现。因此,保护性抑制及其疲劳表现是主要的生理信号,起着保护大脑皮层免受功能衰竭的重要生理作用。在教学过程中,要注意学生的这种早期疲劳表现,适当组织休息和其他活动,以促进皮层功能的迅速恢复。若儿童少年出现疲劳后仍勉强学习,其大脑皮层内的能量物质将继续损耗,导致疲劳加重甚至发生过劳,这样不仅不易恢复,而且可严重影响身心健康。

三、脑力工作能力的变化规律

脑力工作能力水平影响着学习和工作的效率,其动态变化在学日、学周和学年中均有不同的表现。

一般来说,学日中,学生脑力工作能力的变化有四种类型(图 7-1)。Ⅰ型表现为学日开始后工作能力逐步升高,约两小时后达到高峰,然后逐渐下降;午间休息后回升,然后又逐渐下降;学习日结束时略低于开始时的水平。Ⅱ型的表现与Ⅰ型相似,但出现了"终末激发"(final arouse)现象,即在学习日结束前因即将到来的休息性活动引起的前驱性兴奋增高,而使工作能力略有回升。终末激发的出现有一定条件和限度,与大脑皮层兴奋性降低的程度、能量贮存的多少、个人对学习的态度和情绪等有关。Ⅲ型表现为工作能力从学习日开始到结束时持续性的升高。而Ⅳ型与Ⅲ型相反,表现为工作能力持续、迅速下降。总之,Ⅰ型和Ⅱ型最为常见,符合大脑皮层功能活动特性,工作能力经过一天的学习无严重下降,经短时间休息即可恢复,是理想的神经类型。而Ⅲ型和Ⅳ型属不良情况,前者提示学生正处于高度紧张状态,将很快导致皮层抑制和能量耗竭;后者表现出的兴奋性持续下降的状况提示学生已因皮层功能耗竭而处于抑制状况。

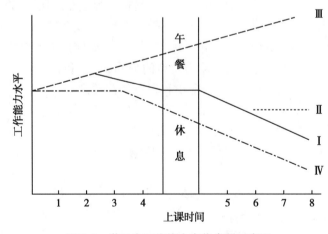

图 7-1　学日中工作能力变化类型示意图

在教学过程中,应根据这一规律变化,科学合理地安排学习、休息以及其他活动,并可依据脑力工作能力在学习日中的变化类型,对教学安排和作息制度做出科学评价。

学周中,常见的脑力工作能力变化表现为:周一学习工作能力较低,周二逐渐升高,周三、周四达到并维持于高峰,之后开始逐渐下降,周五可下降至最低水平或对即将到来的周末充满期待而出现终末激发,周末得到休息后学习能力得到恢复。学周中若无明显的工作能力高峰现象,或高峰过早下降,可能是不良神经生理活动的表现,原因多为学习负担过重、课程安排不合理或学习兴趣不高。应及时查找原因，采取相应的改善措施。

学年中，学生第一学期初是学生由假期生活向学习生活转变的适应段，脑力工作能力较低，随学期进展工作能力逐渐出现并维持一段高峰水平，学期末工作能力下降或由于期末考试的压力而出现终末激发；第二学期工作能力也出现高峰，但比第一学期相对低，学期末时工作能力为全年最低。

四、影响脑力工作能力的因素

影响脑力工作能力的因素是多方面的，包括个体自身因素、教育因素以及学习环境等。

1. 年龄　年龄是影响儿童心理发展水平的重要因素。随着年龄的增长，智力水平逐渐提高，但发展速度却是不均衡的。婴幼儿时期智力发展最快，以后逐渐减缓，但因为年龄越小，大脑皮层兴奋过程越占优势，其兴奋和抑制过程都容易扩散，故而有意注意时间较短，其总体大脑工作能力水平有限，因此此教学组织过程中，年龄是首先需要加以注意的因素。

2. 性别　总体上看，脑力工作能力不存在性别差异，但必须注意到在身心发育的早晚方面确实存在着较大的性别差异。因此，在教育过程中，应充分考虑到两性在不同年龄阶段的生理发育差异对认知、动机、兴趣等造成的影响，进行有针对性的培养与训练，使儿童的脑力工作能力得到充分的发挥。

3. 健康状况　发育不良、体弱多病或重病初愈的儿童，其脑力工作能力低于精力充沛、身体健壮的儿童。患注意缺陷多动障碍的儿童注意力不集中，脑力工作能力欠佳。

4. 遗传　遗传决定儿童脑力工作能力和智力发育的潜能，对神经类型也有很大影响。同龄儿童中，兴奋型、易扰型、迟缓型者脑力工作能力较低，而灵活型者该能力明显较强。双生子研究显示，在相同环境下成长的双生子，其运算能力和学习成绩在双生子间的相关系数存在着：同卵双生子 > 同性异卵双生子 > 异性异卵双生子，说明遗传性越接近，学习能力和智力的潜能越接近，提示良好的遗传素质是智力发展的重要条件。不过，遗传潜力能否得到有效发挥，取决于后天的生活、学习环境和情绪、意志、个性等非智力因素。随着年龄增长，遗传对运算能力或学习成绩的影响将逐步减弱，而环境因素的影响作用越来越显著。

5. 学习动机　动机是推动一切学习的原动力，在社会、学校、家庭因素的综合影响下形成，并与学生的年龄特征、意识发展水平相适应。良好的学习动机能引导学生产生浓厚的学习热情，易在大脑皮层上形成优势兴奋灶，使注意集中指向学习，提高有意注意的质量和时间，不易产生疲倦感，从而更好发挥学习的主动性，提高学习效率。缺乏学习动机，就不易产生学习兴趣，不能形成优势兴奋灶，视学习为强迫、被动活动，敷衍了事、注意力分散，必然导致学习效率低下。但是，在过高的学习期望值驱使下产生的过分强烈的学习动机，易造成大脑皮层过度兴奋，导致过分的紧张和焦虑情绪，反而会对脑力工作能力的正常发挥产生不良影响。

6. 学习和生活条件　是影响学习工作能力的外部因素，主要包括学习环境、作息制度和营养膳食等方面。

（1）学习环境：包括微小气候、采光照明、课桌椅以及学习用品等。如室内适宜的温度、良好的通风、空气清新、环境噪声低，以及适宜的采光照明条件等，可以有利于大脑工作能力的发挥、提高学习效率。

（2）作息制度：科学而合理的作息制度，可以保证学生劳逸结合，使各种生理需要得到满足，大脑皮层的活动可按节奏进行，减少神经细胞的能量消耗，预防过劳，维持较长时间的良好的工作状态。学生应有充足的睡眠，不但可以使疲劳的消耗得到恢复，保证神经系统功能活动的需要，而且满足生长发育特别是神经发育的需要，睡眠能促进记忆，使遗忘减慢，记忆得到加强。睡眠时脑内蛋白质合成加快，短时记忆容易转化为长时记忆。此外，适当的户外活动和体育锻炼，能提高脑干网状结构的兴奋性，促进脑力工作能力提高。

（3）营养膳食：制度科学的膳食制度和营养素的均衡摄入，不仅有利于学生的发育和健康，也有助于充分发挥脑力工作能力。高质量的早餐为儿童少年上午的工作能力提供物质保证，合理的课间加餐和学校营养午餐，可缓解下午工作能力的下降。

7. 情绪因素　良好的学校环境、融洽的师生关系、有趣的教学内容、启发式的教学方法、恰当的学习竞争和温馨的家庭环境相结合，可促使学生产生诸如愉快、满意、喜悦、幸福、欣慰和团结友爱等积极情绪，刺激交感神经系统兴奋，促进肾上腺素能神经功能，动员糖原分解，为脑力工作提供充足的能源，使学习效率明显提高。相反，恶劣的家庭关系、父母离异等生活紧张事件、紧张的师生关系、枯燥的学习内容、死板生硬的教学方法、频繁的考试等，则可给学生造成巨大心理压力，诱发痛苦、忧愁、愤怒、焦虑、抑郁、羞耻、紧张、退缩、敌对等消极情绪产生，从而阻碍脑力工作能力的正常发挥，降低学习效率。

五、脑力负荷的测量与评价

脑力工作能力以脑力负荷水平进行衡量。儿童青少年群体正处于在校学习阶段，因此脑力负荷的产生主要集中在学习方面。

学习负荷（learning load）与学习内容的难度、方法、数量以及学习时间等有关，同时还受到学生身心健康状况等影响。通常来说，学习时间可以作为衡量学习负荷的一个简单指标。但在教学过程中，了解学生在发生学习疲劳时所出现的生理和心理功能变化，也可用于衡量学习负荷。学习疲劳是随着学习进程而产生的，它是指在过强、过猛的刺激，或刺激强度不大但持续时间较长的情况下，脑皮质细胞的功能消耗超过限度所产生的保护性抑制。疲劳可分为两个阶段，早期疲劳和显著疲劳，前者是指大脑皮层细胞的兴奋过程泛化和内抑制过程减弱，而后者表现出兴奋和内抑制过程都减弱。疲劳的这两个阶段均是一种生理现象，通过休息即可恢复生理功能。如果疲劳长期延续而得不到恰当的休息，则可导致慢性疲劳。若进一步发展则可引起病理状态，为过度疲劳，此时无法通过短期休息而恢复，对学习效率以及身心健康均可带来巨大的危害。因此，如何及时识别早期疲劳，及时组织休息，可有效预防慢性疲劳的发展。故在制定学习负荷的卫生标准时，主要以大脑皮层刚出现早期疲劳的客观指征为生理依据。

学习疲劳还有以下表现：①植物性反射（皮肤电反应、血管 - 呼吸反射性反应等）受抑制；②脑血流图显示双侧大脑半球充盈不对称；③视、听分析功能减弱；④短时记忆量减少；⑤书写性疲劳时首先出现执笔手的静力性肌耐力下降，而后出现脑力工作能力下降；⑥有明显的全身显著性疲劳症状时，可出现植物性神经功能与运动功能的共济失调。

根据学习疲劳发生时所出现的机体变化，可对学习负荷进行评价。一般是根据评价目的和现有条件来选用学习疲劳的评价方法，所遵循的原则是：能直接反映大脑皮层的功能状况；能区分疲劳不同阶段，便于早期发现疲劳；方法简单易行，便于现场使用，结果稳定；

符合受试者的年龄特征和接受能力；不过多增加受试者的脑力负荷。实际工作中常同时采用几种方法，互相验证结果。

1. 体征与行为观察法　主要有：①直接观察法，观察学生在课堂上出现的疲劳的行为表现（如交头接耳、小动作等），记录次数并比较；②间接观察法，根据疲劳的客观症状并结合疲倦的主观感觉，设计调查问卷，从被试者的回答情况，来分析学习负荷和教学活动的合理性；③健康调查法，以该群体的因病缺课率、疾病患病率等指标，间接反映疲劳的健康影响。以上这三种方法都能为改进教学安排、预防学习疲劳发展、提出改善措施等提供科学依据。

2. 教育心理学方法　通过对学生注意力、记忆力、理解力、运算能力和思维能力等心理过程的测定，间接评价疲劳是否发生以及疲劳的程度。例如，可测定学生完成定量（数学或语文）作业的速度和错误率，短时记忆量（在短时间内对一系列连续出现、彼此无概念的词、图、物等的正确记忆数）等，评价脑力工作能力有无下降。教育心理学方法不需要复杂的设备，可在学习过程中直接进行，但需要设计者有丰富的教育心理学知识和实践经验，否则会导致指定任务的难易程度不一，错误性质多样化，使结果难以解释。此外，这些方法一般不能准确区分疲劳的不同阶段。

3. 生理学方法　依据疲劳发生时大脑皮层细胞功能处于抑制状态，使得其他器官系统的生理功能也发生相应变化。可通过测定明视持久度、临界闪光融合频率等，观察视觉功能的变化，用以间接反映脑力工作能力的水平和疲劳程度。测试中，应注意排除学习负荷以外因素（如仪器、测试场所照明条件等）的干扰。也可通过测定皮肤电活动、脑电图、条件反射、血尿儿茶酚胺类物质等直接观察大脑皮层功能的变化。生理学方法所需设备复杂，测定较麻烦，不适用于大规模群体测定。

4. 生理 - 教育心理结合法　常用方法有剂量作业试验和运动条件反射法。剂量作业实验包括校字法、校图法、图形译码法等。校字（图）法利用按随机原则编排的字母、数字表、符号表、几何图形等，指定受试者在规定时间内删除某个字母、数字、符号或图形。图形译码法利用随机编排的图形，要求在不同图形中填写相应符号。根据受试者在单位时间内完成任务的数量（如阅字总数）评定工作速度；以作业中发生的错误数和遗漏数，评定工作的准确性；两者结合可综合评定脑力工作能力的状态和变化，判断疲劳是否出现，程度如何。

运动条件反射法是采用光（视觉）或声（听觉）作为条件刺激，以动作反应（如用手指或脚趾按压电钮）的出现时间作为产生反应的指标，通过言语指示的强化方式（如令受试者看到红灯亮时立即按压按键，看到其他颜色则不按）形成条件反射。根据受试者出现反应的时间长短和错误反应的多少，确定是否出现疲劳，并区分是早期疲劳还是显著疲劳。言语指示可在刺激前或刺激的同时提供。

第二节　学生作息制度卫生要求

在了解学习脑力活动特点的基础上，为了使学生取得良好的学习效果，在学生的学习、休息、活动等日常生活活动安排上要注意学生的一日生活制度、学周安排和课程表编制和学期及学年安排。

一、学生一日生活制度

一日生活制度,指的是对一昼夜内的学习、工作、课余活动、进餐、睡眠、休息的时间等进行分配,同时规定交替顺序。合理安排学生的一日生活制度,是教育过程卫生的重要措施,也是评价教学过程卫生的主要指标之一。

良好的学校作息制度应符合以下原则:①遵循大脑皮层的功能特点和脑力工作能力的变化规律,合理安排学习、活动与休息的交替;②依据不同年龄阶段、不同健康水平的儿童青少年应区别对待的原则,分别制定;③既能满足学习任务,又要保证学生德、智、体、美全面发展;④学校与家庭作息制度相互协调、统一;⑤制度一经确定,不要轻易改变。

(一)一日学习安排

根据儿童少年的脑力工作能力特点,合理安排一日学习生活。合理的课业学习不会造成学生脑力工作负荷过重,因此安排好学生的上课时间、自习时间以及完成家庭作业时间,统筹安排各科的学习,有利于促进应试教育向素质教育的转化。

我国现行教育制度与卫生标准《中小学生一日学习时间卫生要求》(GB/T 17223—2012)中对中小学生一日的学习时间(包括一天中上课和课外自习时间,不含课间休息时间)做了如下规定:

小学一、二年级不应超过 4 小时,三、四年级不应超过 5 小时,五、六年级不应超过 6 小时,初中不应超过 7 小时,高中不应超过 8 小时。

每节课的持续时间,取决于各年龄段儿童少年的有意注意时间。卫生标准中规定:小学生每节课时间不应超过 40 分钟,上午 4 节,下午 1~2 节。中学生每节课时间不应超过 45 分钟,上午 4 节,下午 2~3 节。

另外,对早读和课外自习时间也提出了要求:小学一、二年级不宜安排早读,不留书面家庭作业;小学三至六年级,早读不宜超过 20 分钟,课外自习时间不应超过 60 分钟。中学各年级,早读不宜超过 30 分钟,课外自习时间不应超过 90 分钟。

在教学过程中,为了延缓疲劳的发生、提高学习效率,一定要根据儿童的年龄特点设计安排教学内容,并采取多样化的教学手段。如,课堂中的"读读、议议、练练、讲讲"的镶嵌式教学方法,穿插采用幻灯、投影、听录音、电视、多媒体等电化教学手段,对提高学习兴趣、改善中枢神经系统和视听分析器的功能状况具有积极作用。

(二)睡眠

充分睡眠是消除疲劳的最佳方法。它使大脑皮层的抑制过程广泛扩散,皮层细胞的功能损耗得到弥补;同时通过抑制异化、加强同化的过程,保障内分泌激素(尤其生长激素)的脉冲性分泌,促进生长发育。睡眠还能促进记忆,睡眠时遗忘速度减慢,同时因睡眠中(尤其在快速动眼阶段)脑组织内蛋白质的合成加快,使短时记忆易转化成长时记忆。

睡眠时间随年龄和健康状况而异。《中小学生一日学习时间卫生要求》(GB/T 17223—2012)中提出:小学生不应少于 10 小时,初中生不应少于 9 小时,高中生不应少于 8 小时。另外,对于体质虚弱、患病初愈的低年龄儿童,最好保证每天 10~11 小时的睡眠时间。

良好的睡眠是儿童大脑工作能力得到及时恢复的重要保障。长期的睡眠不足将导致儿童精神萎靡不振、脾气暴躁、食欲减退、学习效率显著下降等。因此,应该积极采取措施保障睡眠时间和睡眠质量。首先,坚持有规律的作息制度,养成定时睡眠、按时起床的习惯是非常重要的。另外，要尽量创造良好的睡眠环境，安静的、温度稍低的环境以及舒适的床等均有助于睡眠。还有一些因素也需要加以注意，如，睡前不要吃得太饱、避免各种兴奋刺激等。

（三）课外活动

课外活动主要包括体育锻炼、文艺、科技、社团活动、社会公益劳动等。课外活动的丰富多彩，可使大脑皮质不同功能区按镶嵌式活动规律轮流工作与休息，有利于儿童生长发育、身体健康以及智力发展。但课外活动也不宜过多，以免造成儿童少年的体力或脑力负荷过重。

学生一日生活安排中，尤其要重点保证户外活动和体育锻炼。儿童少年的新陈代谢旺盛，需要户外活动和体育锻炼来促进其发育并增强其体质。各级各类学校，可充分利用自然界中的日光、空气和水，进行锻炼，以增强机体的抵抗力，减少疾病的发生。《学校体育工作条例》规定：每天安排课间操，每周安排三次以上课外体育活动，保证学生每天有一小时体育活动的时间（含体育课）。《中小学生一日学习时间卫生要求》（GB/T 17223—2012）中提出：确保中小学生每天锻炼 1 小时。没有体育课的当天，下午课后应组织学生进行 1 小时集体体育锻炼。

（四）休息

休息是消除疲劳的重要措施，它不等于睡眠。课间休息应采用积极主动的活动性方式，如到室外呼吸新鲜空气、散步、闲谈、游戏或远眺，既消除脑力疲劳，又能放松眼的调节，松弛因维持坐姿造成的肌肉静力性紧张。穿插于学习中的短时间休息，可使儿童持续保持旺盛精神，提高学习效率。

我国学校中规定：在两节课之间，课间休息时间不应少于 10 分钟。在第 2 节与第 3 节课之间，课间休息时间不宜少于 20～30 分钟。

午休对消除上午的学习疲劳、保持下午和晚上的学习效率有积极意义。应以静息性休息为主，炎热季节可有短时间午睡。

（五）课业内容安排

《中小学生一日学习时间卫生要求》（GB/T 17223—2012）中提出：一日内不连排两节相同的课程（除作文、实验等特殊需要外），各种文化课间宜插入体育、手工、画图等课程。对于周总课时规定：小学一、二年级不应超过 26 节；小学三至六年级不应超过 30 节；中学各年级不应超过 34 节。

（六）自由活动

学生应每日有一定的自由支配时间，从事个人爱好的活动、生活自理和帮助做家务。建议：小学四年级以下的，每日安排 1～1.5 小时，四年级以上到高中每日安排 1.5～2.5 小时。需要注意的是：每天看电视的时间不宜超过 1 小时，以免干扰其他作息。

（七）进餐

应制定合理膳食制度，即科学合理地安排好每日进餐次数、时间及热量分配。定时定量进餐，可使胃部功能负担均衡，使既定的进餐时间成为条件刺激，形成动力定型，有利于兴奋消化中枢，引起良好食欲。促进食物的充分吸收和利用。

膳食制度是在综合考虑不同年龄的营养需要量、胃容量和排空时间、生活制度和经济条件等因素的基础上制定，学龄儿童的胃排空时间为 4～5 小时，故一般实行三餐制，间隔不超过 5～6 小时。热量分配约为早餐 30%，午餐 40%，晚餐 30%。每次进餐时间 20～30 分钟,餐后休息 0.5~1.0 小时再开始学习或进行体力劳动。体力活动后至少休息 10~20 分钟再进餐;晚餐后至少 1.5~2 小时后才睡觉。

二、学周安排和课程表编制

根据一周内学生脑力工作能力的变化规律,周一的学习任务不宜过重,周五应安排相对轻松的学习。周末布置作业不要太多,以免影响休息。编制课程表(school curriculum table)时,不仅应考虑上述学周安排原则,还应充分考虑学生在学日中的脑力活动规律。早晨第一节课前安排短时间早读,帮助学生适应大脑皮层的始动调节;最难的课应排在上午第二、三节,难度较小的课可排在上午第四节和下午末节。课程的难易程度主要与抽象逻辑思维程度有关。通常认为数学、物理和化学等较难,外语、作文、语文、生物、历史和地理等次之,音乐、体育、图画和手工等较容易。课程表的编制还应利用大脑皮层的镶嵌式活动特点,除作文、实验等特殊需要外,一般不连排两节相同课程。否则,相同的教学内容,同一教师形象、语言和动作易形成单一刺激,使学生提前出现疲劳、降低学习效率。在文化课间插入体育、手工、画图课等则能提高学习效率,延缓疲劳出现。

三、学期和学年安排

根据学生的脑力工作能力变化规律及教育上的要求,合理安排学期和学年的学习和劳动,实行学期和假期轮换,使学生在连续几个月的紧张学习后,有一段较长时间的休整,消除大脑疲劳,恢复脑力工作能力。

小学生发育尚不成熟,持久工作能力较差,故学期应相对短,假期应相对长。寒暑假的起止日期应视各地气候特点及其对学习能力和身体机能的影响,作出适当规定。一般来说:寒暑假中学应有两个月,小学两个半月;劳动时间中学每年最多一个月,小学四年级以上每年最多半个月。农村学校可根据当地农时节令安排假期,增设农忙假;但全年假期不得超过 3 次(包括寒暑假)。保证农村学生每年至少有一个月的休整时间。

教学大纲所规定的教学任务必须在学期内完成,不应占用假期授课或补课。教学内容应循序渐进,难度逐步增加,进度均匀。学期、学年快结束时,应减少讲授新课,增加复习时间。假期可适当组织文体科技活动、郊游、夏令营及社会实践等,同样不应过多占用学生的自由活动和休息时间。

第三节　学校体育锻炼卫生要求

《中华人民共和国体育法》中对学校体育提出了要求:必须实施国家体育锻炼标准,对学生在校期间每天用于体育活动的时间给予保证。

学校体育锻炼的目标是:①培养儿童少年对体育锻炼的兴趣和自觉的参与意识;②传授体育知识和技能;③促进生长发育,增强体质;④提高走、跑、跳、投掷、攀爬、翻滚、平衡等基本运动素质水平;⑤掌握田径、体操、球类、游泳等运动项目的技能和训练方法;⑥培养团体意识和拼搏精神,自觉遵守规则的习惯等。但是,体育锻炼有很强的科学性。不适当的锻炼不但达不到期望目标,反而会对体质和健康产生不利影响。因此,有必要对学校体育锻炼提出卫生学要求,达到促进生长发育、增强体质、提高运动成绩、预防运动创伤的目的。

一、学校体育锻炼的基本原则

（一）适合年龄、性别和健康状况原则

学校体育锻炼的目标人群具有其独特性，了解这些特点，对于合理安排体育，使之达到促进发育、增进健康、提高运动素质具有重要意义。

1. **年龄特点**　相较于成年期，处于生长发育期的儿童少年，中枢神经系统和心血管系统发育不成熟，骨骼的钙化程度低，细小肌肉、上肢肌肉（尤其伸肌）发育也不完善。运动素质发展具有阶段性，不同运动素质的最快发展阶段见表7-1。因此，小年龄段儿童以促进骨骼和肌肉的迅速发育为目的，可选择田径类和一般竞技性项目；青春期少年可在全面发展的基础之上，注重发展速度、力量和一般耐力，并有侧重地发展速度、力量和一般耐力。17岁前不宜从事专项训练。

表7-1　身体素质发展最快的年龄

身体素质	发展最快年龄（岁）	身体素质	发展最快年龄（岁）
平衡能力	6～8	柔韧性	10～12
模仿能力	9～12	节奏	10～12
反应速度	9～12	速度	14～16
协调性	10～12	力量	13～17
灵敏性	10～12	耐力	16～18

2. **性别特点**　进入青春期后，身体结构与机能出现了显著的性别差异。

与男生相比，女生的体型具有四肢较短、躯干较长、肩部较窄、但骨盆较宽的特点。而男生的肌肉发育快、骨骼承重和抗拉能力强，心脏重量和心脏容积及每搏输出量也比女生大。故在学校体育锻炼的安排上，尤其是中学阶段，宜根据性别特点在体育运动项目、运动量及体育成绩方面，做出不同的安排与要求。

另外，女生的月经期具有一定的特殊性，鼓励经期正常的女生可进行一般性的体育活动，只是要适当减少运动量，并避免游泳和增加腹压的运动。而月经异常女生在经期可暂免体育活动。

3. **健康状况特点**　根据不同的体质和健康水平来决定运动负荷。每年开始上体育课时都要根据个人的健康状况、发育水平和技能学习能力进行健康分组，一般分为基本组、准备组和特别组三组。《中华人民共和国体育法》中规定学校应当创造条件为病残学生组织适合其特点的体育活动。

（二）安全性原则

体育锻炼的最终目的是促进健康，所以，必须注重体育锻炼的安全性。强调安全第一的原则。由于每一个个体的遗传、环境、教育以及自身的主观能动性不同，在身心发展上存在着不均衡性。因此，在进行体育锻炼时需要注意：①选择环境良好、器材设施条件齐备的运动场所；②根据自身的实际情况选择适宜的运动负荷，量力而行；③坚持做好准备活动和整理活动；④掌握一定的体育锻炼的卫生保健知识和运动创伤的急救方法。

尤其强调在每次体育锻炼的实施过程中，开始阶段一定要有准备活动，结束部分要有

整理活动。准备活动使机体在开始运动时,逐步启动全身各系统进入最佳运动状态,以适应由安静到运动的转换,多以慢跑、徒手操(调节全身灵活性)等活动方式为主。而在结束运动前,逐步减少运动量的整理活动,可使躯体和内脏逐步恢复到安静状态,避免发生"重力性休克",多以慢跑、行走、放松体操、深呼吸等活动方式为主。

(三)循序渐进、持之以恒的原则

体育锻炼是人体对内、外环境变化的适应过程,是一个缓慢的由量变到质变的过程。人体运动素质的发展需要一个不断积累逐步提高的过程,其水平是需要不间断的锻炼才能得以保存及发展的。因此,必须根据学生的身体素质水平、运动基础,确定锻炼时间,制订切实可行的计划,逐步提高运动量、运动技巧难度等,使机体有个适应过程,并将体育锻炼计划长期坚持下去。为了达到促进健康的目的,应将运动负荷控制在一定的合理范围内,一般认为,需达到最大运动心率值的65%~85%。在运动过程中,一定要量力而行,加强自我监督,调整好运动负荷。若突然承受过大的运动负荷,易发生过度疲劳;若突然从事复杂的高难度动作,易导致运动创伤;若长时间停止锻炼,各器官系统的功能和动作技能的条件反射就会慢慢的消退。

(四)全面性原则

全面性原则是指充分利用各种适宜的运动项目,促进机体的力量、速度、灵敏性、耐力、柔韧性、协调性和平衡性等运动素质的全面发展。人作为一个整体,各器官系统的发育与成熟是相互影响和协调的,在儿童少年时期,应根据机体的运动素质发展敏感期合理安排运动项目。通过全面锻炼,在掌握多种运动技能的基础上,可以逐步而稳定地提高专项运动成绩,而不能为追求一时的运动成绩,过早开始偏重单项的训练,以避免对机体造成危害。

(五)培养体育锻炼兴趣和习惯

体育锻炼除了可以预防疾病、增进身体健康外,还具有丰富生活、调节情绪、锻炼意志的功能。因此,养成良好的体育锻炼习惯可以使人受益一生。学校体育锻炼可以通过形式多样的教学手段和教学活动,用科学方法系统培养学生参与体育活动的兴趣和习惯,奠定终身体育的基础,达到增强体质、促进心理发展、培养社会化行为的目的。小学阶段以体验运动乐趣为主,形式可以是观看各类体育比赛活动或组织趣味体育运动活动,激发学生参与体育活动的兴趣。中学阶段要注重培养定时定量参加体育锻炼的习惯,并掌握科学的锻炼方法。鼓励充分利用身边的各种条件(如健身器、桌、椅、床等)进行锻炼。

(六)运动与休息适当交替

无间断的训练可使机体超负荷运转,易造成运动创伤和机体过劳。而休息时间过长又会使已被调动起来的活动水平下降,增大了再运动时的惰性。因此,在体育锻炼过程中必须做到适当休息,以利身体各部分消除疲劳,及时恢复生理功能,防止过度锻炼产生的疲劳综合征和运动创伤,以保证体育锻炼的效果及训练成绩的稳步提高。

二、合理组织体育课及课外体育活动

(一)合理组织体育课

体育课(physical education,PE)是对学生进行体育教学的基本组织形式,按性质可分体育理论课和体育实践课两类。合理组织体育课,主要指对后者中的运动负荷和结构进行组合优化,以达到通过体育课增强体质、掌握体育知识和技能的目的。体育课的结构,指对体育实践课的各部分教学的顺序、内容和时间进行分配。一堂体育课通常是由"开始""准备""基本活动"和"结束"等四个基本环节组成（表7-2）。

表7-2　体育实践课的内容和时间分配

结构	内容	目的	时间（min）
开始部分	集合队伍，检查人数、服装，明确教学内容和任务	激发兴趣，启动学生大脑的兴奋性，使之进入运动状态	2～3
准备部分	基本动作练习，专项运动准备练习，活动关节、肌肉等	提高学生大脑皮层的兴奋性，克服生理惰性，使身体各器官系统迅速进入训练状态，准备进入基本活动部分	6～12
基本活动部分	训练教学的基本内容	使学生掌握体育的基本知识和技能、进行练习和运动，目的是增强体质、提高心理健康水平和社会适应能力	25～30
结束部分	整理运动、放松练习、缓步、游戏及小结等	降低大脑皮层的兴奋性，使学生逐渐恢复到安静状态	3～5

运动负荷（sports loading）取决于课程的强度、密度及时间三个因素的综合情况。强度是指单位时间内所做的功，受负荷的大小、项目的性质等因素影响。密度是指一节课内学生实际运动练习的时间，以占全课总时间的30%～40%为宜。时间是指一节课时的总时间。

运动负荷的安排必须遵循体育锻炼的基本原则。运动负荷过低，起不到锻炼作用；运动负荷过高，则可能损害心肺功能。一般用心血管功能指标来判断体育课的生理负荷大小。常用指标是靶心率（target heart rate），另外还可利用脉搏（心率）曲线图、平均脉搏和脉搏指数等指标来评价体育课的运动负荷。

靶心率是指达到最大运动强度60%～70%时的心率。《中小学生体育锻炼运动负荷卫生标准》（WS/T 101—1998）要求：健康中小学生体育课和课外体育活动的基本部分的靶心率不应低于120次/分，也不得超过200次/分；健康中小学生体育课和课外体育活动时间，每天不得少于1小时；健康中小学生体育课和课外体育活动每周不得少于五次；每次锻炼基本部分的运动时间应为20～30分钟。

符合运动生理要求的脉搏曲线应当是：①曲线逐渐上升，在基本活动部分的中间达到高峰，至结束部分逐渐降低；②曲线坡度平缓，不出现骤起骤落的波形；③运动量达到一定水平。即：准备部分脉搏宜为80～130次/分，基本活动部分保持在120～200次/分，结束部分降至120～90次/分，课后10分钟恢复到安静水平。体育课的平均脉搏应维持在130～170次/分，脉搏指数应维持在1.6～1.8之间。

对月经正常的女生，月经期间要减少运动量，应避免增加腹部压力和全身剧烈震动的运动，停止游泳等水下运动。对月经异常的女生，月经期间应停止体育活动。

（二）合理组织课外体育活动

课外体育活动是学生在体育课之外的时间里，以增强体质、促进身心发展为目的的运动锻炼，是学校体育的重要组成部分和实现教学目标的手段之一。对学生掌握基本运动技能、养成爱好体育的健康生活习惯等起着重要作用。课外体育活动的形式多样，如早操、课间操、小组锻炼、业余体育训练、自我锻炼等。课外体育活动的组织安排和体育课一样，须遵循体育锻炼的基本原则和合理运动负荷。

1. 早操（morning exercises）　住校生清晨起床后，或走读生上午第一节课前进行的体育锻炼。早操对机体起到始动调节作用，消除睡眠时大脑皮层的抑制状态，使兴奋与抑制过程维持适当水平，提高学习效率；还可促进物质代谢，协调肌肉的张弛，提高机体抗病能力，培养良好生活习惯。因此，因时、因地、因校、因人坚持早操锻炼，有益于儿童少年的身心健康发展。

2. 课间操（class-interval exercises）　指在上午第二、三节课间开展的体操活动，一般安排20分钟，有助于学生大脑的优势兴奋灶的转换，变换体姿，舒展身体，消除疲劳，保护视力。

3. 小组锻炼（group exercise）　在体育老师指导下，利用课外活动，按《国家体育锻炼标准》要求项目进行的有计划锻炼活动，是保证学生每天1小时体育锻炼的重要措施，有利于脑力与体力活动的转换，促进身体素质发展，对学生间的友爱、合作以及竞争精神的培养也有很大帮助。

4. 课余体育训练（extracurricular physical training）　是利用课余时间对有一定体育特长或爱好的学生进行的特殊训练，有少年业余体校、校运动队、体育特长班、竞技学校等组织形式。训练目的是提高竞技能力和运动成绩，培养竞技运动后备人才。训练应注重系统性和基础性，以全面训练为基础，避免过早专项训练。需要强调的是一定要在参加训练前进行体格检查（包括心血管功能试验），只有身体条件符合要求的学生才允许参加。从周训练次数和每次训练时间对运动量加以控制。推荐9～11岁，训练1～2次/周，1小时/次；12～15岁，训练2～3次/周，1～1.5小时/次；16～18岁，训练3～4次/周，2小时/次。

三、学生军训

军训是军事训练的简称。学生参加军训，是接受国防教育的基本形式，可以通过严格的军事训练达到如下目的：提高学生的政治觉悟，激发爱国热情，发扬革命英雄主义精神，培养艰苦奋斗，刻苦耐劳的坚强毅力和集体主义精神，增强国防观念和组织纪律性，养成良好的学风和生活作风，掌握基本军事知识和技能。

根据《中华人民共和国国防教育法》规定，除大学、高中生外，还有中小学生也应接受军训。时间一般在9月份开学前或10月国庆后。军训的具体内容依据学生的性别、年龄特点进行安排。一般来说，针对小学生和初中生安排的训练内容为基本的队形排列和动作，不宜过度军训；针对高中生安排的训练内容，是在队形排列的基础上，训练内务整理和紧急疏散等日常能力，并开展国防知识讲座。而针对技校生、大学生进行的军训，则安排正规的军事训练和地震应急疏散训练，男生一般为10～30天，女生一般为5～7天。

为了保障学生军训过程的安全，针对普通高等学校、普通高中以及中等职业学校的学生军训，国家卫生计生委在2015年11月制定并发布了推荐性卫生行业标准《学生军训卫生安全规范》（WS/T 480—2015）。该标准规定了学生军训前体格检查要求、学生军训负荷强度要求、军训期间疾病与不适症状报告制度等。

该推荐标准规定，学生军训前的体格检查要求包括病史询问和记录、体格检查以及不宜参加军训的学生。各类学校在学生入学常规体检病史询问的基础上，增加学生心脏病、脑血管病、癫痫、糖尿病、高血压、运动性晕厥、过敏史、哮喘以及精神心理疾病等个人史和家族史的询问和记录。而体格检查是在学生入学常规体检内容的基础上，对血压、心律异常的学生进一步进行复测，对心脏有杂音的学生进一步进行心电图和心脏超声波检查。将学生存在的异常情况及时与家长及相关人员沟通，在军训过程中要加强这类学生的医务监督。对患有军训会加重所患疾病以及自身生理功能不良不能承受高强度军训的学生，需在医务人员监督下参加军训。而不宜参加军训的情况包括：因身体健康原因已办理免修体育课的；患有参加军训会导致生命危险的严重疾病的；患有传染病且易导致群体感染的；患有精神分裂症、躁狂症、抑郁症等精神障碍，高强度训练会加重病情的。若不宜参加军训的学生要求参加军训，需征得学生和家长书面知情同意。军训过程中的强度，应根据性别、健康状况分别对待，遵循劳逸结合、循序渐进的原则。一般情况下，学生训练时间为40分钟，休息10分钟。运动负荷建议健康学生的靶心率不应低于120次/分为宜，也不得超过200次/分。军训期间出现疾病和不适症状，均需向训练教员和医务人员报告，并根据其严重程度给予军训调整、休息、对症处理甚至作出及时转诊治疗的安排。

四、体育锻炼与营养

体育锻炼使体内物质代谢过程增强，因此为保证体育锻炼的正常进行，需要根据运动项目的特点制定科学膳食制度进行合理的营养素补充。通过及时补充营养物，以稳定内环境，延缓和消除疲劳，促进体能恢复和提高运动成绩。

热量来自三大产热营养素。其中，碳水化合物是短时间大强度运动时热能的主要来源，维持中枢神经系统、心肌及骨骼肌的正常功能。因此，为保证运动时热量的需求，可增加米、面、糖、水果蔬菜等碳水化合物的摄入，一般应占摄入总热量的大部分（55%左右）。蛋白质使人体肌肉发达，力量增强，为体育运动提供了物质基础，因此，蛋白质的摄入也应适当增加。尤其是那些参加活动剧烈、持续时间短的项目运动员，因精神高度紧张，更需要相应增加优质蛋白质的比例。脂肪参与能量供应，维持较高的血糖水平，推迟疲劳的出现，是长时间耐力项目的重要热能来源。另外，因维生素和矿物质参与机体的代谢过程，故正常情况下，机体在运动中经历了能量消耗、能量补充、组织修复的过程。其中，糖原是运动主要能源，存在于肌肉和肝脏中。肌肉中的糖原只供肌肉使用，而肝脏中的肝糖原可迅速释放入血，供身体所有器官系统使用。运动后体内糖原存储量会显著降低，若无及时补充，其后的运动表现会因能源不足而下降。各种营养素的补充应及时，其中在运动后2小时内补充糖类可取得最大效益。青少年应在运动后15~30分钟内摄入50~100g糖类（约1g/kg体重），以后每2小时再吃50~100g，直到有时间吃正餐为止。正餐和其他运动期间饮食也应以富含糖类食物为主。各种能源物质在体内的代谢和合成需要维生素B、C等积极参与，所以应在短时剧烈运动前40分钟服100~200mg维生素C，赛后的两次正餐中各补充100mg维生素C，同时服复合维生素B两片。

另外，还需注意，由于运动时大量排汗，须及时补充水分，宜采用少量多次的方式，适量补充水分和盐分。要避免在运动中或运动后立即摄入大量水分造成血容量骤增而导致心脏负担过重，并使胃扩张，影响运动和呼吸。汗液中主要的电解质是钠和氯离子，还有少量钾和钙。电解质随汗液流失后，体内储存的电解质会自动释放入血，维持电解质的平衡。越是训练有素的运动员或经常在酷热天气下运动的人，随汗液流失的电解质越少。因此，应根据不同对象的不同体质状况和运动适应性来补充电解质。对长时间运动的青少年，或是在酷热的天气下连续剧烈运动数小时以上，在补充水分和电解质的同时，还应注意适当补充钙等无机盐。

少年运动员的进餐时间要和训练时间相适应。饭后最好休息 1.5～2 小时再进行活动;剧烈运动后应休息半小时再进餐。

五、学校体育的医务监督

学校体育医务监督由校医和体育教师共同执行,主要工作内容如下:

(一)掌握学生的健康状况

通过每年常规的健康检查,就诊记录及病史,掌握学生健康状况和女生月经情况。参加业余体育训练的儿童少年还需每年 1～2 次接受更全面的体检。参加竞争较激烈的比赛项目的少年运动员,比赛前后需有例行体检。校医根据体检结果,提出学生参加体育课的分组建议,体育教师根据这些建议、同时参考运动史、运动成绩和学生的自我感受,将他们分为基本组、准备组和特别组。分组条件是:①基本组:由体格发育正常、心血管系统功能良好、身体健康又经常参加锻炼的学生组成,按体育教学大纲和《国家体育锻炼标准》规定的全部项目参加体育活动、专项训练和校内外比赛。②准备组:由身体条件稍差,心血管功能基本正常,不经常参加活动的学生组成,按体育教学大纲和锻炼标准规定的部分项目进行锻炼,一般不参加专项训练和比赛活动。③特别组:由体弱及病残而不能参加正常体育活动的学生组成,应在医务人员监督下进行医疗体育锻炼。

有下列情况之一者,不宜参加达标活动:有严重疾病,医生认为不宜参加运动者;身体发育异常、身体畸形和患有精神疾病无法参加达标活动者;近期患有急性疾病,体力尚未恢复者。

《中华人民共和国体育法》中提到,学校应当创造条件为病残学生组织适合其特点的体育活动。因此,对体弱病残学生的教学要求应与正常学生有明确区别,否则会影响健康。因适量运动对身体康复有益,故不要轻易允许其免修体育课或不参加体育活动,而应针对其健康状况和体力特点做出适当体育锻炼安排。

(二)监督体育锻炼的组织和条件

校医应对学生体育锻炼的时间、体育课的组织、运动服装、运动场地和设备等进行卫生监督。

1. 体育锻炼时间 教育部颁布的《学校体育工作条例》规定:普通中小学校、农业中学、职业中学每天应安排课间操,每周安排三次以上课外体育活动,保证学生每天有一小时体育活动的时间(含体育课)。另外,需要注意,饭前和饭后 1 小时内不要进行剧烈运动。

2. 体育课的组织

(1)课程内容要科学安排:按教学大纲要求,根据学生的年龄、性别及健康特点,合理安排具体教学内容,以达到全面锻炼、增强学生体质的目的。

(2)运动量要合理:运动量太小,锻炼的影响过于轻微,起不到增强体质的效果;而运动量过大,又可引起机体疲劳过度,既影响健康,也会因恢复过程延长而影响其他学科的学习。

(3)课程组织要规范:良好的组织管理既是保证教学效果的手段,又可有效预防运动性创伤发生。

3. 运动服装 学生应穿着符合项目要求的运动服装和运动鞋,既有利于提高成绩,又能防止运动创伤。不要穿塑料鞋或硬底鞋,衣袋中不要装钥匙、铅笔刀等硬物;运动后立即更换潮湿衣服；在寒冷季节，运动间歇时注意添衣保暖。

4. 运动场地和设备　　运动场地和设备的卫生安全要求，是保障学生完成教学内容、获得运动技能、提高运动成绩、预防运动创伤的重要措施。室内外运动场地都要求光线充足、均匀、无眩光，空气清新、流通，场地面积符合项目要求。体育设备的安置要符合安全、卫生要求，应基础牢固、材质安全、间距适宜，并经常定期进行安全检查。

对部分项目的场地有下列要求：

（1）田径场：跑道平坦，软硬适度，尘土不扬；跑道终点线后应至少再延长15m。单双杠、跳高、跳远、撑竿跳高等有沙坑设施；沙坑应松软、无杂物。投掷区应与其他场地有足够间隔距离。固定器械应牢固、安全。

（2）球场：场地平坦，不滑，尘土不扬，场周2m内无障碍物。

（3）游泳：游泳池应符合各项安全卫生要求。若利用自然江河游泳，要选择城镇或自然村的上游无污染处。水深有明显标记，水底平整、清洁，无淤泥、树桩等杂物，水流速度不宜大于0.5m/s。

六、运动性创伤及其预防

（一）运动性创伤的概念及常见原因

运动创伤（sports injury）是指在体育运动中发生的与运动有关的身体内、外各种急、慢性意外损伤。运动性创伤按损伤的组织结构分类，包括软组织损伤、关节与韧带损伤、骨骼损伤、内脏损伤以及其他部位的损伤。在学校体育运动中，一般以运动性腹痛、运动性肌肉损伤、骨折、关节脱臼、扭伤、皮肤肌肉挫伤等多见。

运动创伤的发生与运动项目、训练安排、运动环境、运动者的自身条件以及技术动作等相关。由于运动创伤可对运动者的健康造成直接的损害，严重者还可导致残疾甚至死亡，另外，还可对心理造成不良影响，甚至引起儿童少年对该项目的恐惧感，妨碍体育活动的正常开展。因此运动创伤的预防对于儿童少年来说具有重要意义。

运动创伤发生的原因可归纳为两大危险因素，自身因素和外界因素。自身因素，如参加体育锻炼的目的不明确，对创伤预防重视不足，自身的身体素质达不到所参加项目的要求、准备活动和整理活动不充分、选择运动方式不合理、自我保护能力差、运动锻炼负荷过重等。环境因素包括场地和器材的条件不良、气候条件恶劣、运动场地上人员过多、过于拥挤等。

（二）运动性创伤的预防

尽管所有的运动都有发生创伤的可能性，但运动创伤又是可以通过遵循科学的锻炼原则和方法加以预防的。针对运动性创伤发生的两大危险因素，采取预防措施，可以大大降低运动性创伤发生的可能性。通常可从以下四种方法中，单独或联合采用。

1. 安全防范法　　指在学习和练习过程中，采取一定的措施杜绝人为的、场地器材等方面的原因，防止运动创伤发生。儿童少年好胜心强，容易不顾主客观条件限制，冒险逞能，从而导致损伤发生。因此，在思想上要引起足够重视，把安全和防范贯穿于每次活动始终。课前应认真检查场地、器材。课中技术要领讲解到位，加以示范，并介绍该活动的易受伤部位及预防方法。练习过程中，密切观察学生的行为，及时纠正错误的技术动作，及时提醒或制止不安全因素，预防事故发生。

2. 保护帮助法　指为防止运动损伤，加强自身安全所采取的自我保护和他人保护的方法。教师有责任教会学生自我保护的方法。如身体失去平衡时应立即向前跨或后退一大步，保持身体平衡；快要跌倒时要立即屈肘、低头，肩背着地、顺势滚动，切不可直臂撑地。高空落地应前脚着地，膝关节并拢，顺势屈膝下蹲，减少冲力，提高落地稳定性。他人保护一般应由老师、教练员或训练水平高的人承担。在每名学生练习的全过程中，教师都应提供现场保护，要求精力高度集中，密切注意每一细微动作；一旦动作节律被破坏或失手要及时制止，采取正确方法提供保护和帮助。

3. 量力适应法　指在练习过程中，依据个体的生理水平、健康水平以及技能水平，量力而行，有节有度，适应生理负荷。体育锻炼效果很大程度上取决于运动刺激的强度。只有强度适宜的运动才有利于机体的能量恢复并取得超量补偿效果。过弱的刺激不足以激发机体的潜力，而过强的刺激又会造成运动创伤。因此，应参考学生的年龄特征、睡眠、营养、兴趣、环境以及气候条件等综合因素，要兼顾客观标准和个体的自我感觉，合理安排运动负荷和运动强度。内容由浅入深、技术先易后难，练习时逐步加量，适应后再增加强度；强度增加时运动量应相应调低，使体育锻炼更具有科学性。

4. 准备活动法　指的是运动前作好充分准备。准备活动的目的是提高中枢神经系统的兴奋性，使它达到适宜的水平，以适应运动时的需要。注意准备活动的运动量应适宜，忌不足或过量。准备活动包括一般性的热身活动以及针对不同运动项目的专项准备活动。一般以身体感到发热，微微出汗为好。专项准备活动有：①运动负担重、易造成损伤的部位，加强伸展性练习，使关节活动幅度加大。②长跑运动时易发生腹痛，多因呼吸节律、深度掌握不当，或事前大量饮水引起。发生后先按住痛的部位，减慢跑速，做深呼吸，坚持一段疼痛可消失。③跳高、跳远易发生踝关节损伤、足跟挫伤和膝关节扭伤，准备活动应包括按摩、原地跳跃等。④球类运动，易发生手指挫伤、踝关节扭伤、膝关节韧带、半月板损伤等，准备活动应强化肌肉、韧带力量，提高机体灵敏性、协调性等。

（三）运动性创伤的处理

一旦发生运动损伤不要惊慌，应立即采取有效的处理措施，防止伤情加重。针对一般性的急性创伤，现场处理需遵循 PRICE 原则，即：P（protect，保护）为保护受伤部位，以避免加重损伤；R（rest，休息）是休息和限制活动，以促进修复和避免再次损伤；I（ice，冰敷）是冷敷，以减轻肿胀、出血和疼痛；C（compression，加压）是局部加压包扎，以减轻肿胀和予以适度固定；E（Elevation，抬高）是抬高患肢，以减少血流量、减轻出血、减轻肿胀。现场处置的一个关键是创伤性质和程度的判断，学校体育教师及校医以及相关人员需要进行相关知识和技能的培训。

1. 擦伤　指皮肤被粗糙物摩擦引起的表面损伤。如跑步时摔倒就容易引起皮肤擦伤，伴出血、组织液渗出的现象。处理小面积擦伤，可用红汞或紫药水涂抹伤口，无须包扎，让其暴露在空气中待干。关节附近的擦伤不能用暴露法，因为干裂易影响关节运动，一旦感染会波及关节。大面积的擦伤或皮肤中嵌入煤渣、泥沙等异物，须先用生理盐水洗净后涂抹红汞，或用磺胺软膏涂敷。不能用手或没有消毒的物品擦拭伤口，以免细菌感染化脓。

2. 裂伤　指因钝物打击引起皮肤及软组织撕裂。头部裂伤可能性最大，约占 60%，其中以头皮、额、面部较多。如篮球比赛中运动员的眉弓被对方肘部碰撞，引起眉际裂伤。轻者可用碘酒或 75% 酒精将伤口周围皮肤消毒，再用消毒纱布覆盖包扎，视情况决定是否去医院接受进一步治疗。裂口较长、出血多者，可先用消毒纱布覆盖伤口，压迫10～20分钟止血，绷带包扎；若不止血，可用手指用力压迫伤口近端动脉搏动部位，或用止血带绑在出血处上端，立即送医院处理。若伤口内有较大的玻璃、煤渣等异物，千万不要去触动、压迫或拔出；可将两侧创伤边缘挤拢，用消毒纱布包扎后，送医院处置。

3．肌肉拉伤　指在外力直接或间接作用下，肌肉过度被拉长，引起的闭合性损伤。体育活动中最常见的是踝关节、膝关节、肘关节韧带损伤。例如，压腿、踢腿时，大腿后部肌肉处于被牵拉状态；若此时突然弯腰，可使肌肉超过伸展范围而拉伤。拉伤处疼痛、肿胀、压痛、肌肉紧张或痉挛，触之发硬。严重的肌肉拉伤因肌肉断裂，受伤时可感到或听到断裂声，局部肿胀明显，皮下淤血严重；断裂处可摸到凹状或一端异常膨大；活动明显障碍。处理关节韧带扭伤或部分韧带纤维断裂，应在伤后立即冷敷、加压包扎、抬高伤肢并休息，减轻出血和肿胀。24～48小时后拆除包扎固定，根据伤情采用中药外敷，痛点药物注射，理疗、按摩等。但热疗和按摩开始时只施于伤部周围，3天后才可用于局部。韧带完全断裂者，应先急救处理，后及时送医院治疗。

4．挫伤　指钝器直接作用于身体某部引起的急性闭合性损伤。运动中相互冲撞、被踢打，或身体碰撞在器械上，都可发生局部和深层组织的挫伤。轻者出现皮下出血、疼痛、肿胀现象；重者通常出现在头、胸、腹等部位，故可发生头晕、脸色苍白、出冷汗、四肢发冷、脉弱而快（每分钟120次以上）等现象，甚至导致休克。一般皮下挫伤的处置包括在24h内冷敷，加压包扎，抬高患肢，配合药物治疗等。冷敷一般用毛巾沾冷水，拧干后盖伤处，目的是使破裂血管收缩，减少出血。每隔3～4小时一次，每次5～8分钟。冷敷后，伤部垫上适当棉花，绷带包扎，但不能太紧以免影响血液循环。24小时后拆除包扎，根据伤情进一步处理，如热敷、理疗等。若怀疑内脏挫伤，应立即送医院检查治疗。

5．关节扭伤　外力使关节活力超过正常限度，使附着于关节周围的韧带、肌腱撕裂而造成。如运动场地不平，跳起落地时身体失去平衡，都可使踝关节过度内翻，引起外侧韧带受伤。主要症状是伤处疼痛、肿胀，关节不能活动，皮下淤血。处理原则同挫伤，即冷敷包扎，24小时后才能按摩、理疗。若怀疑骨折，先固定再送医院进一步检查、治疗。关节肿胀疼痛减轻后，在不加重疼痛的原则下，可适当进行功能性锻炼以防组织粘连，促进功能恢复。活动时应带保护装置，如护踝等。

6．关节脱位　指组成关节的骨关节面脱离了正常位置。常见的由运动引起的脱位为肩关节、肘关节脱位。肩关节脱位因跌倒时上臂外展上举，手掌着地而发生。脱位的肩部失去正常形状，变为方形，局部疼痛，关节不能活动，患侧手不能摸到对侧肩峰。复位时，患者坐位，一助手抱住患者胸部，另一助手握住伤侧腕部和肘部，向外下方牵引。在两人相对牵引时，术者用双手在腋下向外上方提托肱骨头，即可复位。复位后，将患肢的肘关节屈曲置于胸前，肩部外敷跌打膏药后，用绷带和三角巾固定2～3周。患肢的上举动作，应在6周后逐步开始。肘关节脱位一般发生于肘部稍许弯曲，身体向后跌倒，手掌着地时。患肘肿胀、疼痛，前臂缩短，肘关节呈半屈曲状，畸形明显，肘后三角的正常关系改变；肘窝部丰满，可摸到尺骨鹰嘴向后上突出和鹰嘴上方凹陷，功能丧失。复位时可嘱患者坐椅上，术者屈一膝踏在椅上，将膝部抵住脱位肘部，边牵引边将肘屈曲，即能感到肘关节复位的声响。复位后将患肢肘关节屈至90度悬吊胸前，休息2～3周。

7．骨折　指运动中身体某部受到直接或间接暴力，导致骨骼完整性遭破坏。分为闭合性骨折和开放性骨折。常见骨折发生于肱骨、前臂、股骨、小腿、足部等部位。骨折发生后，伤处压痛、震痛、肿胀、皮下淤血、畸形、功能障碍，甚至出血、休克。骨折时若伴休克，应先按"人中"穴抢救休克。固定前要检查局部，若皮肤破损或软组织受骨折端夹挤或压迫，要先沿伤肢长轴牵引，以解除骨折端对软组织的挤压。若伴有出血，应先止血，然后包扎伤口固定。固定材料就地取材，如木板、木棍、树枝、竹竿、纸板、书、雨伞等；垫子要柔软，固定带可用腰带、绷带、布条或背包带等。也可将上肢骨折固定在躯干处，下肢骨折固定在对侧的健肢处；先固定骨折上下端，再固定近、远端两个关节；肢体突出部位要加垫保护。固定要牢靠，松紧要合适，固定后及时送院检查治疗。

第四节　劳动教育卫生

劳动教育是素质教育的重要构成部分，作为具有自身特性的教育形式，可以使学生掌握一定的劳动技能，巩固并丰富文化课内容，有助于培养学生的劳动观念和习惯，也使学生的身体各系统得到有益锻炼。脑力学习和体力劳动适当的交替，符合大脑皮层镶嵌式活动的功能特点，有利于消除学习疲劳，提高学习效率。在促进儿童的精神成长中，劳动教育也具有特殊的作用，对儿童的全面成长有着积极的意义。

处在生长发育期的儿童少年，其组织器官系统具有逐渐成熟与功能不断完善的特点，因此，在他们参加劳动教育的过程中，一定注意要有别于成人，需要根据他们的性别、年龄以及健康程度上的差异，选择合适的工种和劳动负荷，并注意劳动场所和设备要求。

一、工种的选择

（一）适合年龄特点

《学校卫生工作条例》中规定，学校应当根据学生的年龄，组织学生参加适当的劳动，并对参加劳动的学生，进行安全教育，提供必要的安全和卫生防护措施。

儿童少年具有的生理特点是：①脊柱、胸廓、骨盆、足弓都未骨化定型，不良的体位、长久站立或过量负重，易导致弯曲变形或产生扁平足；肌肉纤细，肌耐力弱；小肌群发育较晚，精细动作准确性差。②心脏容积小，收缩力较弱，每搏输出量小，同时肺泡表面积小，呼吸肌力量弱，用力肺活量小，故心血管和呼吸系统的功能储备有限，无法像成人一样在劳动负荷增大时，通过加快心率、呼吸频率来满足对氧的需求。③神经系统的协调性和均衡性均较差，应激适应能力较低，大负荷劳动时极易出现疲劳。年龄越小，成熟性越差，弱点也越明显。

儿童少年对环境有害物质的耐受水平较低。研究表明，工业生产中的碳氢化合物、氯化烃、氯、二硫化碳、铅、苯、汞、砷等化学物质，即便在空气中未超出容许浓度，与身处相同环境的成人相比，儿童少年所引起的各种病理反应要明显强烈得多。有研究报道，16～18岁学生在95～100dB噪声环境中工作3小时即可出现听阈增大、收缩压降低、反应时延长、工作能力下降等现象。

因此，中小学生在进行劳动教育时，不宜选择下列劳动工种：①高空、易燃、易爆等危险作业；②易引起矽肺、尘肺的粉尘作业；③高噪声、高震动、高频电磁场和放射性场所工作；④繁重体力劳动，强迫体位、高频率和高精度工作；⑤接触具有破坏代谢功能和致癌、致突变作用化学毒物的工作；⑥需要倒班的工作。

普通中小学生的劳动教育适宜工种是：小学 1～3 年级不安排劳动课，学生参加清扫教室卫生、简单的植物栽培和饲养小动物、简单的手工劳动如折纸页、糊纸袋等。小学 4 年级以上劳动课以轻微劳动为主，如修理课桌椅、钉木箱等；中学生可根据当地条件，结合所学的文化理论知识，参加电工、木工、机工、金工、半导体组装、刺绣、缝纫、编织等较复杂的劳动。

（二）关注性别差异

青春期发育开始后，男女生的形态、机能差异逐步扩大。女生体力相对较弱，骨盆尚未定型。不良的体位、过重的体力负荷以及工作时的剧烈震动等，都不利于骨盆正常发育，可导致骨盆狭窄、扁平或变形等。工种选择时，还应考虑女生有月经期等生理特点。若在劳动中不注意经期卫生，易导致月经紊乱甚至疾病。有些毒物如铅、苯、汞等也可引起月经紊乱。因此，月经期要减轻劳动强度，尽量避免冷水作业，不接触物理、化学有害因素。如能安排她们从事一些强度比男生低，但一般性耐力和精细度要求较高的劳动，则可充分发挥她们的特长。

（三）针对健康状况区别对待

对健康状况不同的学生，劳动安排应有区别。校医应根据每年的体检、就诊、病史、病假等情况，建立学生的健康档案，给劳动教育教师提供不能参加和只能有条件参加某些劳动的学生名单，以供参考。

处于传染病恢复期或有慢性肠道炎症者，不宜下乡参加劳动，防止疾病复发或蔓延。心脏病、肝炎、肾炎、结核等慢性病患者，可视疾病性质、病变程度和功能代偿情况，确定是否分配较轻的劳动（包括减轻劳动强度、减少定额和缩短时间）或暂免劳动。急性病患者应在疾病痊愈一段时间后再参加劳动，如感冒痊愈后 5～6 天，支气管炎、肺炎痊愈后 15～20 天，慢性扁桃体炎急性发作痊愈后 10～15 天等。应密切观察这些学生参加体力劳动后的生理反应，根据实际情况采取相应调整措施。但不要轻易免除学生的劳动课，适当的劳动负荷，有助改善那些体弱、发育不良学生的体质和健康状况。

二、劳动负荷

劳动负荷（labor load）取决于劳动时间、劳动定额、劳动强度等几个要素，同时受劳动环境、劳动组织等因素影响。在遵照上述工种选择原则的基础上，学生要从事劳动负荷适宜的劳动。

每周劳动课可安排在一天内进行。合理的劳动时间为：小学 4 年级以上不超过 2～3 小时；初中不超过 3～4 小时；高中不超过 6 小时。在轻、中度劳动负荷中，小学 5～6 年级学生的劳动定额应为成人的 40%；初中生为成人的 50%～60%；高中生为成人的 70%～75%。而在较繁重的劳动负荷中，15 岁以下学生不建议参加，16～17 岁学生的劳动定额应为成年男子的 60%（男）和 25%（女）。上述规定对中专和职高学生同样适用。劳动强度主要决定于负重量，此外还和做功量（如搬运路途长短、是否上下台阶等）、持续时间、个人的劳动锻炼基础、体格发育及健康状况等诸多因素有关，个体差异大。良好的劳动环境和合理的组织（包括人员分配、组合、休息制度等）等，能在同样的劳动负荷下发挥最大效应。

评价劳动强度的指标有耗氧量和心率等。心率（脉搏）测定简便易行，且较敏感。对一些间歇性操作和可自由调节速度的劳动，以心率为指标要比耗氧量更为可靠。一般可用两种最简单的分级标准来判断劳动强度。一种是连续记录劳动过程中的心率（每次间隔 15 分钟或 30 分钟），根据计算 3～5 次的测定均值判断劳动强度，若 <90 次 / 分为轻度；90～100 次 / 分为中度；>100 次 / 分为重度。另一种方法更简单，只要该人群的 50% 以上劳动心率的增加最高时不超过劳动前基准值（即安静心率）的 70%～90%，且劳动结束后休息 10 分钟后可恢复到接近安静心率，即提示该劳动负荷适宜。

三、劳动制度

劳动制度（labor system）涉及劳动时间、工间休息次数和时间、劳动速度与节律、工种轮换等因素。劳动时间包括一日劳动时间和一周的劳动时间。普通中小学生合理的一日劳动时间如前述。学日内的劳动课最好安排在上午 3～4 节或下午。劳动日与学习日在学周内交替时，最好均匀穿插；劳动时间若集中在学周内的一天，最好放在星期四。学生参加校内外公益劳动最多每周两次，每次时间小学五年级到初中为 45 分钟以下，高中为 1.5 小时以下。小学 1～4 年级只能在校园内进行。从卫生学角度来看，连续几周安排劳动是不适宜的。另外，应限制 18 岁以下学生（包括中专和职高）上夜班。

工间休息的安排应视劳动强度和时间而定。一日安排 6 小时劳动时，3 小时后应至少有 1 小时的进餐和午休。为避免夏季的烈日照射，参加户外劳动（如农业劳动）时可上午提前出工，劳动 3～4 小时；下午晚些出工，劳动 2 小时。小年龄者每 30 分钟休息一次，年龄大者可 40～45 分钟休息一次，每次休息 10～15 分钟。往返劳动地点与住宿点间应计入劳动总时间。

学生劳动速度有一个适应过程。开始宜慢，逐渐加快，即将结束时再适当减慢。劳动节律不宜太单调，也不应波动太大。尽可能安排不同工种的轮换，以免因不良体位、单一动作或长时间的静止性肌紧张等因素，引起疲劳，降低效率。

评价劳动制度是否合理，可通过比较劳动前后的一些指标的变化来判断。若学生在劳动后出现以下情况，可判断为劳动制度不合理。如，心率增快；定量体力负荷后心率恢复减慢；舒张压升高，脉压下降；动作协调性下降；视、听、触觉阈值增大；劳动生产率下降；剂量作业实验、视觉和听觉运动反应时等客观测定结果也呈疲劳性变化。

四、劳动姿势、场所、设备和安全防护

劳动姿势（labor posture）是否正确的判断应遵循以下原则：①尽量减少肌肉静力性紧张和能量消耗；②避免神经、血管、内脏受挤压；③防止脊柱异常弯曲；④保护视力。因此，劳动中应尽量避免那些需身体偏侧紧张和强制体位的姿势；注意操作中不同姿势的轮换；坐、立劳动时应尽量加大支持身体重心的面积。

劳动设备（如工具台、机床、实验台、工具等）应符合儿童少年的身高、体型和骨骼发育等生理解剖特点；设备布局应安全，保证学生能舒适地操作，尽量减少多余动作。若不符合儿童少年的身材和体力，会导致劳动姿势不良，增加工伤事故发生率，使劳动后的肌力，肌耐力和动作协调性明显下降。

劳动场所应干燥、开阔，有良好的采光照明条件，远离易燃易爆物品。劳动车间应远离教学楼，或在其下风向处；车间内有较宽通道，便于教师巡回检查和指导。劳动环境的设置

应符合卫生和安全技术要求,预防电击、跌坠、溺水、车祸等意外事故发生。农业劳动环境应无传染病、地方病和寄生虫病流行,注意农机操作和农药使用的安全防护,预防牲畜、蛇、蜂、牛虻、水蛭、蜈蚣等伤害。从事农业劳动时也应当注意姿势轮换,尽量避免长时间地保持弯腰、下蹲、下跪等紧张姿势,减少疲劳发生。《学校卫生工作条例》指出,普通高等学校、中等专业学校、技工学校、农业中学、职业中学组织学生参加生产劳动,接触有毒有害物质的,按照国家有关规定,提供保健待遇。学校应当定期对他们进行体格检查,加强卫生防护。

　　研究科学合理地安排教与学,使儿童少年保持良好的生理和心理状态,充分发挥大脑潜力,提高学习效率,并防止脑力和体力负荷过重,避免疲劳发展为过劳是学校卫生工作的主要内容之一。教育过程卫生的内容,主要包括学习卫生、作息制度卫生、体育锻炼卫生及劳动教育卫生等,其任务是:从卫生学角度出发,研究教育措施对不同年龄期儿童少年脑力和体力工作能力、身心健康和生长发育的影响,并根据儿童少年的年龄特点、脑力和体力劳动生理以及心理卫生知识,提出组织教育过程的卫生要求,以防止脑力和体力负荷过重,避免疲劳发展为过劳,进一步提高学习效率,保护身体健康。在学校体育锻炼过程中,了解和掌握在体育锻炼过程中应遵循的原则,科学地上好体育课和体育活动,避免运动伤害。这些内容都会对开展教学过程卫生的监督提供了坚实的理论基础,利于学校卫生监督工作的开展,对全面推动学校卫生工作、促进儿童青少年的健康起到积极作用。

(张慧颖)

【学习思考】

1. 教育过程卫生应遵循的大脑皮层功能活动特性及其卫生学意义。
2. 详述学习日脑力作业能力的变化规律。
3. 制订儿童少年作息制度应符合哪些原则?
4. 体育锻炼应遵循哪些基本原则?
5. 如何判断体育课运动生理负荷是否符合要求?

第八章 学校预防性卫生监督

School Preventive Health Supervision

学校是学生学习、锻炼、活动和娱乐的场所,学校对培养儿童青少年德、智、体、美、劳全面发展起重要作用。学校中的建筑、设备和环境等应符合教学功能的要求,应为在校师生创造一个安全、安静、清洁、优美的校园环境,预防因学校建筑问题对学生带来的损伤和疾病,以促进儿童青少年身心健康成长。我国政府及有关部门为了有效地保障学校建筑、设备和环境的质量和安全,制定了相关的法规和标准,卫生监督部门以此为法律依据进行学校卫生监督。本章将重点介绍学校预防性卫生监督的概念和内容。

第一节 学校预防性卫生监督的概述

"预防为主"是我国的卫生方针,在学校卫生监督中也遵循着这个方针,学校预防性卫生监督的作用是不可替代的。进行学校预防性卫生监督可以在学校建筑的设计阶段对影响师生健康的各种不利因素进行预防和消除,使学生和教师在安全、适宜的学校环境中学习和工作。

一、学校预防性卫生监督的定义

学校预防性卫生监督(school preventive health supervision)是指卫生监督机构依照国家有关法律、法规和卫生标准,对新建、改建、扩建的学校的选址、建筑设计的审查和验收。在审查中,发现不符合卫生法律法规和卫生标准要求时,应及时提出修改或改进意见,指导其采取有效措施,防止和消除不良环境对师生健康的影响,做到防患于未然。

为有效实施学校预防性卫生监督,作为监督人员需具备以下基本技能:

1. 熟练运用相关的法律、法规、学校卫生标准 除必须准确把握《学校卫生工作条例》外,还应了解《中华人民共和国城市规划法》《中华人民共和国环境保护法》;熟练运用最新颁布的《采光测量方法》《中小学校设计规范》《中小学校教室采光和照明卫生标准》《学校课桌椅功能尺寸标准》《中小学校教室采暖温度标准》《中小学校教室换气卫生标准》《书写板安全卫生要求》等国家标准。

2. 掌握建筑设备设计图纸的基本审查方法 能对不同类学校建筑作现场勘察。执行任务过程中,既应了解校方对新设计的要求,倾听设计部门意图,又要运用科学方法进行分析,提出改进建议,做到监督有理有据。应充分考虑本地区的实际发展水平、地理气候条件、城乡差异,但对一些可能危害儿童青少年健康的问题应坚持原则。

二、学校预防性卫生监督的作用

1. 预防性 学校预防性卫生监督实施主要在学校建筑设计阶段进行，目的是使学校各项建筑设计既要符合教学功能的要求，又要保证学生和教职员工的健康。因此，学校预防性卫生监督可以预防因建筑设计或施工不良对师生尤其是儿童青少年带来的损伤和疾病。

2. 指导性 学校预防性卫生监督可以促使学校履行职责，规范学校卫生管理行为，消除学校中卫生安全隐患。卫生监督机构通过对新建、改建、扩建校舍的选址、设计和竣工验收，指导学校创建健康的学习生活环境；督促学校改善教学条件及设施设备，提高学校卫生工作水平。

三、学校预防性卫生监督的内容

1. 学校的选址、用地设计与基本布局是否符合国家标准及相关卫生要求。

2. 各类教学用房（普通教室、实验室及各种专业教室，例如音乐、美术、舞蹈、书法、琴房、计算机、语言教室、风雨操场以及教学辅助用房等）、行政办公用房（办公室、会议室、保健室、广播室等）、生活服务用房（厕所、宿舍、食堂、淋浴室、饮水处等）的布局、设计及相关卫生设施的落实情况。

3. 学校其他建筑设备是否符合相关卫生要求。

四、学校预防性卫生监督的工作程序

依据《学校卫生工作条例》第六条规定：新建、改建、扩建校舍，其选址、设计应当符合国家的卫生标准，竣工验收应当有当地卫生行政部门参加；《学校卫生工作条例》第二十八条规定：县以上卫生行政部门对学校卫生工作行使监督职权，其职责包括对新建、改建、扩建校舍的选址、设计实行卫生监督。

各级学校卫生监督机构进行预防性卫生监督的工作程序如下：

（一）建设项目设计审查

由建设单位在施工前要向卫生监督机构索取《建设项目设计卫生审查申请书》，填写后连同设计图纸（地形图、总平面图、平面图、剖面图、立面图和透视图）以及有关文字说明交给卫生监督机构。对资料不全者，卫生监督机构应拒绝接受申请，并以文字形式说明拒收原因，一式两份，申请方和卫生监督机构各一份备存。

审查的内容包括学校选址情况、学校建筑总体布局、学生学习环境（教室采光、照明、通风、采暖、黑板、课桌椅设置、噪声）、学生生活环境（学生食堂、学校饮用水设施设备、校内游泳馆、校内公共浴室、学生宿舍、学生图书馆、阅览室、学生厕所、学校医疗机构或保健室）等是否符合卫生要求。

经审查后，对建设项目设计的合格者签发《建设项目设计卫生审查认可书》，对不合格者则提出改进意见。学校建设项目应按《建设项目设计卫生审查认可书》要求施工。

（二）建设项目竣工验收

建设方提交《项目竣工卫生验收申请书》。卫生监督机构在收到申请书10日内派两名以上监督员对照已经卫生审查的工程设计图纸进行现场验收，并填写《建设项目竣工卫生验收认可书》，报卫生行政主管负责人审查签发，加盖公章后送达申请单位。如果建设项目不符合卫生要求,则发出《卫生监督意见书》,指出存在问题,提出改进意见,令申请验收单位改进。

第二节　学校校址的选择和学校用地布局的卫生监督

学校选址对一所学校是否符合卫生要求非常重要,是预防性学校卫生监督最基础和最关键性的工作。学校的选址既要符合学校建筑设计的要求,更要符合师生的健康需求,还要考虑地质等因素。

一、学校校址的选择要求

学校校址选择应符合下列规定:

1. 校址应选择在阳光充足、空气流通、场地干燥、排水通畅、地势较高的地段。校内应有布置运动场和提供设置基础市政设施的条件。

要防止将中小学校置于高层建筑的阴影遮挡之下,或置于几幢楼房包围的角落之中,使学校没有日照,空气也不流通,卫生条件差;也要防止湿洼地,导致排水不畅;在山区丘陵地区,虽然用地总面积符合规定,但缺乏布置运动场地的平坦场地,为此特做规定;水电不足则不能保证卫生条件,也满足不了教学大纲的要求,故规定无水电设施条件的不良地段不能建校。

2. 中小学校严禁建设在地震、地质塌裂、暗河、洪涝等自然灾害及人为风险高的地段和污染超标的地段。校园及校内建筑与污染源的距离应符合对各类污染源实施控制的国家现行有关标准的规定。

学校宜设在无污染的地段。污染源有生物、化学及物理污染源,废水、废气、噪声、异臭、病原微生物等造成环境污染,对人体健康带来危害,并对教学带来干扰。因此,学校与各类污染源应符合国家有关防护距离的规定。

3. 中小学校建设应远离殡仪馆、医院的太平间、传染病院等建筑。

4. 中学服务半径不宜大于1000m;小学服务半径不宜大于500m。学校服务半径要根据学校规模、交通及学生住宿条件、方便学生就学等原则确定。

5. 学校教学区的声环境质量应符合现行国家标准《民用建筑隔声设计规范》的有关规定。学校主要教学用房设置窗户的外墙与铁路路轨的距离不应小于300m,与高速路、地上轨道交通线或城市主干道的距离不应小于80m。当距离不足时,应采取有效的隔声措施。

6. 学校周界外25m范围内已有邻里建筑处的噪声级不应超过现行国家标准《民用建筑隔声设计规范》有关规定的限值。

二、学校用地基本布局

(一)中小学校中的用地类型

中小学校用地应包括建筑用地、体育用地、绿化用地、道路、广场和停车场用地,有条件时应预留发展用地,其中各类用地主要包括以下内容:

1. 中小学校的建筑用地　包括教学及教学辅助用房、行政办公和生活服务用房等全部建筑用地;有住宿生学校的建筑用地应包括宿舍用地。建筑用地应计算至台阶、坡道及散水外缘（散水，指在建筑周围铺的用以防止雨水渗入的保护层）；生活用地还包括自行车库及机动车停车库用地，以及设备与设施用房的用地。

2．中小学校的体育用地　　应包括体操项目及武术项目用地、田径项目用地、球类用地和场地间的专用甬路等。在设 400m 环形跑道时，宜设 8 条直跑道。

3．中小学校的绿化用地　　包括集中绿地、零星绿地、水面和供教学实践的种植园及小动物饲养园等。

4．中小学校校园内的道路及广场、停车场用地　　应包括消防车道、机动车道、步行道、无顶盖且无植被或植被不达标的广场及地上停车场等。用地面积计量范围应界定至路面或广场、停车场的外缘。校门外的缓冲场地在学校用地红线以内的面积应计量为学校的道路及广场、停车场用地。

（二）中小学校园规划设计的基本要求

1．校园的总体规划设计　　应因地制宜，合理利用地形、地貌，并根据需要适当预留发展余地。教职工住宅应纳入城市建设规划统筹安排，不应建在校园内。

2．校园总平面设计　　宜按教学、体育运动、生活等不同功能进行分区，合理布局。各区域之间要联系方便、互不干扰。教学楼应布置在校园的静区，并保证良好的建筑朝向。校园内各建筑之间、校内建筑与校外相邻建筑之间的间距应符合城市规划、卫生防护、日照、防火等有关规定。

3．校园、校舍设计　　应整体性强。建筑组合应紧凑、集中，建筑形式和建筑风格要力求体现教育建筑的文化内涵和时代特色。具有优秀历史文化重大价值的校园及校舍应依法保护，并合理保持其特色。校园绿化、美化应结合建筑景观统一规划设计和建设，以形成优美的校园环境和人文景观。

4．中小学校的教学、办公用房设计　　宜设计成多层建筑。小学的普通教室宜在四层以下，不宜超过四层；中学的普通教室宜在五层以下，不宜超过五层。其他教学、办公用房可根据使用要求设计。

5．体育活动场地设计　　与教学楼应有合理的间隔，并应联系便利。设有环形跑道的田径场地、球类场地，其长轴宜为南北方向。

（三）中小学校平面布局的设计卫生

1．中小学校体育用地

（1）各类运动场地应平整，在其周边的同一高层上应有相应的安全防护空间。

（2）室外田径场及足球、篮球、排球等各种球类场地的长轴宜南北向布置。长轴南偏东应小于 20°，南偏西应小于 10°。

（3）相邻布置的各体育场地间应预留安全分隔设施的安装条件。

（4）中小学校设置的室外田径场、足球场应进行排水设计。室外体育场地应排水通畅。

（5）中小学校体育场地应采用满足主要运动项目对地面要求的材料及构造做法。

（6）气候适宜地区的中小学校宜在体育场地周边的适当位置设置洗手池、洗脚池等附属设施。

2．中小学校的总平面设计应根据学校所在地的冬与夏的主导风向合理布置建筑物及构筑物，有效组织校园气流，实现低能耗通风换气。

3．各类教室的外窗与相对的教学用房或室外运动场地边缘间的距离不应小于 25m。

三、学校校址和用地的卫生监督

根据当地教育行政部门或学校申请,卫生监督机构对新建、改建、扩建校舍的选址、用地进行监督指导。

新建的普通中小学校,校址应选在交通方便、地势平坦开阔、空气清新、阳光充足、排水通畅、环境适宜、公用设施比较完善、远离污染源的地段。还应避开高层建筑的阴影区、地震断裂带、山丘地区的滑坡段、悬崖边及崖底、河湾及泥石流地区、水坝泄洪区等不安全地带。架空高压输电线、高压电缆及通航河道等不得穿越校区。

普通中小学校,校舍建筑面积指标分为规划指标和基本指标两部分。根据《城市普通中小学校校舍建设标准》(建标 102—2002)和《农村普通中小学建设标准》(建标 109—2008)规定:学校若分期建设,首期建成校舍的建筑面积不应低于基本指标的规定。重点学校、示范性学校、民族学校以及有特殊要求的学校,经主管部门批准增列的校舍用房,可另行增加面积指标。各种类型的中小学校所对应的校舍建筑面积指标参见《城市普通中小学校校舍建设标准》(建标 102—2002)和《农村普通中小学建设标准》(建标 109—2008)。

卫生监督机构通过查阅建设单位提交的相关材料,核实材料的真实性、完整性和准确性;通过查阅相关检测(评价)报告,核实建设项目符合卫生要求情况,并指定 2 名以上卫生监督员进行现场审查,核实学校选址、用地是否符合相关卫生要求,以及核查建设单位提交材料与现场实际的吻合情况,并出具相关意见报告。

第三节   新建、改建、扩建学校教学用房的设计监督及指导

中小学校的教学及教学辅助用房包括普通教室、专用教室、公共教学用房及其各自的辅助用房。小学的专用教室应包括科学教室、语言教室、计算机教室、书法教室、美术教室、音乐教室、舞蹈教室、体育建筑设施和劳动教室等。中学的专用教室应包括实验室、计算机教室、语言教室、史地教室、美术教室、书法教室、音乐教室、舞蹈教室、体育建筑设施及技术教室等。中小学的公共教学用房包括合班教室、图书室、学生活动室、体质测试室、心理咨询室、德育展览室等及任课教师办公室。对这些用房和设备在设计阶段的卫生监督,是学校预防性卫生监督的重点。

一、学校教学用房设计监督及指导

(一)教学用房及教学辅助用房设计的一般规定

1. 中小学校的普通教室与专用教室、公共教学用房之间应联系方便;教师休息室宜与普通教室同层设置;各专用教室宜与其教学辅助用房成组布置;教研组教师办公室宜设在其专用教室附近或与其专用教室成组布置。

2. 中小学校教学用房及教学辅助用房中,隔墙的设置及水、暖、气、电、通信等各种设施的管网布线应适应教学空间调整的需求。

3. 各教室前端侧窗的窗端墙长度不应小于 1.00m。窗间墙宽度不应大于 1.20m。

4. 教学用房的窗应符合下列规定:

(1)教学用房中,窗的采光应符合现行国家标准《建筑采光设计标准》(GB 50033—2013)

的有关规定,并应符合表 8-1 教育建筑的采光标准值。

表 8-1 教育建筑的采光标准值

采光等级	场所名称	侧面采光	
		采光系数标准值(%)	室内天然采光照度标准值(lx)
Ⅲ	专用教室、实验室、阶梯教室、教师办公室	3.0	450
Ⅴ	走道、楼梯间、卫生间	1.0	150

注:教育建筑的普通教室的采光不应低于采光等级Ⅲ级的采光标准值,侧面采光系数不应低于 3.0%,室内天然光照度不应低于 450lx

(2)普通教室、科学教室、实验室、史地室、计算机室、语音室、美术室、书法室等专用教室及合班教室和图书室均应以自学生座位左侧射入的光为主。教室朝向为南向和外廊式布局时,应以北向窗为主要采光面。

(3)除舞蹈教室、体育建筑设施外,其他教学用房室内各表面的反射比值应符合表 8-2 的规定,会议室、卫生室(保健室)的室内各表面的反射比值应符合表 8-2 的规定。

表 8-2 教学用房室内各表面的反射比值

表面部位	反射比
顶棚	0.70～0.80
面墙	0.50～0.60
地面	0.20～0.40
侧墙、后墙	0.70～0.80
课桌面	0.25～0.45
黑板	0.10～0.20

(4)教学用房及教学辅助用房的窗玻璃应满足教学要求,不得采用彩色玻璃。

(5)教学用房及教学辅助用房中,外窗的可开启窗扇面积应符合《室内空气质量标准》GB/T 18883—2002 及《民用建筑工程室内环境污染控制规范》(GB 50325—2001)的有关规定。中小学校教学用房的新风量应符合现行国家标准《公共建筑节能设计标准》(GB 50189—2015)的有关规定。

(6)教学用房及教学辅助用房的外窗在采光、保温、隔热、散热和遮阳等方面的要求应符合国家现行有关建筑节能标准的规定。

5. 炎热地区的教学用房及教学辅助用房中,可在内外墙设置可开闭的通风窗。通风窗下沿宜设在距室内楼地面以上 0.10～0.15m 高度处。

6. 教学用房的门应符合下列规定:

(1)除音乐教室外,各类教室的门均宜设置上亮窗。

(2)除心理咨询室外,教学用房的门扇均宜附设观察窗。

7. 教学用房的地面应有防潮处理。在严寒地区、寒冷地区及夏热冬冷地区,教学用房的地面应设保温措施。

8．教学用房的楼层间及隔墙应进行隔声处理；走道的顶棚宜进行吸声处理。隔声、吸声的要求应符合现行国家标准《民用建筑隔声设计规范》(GB 50118—2010)的有关规定。

9．教学用房及学生公共活动区的墙面宜设置墙裙，墙裙高度应符合下列规定：

(1) 各类小学的墙裙高度不宜低于 1.20m。

(2) 各类中学的墙裙高度不宜低于 1.40m。

(3) 舞蹈教室、风雨操场墙裙高度不应低于 2.10m。

10．教学用房内设置黑板或书写白板及讲台时，其材质及构造应符合下列规定：

(1) 黑板的宽度应符合下列规定：小学不宜小于 3.60m；中学不宜小于 4.00m。

(2) 黑板的高度不应小于 1.00m。

(3) 黑板下边缘与讲台面的垂直距离应符合下列规定：小学应为 0.80～0.90m；中学应为 1.00～1.10m。

(4) 黑板表面应采用耐磨且光泽度低的材料。

(5) 讲台长度应大于黑板长度，宽度不应小于 0.80m，高度宜为 0.20m。其两端边缘与黑板两端边缘的水平距离分别不应小于 0.40m。

11．安装视听教学设备的教室应设置转暗设施。

（二）教学用房的合理设计

1．教学用房的合理布局

(1) 教室用房应有良好的朝向：教室、实验室以南向为宜；生物实验室需要阳光，应以南向或东南向；生物标本室宜尽量避免阳光，以更好地保存标本；美术教室以北向为宜，光源柔和、稳定、避免阳光直射。南向教室在冬至日的低层满窗日照不应小于 2 小时。

(2) 教室个数应当安排合理，防止拥挤：通常一条走廊的单侧或两侧教室不宜超过 2～4 个，以免造成走廊过长、人流拥挤、互相干扰现象。

(3) 普通教室的布局：应安排初级班在楼下，高级班在楼上。教室和其他经常使用的教学用房不得设于地下室或半地下室内。

(4) 应保证过道有一定宽度：《中小学校设计规范》规定，教学用房走廊的净宽度：内廊不小于 2.4m，单侧走道及外廊不小于 1.8m，外廊栏杆或栏板高度不应低于 1.1m。

目前国内学校用房的主要布置采用外廊或单内廊，朝向良好。为保证其通风和采光，避免教室间相互干扰，应设计成外廊、单内廊或中内廊形式。寒冷的北方常采用的中内廊形式，既不能保证教室充足的自然采光、良好的通风、教室相互间又有干扰。如采用中内廊形式，要保证自然采光和通风好的房间可作为普通教室，条件差的作为教学辅助用房。

2．楼梯设计   楼梯设计应遵循保障安全、便于行走、利于疏散的原则。楼梯内应直接天然采光，不应采用螺旋式楼梯；两相邻梯段楼梯间不应设置遮挡视线的隔墙。为防止上楼劳累，便于疏散，每段楼梯踏步不得少于 3 级，也不多于 18 级，楼梯坡度不得大于 30°。栏杆高度不应小于 1.1m，不宜采用易攀登的花格栏杆，栏杆径间距离小于 11cm。楼梯坡度不应大于 30°，以便学生行走和疏散。为避免学生从扶手上滑坠的危险，楼梯井的宽度不应大于 11cm，大于 11cm 时应采取有效的安全防护措施，两梯段扶手间的水平净距在 10～20cm，且扶手上应加装防止学生溜滑的设施。

3．各类教室的面积要求   教室的大小主要根据同时在教室内的学生人数决定。教室可设计成矩形，长宽之比 4:3 或 3:2，也可是方形或其他形式。教学用房使用面积要求如表 8-3 所示。

表8-3 不同教学用房人均使用面积指标

教室名称	人均使用面积（m²）		备注
	小学	普通中学	
普通教室	1.36	1.39	
科学教室	1.78	—	
实验室	—	1.92	
综合实验室	—	2.88	
演示实验室	—	1.44	若容纳2个班,则指标为1.20
史地教室	—	1.92	
计算机教室	2.00	1.92	
语言教室	2.00	1.92	
美术教室	2.00	1.92	
书法教室	2.00	1.92	
音乐教室	1.70	1.64	
舞蹈教室	2.14	3.15	宜和体操教室共用
合班教室	0.89	0.90	
学生阅览室	1.80	1.90	
教师阅览室	2.30	2.30	
视听阅览室	1.80	2.00	
报刊阅览室	1.80	2.30	可不集中设置

注:①按完全小学每班45人,中学每班50人;②不包括实验室、自然教室、史地教室、美术教室、音乐教室、舞蹈教室的附属用房面积指标,任课教师办公室未列入此表,应按每位教师使用面积不小于5.0m²计算;③本表普通教室的面积指标,分别按中小学校课桌规定的最小值(小学课桌长度1000mm、中学课桌长度1100mm)测算

4. 各类教室净高的要求 学校各类房间的净高要求不同,中小学校主要教学用房的最小净高要求如表8-4所示。

表8-4 主要教学用房的最小净高

教室名称	小学	初中	高中
普通教室、史地、美术、音乐教室	3.00	3.05	3.10
舞蹈教室	4.50	4.50	4.50
科学教室、实验室、计算机教室、劳动教室、技术教室、合班教室	3.10	3.10	3.10
阶梯教室	最后一排(楼地面最高处)距顶棚或上方突出物最小距离为2.20m		

（三）各种教学用房的布局和卫生要求

1. 普通教室 为保障儿童少年健康成长、保护视力、提高学习、工作效率,教室的主要卫生要求是每个学生要有足够的室内面积;有良好的采光照明、人工照明、采暖条件及良好的空气条件;防止噪声干扰,保证学生有安静的上课环境;课桌椅的摆放便于学生就座和通行,也便于清扫和养成良好的卫生习惯。

普通教室内单人课桌的平面尺寸应为 0.6m×0.4m。为了便于学生起立和进出，中小学校教室内的课桌椅排距不宜小于 0.9m，独立的非完全小学可为 0.85m；最前排课桌的前沿与前方黑板的水平距离不宜小于 2.2m；最后排课桌的后沿与前方黑板的水平距离，小学不宜大于 8m，中学不宜大于 9m。靠内墙侧前排最好不设课桌椅，以免因黑板反光影响学生视力和学习效果。

为便于师生行走，中小学校普通教室内各列课桌椅间纵向走道宽度不应小于 0.6m，独立的非完全小学可为 0.55m；教室最后排座椅之后应设横向疏散走道；自最后排课桌后沿至后墙面或固定家具的净距不应小于 1.1m；沿墙布置的课桌端部与墙面或壁柱、管道等墙面突出物的净距不宜小于 0.15m。

普通教室除设黑板、讲台外，还应设置清洁柜、窗帘杆、银幕挂钩、广播喇叭箱、"学习园地"栏、挂衣钩等。教室的前后墙应各设置一组电源插座。为每个学生设置一个专用的小型储物柜。

2. 科学教室、实验室　科学教室和实验室均应附设仪器室、实验员室、准备室，科学教室和实验室的桌椅类型和排列布置应根据实验内容及教学模式确定，实验桌平面尺寸应符合表 8-5 的要求。

表 8-5　实验桌平面尺寸　　　　　　　　　　　　　　（单位：m）

类别	长度	宽度
双人单侧实验桌	1.20	0.60
四人双侧实验桌	1.50	0.90
岛式实验桌（6 人）	1.80	1.25
气垫导轨实验室	1.50	0.60
教师演示桌	2.40	0.70

最前排实验桌的前沿与前方黑板的水平距离不宜小于 2.5m；最后排实验桌的后沿与前方黑板之间的水平距离不宜大于 11m；最后排座椅之后应设横向疏散走道；自最后排实验桌后沿至后墙面或固定家具的净距不应小于 1.2m；双人单侧操作时，中间纵向走道的宽度不应小于 0.7m；四人或多于四人双向操作时，中间纵向走道的宽度不应小于 0.9m；沿墙布置的实验桌端部与墙面或壁柱、管道等墙面突出物间宜留出疏散走道，净宽不宜小于 0.6m；另一侧有纵向走道的实验桌端部与墙面或壁柱、管道等墙面突出物间可不留走道，但净距不宜小于 0.15m；前排边座座椅与黑板远端的最小水平视角不应小于 30°。

（1）科学教室应在附近设植物培养室，可在校园下风方向设种植园及小动物饲养园。冬季获得直射阳光的科学教室应在阳光直射的位置设置摆放盆栽植物的设施。科学教室内实验桌椅的布置可采用双人单侧的实验桌平行于黑板布置，或采用多人双侧实验桌成组布置。科学教室内应设置密闭地漏。

（2）化学实验室宜设在建筑物首层，并应附设药品室。化学实验室、化学药品室的朝向不宜朝西或西南。

每一化学实验桌的端部应设洗涤池；岛式实验桌可在桌面中间设通长洗涤槽。每一间化学实验室内应至少设置一个急救冲洗水嘴，急救冲洗水嘴的工作压力不得大于 0.01MPa。

化学实验室的外墙至少应设置 2 个机械排风扇，排风扇下沿应在距楼地面以上 0.1m～

0.15m 高度处。在排风扇的室内一侧应设置保护罩,采暖地区应为保温的保护罩。在排风扇的室外一侧应设置挡风罩。实验桌应有通风排气装置,排风口宜设在桌面以上。药品室的药品柜内应设通风装置。化学实验室、药品室、准备室宜采用易冲洗、耐酸碱、耐腐蚀的楼地面,并装设密闭地漏。

(3)当学校配置 2 个及以上物理实验室时,其中 1 个应为力学实验室。光学、热学、声学、电学等实验可共用同一实验室,并应配置各实验所需的设备和设施。

力学实验室需设置气垫导轨实验桌,在实验桌一端应设置气泵电源插座;另一端与相邻桌椅、墙壁或橱柜的间距不应小于 0.9m。光学实验室的门窗宜设遮光措施。内墙面宜采用深色。实验桌上宜设置局部照明。特色教学需要时可附设暗室。热学实验室应在每一实验桌旁设置给水排水装置,并设置热源。电学实验室应在每一个实验桌上设置一组包括不同电压的电源插座,插座上每一电源宜设分开关,电源的总控制开关应设在教师演示桌处。物理实验员室宜具有设置钳台等小型机修装备的条件。

(4)生物实验室还应附设药品室、标本陈列室、标本储藏室,还可附设模型室。标本陈列室与标本储藏室宜合并设置,实验员室、仪器室、模型室可合并设置。当学校有 2 个生物实验室时,生物显微镜观察实验室和解剖实验室宜分别设置。

(5)当中学设有跨学科的综合研习课时,宜配置综合实验室。综合实验室应附设仪器室、准备室;当化学、物理、生物实验室均在邻近布置时,综合实验室可不设仪器室、准备室。综合实验室内宜沿侧墙及后墙设置固定实验桌,其上装设给水排水、通风、热源、电源插座及网络接口等设施。实验室中部宜设 100m^2 开敞空间。

(6)演示实验室宜按容纳 1 个班或 2 个班设置。演示实验室课桌椅的布置应符合下列规定:宜设置有书写功能的座椅,每个座椅的最小宽度宜为 0.55m;演示实验室中,桌椅排距不应小于 0.9m;演示实验室纵向走道宽度不应小于 0.7m;边演示边实验的阶梯式实验室中,阶梯的宽度不宜小于 1.35m;边演示边实验的阶梯式实验室的纵向走道应有便于仪器药品车通行的坡道,宽度不应小于 0.7m。演示实验室宜设计为阶梯教室,设计视点应定位于教师演示实验台桌面的中心,每排座位宜错位布置,隔排视线升高值宜为 0.12m。最后排座位之后,应设横向疏散走道,疏散走道宽度不应小于 0.6m,净高不应小于 2.2m。

3. 史地教室　史地教室应附设历史教学资料储藏室、地理教学资料储藏室和陈列室或陈列廊。史地教室的课桌椅布置方式宜与普通教室相同,并宜在课桌旁附设存放小地球仪等教具的小柜。教室内可设标本展示柜。在地质灾害多发地区附近的学校,史地教室标本展示柜应与墙体或楼板有可靠的固定措施。设置简易天象仪时,宜设置课桌局部照明设施。教室内应配置挂镜线。

4. 计算机教室　学生计算机桌椅可平行于黑板排列,也可顺侧墙及后墙向黑板成半围合式排列。单人计算机桌平面尺寸不应小于 0.75m × 0.65m,学生前后桌间净距离、纵向走道净距离都不应小于 0.7m;课桌椅排距不应小于 1.35m。沿墙布置计算机时,桌端部与墙面或壁柱、管道等墙面突出物间的净距不宜小于 0.15m。计算机教室应设置书写白板,宜设通信外网接口,并宜配置空调设施。室内装修应采取防潮、防静电措施,并宜采用防静电架空地板,不得采用无导出静电功能的木地板或塑料地板。当采用地板采暖系统时,楼地面需采用与之相适应的材料及构造做法。

5. 语言教室　语言教室应附设视听教学资料储藏室。中小学校设置进行情景对话表演训练的语言教室时,可采用普通教室的课桌椅,也可采用有书写功能的座椅;并应设置不小于 $20m^2$ 的表演区。语言教室宜采用架空地板,若不架空时,应铺设可铺设电缆槽的地面垫层。

6. 美术教室、书法教室   美术教室应附设教具储藏室,宜设美术作品及学生作品陈列室或展览廊。中学美术教室空间宜满足一个班的学生用画架写生的要求。学生写生时的座椅为画凳时,所占面积宜为 $2.15m^2/$ 生;用画架时所占面积宜为 $2.5m^2/$ 生。美术教室应有良好的北向天然采光;当采用人工照明时,应避免眩光。小学书法教室可兼作美术教室。书法教室可附设书画储藏室。书法条案的平面尺寸宜为 $1.5m×0.6m$,可供 2 名学生合用;条案宜平行于黑板布置;条案排距不应小于 $1.2m$;纵向走道宽度不应小于 $0.7m$。书法教室内应配置挂镜线,挂镜线宜设高低两组。

美术教室应设置书写白板,宜设存放石膏像等教具的储藏柜。在地质灾害多发地区附近的学校,教具储藏柜应与墙体或楼板有可靠的固定措施。教室内应配置挂镜线,挂镜线宜设高低两组,美术教室的墙面及顶棚应为白色。当设置现代艺术课教室时,其墙面及顶棚应采取吸声措施。

7. 音乐教室   音乐教室应附设乐器存放室。各类小学的音乐教室中,应有 1 间能容纳 1 个班的唱游课,每生边唱边舞所占面积不应小于 $2.4m^2$。音乐教室讲台上应布置教师用琴的位置。中小学校应有 1 间音乐教室能满足合唱课教学的要求,宜在紧接后墙处设置 $2\sim3$ 排阶梯式合唱台,每级高度宜为 $0.2m$,宽度宜为 $0.6m$。音乐教室应设置五线谱黑板,门窗应隔声,墙面及顶棚应采取吸声措施。

8. 舞蹈教室   舞蹈教室宜满足舞蹈艺术课、体操课、技巧课、武术课的教学要求,并可开展形体训练活动。应按男女学生分班上课的需要设置,每个学生的使用面积不宜小于 $6m^2$。舞蹈教室应附设更衣室,宜附设卫生间、浴室和器材储藏室;舞蹈教室内应在与采光窗相垂直的一面墙上设通长镜面,镜面含镜座总高度不宜小于 $2.1m$,镜座高度不宜大于 $0.3m$;镜面两侧的墙上及后墙上应装设可升降的把杆,镜面上宜装设固定把杆。舞蹈教室宜安装带防护网的吸顶灯、采暖等各种设施,宜采用木地板。

9. 体育建筑设施   体育建筑设施包括风雨操场、游泳池或游泳馆。体育建筑设施的位置应邻近室外体育场,并宜便于向社会开放。风雨操场宜设室内活动场、体育器材室、教师办公室及男、女更衣室等附属用房。室内活动场的类型应根据学校规模及条件确定。室内活动场的设施、设备应根据学校的教学要求和条件设置。为避免眩光,室内活动场窗台高不宜低于 $2.1m$,运动场地的门窗玻璃、灯具等均应设置护网或护罩。不要采用坚硬地面(如水泥或沥青),固定设备的埋件不应高出地面。为了能开展丰富的体育活动,增强学生体质,中小学校应积极创造条件,建设游泳馆或游泳池等体育设施,其设施及水质等应符合卫生学要求,充分利用,并实施科学管理。

10. 劳动教室、技术教室   小学的劳动教室和中学的技术教室应根据国家或地方教育行政主管部门规定的教学内容进行设计,并应设置教学内容所需的辅助用房、工位装备及水、电、气、热等设施。中小学校内如有油烟或气味发散的劳动教室,技术教室应设置有效的排气设施。有振动或发出噪声的劳动教室、技术教室应采取减振减噪、隔振隔噪声措施。部分劳动课程、技术课程可以利用普通教室或其他专用教室。高中信息技术课可以在计算机教室进行,但其附属用房宜加大,以配置扫描仪、打印机等相应的设备。

11. 合班教室   合班教室的规模应能容纳一个年级的学生合班上课,可视其规模做成斜坡或阶梯地面,容纳 3 个班及以上的合班教室应设计为阶梯教室。坡地面或阶梯地面的合班教室,前排灯不应遮挡后排学生视线,并不应产生直接眩光。教室最前排课桌前沿与前方黑板间的水平距离不应小于 2.5m,最后排座椅的前沿与前方黑板间的水平距离不应大于 18m;每个座位的宽度不应小于 0.55m,小学座位排距不应小于 0.85m,中学座位排距不应小于 0.9m;纵向、横向走道宽度均不应小于 0.9m,当座位区内有贯通的纵向走道时,若设置靠墙纵向走道,靠墙走道宽度可小于 0.9m,但不应小于 0.6m。教室内设置视听器材时,宜设置转暗设备,并宜设置座位局部照明设施。合班教室宜附设 1 间辅助用房,储存常用教学器材。

二、学校教学用房改建和扩建设计监督及指导

学校建筑改建和扩建设计时,应遵照可持续发展和绿色设计的原则,充分、合理地利用学校场地原有的地形、地貌,不宜将学校用地全部推平后再建。

(一)改建

1. 卫生监督机构对学校改建项目进行预防性卫生监督,参与设计、施工、竣工等卫生指标的审查,各项目中宜充分利用原有的场地、设施及建筑。

2. 卫生监督机构要对改建学校的教学用房建筑设计进行卫生学审查和验收。开始设计后,学校卫生监督机构按照实际需要,独立进行审查,或会同有关部门共同完成。

3. 审查重点　改建后建筑物布局及其建筑材料是否符合卫生要求;改建布局是否合理,有无安全隐患、卫生隐患;相应的防护措施是否符合要求。

4. 施工阶段卫生审查的重点　施工单位是否按卫生行政部门审批的施工图纸进行施工;设计阶段提出的卫生建议是否得到落实。

5. 项目竣工后,卫生监督机构按实际需要,单独或联合参加该项目的竣工验收。对验收合格的工程,签发《建设项目竣工卫生验收认可书》并盖章,该建设项目方可正式投入使用。学校卫生监督机构整理对该项目的预防性卫生监督相关资料并存档。

(二)扩建

1. 卫生监督机构要对扩建学校的建筑设计进行卫生学审查和验收　开始设计后,卫生监督机构按照实际需要进行审查。

2. 审查重点　建筑物布局及其建筑材料是否符合卫生要求;扩建布局是否合理,有无安全隐患、卫生隐患;相应的防护措施是否符合要求。

3. 施工阶段卫生审查的重点　施工单位是否按卫生行政部门审批的施工图纸进行施工;设计阶段提出的卫生建议是否得到落实。

4. 项目竣工后,卫生监督机构按实际需要,单独或联合参加该项目的竣工验收。对验收合格的工程,签发《建设项目竣工卫生验收认可书》并盖章,该建设项目方可正式投入使用。学校卫生监督机构整理对该项目的预防性卫生监督相关资料并存档。

三、学校建筑设计图纸审验

(一)学校建筑设计图的类型

学校建筑设计图纸包括地形图、总平面图、平面图、剖面图、立面图和透视图以及有关文字说明。

1. 地形图(topographic map)　指的是地表起伏形态和地理位置、形状在水平面上的投

影图。具体来讲,将地面上的地物和地貌按水平投影的方法(沿铅垂线方向投影到水平面上),并按一定的比例尺缩绘到图纸上,这种图称为地形图。

2. 总平面图(general layout plan)　主要表示整个建筑基地的总体布局,具体表达的新建房屋位置、朝向以及周围环境(原有建筑、交通道路、绿化、地形)基本情况的图样,称为总平面图。

3. 建筑平面图(architectural plan)　简称平面图,是建筑施工中重要的基本图。平面图是建筑物各层水平剖切图,如果通过建筑平面图将房屋的门窗洞口水平剖开(移走房屋的上半部分),将切面以下部分向下投影,所得的水平剖面图,称为建筑平面图。

4. 建筑剖面图(architectural section)　如果用一个或多个垂直于外墙轴线的铅垂剖切面,将房屋剖开,所得的投影图,称为建筑剖面图(简称剖面图)。剖面图用以表示房屋内部结构或构造形式、分层情况、各部位联系、材料及其高度等,是与平、立面图相互配合不可缺少的重要图样。剖切面一般横向,即平行于侧面,必要时也可纵向,即平行于正面。

5. 建筑立面图(architectural elevation)　主要表现建筑的外貌形状,反映屋面、门窗、阳台、雨篷、台阶等的形式和位置,建筑垂直方向各部分高度,以及建筑的艺术造型效果和外部装饰做法等的图形。

6. 建筑透视图(building renderings)　表示建筑物内部空间或形体与实际所能看到的住宅建筑本身相类似的主体图像,它具有强烈的三维空间透视感,非常直观地表现了建筑的造型、空间布置、色彩和外部环境。

(二)审验设计图纸的内容

在进行学校卫生监督时,监督人员应该认真审验新建、重建、改建学校的各项建筑图纸,包括以上六种图纸和文字说明。审查总平面布局时,优先考虑建筑物的配置是否合理,教室是否远离噪声干扰,有无足够的运动场地。审查建筑设计时,重点防止教室与教室、音乐教室与教室间的相互干扰,以及实验室应配置合理,尽量采用分单元布置,排除各种不良影响因素。

(三)图纸审验要求

卫生监督人员应熟练掌握审查学校建筑和设备设计图纸的基本方法。平时多对不同类型的学校做实地考察,丰富实践经验。执行任务中既应了解学校方对新建筑的设计要求,又要细心倾听建筑部门的设计意图,运用科学方法进行分析。还要充分考虑所在地区的社会经济水平、地理气候条件、城乡差异等,做到对不同地区、类型学校的建筑设计要求有所区别,但在对儿童少年健康有危害、有影响的问题上必须以科学的态度坚持原则。

第四节　行政、生活辅助用房以及其他学校建筑设备的设计监督及指导

学校中除了教学用房外,还有如行政、生活服务等其他用房和设备,对这些用房和设备在设计时的卫生监督也是学校预防性卫生监督的重要内容。

一、学校行政用房设计监督及指导

行政办公用房包括校务、教务等行政办公室、会议室、档案室、学生组织及学生社团办公室、文印室、广播室、值班室、安防监控室、网络控制室、卫生室(保健室)、传达室、总务仓

库及维修工作间等。

学校卫生监督主要是针对学校卫生室（保健室）的监督及指导，卫生室（保健室）的位置应设在首层，适宜临近体育场地，并方便急救车辆就近停靠，方向朝南；小学卫生室可只设1间，中学可分设相通的2间，分别为接诊室和检查室，并可设观察室；卫生室的面积和形状应能容纳常用诊疗设备，并能满足视力检查的要求；每间房间的面积不宜小于15m²，可附设候诊空间，候诊空间的面积不宜小于20m²；内应设洗手盆、洗涤池和电源插座。（具体监督内容及方法参见第十三章）

二、学校生活辅助用房设计监督及指导

生活服务用房：中小学校生活服务用房应包括饮水处、卫生间、配餐室、发餐室、设备用房、教职工单身宿舍等，也包括食堂、淋浴室、停车库（棚）等。寄宿制学校应包括学生宿舍、食堂、浴室。

（一）学校用水

学校用水（school supplying water）主要包括学生和教职员工的饮用水、厨房用水及个人卫生和环境清扫用水。学校应有充足的水量供人员饮用、厨房及个人卫生和环境清扫使用。教学用建筑内应在每层设饮水处。

对学校用水有以下卫生要求：

1. 城镇及农村地区均应使用自来水，最基本的要求是水质须符合国家《生活饮用水卫生标准》。

2. 为避免经水传播胃肠道疾病，应该注意水源卫生。对简易的二次供水用蓄水池应有专人负责清洗和饮水加氯消毒，定期检测水质。

3. 水井位置应远离（30m以上）厕所、饲养场或污水坑；应设井台、井栏、井盖并备有专用水桶。

4. 农村应提倡水加热煮沸的消毒方法，保证学生喝开水，但注意学生取水时的安全。

5. 城市教学楼分层设饮水处的位置，应在学生使用方便处，但尽量不要占用走道。夏天应备冷开水，冬天备热开水。以茶水桶供水时，应保证每4～6个班有一个茶水桶，加盖上锁，龙头设备完好无损。每天应处理掉隔夜剩水，定期对水桶清洗消毒。

6. 学生应使用个人饮水用具。学校应设烧水间，专人照管，对工作人员定期健康体检。

7. 学生饮用水的检测指标有余氯、浊度、细菌总数和大肠杆菌数、氨氮、耗氧量等，通过定期监测确保饮用水符合标准。

（二）卫生间

为保证建筑物清洁及学生如厕方便，教学楼内最好设水冲式厕所。厕所应有防蝇设施，粪池不渗漏，地面保持干燥；应有良好的通风和光照条件，经常消毒，尤其在肠道传染病流行季节，须严格执行消毒制度。

教学用建筑每层均应分设男、女学生卫生间及男、女教师卫生间，学校食堂应设工作人员专用卫生间。当教学用建筑中每层学生少于3个班时，男、女生卫生间可隔层设置。卫生间位置应方便使用且不影响其周边教学环境卫生。在中小学校内，当体育场地中心与最近的卫生间的距离超过90m时，可设室外厕所。

学生卫生间应具有天然采光、自然通风的条件，并应安置排气管道。卫生洁具的数量

应按下列规定计算：男生应至少为每40人设1个大便器或1.2m长大便槽；每20人设1个小便斗或0.6m长小便槽；女生应至少为每13人设1个大便器或1.2m长大便槽；每40~45人设1个洗手盆或0.6m长盥洗槽。卫生间内或卫生间附近应设污水池。

中小学校的卫生间内，厕位蹲位距后墙不应小于0.3m。各类小学大便槽的蹲位宽度不应大于0.18m。厕位间宜设隔板，隔板高度不应低于1.2m。中小学校的卫生间外窗距室内楼地面1.7m以下部分应设视线遮挡措施。室外厕所应设在运动场所的边角处，但不能距教室过远。应设在教室、宿舍的下风向处。

（三）浴室

在舞蹈教室、风雨操场、游泳池（馆）附近宜设淋浴室，且教师浴室与学生浴室应分设。淋浴室墙面应设墙裙，墙裙高度不应低于2.1m。

师生在风雨操场及舞蹈教室的活动量大，有淋浴的需求。对于不设学生浴室的学校，应在体育教研组办公室附近设体育及舞蹈教师专用的浴室。

（四）食堂

食堂的位置要求应该与室外公厕、垃圾站等污染源间的距离大于25m，不应与教学用房合并设置，宜设在校园的下风向。厨房的噪声及排放的油烟、气味不得影响教学环境。各空间应避免污染食物，并宜靠近校园的次要出入口。寄宿制学校的食堂应包括学生餐厅、教工餐厅、配餐室及厨房。走读制学校应设置配餐室、发餐室和教工餐厅。配餐室内应设洗手盆和洗涤池，宜设食物加热设施。食堂的厨房应附设蔬菜粗加工和杂物、燃料、灰渣等存放空间。各空间应避免污染食物，并宜靠近校园的次要出入口。厨房和配餐室的墙面应设墙裙，墙裙高度不应低于2.10m。学校食堂设计、审查由食品药品监督管理部门负责，不属于学校卫生监督范围。

（五）学生宿舍

学生宿舍不得设在地下室或半地下室。宿舍与教学用房不宜在同一栋建筑中分层合建，可在同一栋建筑中以防火墙分隔贴建，应便于自行封闭管理，不得与教学用房合用建筑的同一个出入口。

学生宿舍必须男女分区设置，分别设出入口，满足各自封闭管理的要求。

学生宿舍应包括居室、管理室、储藏室、清洁用具室、公共盥洗室和公共卫生间，可附设浴室、洗衣房和公共活动室，也可分层设置公共盥洗室、卫生间和浴室，盥洗室门、卫生间门与居室门间的距离不得大于20m。

学生宿舍每室居住学生不宜超过6人。居室每生占用使用面积不宜小于3m²，（未计入储藏空间所占面积）。当采用单层床时，居室净高不宜低于3m；当采用双层床时，居室净高不宜低于3.10m；当采用高架床时，居室净高不宜低于3.35m。居室内应设储藏空间，每人储藏空间宜为0.30~0.45m³，储藏空间的宽度和深度均不宜小于0.60m。学生宿舍应设置衣物晾晒空间。当采用阳台、外走道或屋顶晾晒衣物时，应采取防坠落措施。

三、学校其他建筑设备设计监督及指导

（一）采暖通风与空气调节

1. 中小学校建筑的采暖通风与空气调节系统的设计应满足舒适度的要求，并符合节约能源的原则。

2. 中小学校的采暖与空调冷热源形式应根据所在地的气候特征、能源资源条件及其利用成本,经技术经济比较后确定。

3. 采暖地区学校的采暖系统热源适宜纳入区域集中供热管网。无条件时可设置校内集中采暖系统。在非采暖地区,当舞蹈教室、浴室、游泳馆等有较高温度要求的房间在冬季室温达不到规定温度时,应设置采暖设施。

4. 当具备条件时,中小学校热环境设计中应进行经济和技术考虑,优先利用可再生能源作为冷热源。

5. 中小学校的集中采暖系统应以热水为供热介质,其采暖设计供水温度不宜高于85℃。

6. 中小学校的采暖系统应实现分室控温,应有分区或分层控制手段。

7. 中小学校内各种房间的采暖设计温度不应低于表8-6的规定。

8. 中小学校的通风设计应符合下列规定

(1) 应采取有效的通风措施,保证教学、行政办公用房及服务用房的室内空气中 CO_2 的浓度不超过 0.15%。

(2) 采用机械通风时,人员所需新风量不应低于表8-7的规定。

表8-6　采暖设计温度

房间名称		室内设计温度(℃)
教学及教学辅助用房	普通教室、科学教室、实验室、史地教室、美术教室、书法教室、音乐教室、语言教室、学生活动室、心理咨询室、任课教室办公室	18
	舞蹈教室	22
	体育馆、体质测试室	12～15
	计算机教室、合班教室、德育展览室、仪器室	16
	图书室	20
行政办公用房	办公室、会议室、值班室、安防监控室、传达室	18
	网络监控室、总务仓库及维修工作间	16
	卫生室(保健室)	22
生活服务用房	食堂、卫生间、走道、楼梯间	16
	浴室	25
	学生宿舍	18

表8-7　主要房间人员所需新风量

房间名称	人均新风量(m³/(h·人))
普通教室	19
化学、物理、生物实验室	20
语言、计算机教室、艺术类教室	20
合班教室	16
保健室	38
学生宿舍	10

注:人均新风量是指人均生理所需新风量与排除建筑污染所需新风量之和,其中单位面积排除建筑污染所需新风量按 1.1m³/(h·m²) 计算

9. 除化学、生物实验室外的其他教学用房及教学辅助用房的通风应符合下列规定

（1）非严寒与非寒冷地区全年，严寒与寒冷地区除冬季外应优先采用开启外窗的自然通风方式。

（2）严寒与寒冷地区于冬季，条件允许时，应采用排风热回收型机械通风方式；其新风量不应低于本规范表8-7的规定。

（3）严寒与寒冷地区于冬季采用自然通风方式时，应符合下列规定：宜在外围护结构的下部设置进风口；在内走道墙上部设置排风口或在室内设附墙排风道此时排风口应贴近各层顶棚设置，并应可调节；进风口面积不应小于房间面积的1/60；当房间采用散热器采暖时，进风口宜设在进风能被散热器直接加热的部位；当排风口设于内走道时，其面积不应小于房间面积的1/30；当设置附墙垂直排风道时，其面积应通过计算确定；进、排风口面积与位置宜结合建筑布局经自然通风分析计算确定。

10. 化学与生物实验室、药品储藏室、准备室的通风设计应符合下列规定

（1）应采用机械排风通风方式。排风量应按本规范表8-7确定；最小通风效率应为75%。各教室排风系统及通风柜排风系统均应单独设置。

（2）补风方式应优先采用自然补风，条件不允许时，可采用机械补风。

（3）室内气流组织应根据实验室性质来确定，化学实验室应采用下排风。

（4）强制排风系统的室外排风口应高于建筑主体，其最低点应高于人员逗留地面2.50m以上。

（5）进、排风口应设防尘及防虫鼠装置，排风口应采用防雨雪进入、抗风向干扰的风口形式。

11. 在夏热冬暖、夏热冬冷等气候地区的中小学校，当教学用房、学生宿舍不设空调且在夏季通过开窗通风不能达到基本热舒适度时，应按下列规定设置电风扇

（1）教室应采用吊式电风扇。各类小学中，风扇叶片距地面高度不应低于2.80m；各类中学中，风扇叶片距地面高度不应低于3.00m。

（2）学生宿舍的电风扇应有防护网。

12. 计算机教室、视听阅览室及相关辅助用房应设空调系统。

13. 中小学校的网络控制室应单独设置空调设施，其温、湿度应符合现行国家标准《电子信息系统机房设计规范》（GB 50174—2008）的有关规定。

（二）给水

1. 中小学校应设置给水系统，并选择与其等级和规模相适应的器具设备。

2. 中小学校的用水定额、给水系统的选择，应符合现行国家标准《建筑给水排水设计规范》（GB 50015—2003）的有关规定。

3. 中小学校的生活用水水质应符合现行国家标准《生活饮用水卫生标准》（GB 5749—2006）的有关规定。

4. 在寒冷及严寒地区的中小学校中，教学用房的给水引入管上应设泄水装置；有可能产生冰冻部位的给水管道应有防冻措施。

5. 中小学校的二次供水系统及自备水源应遵循安全卫生、节能环保的原则，并应符合国家现行标准的有关规定。

6. 中小学校建筑应根据所在地区的生活习惯，供应开水或饮用净水。当采用管道直饮

水时，应符合现行行业标准《管道直饮水系统技术规程》（CJJ 110—2006）的有关规定。

7. 中小学校应按当地有关规定配套建设中水设施。当采用中水时，应符合现行国家标准《建筑中水设计规范》（GB 50336—2002）的有关规定。

（三）建筑电气

1. 学校建筑应设置人工照明装置，并应符合下列规定

（1）疏散走道及楼梯应设置应急照明灯具及灯光疏散指示标志。

（2）教室黑板应设专用黑板照明灯具，其最低维持平均照度应为500lx，黑板面上的照度最低均匀度宜为0.7。黑板灯具不得对学生和教师产生直接眩光。

（3）教室应采用高效率灯具，不得采用裸灯。灯具悬挂高度距桌面的距离不应低于1.70m，灯管应采用长轴垂直于黑板的方向布置。

（4）坡地面或阶梯地面的合班教室，前排灯不应遮挡后排学生视线，并不应产生直接眩光。

2. 教室照明光源宜采用显色指数 Ra 大于 80 的细管径稀土三基色荧光灯。对识别颜色有较高要求的教室，宜采用显色指数 Ra 大于 90 的高显色性光源；有条件的学校，教室宜选用无眩光灯具。

3. 中小学校照明在计算照度时，维护系数宜取0.8。

学校预防性卫生监督以保护学生和教师健康为最基本目标，以防患于未然为工作目的，是有效地贯彻"预防为主"方针、保障学生身心健康的一种积极手段，促进正在生长发育的儿童青少年身心的健康成长。随着社会的不断发展，新建、改建、扩建的学校将不断出现，学校建筑、教学设备和卫生设施以及为学生预防保健服务的项目大量增加，因此监督力度要不断加大，以适应教育事业飞速发展的需要。卫生监督部门和监督执法人员要合理整合卫生监督资源，把有害学生健康的不良因素消除在萌芽状态之中，提高学校卫生工作水平。

（张　欣）

【学习思考】

1. 如何理解学校预防性卫生监督？

2. 学校预防性卫生监督的范围和内容有哪些？

3. 作为学校预防性卫生监督的执法人员应该依据什么进行工作？

第九章 学校传染病防控监督

School Health Supervision for Control and Prevention of Infectious Diseases

学校是学生日常学习生活聚集的场所，人群高度密集，学生之间接触密切，易造成传染病疫情发生和暴发，因此，传染病一直是危害学校学生健康的主要因素。学校传染病防控监督是学校卫生监督的主要内容之一，通过对学校传染病防控措施落实情况的监督检查，指导、督促学校与卫生部门密切配合，采取有力的防控措施，对传染病做到早发现、早报告、早隔离，可有效防控学校传染病，保护师生的身体健康。

第一节 概　　述

学校传染病防控监督（school health supervision for control and prevention of infectious diseases）是卫生行政部门和卫生监督员依据有关法律法规，对辖区内各级各类学校贯彻执行传染病防治法律、法规和标准规范的情况进行督促检查，对违反传染病防治法律法规的行为追究法律责任的一种行政管理活动。有效开展学校传染病防控监督工作，监督员首先要熟悉学校一些常见传染病的种类，除传染病的一般特征外，要重点掌握学校传染病的自身特点，同时要领会学校传染病防控监督工作的作用和意义。

一、学校传染病的特点

传染病（infectious diseases）是由各种病原体引起的能在人与人、动物与动物或人与动物之间相互传播的一类疾病。我国学校比较常见传染病种类是呼吸道传染病和肠道传染病。中小学校常见传染病包括流行性感冒、水痘、猩红热、麻疹、流行性腮腺炎、细菌性痢疾、手足口病等，诸如病毒引发的腹泻也是近年比较多发的校园传染病。高等学校常见传染病包括病毒性肝炎、肺结核等。

学校发生的传染病除具备传染病的一般特征，如传染性和流行性，感染后常有免疫性等之外，还由于学校环境和人群的特殊性，使得学校传染病又具有自身的一些特点。

1. 学校是传染病的高发场所　由于学校人群高度密集，相互接触密切，学生自我防护意识不强等因素，使学校成为传染病的高发场所。学校传染病的传染源主要是患病的学校教职员工或学生。例如，如果一个学生患流行性感冒后继续上课，就可能通过飞沫将病原体传播给周围的同学或老师。

2. 学校是传染病的重要集散地　学生每天从四面八方汇聚到学校，又从学校分散到千家万户。传染源通过学生从社会进入学校，又通过学校分散到每个家庭和社会的各个角落，使学校成为传染病的重要集散地。传染源通过学校的集散，不仅使传染病容易在学校发生，而且使社会上的传染病的流行范围扩大，加大了社会传染病的流行强度。

3. 传染病容易在学校造成暴发和流行　学校特别是在中小学，学生处于生长发育阶段，个体免疫力相对较低，自我保护意识差，容易被传染，又缺乏传染病预防知识，不了解传染病早期症状，不能早期识别并配合老师、医生及时进行诊断治疗，容易造成传染病在学校的暴发与流行。同时，由于学生生活或学习中接触病原因子相同，往往一个公共卫生事件的诱因或致病因素就会导致在短时间内、某个相对集中的区域内同时或相继出现相同或相似临床表现的病人，如果人数和范围不断增大，有可能成为一个重大的公共卫生事件。我国70% 以上的突发公共卫生事件发生在学校，80% 以上的学校突发事件为传染病流行事件。

4. 学校传染病具有明显的季节性　学校传染病多发生在冬春季节，是加强传染病防控的重点时期，以呼吸道传染病为主。常见的传染病有流感、水痘、猩红热、流行性腮腺炎、麻疹等呼吸道传染病；夏秋季则以肠道传染病为主，如手足口病、细菌性痢疾、感染性腹泻等。

5. 学校传染病的流行具有年龄差异性　小学由于儿童少年的基础免疫力水平低，自我防护意识差，易发生呼吸道传播和接触传播的传染病流行。中学生正处于青春期，呼吸道和消化道传染病均可在学校流行。在高等院校，由于大学生身体发育和免疫能力的成熟和增强，除了流感或其他致病力很强的病原体外，一般不会在学校造成大规模的传染病流行和暴发，但肺结核、艾滋病等传染病在大学的发生率不容忽视。因此，对学校传染病的管理和控制，要针对不同类型的学校和不同年龄段的学生区别对待。

二、学校传染病防控监督工作的作用和意义

（一）有助于学校建立健全传染病防控工作制度，提高自身管理水平

卫生监督工作的主要内容之一是督促和指导被监督对象依法履行卫生法律法规所规定的义务。通过对学校的日常监督检查，卫生监督部门可发现学校在传染病防控工作方面存在的问题，依法督促其责令改正，同时还可以通过法律法规宣教、业务培训和指导等方式，来增强学校依法防控传染病的意识，指导其建立健全各项传染病防控工作制度，提高自身传染病防控管理水平。

（二）确保学校落实各项传染病防控措施，防止疫情扩散和蔓延

传染源比较容易通过学生从社会进入学校，学校出现传染病病例往往很难避免，由于学校传染病发生和流行的特点，如不及时采取有效的预防及控制措施，容易导致疫情扩散，甚至发展成为传染病突发公共卫生事件。在传染病高发季节，通过对学校的监督检查，一旦发现学校发生传染病病例，可及时督促学校采取积极有效的控制措施，防止传染病疫情扩散和蔓延，避免疫情大规模流行对师生健康造成损害。

（三）可依法查处学校违反传染病管理行为，维护法律法规严肃性

依法查处违法行为是卫生监督工作的重要职责。卫生监督是发现学校传染病防控工作中存在的问题，通过监督信息反馈、责令改正等手段，督促学校及时改正到位，但对于一些拒不改正问题或存在严重违法行为的单位或责任人，依法立案查处，通过行政处罚手段追究责任单位或个人责任；构成犯罪的，移送案件追究相关人员刑事责任，同时可及时通报给教育部门或相关主管部门，给予相关责任人行政处分。通过严格执法，一方面确保学校传

染病防控措施得到及时有效的落实，保障学校和社会公共卫生安全，另一方面可依法查处学校违反传染病管理行为，维护法律法规的严肃性。

第二节 学校传染病防控监督依据

学校传染病防控监督与其他卫生监督工作一样，必须按照相关法律法规或其他规范性文件的要求，坚持依法行政原则，遵守法定执法程序。学校传染病防控监督的工作依据包括法律、法规、规章、标准以及其他规范性文件等。

一、法律、法规及规章

法律、法规及规章是学校传染病防控监督工作的职责依据，也是学校履行传染病防控工作义务的法定依据。1989 年 9 月 1 日起施行的《中华人民共和国传染病防治法》（2004 年 8 月 28 日第十届全国人民代表大会常务委员会第十一次会议修订）是宪法规定的保护人民健康的重要法律之一，它标志着我国传染病防治工作从行政管理走上了法制管理轨道。随着法制化建设的不断推进，我国传染病防治法律法规体系建设也在不断完善，出台诸多相关配套法规、规章。作为整个传染病防治工作的一个重要环节和组成部分，学校传染病防控监督工作都要依据和符合传染病防治法律、法规、规章的要求。同时，作为学校卫生工作的重要内容，学校传染病防控监督工作同时还要依据和符合与学校卫生工作相关的法律、法规、规章的要求。

（一）法律

学校传染病防控监督相关的最重要的法律是《中华人民共和国传染病防治法》（下简称《传染病防治法》）。《传染病防治法》是我国开展传染病防治工作最根本的指导性文件，是其他与传染病防治相关法规、规章等制定的法律依据和基础。《传染病防治法》以法律的形式明确了传染病防治工作的方针、原则和各项措施，明确了公民、社会有关组织和政府有关部门在传染病防治工作中的责任。例如，该法第六条规定"国务院卫生行政部门主管全国传染病防治及其监督管理工作；县级以上地方人民政府卫生行政部门负责本行政区域内的传染病防治及其监督管理工作；县级以上人民政府其他部门在各自的职责范围内负责传染病防治工作"。第五十三条规定"县级以上人民政府卫生行政部门对公共场所和有关单位的卫生条件和传染病预防、控制措施进行监督检查"，明确了卫生行政部门对学校传染病防控进行监督检查的职责。另外，《传染病防治法》也有一些具体条款涉及学校，例如第四十二条规定"传染病暴发、流行时，县级以上地方人民政府在必要时，报经上一级人民政府决定，可以采取停课紧急措施并予以公告"；第五十三条规定"各级各类学校应当对学生进行健康知识和传染病预防知识的教育"。

另一部与学校传染病防控监督相关的法律是《中华人民共和国未成年人保护法》。该法自 2007 年 6 月 1 日起施行，是我国维护未成年人权益的最重要法律。健康权是每个人基本权益，学校又是未成年主要活动场所，因此该法不可避免把一些与学校疾病防控相关的内容纳入法条规定，其中部分条款与学校传染病防控工作相关。例如，该法第二十三条规定"教育行政等部门和学校、幼儿园、托儿所应当根据需要，制订应对各种灾害、传染性疾病、食物中毒、意外伤害等突发事件的预案，配备相应设施并进行必要的演练，增强未成年人的自我保护意识和能力"，这条款规定了学校应制订传染性疾病突发事件应急预案和开展演练的职责。该法第四十四条规定"卫生部门和学校应当对未成年人进行卫生保健和营养指导，提供必要的卫生保健条件，做好疾病预防工作；卫生部门应当做好对儿童的预防接种工作，国家免疫规划项目的预防接种实行免费；积极防治儿童常见病、多发病，加强对传染病防治工作的监督管理，加强对幼儿园、托儿所卫生保健的业务指导和监督检查"，这条款非常明确要求卫生部门应加强对传染病防治工作的监督管理工作。

（二）法规

与学校传染病防控监督工作相关的法规中最重要的是《学校卫生工作条例》，该条例虽然已颁布实施多年，诸多内容已经与当前学校卫生工作实际不相适应，急需做相应修订，但它仍然是目前学校卫生工作的主要依据，也是开展学校传染病防控监督的职责依据，该条例第十七条规定了学校"应当认真贯彻执行传染病防治法律、法规，做好急、慢性传染病的预防和控制管理工作，同时做好地方病的预防和控制管理工作"。第二十八条规定"县以上卫生行政部门对学校内影响学生健康的学习、生活、劳动、环境、食品等方面的卫生和传染病防治工作行使卫生监督权"。

除了《学校卫生工作条例》，其他与学校传染病防控监督相关的法规，主要是一些依据《传染病防治法》制定的法规。例如，《疫苗流通和预防接种管理条例》明确学校应建立预防接种证查验制度，该条例第二十七条规定"儿童入托、入学时，托幼机构、学校应当查验预防接种证，发现未依照国家免疫规划受种的儿童，应当向所在地的县级疾病预防控制机构或者儿童居住地承担预防接种工作的接种单位报告，并配合疾病预防控制机构或者接种单位督促其监护人在儿童入托、入学后及时到接种单位补种"。2006年3月1日起施行《艾滋病防治条例》第十三条规定"高等院校、中等职业学校和普通中学应将艾滋病防治知识纳入有关课程，开展有关课外教育活动；高等院校、中等职业学校和普通中学应当组织学生学习艾滋病防治知识"。另外，一些与传染病防控相关法规虽然未直接规定学校的相关职责，但在实际监督工作中也可参考，例如处理学校传染病突发公共卫生事件时可依据《突发公共卫生事件应急条例》；在对高校一些与传染病病原微生物相关的实验室进行检查时，可依据《病原微生物实验室生物安全管理条例》。

地方性法规如有涉及学校传染病防控工作的内容，辖区内卫生监督部门在开展学校传染病防控监督时也可作为工作依据。

（三）规章

与法律、法规相比较，规章的规定内容更加具体和专业，但与学校传染病防控监督工作直接相关的规章不多，最主要是原卫生部制定的《突发公共卫生事件与传染病疫情监测信息报告管理办法》，该管理办法明确了包括学校在内的传染病监测报告工作职责，该办法第七条规定"任何单位和个人必须按照规定及时如实报告突发公共卫生事件与传染病疫情信息，不得瞒报、缓报、谎报或者授意他人瞒报、缓报、谎报"；第三十三条规定"县级以上地方人民政府卫生行政部门对本行政区域的突发公共卫生事件与传染病疫情监测信息报告管理工作进行监督、指导"；第三十四条规定"各级卫生监督机构在卫生行政部门的领导下，具体负责本行政区内的突发公共卫生事件与传染病疫情监测信息报告管理工作的监督检查"。另外，2006年由教育部牵头十个部门制定的《中小学幼儿园安全管理办法》第二十三条规定"学校应当按照国家有关规定配备具有从业资格的专职医务（保健）人员或者兼职卫生保健教师,购置必需的急救器材和药品,保障对学生常见病的治疗,并负责学校传染病疫情及其他突发公共卫生事件的报告"。

二、学校卫生标准

学校卫生是一项专业性很强的工作,我国针对学校卫生制定了一系列标准,这些标准是学校卫生监督重要的工作依据,是卫生监督检查的内容及开展学校卫生工作评价的依据,也是实施行政处罚的技术性依据,甚至是行政诉讼的举证依据。但目前与学校传染病防控监督工作密切相关的学校卫生标准较少,只有 2012 年制定的《中小学校传染病预防控制工作管理规范》(GB 28932—2012)。该标准规定了中小学校法定传染病和其他可能导致学生群体流行或暴发的其他非法定传染病预防控制工作要求和内容。该标准的内容涵盖中小学校传染病防控的组织保障和制度、预防、控制三个方面,其中组织保障方面强调中小学校应成立由校长作为第一责任人的传染病预防控制工作小组,规定学校应明确传染病疫情报告人;在制度方面规定中小学校应在卫生部门的技术指导下,制订包括传染病等突发公共卫生事件应急预案和疫情报告、学生晨检、因病缺课管理、学生健康管理、免疫规划、健康教育及环境通风消毒等制度;在传染病预防方面规定了健康教育、晨检、因病缺课登记和追踪、预防接种、健康管理和学校卫生条件等要求;在传染病控制方面规定了疫情报告、控制措施、人员防护等内容要求。《中小学传染病预防控制管理工作规范》作为一部强制性国家卫生标准,学校特别是中小学校必须遵循执行,是学校传染病防控监督非常重要的工作依据。

三、其他相关规范性文件

在学校卫生管理方面,我国卫生、教育等部门制定诸多规范性文件,与传染病防控监督工作密切相关的有《学校卫生监督工作规范》《学校和托幼机构传染病疫情报告工作规范(试行)》《学校结核病防控工作规范(试行)》等。

为指导规范学校卫生监督工作,促进学校卫生安全,2012 年 9 月原卫生部依据相关法律法规制定印发《学校卫生监督工作规范》,该规范是全国各级卫生监督机构开展学校卫生监督最重要的工作依据。该工作规范将学校范围内的校舍、教学环境、生活环境、饮用水卫生、医疗机构、传染病防控等监督内容统一纳入规定,依据《关于卫生监督体系建设的若干意见》(原卫生部 39 号令)对各级卫生行政部门及其监督机构职责规定,结合学校传染病防控特点,明确了学校传染病防控监督的工作职责、工作内容,并提出具体监督方法。

《学校和托幼机构传染病疫情报告工作规范(试行)》是 2006 年 4 月由原卫生部会同教育部制定印发的规范性文件,该规范的制定目的是为了进一步加强学校传染病疫情等突发公共卫生事件相关信息的报告工作,使全国各类中小学校和托幼机构的传染病疫情等突发公共卫生事件报告工作统一、有序。该规范明确了教育行政部门、卫生行政部门、疾病预防控制机构、学校和托幼机构等相关部门职责,规定了学校疫情报告人的设置要求和职责。规范提出了学校和托幼机构传染病疫情监测与报告工作的具体要求,包括:各类中小学校和托幼机构应当建立由学生到教师、到学校疫情报告人、到学校(托幼机构)领导的传染病疫情发现、信息登记与报告制度;学校和托幼机构应当建立学生晨检、因病缺勤病因追查与登记制度。规范还明确了学校传染病疫情报告内容、时限和报告方式等。该规范是学校传染病防控监督中判断学校是否规范履行传染病疫情监测报告职责的依据。

为加强各级各类学校和托幼机构的结核病防控工作,有效防范学校结核病疫情的传播流行,确保广大师生身体健康与生命安全,2010年8月原卫生部会同教育部制定了《学校结核病防控工作规范(试行)》,该规范明确了卫生行政部门、教育行政部门、医疗卫生机构和学校在结核病防控工作的职责分工。提出了学校结核病常规预防措施、散发病例管理措施和学校结核病突发公共卫生事件的应急处置等方面的具体要求。该规范是监督学校落实结核病防控工作的工作依据。

除了法律法规、规章、标准和规范性文件外,国家和地方制定的一些专项传染病防控工作预案或指南往往会涉及学校的工作职责,也可作为开展传染病防控监督的工作依据。

第三节　学校传染病疫情监测报告和处置要求

学校应加强自身传染病防控工作的组织和领导,建立健全传染病防控工作制度,履行传染病监测报告职责,落实各项防控措施,防止疫情发生、扩散和蔓延,保障师生健康,维护学校正常教学秩序和校内外的公共卫生安全。

一、学校传染病防控管理组织和制度

学校应在教育主管部门的领导和管理下开展传染病预防控制工作,接受卫生主管部门的监督和指导,建立校长负责的传染病预防控制工作组织管理体系和工作制度。

(一)管理组织和人员

1. 传染病预防控制工作小组　学校成立由校长作为第一责任人的传染病预防控制工作小组,全面负责学校的各项传染病预防控制管理工作,成员应该包括学校医疗保健、后勤、学生工作、教务、宣传等部门的负责人,工作小组职责明确,责任到人,并随着学校人事变动,及时调整成员。主要职责包括:①负责建立、健全本单位传染病疫情等突发公共卫生事件的发现、收集、汇总与报告管理工作制度;②负责指定传染病防控管理部门以及专人或兼职教师负责本单位内传染病疫情等突发公共卫生事件、因病缺勤等健康信息的收集、汇总与报告工作;③负责组织制订并实施各年度本单位传染病预防控制工作计划,落实用于传染病预防控制的专项经费和物资保障;④负责协助疾病预防控制机构对本单位发生的传染病疫情等突发公共卫生事件进行调查和处理,接受教育行政部门与卫生行政部门对学校传染病疫情等突发公共卫生事件的督促、检查;⑤负责组织开展对本单位全体人员传染病防治知识的培训和宣传教育。

2. 突发公共卫生事件报告人　学校应确定学校传染病疫情等突发公共卫生事件报告人(以下简称学校疫情报告人)。学校疫情报告人须为学校在编人员,了解传染病防控相关知识,要求工作认真负责,责任心强,专(兼)职的卫生保健人员优先考虑。高等院校的二级学院应指定专人为传染病预防控制联系人。学校疫情报告人职责包括:①在校长的领导下,具体负责本单位传染病疫情和疑似传染病疫情等突发公共卫生事件报告工作;②协助本单位建立、健全传染病疫情等突发公共卫生事件监测、发现及报告相关工作制度及工作流程;③定期对全校学生的出勤、健康情况进行巡查;④负责指导全校学生的晨检工作;⑤定期参加上级主管部门及相关业务部门组织的传染病预防控制的业务培训。

（二）管理制度

学校应依据传染病防控相关的法律、法规、规章、标准和其他规范性文件，在卫生部门的技术指导下，制定传染病预防控制的应急预案和相关制度。通过预案和制度，明确传染病预防控制的内部职责分工、工作流程和工作措施，并建立奖惩机制。

首先，学校应制订传染病疫情及相关突发公共卫生事件的应急预案，用于应对各种重大传染病疫情防控或传染病突发公共卫生事件的应急处置工作。预案必须全面，要符合本校的实际情况，做到分工明确、责任到人和措施有力，具有可操作性。

其次，学校要针对传染病防控工作内容，制定相关的工作制度。学校传染病疫情防控工作制度一般包括以下：①传染病疫情及相关突发公共卫生事件的报告制度；②学生晨检制度；③学生因病缺勤登记、追踪制度；④学生因病缺勤复课证明查验制度；⑤学生健康管理制度；⑥学生免疫规划管理制度；⑦学校传染病防控知识培训和健康教育管理制度；⑧学校环境通风、消毒管理制度。

学校应严格落实各项传染病预防控制制度，并根据传染病预防控制形势及时调整和完善。

二、学校传染病疫情监测与报告

传染病疫情监测与报告工作是学校传染病防控日常管理的一项基础工作，通过传染病疫情监测与报告工作，可确保传染病病人的早发现、早报告、早隔离、早治疗，防止疫情传播蔓延和扩散。因此，学校必须严格按照法律、法规和规章，在卫生部门的指导下，履行此项工作职责。

（一）传染病疫情监测

学校传染病疫情监测主要工作是建立并执行学生晨检、因病缺勤病因追查与登记报告制度。学校各班级老师发现学生有传染病早期症状、疑似传染病病人以及因病缺勤等情况时，应及时报告给学校疫情报告人。学校疫情报告人应及时进行排查，并将学生因病缺勤、传染病早期症状、疑似传染病病人患病及病因等排查情况记录在登记日志上。

1. 晨检　学生晨检应在学校疫情报告人的指导下进行，中小学校由班主任或班级卫生员对早晨到校的每个学生进行观察、询问，了解学生出勤、健康状况，如发现学生有传染病早期症状（如发热、皮疹、腹泻、呕吐、黄疸等）以及疑似传染病病人时，应当及时告知学校疫情报告人。学校疫情报告人要进行进一步排查，如不能排除为传染病的，应及时将学生单独隔离，通知家长接送学生到医疗机构做进一步诊断，确保做到对传染病病人的早发现、早报告。另外，学校医疗卫生机构卫生技术人员在对学生诊治过程应做好传染病症状监测，如发现传染病病人或疑似传染病病人时，应立即向学校传染病疫情报告人报告。

2. 因病缺勤　中小学校班主任或班级卫生员应当密切关注本班学生的出勤情况，对于因病缺勤的学生，应当了解学生的患病情况和可能的病因，如有怀疑，要及时报告给学校疫情报告人。高等院校可由班级辅导员或班干部对各班学生出勤、健康状况进行登记，做好因病缺课的登记和追踪。学校疫情报告人接到报告后应及时追查学生的患病情况和可能的病因，以做到对传染病病人的早发现。

学生晨检和因病缺勤作为学校传染病疫情监测的工作手段越来越受到卫生部门的重视，一些地区通过信息网络技术，除建立传染病疫情报告网络之外，还建立学生因病缺勤信息网络报告系统,这对于疾病预防控制机构收集掌握学校传染病发病信息、处置突发疫情和及时发布疾病预警等工作起到非常重要的作用。

(二)传染病疫情报告

传染病疫情报告是学校的法定义务,学校应建立健全疫情报告制度,明确学校疫情报告人,公布学校传染病疫情报告的单位及部门的联系方式,保证传染病疫情信息的及时报告。

1. 报告内容及时限 学校传染病疫情报告的内容不同于医疗机构或疾病预防控制机构,由于学校自身特别是中小学校的卫生保健老师或卫生技术往往不具备诊断传染病的条件和能力,并且学校是个特殊的人群密集单位,为了及时发现和控制疫情,《学校和托幼机构传染病疫情报告工作规范(试行)》规定除传染病或疑似传染病病人之外,对学生出现的一些聚集性症状的情形也要报告:①在同一宿舍或者同一班级,1天内有3例或者连续3天内有多个学生(5例以上)患病,并有相似症状(如发热、皮疹、腹泻、呕吐、黄疸等)或者有共同用餐、饮水史时,学校疫情报告人应当在24小时内报出相关信息;②当发现传染病或疑似传染病病人时,学校疫情报告人应当立即报出相关信息;③个别学生出现不明原因的高热、呼吸急促或剧烈呕吐、腹泻等症状时,学校疫情报告人应当在24小时内报出相关信息;④学校发生群体性不明原因疾病或者其他突发公共卫生事件时,学校疫情报告人应当在24小时内报出相关信息。

根据我国2004年12月1日起正式施行的《中华人民共和国传染病防治法》相关规定,法定报告传染病分为甲类、乙类和丙类共三类。目前,法定传染病包括:①甲类传染病(2种),即鼠疫、霍乱;②乙类传染病(26种),即人感染H7N9禽流感(2013年11月纳入)、传染性非典型肺炎、艾滋病、病毒性肝炎、脊髓灰质炎、人感染高致病性禽流感、麻疹、流行性出血热、狂犬病、流行性乙型脑炎、登革热、炭疽、细菌性和阿米巴性痢疾、肺结核、伤寒和副伤寒、流行性脑脊髓膜炎、百日咳、白喉、新生儿破伤风、猩红热、布鲁氏菌病、淋病、梅毒、钩端螺旋体病、血吸虫病、疟疾;③丙类传染病(11种),即手足口病(2008年5月纳入)、流行性感冒、流行性腮腺炎、风疹、急性出血性结膜炎、麻风病、流行性和地方性斑疹伤寒、黑热病、包虫病、丝虫病、除霍乱、细菌性和阿米巴性痢疾、伤寒和副伤寒以外的感染性腹泻病。

2. 报告方式 当出现符合上述规定的报告情形时,学校疫情报告人应当以最方便的通讯方式(网络、电话、传真等)向属地疾病预防控制机构(农村学校向乡镇卫生院防保组)报告,同时,向属地教育主管部门报告。

三、学校传染病疫情预防控制措施

学校传染病防控工作必须坚持依法、科学、有序的原则,结合不同疫情形势,采取相应的防控措施。与其他领域的传染病防控工作一样,学校所有的防控措施都应围绕传染疾病传播的三个环节着手,即隔离传染源、切断传播途径和保护易感人群。首先,要贯彻预防为主的方针,在日常管理中要落实预防措施,防患于未然;一旦发生传染病疫情后,要加强病例管理,落实控制措施,阻止疫情传播和扩散;出现重大传染病疫情或传染性疾病突发公共卫生事件,要启动应急工作预案,落实应急处置措施,防止疫情势态进一步扩大。

(一)预防措施

学校要从组织、人员、制度、硬件设施和软件管理等多个方面强化传染病预防工作,防止传染病从校外传入校内。

1. 做好卫生宣传教育　利用校园网络、墙报、广播、讲座、主题班团队会等多种形式，开展健康教育，教育学生养成良好的个人卫生习惯。传染病的高发季节，学校要开展传染病防控知识的宣传教育，提高师生员工的防病意识和自我保护能力。利用家长会、学校开放日等形式，向家长普及预防传染病的基础知识，取得家长的配合与支持。

2. 增强学生体质　学校要组织师生参加多种形式的户外运动，保证学生每天足够的体育锻炼时间；避免教师上课拖堂，要保证学生休息时间，督促学生课间到室外活动，呼吸新鲜空气，增强防范疾病的体质。

3. 创造校园良好的环境卫生条件　加大学校硬件投入，保证教室和宿舍学生人均面积达标，为学生提供足够的洗手设施设备；开展爱国卫生运动，保持学校校园环境卫生的清洁，防止蚊蝇滋生；建立清洁消毒管理制度，定期对教室、宿舍、学生食堂、浴室、卫生间等场所进行清洁消毒；传染病高发季节应加强教室、图书馆、实验室、食堂、学生宿舍、礼堂等人群聚集场所的通风换气和校园公共设施及公用器具的保洁和消毒工作。

4. 做好学生健康管理　按要求做好学生健康体检和管理，建立学生健康管理档案；中小学生应每年进行体检，高校新生入学时和毕业前应进行一次健康体检，高校学生及教职员工在校期间应定期进行健康体检；对体检发现的传染病或疑似传染病病例，学校应当告知学生或家长及时到医疗机构诊治。

5. 确保饮食、饮水卫生安全　学校要采取有效措施，加强内部食堂的食品安全管理，确保学生喝到符合国家《生活饮用水卫生标准》（GB 5749—2006）的饮用水，防止病从口入。

6. 加强学生预防接种管理　落实学生免疫规划管理制度，入学时学校应当查验预防接种证，发现未依照国家免疫规划受种的儿童，应当向所在地的县级疾病预防控制机构或者儿童居住地承担预防接种工作的接种单位报告，并配合疾病预防控制机构或者接种单位督促其监护人在儿童入托、入学后及时到接种单位补种。除了预防接种证查验外，学校应按照县级以上人民政府或国务院卫生主管部门的决定，积极配合卫生部门组织学生进行疫苗接种。

7. 坚持学生晨检制度和因病缺勤管理制度　学生晨检和因病缺勤管理是学校传染病疫情监测的重要工作手段，更是预防学校传染病的一项重要措施。学校要坚持晨检工作，认真观察、询问学生的健康状况，对因病缺课的学生要进行认真排查，确保做到对传染病的早发现、早报告、早隔离、早治疗。

（二）控制措施

在发生传染病疫情时，学校除认真做好传染病疫情报告工作外，应配合当地卫生部门做好传染病疫情控制和病人救治，并落实各项控制措施。

1. 及时隔离病人　学校发现学生患有传染病或疑似传染病，要在第一时间对病人进行隔离，采取个人防护措施，避免密切接触其他师生。中小学校可将学生暂时隔离在校卫生室或保健室，并立即告知家长来校接送学生至医疗机构诊治。高校学生发生传染病或疑似传染病时，学校可将学生暂时隔离在校医院，如校医院不具备诊治条件，应及时将学生转诊到其他专业医疗机构诊治，并指导其做好个人防护。告知确诊患病学生应居家或在医院接受隔离治疗，痊愈后需持医院的《病愈返校证明》方可复课。

2. 做好密切接触者管理　学校应加强对与患者有密切接触的学生管理。首先是加强晨检，必要时增加午间检查，一旦发现疑似病例，及时隔离；在不影响学生正常上课的前提下，尽量要避免该班学生参加校内集体活动，减少与其他班级进行集体接触机会，直至该传染病密切接触者医学观察期结束。

3. 配合做好疫点处置　学校要配合疾病预防控制机构或乡镇社区卫生服务机构专业人员做好疫点处置,重点是做好患者接触的环境、物品和呕吐物、排泄物的清洁消毒,并接受卫生部门的流行病学调查、现场检测和采样等。

4. 采取临时预防性控制措施　除加强一般的预防措施之外,为了疫情防控的需要,必要时,学校可采取一些临时预防性控制措施。包括:①班级临时停课,班级停课由学校和当地疾病预防控制机构共同决定实施,同时报上级主管教育行政部门备案,可根据当地疾病预防控制机构建议决定复课时间;②应急预防接种,例如麻疹等可通过预防接种能有效保护学生的传染病,在县级以上地方人民政府卫生行政部门的建议下,经报本级人民政府同意,学校可对学生采取应急预防接种;③预防性服药,在县级以上地方人民政府卫生行政部门的建议下,经报本级人民政府同意,家长自愿,学校可对学生采取预防性服药,预防传染病的发生。

5. 做好学生病愈返校管理　学校应做好对患病学生的追踪和随访,及时掌握学生诊治情况,并加强学生病愈返校管理,学生病愈且隔离期满时,要求其应持学校医疗保健机构认可的有效证明到学校或院系教务部门查验后方可进班上课。患传染病的学生如是休、退学的,应根据病情、病种,按照学籍管理规定执行。

(三)学校传染病疫情流行期间的处置措施

除做好传染病日常防控工作外,学校还要高度重视校内外重大传染病疫情或突发传染性疾病公共卫生事件的应急处置工作。特别是当校外发生某种重大传染病疫情时,学校要在卫生部门指导下,根据教育行政部门的部署,及时制订和启动本校应急预案,建立一把手负总责与分管校长具体抓的疫情防控工作责任制,落实防控各项措施;保障防控疫情所必需的场所、设施、人员等;当学校暴发疫情时,配合卫生部门做好疫情处理等工作。

1. 学校未发现病例时,要积极开展以下常规预防措施:①制订应对学校疫情的预案、工作方案,明确各相关部门的具体职责;②组织校医或负责学校卫生工作的人员参加上级教育、卫生行政部门或当地疾病预防控制机构组织的疫情防控知识及技术培训;③加强疫情应对物资准备,学校应在厕所(洗手间)、食堂、宿舍、教室和图书馆等公共场所配备充足的洗手设施;④开展多种形式的健康宣教,普及疫情预防知识,让每一个学生和教职员工都知晓疫情预防知识,倡导师生保持健康行为,提高广大学生、教职员工对疫情的正确认识和自我防护能力;⑤加强教室、图书馆(阅览室)、教研室、宿舍等学生和教职员工学习、工作、生活场所的卫生与通风,特别是教室,每个课间都应开窗通风,保持空气流通;⑥积极开展学校爱国卫生运动,做好学校的环境清洁工作,尤其是厕所(洗手间)、食堂、教室、宿舍、浴室和会议室等公共场所;⑦坚持晨检制度,中小学校应每日开展晨检,特别是新学期开学或长假返校后一周内应强化晨检工作;高等院校要通过辅导员(班主任)和学生干部、寝室长等多渠道及时了解学生的健康状况,一旦发现相关症状者,要求其暂停上学,并及时就医;⑧做好学生日常缺勤登记,及时了解缺勤原因,一旦发现因病缺勤异常增多的现象,应立即向当地疾病预防控制机构报告;⑨建立健全校内有关部门和人员、学校与家长、学校与当地医疗机构及教育行政部门联系机制,明确具体联系人和联系方式,完善信息收集报送渠道,保证信息畅通;⑩根据疫情防控需要,按照政府的部署,在卫生行政部门的统一安排下,配合卫生部门组织开展本校疫情疫苗接种工作。

2. 学校一旦发现疫情散发病例后,应在强化各项常规预防措施的同时,采取以病例管理为主的防控措施,严防疫情传播:①学校应做好病例登记工作;②应加强与居家休息治疗患者的联系,及时了解其每日健康状况;告知患者减少与其他人员的接触,做好个人防护工作;③高等院校应在医疗卫生机构的指导下划分独立场所,安排无条件居家的患者自我休息治疗,减少与其他人员的接触,如必须接触,应做好防护;学校应指定专人照顾其日常生活,并配合卫生部门做好患者的相关治疗工作;患者一旦病情加重,应及时住院治疗;④学校应做好对患病学生的追踪和随访,及时掌握学生诊治情况,并加强学生病愈返校管理;⑤出现确诊病例的班级在加强晨检工作的同时,应增加午检,以及时发现、报告可疑病例;⑥如出现病例急剧增多或聚集病例,应立即向当地疾病预防控制机构报告,按照国家和当地政府有关规定,在卫生部门的具体指导下落实其他应急处置措施。

3. 学校出现暴发疫情时,应在强化上述各项防控措施的同时,强化疫情监测、病例管理、感染控制、防治知识宣传教育和减少大型聚集活动等综合防控措施。采取以下防控措施:①在卫生部门的指导下,通过多种形式(如健康告知书、宣传材料、电话、短信、微信、黑板报等)做好与病例有过密切接触的学生、教职员工和家长的预防疫情宣传教育工作;②中小学校在做好每日晨检和缺勤登记的同时,应增加午检,并每日向当地教育部门和卫生部门报告晨、午检和缺勤登记结果;高等院校应加强晨检工作,建立健全宿舍、班、院(系)、学生处和校医院等学生健康状况信息的收集和报送渠道;③加强对学校环境、玩具、教学用具等的清洁工作,尤其是厕所(洗手间)、食堂、教室、宿舍、浴室和会议室等公共场所的环境卫生;④学校出现暴发疫情期间,按照"非必须,不举办"的原则,减少大型聚集活动,如必须举行,尽量在室外举行,如在室内举行,必须制订相应的工作方案,采取有关防控措施,同时尽可能缩短人群聚集的时间;社团和学生团体应尽量避免参加校外的活动;⑤加强对学校人员出入的管理,严格控制外来人员进入校园,不得向任何机构提供场所举办各类培训活动;⑥必要时,可采取停课措施,原则上,停课的范围应根据疫情波及的范围和发展趋势,由小到大,如由班级到全校,由一个学校到多所学校等。班级停课由学校和当地疾病预防控制机构共同决定实施,同时报上级主管教育行政部门备案。高校班级停课由高校自行决定。如一所学校因疾病感染休息治疗的学生过多而影响学校正常教学活动时,当地卫生行政部门应组织专家组对疫情风险进行评估,并根据风险评估结果,会同当地教育行政部门,共同报请当地政府、疫情联防联控工作机制或防控指挥部同意后实施全校停课措施。可根据疫情发展的不同阶段进行科学判断,酌情调整班级和学校停课标准。停课前,除应告知学生、家长及教职员工疫情相关知识外,应让学生、家长及教职员工与学校保持联系,报告学生是否出现感染症状。学校应向属地疾病预防控制机构和教育行政部门每日报告学生和教职员工的健康状况。中小学校停课后,卫生、教育等相关部门应在当地政府的领导下,加强学生的校外管理,学生应减少外出,并避免校外的聚集和其他集体活动。高校停课后,要加强停课学生的在校管理。

第四节　学校传染病防控卫生监督内容与方法

学校传染病防控监督工作内容包括开展日常监督检查和查处学校违反传染病管理的行为。日常监督检查主要围绕几个方面,即:学校传染病防控管理组织及人员情况、学校传染病防控工作制度建立及落实情况、学校发生传染病后防控措施落实情况。学校履行传染病防控工作是一项法定职责,一旦违反法律、法规和规章的规定,须承担相应的法律责任,卫生行政部门应依法查处学校违反传染病管理的行为,维护法律法规的严肃性。

一、学校传染病防控监督的检查内容和方法

(一)学校传染病防控管理组织及人员情况

首先是检查学校传染病防控管理组织及领导情况。通过查阅学校内部管理文件、年度工作计划等书面资料,检查学校是否成立由校长作为第一责任人的传染病预防控制工作小组,成员是否包括学校各相关部门的负责人,并随着学校人事变动,小组成员是否及时调整,是否职责明确、责任到人;是否将传染病防控工作纳入学校年度工作计划并落实用于传染病预防控制专项经费和保障物资;是否组织开展学校突发公共卫生事件应急演练。同时,通过查阅学校内部管理文件、传染病防控管理组织网络以及现场查看和询问,检查学校有无设立传染病防控管理部门和配备专兼职管理人员,负责学校的各项传染病预防控制管理工作;是否明确传染病疫情报告人及其工作职责。

(二)学校传染病防控工作制度建立及落实情况

学校传染病防控工作制度及落实情况是日常监督检查的中心内容,监督检查方法是通过现场查阅学校传染病防控工作的各项登记资料、工作记录、书面报告等,也可通过现场查看和询问的方式进行核实,必要时通过拍照或摄像进行取证。

1. 应急预案和制度建立健全情况　通过查阅学校相关文件或其他书面资料,检查学校是否建立健全传染病防控应急处置工作预案和相关工作制度,具体预案和制度见本章第三节。检查时除查看有无预案或制度外,更重要的是查看预案和制度内容的全面性和可操作性。例如,一般中小学校的晨检制度应包括以下内容:

(1)晨检人:校医、保健老师或各班班主任。

(2)晨检人的要求:接受培训,具备一定专业知识。

(3)晨检需要的用品:体温计、防护用品。

(4)晨检时间:早自习或第一节课。

(5)晨检流程:一问(询问健康状况,重点询问是否有发热、皮疹、咳嗽、流涕等,疾病接触史)、二摸(手摸额部筛查是否发热,可疑的量体温)、三看(观察精神状况,皮肤是否有皮疹)、四查(发现疑似传染病时,告知家长带其去诊治,并做好追踪随访)。

(6)处置要求:疑似病例隔离留验、送诊。

(7)记录要求:晨检结果、因病缺勤记录。

(8)报告要求:晨检结果的汇总、传染病病例和疑似病例的报告流程等。还应检查是否学校根据传染病预防控制形势等实际情况和相关部门要求,及时对预案和制度进行调整和完善。例如学校发生人事变动,应急预案和传染病防控相关工作制度中涉及的责任人调离原岗位,相应的预案和制度的内容要及时更换;应根据传染病疫情预防控制形势的变化,增加或者删减一些工作要求,制度内容应及时作出相应的调整和完善,确保制定的制度是真正在使用的“活的”制度,而不是躺在文件夹,纯粹用来应付检查的废纸。

2. 传染病防控工作制度的落实情况　主要包括以下检查内容:

(1)传染病疫情报告制度执行情况:通过询问当事人和查阅传染病疫情信息登记报告、书面制度以及登记记录资料等材料,监督检查学校传染病疫情报告执行情况,核实学校是

否按要求配备专职或兼职传染病疫情报告人员，疫情报告人员是否按要求履行职责，是否明确学校校长是传染病疫情报告的第一责任人，是否建立了由学生到教师、到学校疫情报告人、到学校领导的传染病疫情发现、信息登记与报告制度；通过查看疫情报告卡或网络直报系统内容等，核实报告内容、时限和方式是否符合《学校和托幼机构传染病疫情报告工作规范（试行）》等相关要求，是否存在漏报、迟报、瞒报、错报疫情的情况。

（2）学生晨检和因病缺勤管理制度执行情况：通过询问当事人和查阅学校晨检记录、因病缺勤登记和报告、疑似传染病病例及病因排查登记本等资料，核实学校是否按要求执行学生晨检、因病缺勤病因追查与登记报告制度，检查的重点是登记资料的完整性、准确性和真实性。例如，要判断学校因病缺勤登记是否规范，可检查因病缺勤登记的内容是否包括：因病缺勤学生姓名、性别、班级、缺勤第几日、主要症状、是否就诊、诊断结果、登记日期、登记人签字等；也可以抽查一个病例，从发现到处置进行追溯，核查整个流程是否有完整、准确的记录；可以通过现场观看的晨检整个过程，核实晨检制度的执行情况。

（3）传染病防控知识培训和宣传教育制度执行情况：通过现场查看书面制度和查阅各种照片、宣传栏板报、记录、授课培训课件、人员签到本以及视听资料等材料实物，检查学校是否建立并落实传染病防控宣传教育制度；可以通过询问保健老师、学生等，核实宣传和培训的效果。

（4）病例痊愈返校管理制度执行情况：通过现场查看书面制度和查阅患病学生的追踪和随访记录、病愈返校证明资料查验记录等材料，检查学校是否执行落实病例痊愈返校管理制度执行情况。

（5）学生免疫规划管理制度执行情况：通过现场查看书面制度和查阅新生入学预防接种证查验记录、学生预防接种卡及补种记录等，检查学校是否执行落实学生免疫规划管理制度，执行新生入学预防接种证查验制度并做好查验登记记录，建有学生预防接种情况登记卡，做好预防接种补证、补漏种记录。

（6）学生健康管理制度执行情况：通过现场查看书面制度和查阅学生健康体检资料和学生健康档案，检查学校是否执行落实学生健康管理制度，中小学生是否定期体检，高校学生新生入学和毕业是否体检，体检发现学生患有传染病，是否进行规范处置。

（7）学校环境卫生管理制度执行情况：通过查看学校教室、学生宿舍、卫生间、食堂等场所的卫生状况和一些洗手、清洁、消毒设施设备，现场查阅校内公共活动区域及物品定期清洗消毒记录，检查学校环境卫生管理制度执行情况。

（三）发生传染病病例后防控措施落实情况

学校发生传染病病例后防控措施落实情况是学校传染病防控监督检查的一项重点内容，主要是通过现场查看询问和查阅相关书面材料等方法，检查学校是否采取各种防控措施，防止疫情进一步扩散或发生二、三代病例。

1. 学校传染病疫情信息报告情况　通过询问当事人和查阅传染病疫情信息登记、报告卡等材料，必要时询问社区卫生服务机构防保人员或疾病预防控制机构，核实学校是否及时报告该传染病病例或疫情信息，报告内容、时限和方式是否符合相关要求，是否存在漏报、迟报、瞒报、错报的情况。

2. 学校传染病病例管理情况　监督检查学校发现学生患有传染病或疑似传染病后，是否在第一时间对病人进行隔离，采取个人防护措施，避免密切接触其他师生。

3. 密切接触者管理情况　监督检查学校发现学生患有传染病或疑似传染病后，是否对与患者有密切接触的学生或班级加强管理，例如是否加强晨检措施，是否在不影响学生正常上课的前提下，避免该班学生参加校内集体活动，减少与其他班级进行集体接触机会，直至该传染病密切接触者医学观察期结束。

4. 环境、物品的消毒措施情况　监督检查学校发现学生患有传染病或疑似传染病后，是否配合疾病预防控制机构或乡镇社区卫生服务机构专业人员做好疫点处置，对患者接触的环境、物品和呕吐排泄物的清洁消毒，并接受卫生部门的流行病学调查、现场检测和采样等。检查学校是否按照卫生部门的要求，加强教室、图书馆、实验室、食堂、学生宿舍、礼堂等人群聚集场所的通风换气，对被污染的教室、宿舍等相关学习生活环境有无进行消毒处理，消毒方法是否正确，使用的消毒产品是否合格等。

5. 患病学生病愈返校管理情况　检查学校是否对患病学生进行追踪和随访，及时掌握学生诊治情况，是否做好患病学生病愈返校管理，学生病愈且隔离期满时，是否要求其应持学校医疗保健机构认可的有效证明到学校或院系教务部门查验后方可进班上课。

根据监督检查的目的，一般可分为日常监督检查、专项监督检查和传染病疫情突发事件应急处置等检查形式。但不同的检查形式，监督检查内容的侧重点有所不同。学校传染病防控日常监督检查主要目的是为了排查学校传染病防控管理工作中存在的问题，督促学校及时落实整改措施，检查重点是学校传染病防控管理组织及人员的设置情况、各项传染病防控工作制度建立及落实情况等内容。

学校传染病防控专项监督检查是针对传染病高发季节或某种特定的新发、突发传染病疫情，对学校传染病防控工作开展突击的监督检查，目的是重点督促学校加强传染病防控措施，防止校内发生传染病暴发疫情，检查的重点是学校是否加强并落实一些专项防控措施、是否制订针对性的突发疫情应急处置预案、是否开展特定传染病的防控知识的宣传培训或健康教育等。

配合相关部门对学校突发公共卫生事件应急处置工作落实情况的卫生监督也是学校卫生监督的一项工作内容。一旦学校发生传染病疫情突发公共卫生事件，卫生监督除依据传染病防治和突发公共卫生事件管理的法律法规，督促学校落实防控措施之外，还要对导致事件发生可能存在的违法违规行为进行调查取证，同时在各级政府及卫生行政部门的统一领导和指挥下，配合进行现场处置和行政控制措施，切断传播途径、控制传染病源和保护易感人群。例如，应配合卫生行政部门做好对病人和疑似病人的隔离治疗、密切接触者的医学观察等行政控制措施；如当发现传染病病原体污染的公共饮用水源、食品以及相关物品，如不及时采取控制措施可能导致传染病的传播、流行，应配合卫生行政部门采取封闭公共饮用水源及相关物品或者暂停销售的临时控制措施；发现学校和其他有关单位的卫生条件不符合要求或传染病预防、监测、控制和疫情管理措施存在问题的，立即责令其改正，并及时上报上级部门。

二、学校传染病防控违法违规行为的调查及处理

卫生监督部门在日常监督检查中发现学校未贯彻执行传染病防治法律法规，做好急、慢性传染病的预防和控制管理工作，或接到投诉举报反映学校传染病防控工作存在违法违规行为的，应及时进行调查核实及处理。

（一）调查取证方法

在现场笔录中记录学校是否在开学期间、全校学生人数、传染病防控管理部门与人员配备等基本情况，客观描述学校传染病防控管理组织领导的建立和有关制度措施的落实情况、疫情报告和预防接种证查验工作执行情况以及有关工作记录登记的完整情况。

对未依照规定设立传染病防治管理部门与人员，未建立主管校长负责制，未制订传染病突发公共卫生事件应急处置工作预案，未落实学生晨检、因病缺勤病因追查登记、预防接种证查验、传染病防控宣传教育、学生健康体检等各项传染病防控管理制度措施，未执行传染病报告或传染病报告不符合要求，以及其他未按法律法规和规范要求做好传染病防控管理工作的，应在现场检查笔录中如实记录，必要时可以复印相关的书面登记材料，同时应做好当事人询问笔录。

对发生传染病病例的学校，记录发生病例后学校采取的防控措施情况，复印相关的书面登记材料，同时应做好当事人询问笔录，必要时可现场拍照。除对学校进行调查外，还可通过对辖区内疾病预防控制机构或社区卫生服务机构的调查，核实学校采取的防控措施情况。

（二）违法违规行为处理

目前我国虽然诸多法律法规如《中华人民共和国传染病防治法》《学校卫生工作条例》等规定了学校应履行急、慢性传染病的预防和控制管理工作职责，但缺少对违法违规行为处理的相关依据。因此，学校传染病防控存在的诸多问题不能依法给予行政处罚。对于学校传染病防控存在的问题，卫生监督部门可采取以下处理措施：

1. 行政处罚　依据《中华人民共和国传染病防治法》第六十九规定，设置医疗机构的学校经查实违反该法相关规定，有下列情形之一的，由县级以上人民政府卫生行政部门责令改正，通报批评，给予警告；造成传染病传播、流行或者其他严重后果的，对负有责任的主管人员和其他直接责任人员，依法给予降级、撤职、开除的处分，并可以依法吊销有关责任人员的执业证书；构成犯罪的，依法追究刑事责任：①未按照规定承担本单位的传染病预防、控制工作、医院感染控制任务和责任区域内的传染病预防工作的；②未按照规定报告传染病疫情，或者隐瞒、谎报、缓报传染病疫情的；③发现传染病疫情时，未按照规定对传染病病人、疑似传染病病人提供医疗救护、现场救援、接诊、转诊的，或者拒绝接受转诊的；④未按照规定对本单位内被传染病病原体污染的场所、物品以及医疗废物实施消毒或者无害化处置的；⑤未按照规定对医疗器械进行消毒，或者按照规定对一次使用的医疗器具未予销毁，再次使用的；⑥在医疗救治过程中未按照规定保管医学记录资料的；⑦故意泄露传染病病人、病原携带者、疑似传染病病人、密切接触者涉及个人隐私的有关信息、资料的。依据《突发公共卫生事件与传染病疫情监测信息报告管理办法》第四十条规定：执行职务的医疗卫生人员瞒报、缓报、谎报传染病疫情的，由县级以上卫生行政部门给予警告，情节严重的，责令暂停六个月以上一年以下执业活动，或者吊销其执业证书。责任报告单位和事件发生单位瞒报、缓报、谎报或授意他人不报告突发性公共卫生事件或传染病疫情的，对其主要领导、主管人员和直接责任人由其单位或上级主管机关给予行政处分，造成疫情播散或事态恶化等严重后果的，由司法机关追究其刑事责任。

2. 发出《卫生监督意见书》　如果学校未依照规定设立传染病防治管理部门与人员，未建立主管校长负责制，未制订传染病突发公共卫生事件应急处置工作预案，未落实学生晨检、因病缺勤病因追查登记、预防接种证查验、传染病防控宣传教育、学生健康体检等各项传染病防控管理制度措施及其他未按法律法规和规范要求做好传染病防控管理工作的,可依据《中华人民共和国传染病防治法》《学校卫生工作条例》《学校和托幼机构传染病疫情报告工作规范(试行)》等,发出《卫生监督意见书》,督促指导学校限期改正。

3. 通报　将监督检查发现的问题,反馈给教育行政部门或学校上级主管单位,必要时可通报给辖区内人民政府。

4. 民事责任　依据《中华人民共和国传染病防治法》第七十七条,如学校违反该法规定,导致传染病传播、流行,给他人人身、财产造成损害的,应当依法承担民事责任。

案例9-1　2009年9月4日新华社报道我国包括山东、江苏、河南、四川、陕西、广西、广东、湖南等多个省份报告了甲型H1N1流感聚集性病例。2009年11月,教育部、原卫生部根据国务院确定的甲型H1N1流感疫情防控策略和当前我国甲型H1N1流感疫情防控形势,组织制定并下发了《学校甲型H1N1流感防控工作方案》。

2009年12月18日,某市卫生监督所接到一位学生家长举报:该市一所民办小学一年级2班有多名学生同时出现发热症状,个别有发热症状的学生仍然在校上课,家长非常担心。接到举报后,该市卫生监督所随即向该市疾病预防控制中心进行了通报,同时派遣卫生监督员对该校进行了调查处理。调查发现,该校共有学生1510名,一年级2班共有42名学生,12月10日(周四)该班级1名学生因发烧不适中途回家缺课,12月14日(周一)起陆续有学生缺课,截至12月18日累计共有6名学生缺课,据家长反馈信息,缺课学生均有发热等不适症状,其中一名在12月14日缺课的学生已经于12月16日复课。卫生监督员现场监督检查发现:该校制订了传染病疫情及突发公共卫生事件的应急预案,但未查见甲型H1N1流感疫情防控应急工作预案;查见该校的传染病疫情及相关突发公共卫生事件的报告制度、学生晨检制度、学生因病缺勤登记追踪制度以及学生因病缺勤复课证明查验制度等书面资料,但未查见该校学生传染病登记或报告资料,未查见本学期该校学生晨检工作记录内容,发现该校学生因病缺勤登记本的内容记录不完整,未查见2009年12月份一年级2班因病缺勤学生的相关记录内容;未查见学生因病缺勤复课证明或查验记录登记资料;未查见该校对一年级2班教室等环境清洁消毒等措施的工作记录。针对监督检查发现的问题,卫生监督员下发《卫生监督意见书》,责令学校立即采取整改措施,落实疾病预防控制机构提出的传染病防控相关工作要求,同时将该举报的调查处理情况向该市教育局进行了通报。

思考题

1. 如你是该小学校长,需要落实整改措施,组织制订本校的甲型H1N1流感疫情防控工作预案,预案应包含哪些方面内容?

2. 假如该校1名学生被确诊感染甲型H1N1流感,学校应采取哪些应对措施?

3. 如果卫生监督部门要组织开展对学校甲型H1N1流感疫情防控专项监督检查,重点检查哪些内容?

学校是学生日常学习生活聚集的场所,人群高度密集,学生之间接触密切,易造成传染病疫情发生和暴发,传染病一直是危害学校学生健康的主要因素,而且容易导致疫情扩散,成为传染病公共卫生事件,不仅会影响到学校正常教学和学生健康,还会波及许多家庭,扰乱正常工作、生活秩序,甚至影响社会的稳定。因此,加强学校传染病防控监督工作不仅仅关系到学校师生的身体健康,而且关系到社会公共卫生安全和社会安定问题。学校应加强自身管理,建立健全各项传染病防控工作制度,全面履行各项传染病防控工作职责。作为学校卫生监督最主要工作内容之一,卫生监督部门要通过加强对学校传染病防控措施落实情况的监督检查,指导、督促学校与卫生部门密切配合,严格按照法律法规的要求,采取有力的防控措施,对传染病做到早发现、早报告、早隔离,防止学校传染病的发生和蔓延,保护师生的身体健康。卫生监督执法人员应了解学校传染病的特点,熟悉学校传染病疫情监测、报告及防控措施的要求,掌握学校传染病防控监督检查的内容和方法,对监督检查发现的违法违规行为给予依法处理。

（林建海）

【学习思考】

1. 学校传染病的特点?
2. 学校传染病防控监督的主要法律法规和规章依据包括哪些?
3. 学校如何做好传染病疫情监测和报告工作?
4. 学校传染病防控措施的主要内容?
5. 学校传染病防控日常监督检查的内容和方法?
6. 如何处理学校传染病防控违法违规行为?

第十章 学校饮用水及公共场所的经常性卫生监督

Drinking Water and Public Facilities Health Supervision in School

儿童青少年是国家的未来和希望,学校是儿童青少年生长的重要场所。在校的儿童和青少年是一个特殊的社会群体,人群聚集、社会敏感性强以及易发生群体性突发事件。学校的饮用水和公共场所等卫生监督工作是否依法实行,对儿童和青少年的健康成长影响很大。学校饮用水和公共场所卫生监督是学校卫生监督的主要内容之一。

第一节 学校饮用水的经常性卫生监督

学生在学校学习生活时间长达 8 小时以上,学生的日常生活离不开水,学校饮用水是否安全卫生关系到每一位师生的身体健康。通过学校卫生监督可以使学校及其管理部门在学校卫生工作方面明确职责,规范卫生管理行为,纠正违法或错误行为,消除卫生安全隐患,保证学生饮水安全,维持正常的教学秩序。

一、学校饮用水概述

生活饮用水(life drinking water)指由集中式供水单位直接供给居民作为饮水和生活用水,该水的水质必须确保居民终生饮用安全。学校饮用水(school drinking water)指满足儿童少年生理和生长发育的双重需要,由学校为学生提供的饮用水,包括供水和饮水,供水方式包括集中式供水、二次供水、分散式供水等多种形式;饮水方式包括开水、净化水、桶装水等方式。卫生监督员应针对学校不同供水和饮水方式进行分类监管。

二、学校饮用水卫生监督依据

学校饮用水卫生监督是学校卫生监督工作内容之一,涉及的法律、法规、规章、规范和标准很多,其中 1990 年发布的《学校卫生工作条例》作为我国学校卫生工作的第一部正式法规,是学校卫生监督工作开展的基本依据;1989 年 9 月 1 日起施行的《中华人民共和国传染病防治法》(2004 年 8 月 28 日第十届全国人民代表大会常务委员会第十一次会议修订)作为一部预防、控制和消除传染病、保障人体健康的公共卫生法律,为学校传染病防治工作提供了法律依据和技术指导;2006 年修订通过的《中华人民共和国未成年人保护法》在保障未成年人合法权益方面做了更高立法层次上的规定,也为学校卫生法规、规章、规范的制定提供了法律依据。

（一）相关法律

学校饮用水卫生监督涉及的法律依据有《中华人民共和国传染病防治法》（以下简称《传染病防治法》）。《传染病防治法》是一部针对传染病防治管理工作的卫生大法，以法律的形式，全面地规定了传染病防治工作的方针、原则和各项措施，是传染病防治工作的主要依据。饮用水监督作为传染病防治工作的重要工作，在法律条文里也做了详细规定。例如在第二十九条指出，用于传染病防治的消毒产品、饮用水供水单位供应的饮用水和涉及饮用水卫生安全的产品，应当符合国家卫生标准和卫生规范。饮用水供水单位从事生产或供应活动，应当依法取得卫生许可证。第六章监督管理的第五十三条规定，县级以上人民政府卫生行政部门对传染病防治工作履行监督检查职责，其中第四项指出：对用于传染病防治的消毒产品及其生产单位进行监督检查，并对饮用水供水单位从事生产或者供应活动以及涉及饮用水卫生安全的产品进行监督检查。第八章法律责任第七十三条规定，对饮用水供水单位供应的饮用水和涉及饮用水卫生安全的产品不符合国家卫生标准和卫生规范，导致或者可能导致传染病传播、流行的，由县级以上人民政府卫生行政部门责令限期改正，没收违法所得，可以并处五万元以下的罚款；已取得许可证的，原发证部门可以依法暂扣或者吊销许可证；构成犯罪的，依法追究刑事责任。

（二）法规

与学校饮用水卫生监督相关的法规有《学校卫生工作条例》，该条例颁布实施距今已27年，虽然有些条款已不适应当前体制的需要，但是目前仍然是学校卫生监督最重要的法规依据，必须遵照执行。《学校卫生工作条例》第二章第七条规定，学校应当按照有关规定为学生设置厕所和洗手设施。寄宿制学校应当为学生提供相应的洗漱、洗澡等卫生设施。学校应当为学生提供充足的符合卫生标准的饮用水。第二十八条规定，县以上卫生行政部门对学校卫生工作行使监督职权，其中第二条职责对学校内影响学生健康的学习、生活、劳动、环境、食品等方面的卫生和传染病防治工作实行卫生监督。第三十三条规定，违反本条例第六条第一款、第七条和第十条规定的，由卫生行政部门对直接责任单位或者个人给予警告并责令限期改进。情节严重的，可以同时建议教育行政部门给予行政处分。

（三）规章

规章是有国务院组成部门及直属机构和省、自治区、直辖市人民政府以及较大的市（如省会）的人民政府在它们的职权范围内，依据法律、法规制定的规范性文件，执行起来更加具体。与学校饮用水卫生监督相关的规章有《中华人民共和国传染病防治法实施办法》，第九条明确规定集中式供水必须符合国家《生活饮用水卫生标准》。各单位自备水源，未经城市建设部门和卫生行政部门批准，不得与城镇集中式供水系统连接。第十条规定地方各级政府应当有计划地建设和改造公共卫生设施。加强对公共生活用水的卫生管理，建立必要的卫生管理制度。饮用水水源附近禁止有污水池、粪堆（坑）等污染源，禁止在饮用水水源附近洗刷便器和粪便运输工具。另外一部规章为《生活饮用水卫生监督管理办法》，该办法的制定保证了生活饮用水卫生安全，保障人体健康，对集中式供水、二次供水单位和涉及饮用水卫生安全产品的卫生监管做了详细规定，是生活饮用水卫生监督的依据。

（四）规范性文件

与学校饮用水卫生监督相关的规范性文件主要有《学校卫生监督工作规范》，作为学校卫生工作纲领性文件的《学校卫生工作条例》已颁布27年，很多条款已不适应当前学校卫生工作实际和现实要求，为指导、规范学校卫生监督工作，原卫生部组织编写了《学校卫生监督工作规范》。该规范从整体考虑，将学校范围内的校舍、教学环境、生活环境、饮用水卫生、医疗机构、传染病防控等监督内容统一纳入规定，生活饮用水卫生监督作为影响学生健康的重要因素，在《学校卫生监督工作规范》中以单独条款着重要求。例如：该规范第二章卫生监督职责第四条第三项为生活饮用水的卫生监督；第三章第十三、十四条详细写明了生活饮用水监督的内容和监督方法。另一部规范性文件是由教育部、原卫生部、财政部共同研究制定的《国家学校体育卫生条件试行基本标准》，第四部分中小学校生活设施基本标准中对学校生活饮用水做了详细规定，首先，学校必须为学生提供充足、安全卫生的饮水以及相关设施；其次，供学校生活用水的自备井、二次供水的储水池（罐），应有安全防护和消毒设施，自备水源必须远离污染源；第三，采用二次供水的学校应取得有效的二次供水卫生许可证后方可向学生供水等。还有《生活饮用水集中式供水单位卫生规范》、《生活饮用水水质卫生规范》分别对生活饮用水集中式供水单位从水源选择和卫生防护、生活饮用水生产的卫生要求和污染事件的报告处理、水质检验及从业人员的卫生要求、水源水质卫生要求等做了详细规定。《农村寄宿制学校生活卫生设施建设与管理规范》对学校饮用水设施、饮用水水质卫生要求做了详细规定。《涉及饮用水卫生安全产品分类目录》对凡是接触饮用水的输配水设备、防护材料、水处理材料、化学处理剂、水质处理器、与饮用水接触的新材料和新化学物质等均做了详细规定。

（五）卫生标准

与学校饮用水卫生监督有关的标准有《学校卫生综合评价》（GB/T 18205—2012），从学校卫生管理和学校卫生监测两方面都对学校饮用水有相应的要求。《二次供水设施卫生规范》（GB 17051—1997）和《生活饮用水卫生标准》（GB 5749—2006）对集中式供水、分散式供水的水质卫生要求、水源水质卫生要求、水质监测等做了详细规定，是学校饮用水监督必须遵照执行的卫生标准。

以上法律、法规、规章、规范性文件及标准构成了学校饮用水卫生监督的法律体系。

三、学校饮用水卫生监督内容与方法

学校饮用水卫生监督是学校卫生监督的一部分，要做好学校饮用水卫生监督工作，除了学习相关法律、法规、规章和标准外，还应熟练掌握学校饮用水卫生监督的内容和监督方法，才能做好饮用水卫生监督工作。监督内容和方法分为一般监督和分类监督。

（一）一般监督内容和方法

1. 监督内容

（1）应发证供水单位持有县级以上地方人民政府卫生行政部门签发的卫生许可证。卫生许可证有效期四年。

（2）直接从事供、管水的人员必须首先取得体检合格证，再进行卫生知识培训，合格后方可上岗工作，健康体检每年进行一次。直接从事供、管水的人员包括从事净水、取样、化验、二次供水卫生管理及水池、水箱清洗人员，凡患有痢疾、伤寒、甲型病毒性肝炎、戊型病毒性肝炎、活动性肺结核、化脓性或渗出性皮肤病及其他有碍饮用水卫生的疾病和病原携带者，不得直接从事供、管水工作。

（3）学校应成立饮用水组织管理机构，制定饮用水突发污染事件应急预案和卫生管理制度。

（4）供水单位供水设施中涉及饮用水卫生安全的产品（以下简称涉水产品）应索取有效卫生许可批件。涉及饮用水卫生安全的产品包括凡在饮用水生产和供水过程中与饮用水接触的连接止水材料、塑料及有机合成管材、管件、防护涂料、水处理剂、除垢剂、水质处理器及其他新材料和化学物质。使用的消毒剂或消毒器械有符合国家规定的产品卫生安全评价报告，并按相关国家标准要求使用。

（5）学校饮用水水质应符合《生活饮用水卫生标准》要求。

（6）学校内供水水源防护应符合卫生要求。

（7）供水单位建立相应的卫生管理档案，主要包括：①与饮用水相关的法律、法规、规章、规范和标准；②直接从事供、管水人员健康体检、卫生知识培训材料及清洗消毒人员健康证。水质检验人员资质或委托检验合同；③学校饮用水卫生管理组织机构名单；④各项卫生管理制度，包括：生活饮用水卫生管理制度、生活饮用水污染事件应急处理预案、水箱或蓄水池清洗消毒制度等；⑤水处理生产流程、管网分布平面图等材料；⑥涉水产品索证材料包括：水箱、管材、防腐涂料、消毒药物、消毒设备；⑦水质监测记录和检测报告；⑧水箱或蓄水池清洗消毒记录、日常自检记录等；⑨相关监管部门监督检查文书。

2. 监督方法　一般监督方法主要是查阅一下相关资料并询问当事人。

（1）检查应办证供水单位卫生许可证和健康证持证情况，证件时间是否在有效期范围内，并提醒被监督单位卫生许可证有效期满前六个月重新提出申请换发新证。现场询问管水人员姓名，核对健康证是否人证一致。

（2）查阅被监督单位的饮用水管理机构，管理小组名单，应急预案和各项制度是否切合实际，有操作性。

（3）查阅水质监测报告，注意检验单位、检测时间，查看各项指标是否合格，出现不合格报告是否有纠正措施和最终合格报告。

（4）查阅涉水产品是否有有效卫生许可批件。

（5）查阅供水设施设备清洗消毒记录是否齐全。

（6）检查被监督单位卫生档案是否齐全。

（二）分类监督内容和方法

学校饮用水供水包括集中式供水、二次供水、分散式供水，饮水包括开水、净化水、桶装水等方式。根据不同类别的供水、饮水方式，开展卫生监督。

1. 学校自建设施集中供水　集中式供水指由水源集中取水，经统一净化处理和消毒后，由输水管网送到用户的供水方式。常见的有地方自来水厂。自建集中式供水为除城建部门建设的各级自来水厂外，由各单位自建的集中式供水方式。集中式供水单位为学校的就称为学校自建设施集中供水。

（1）学校自建设施集中供水卫生监督主要内容包括：①自建设施集中式供水的取水点应选择水质良好、水源充足、便于防护的水源，供水水源水质应符合有关国家生活饮用水水源水质的要求；②自建设施供水系统周边30米范围内应保持良好的卫生状况，没有生活垃圾、建筑垃圾、旱厕、污水管线或污水沟等污染源；③自建设施供水系统的泵房内外环境整洁，不能堆放杂物和有毒有害物质，地面采用防滑材料铺设，墙壁粉刷防水、防霉涂料，有机械排风设施且有防护门窗；④储水设备（清水池）观察孔孔盖加锁，透气管罩密闭完好，储水设施内壁无污垢，底部没有异物，水中没有肉眼可见物；⑤自建设施集中供水系统，未经当地卫生、建设行政部门批准不得与城镇供水系统相连；⑥检验室，集中式供水单位必须建立水质检验室，配备与供水规模和水质检验要求相适应的检验人员和仪器设备。负责检验水源水、净化构筑物出水、出厂水和管网水的水质。没有检验室的学校应委托有资质的检验单位定期进行水质检测；⑦饮用水处理装置（含消毒、净化、软化设备）运转正常，并做好消毒记录；⑧新设备、新管网使用前或者旧设备、旧管网修复后，必须严格清洗、消毒；⑨符合《生活饮用水集中式供水单位卫生规范》的要求。

（2）学校自建设施集中供水卫生监督方法：首先，查阅相关资料，参照一般监督的监督方法。其次，现场检查，按照监督内容检查水源防护、取水点位置是否符合卫生要求，储水设备（清水池）观察孔孔盖加锁，透气管罩密闭完好。用于水质处理设备、储存设备、防护设施等建设是否合理，运转是否正常；实验室水质检测设备是否齐全，检验人员是否有资质。

2. 学校二次供水　学校将来自集中供水的管道水另行加压、贮存，再输送至用户的供水设施。二次供水设施（以下简称设施）：饮用水经储存、处理、输送等方式来保证正常供水的设备及管线。二次供水储水设备：高位、中位、低位水箱和蓄水池。

（1）学校二次供水卫生监督主要内容包括：①饮用水箱或蓄水池应专用，不得渗漏，设置在建筑物内的水箱其顶部与屋顶的距离应大于80cm，水箱应有相应的透气管和罩，入孔位置和大小要满足水箱内部清洗消毒工作的需要，入孔或水箱入口应有盖（或门），并高出水箱面5cm以上，并有上锁装置，水箱内外应设有爬梯。水箱必须安装在有排水条件的底盘上，泄水管应设在水箱的底部，溢水管与泄水管均不得与下水管道直接连通，水箱的材质和内壁涂料应无毒无害，不影响水的感观性状。②蓄水池周围10米内不得有渗水坑和堆放垃圾等污染源，水箱周围2米内不得设有污水管线及污染物。③设施不得与市政供水管道直接联通，在特殊情况下需要连通时必须设置不承压水箱。④水箱内壁要光滑、洁净、平整，水箱的出水处预留或安装饮用水消毒处理装置（如：紫外线、二氧化氯、臭氧等消毒设备）。⑤蓄水池、水箱的容积设计不得超过用户48小时的用水量。⑥建设中使用的过滤、软化、净化、消毒设备、防腐涂料，必须有省级以上（含省级）卫生部门颁发的"产品卫生安全性评价报告"。⑦设施周围应保持环境整洁，应有良好的排水条件，供水设施，饮用水消毒处理装置（含净化、软化设备）运转正常。⑧供水设施与饮水接触表面必须保持外观良好，平整光滑，不对饮水水质造成影响。⑨水箱盖加锁，水箱中不能存在肉眼可见物，水箱内壁没有污垢，底部没有异物，溢水管、泄水管排出口加防护网。⑩通过设施所给师生的饮用水感官性状不应对人产生不良影响，不应含有危害人体健康的有毒有害物质，不引起肠道传染病发生和流行。⑪符合《二次供水设施卫生规范》的要求。⑫卫生部门必须参加二次供水设施的设计审查、竣工验收和水质监测（二次供水设施卫生规范全项指标），合格方能投入使用。⑬监督监测频率，学校每年应对设施进行一次全面清洗，消毒，做好消毒记录，并对水质进行检验，及时发现和消除污染隐患，保证师生饮水的卫生安全。

（2）学校二次供水卫生监督方法：首先，查阅相关资料，参照一般监督的监督方法，另外，检查贮水设备（水箱或蓄水池）是否定期清洗消毒，查看清洗消毒记录。其次，现场监督检查，按照监督内容核实二次水箱设置位置、水箱是否加盖上锁、溢水口、泄水口设置是否合理、水箱或蓄水池周围环境、使用材质和防护材料等监督内容是否符合要求，饮用水消毒处理装置是否有并运转正常。

3. 学校分散式供水（自备井、水窖）　分散式供水是指用户直接从水源取水，未经任何设施或仅有简易设施的供水方式,如浅井、深井、插管井、泉水、河水、塘水、窖水等供水。

(1)学校分散式供水卫生监督主要内容包括:①分散式供水设施周围30米内没有生活垃圾、建筑垃圾、旱厕、污水管线或污水沟等污染源;②有卫生安全防护设施,定期对水质进行消毒;③取水井口要高出地面或密封,防止流水经地面倒灌入井,污染井水。

(2)学校分散式供水卫生监督方法:首先,查阅相关资料,参照一般监督的监督方法。其次,现场监督检查,按照监督主要内容,现场检查分散式供水的水源防护和卫生安全防护设施是否达到卫生要求。

4. 学校分质供水　饮用水管道分质供水是指利用过滤、吸附、氧化、消毒等装置对需要改善水质的集中式供水(或其他水源水)作进一步的净化处理,通过独立封闭的循环管道输送,供直接饮用的水。分质供水是集中供水的一种形式,属于供水单位卫生许可范围。

(1)学校分质供水的监督内容分为:①分质供水系统必须独立设置。分质供水管网不得与市政或自建供水系统直接相连。②分质供水系统应为可循环环状管网,保证每天定时循环不少于4次或全天循环,供水系统中水的停留时间不应超过24小时,回水必须经过消毒后方可再次进入供水系统。③学校分质供水机房应有锁闭装置,并设有防蚊蝇、防尘、防鼠等措施。地面、墙壁、吊顶应采用防水、防腐、防霉、易消毒、易清洗的材料铺设,应保证通风良好、应有良好的采光及照明。④除生活饮用水以外的其他管道不得进入净水机房。净水设备宜按工艺流程进行布置,同类设备应相对集中,应采用分质供水专用水嘴。⑤宜设置更衣室,室内宜设衣帽柜、鞋柜等更衣设施及洗手盆。⑥应配备空气消毒装置。当采用紫外线空气消毒时,紫外线灯按$30W/(10\sim15m^2)$设置,距地面宜2m。⑦配备有水质检验设备或在制水设备上安装在线实时检测仪表。⑧分质供水系统应进行日常供水水质检验,建立水质检验室,配备与供水规模和水质检验要求相适应的检验人员和仪器设备。检验记录应准确、清楚,并应存档备查。⑨分质供水系统用户端的水质应符合国家现行标准《饮用净水水质标准》(CJ 94—2005)的规定。⑩分质供水系统试压合格后应对整个系统进行清洗和消毒。

(2)学校分质供水监督方法:首先,查阅相关资料,参照一般监督的监督检查方法。其次,现场监督检查,查看分质供水系统安装是否合理、卫生防护措施是否完备,查看设备运转是否正常,记录是否齐全,按照学校分质供水的监督内容,逐条核实,是否符合卫生要求。

5. 学校水处理设备净化水　指以市政自来水或其他集中式供水为原水,经过进一步处理,旨在改善饮水水质,去除水中某些有害物质为目的的饮用水水处理装置。

目前常见的水处理方式有活性炭或超滤技术、纳滤和反渗透技术,出水的水质应当依照所采用的水处理工艺的不同而采取不同的评价规范。采用活性炭或超滤膜技术的,应符合《生活饮用水水质处理器卫生安全与功能评价规范——一般水质处理器》的要求。采用纳滤技术的应符合《饮用净水水质标准》(CJ 94—2005)的要求。采用反渗透技术的应符合《生活饮用水水质处理器卫生安全与功能评价规范——反渗透处理装置》的要求。水处理工艺应当指明原水所经过的处理单元以及出水,并用流程图表示。如果有加热装置,在流程图中应当标明热水和冷水出口。反渗透净化水和纳滤净化器应在流程图中标明废水出口。

(1)学校水处理设备净化水卫生监督主要内容包括:①饮水处应能满足维护方便、通风良好、确保通电通水和排水的要求,周围不应有污水池、垃圾桶(箱、房)、粉尘和有毒有害气体等污染源;②饮水处地面、墙壁应使用防水、防滑、防腐、防霉、无辐射、易于消毒、清洗的材料铺设,地面应有一定的疏水坡度;③原水应使用符合《生活饮用水卫生标准》(GB 5749—2006)的市政自来水;④制订水处理设备净化水水质事件应急处置预案;⑤建立健全水处理设备净化水卫生管理制度和卫生管理档案;⑥配备经培训合格的专(兼)职卫生管理员;⑦应对水处理设备净化水进行定期检测,检验方法为《生活饮用水标准检验方法》(GB/T 5750—2006),记录检测结果并留档备查;⑧水处理设备应具有省级卫生行政部门核发涉水产品卫生许可批件;⑨使用的消毒产品具有有效的卫生许可批件;⑩新设水处理设备净化水设备在开始供水前、停止使用恢复供水前,应进行全面冲洗和消毒,并进行水质检验,合格后方可供水;⑪定期更换水处理材料,更换时应由专业机构进行,所更换的水处理材料应有有效的涉水产品卫生许可批件,从事更换的人员应有有效的健康证明,更换水处理材料后应进行水质检验,合格后方可供水。⑫水质检验不合格情况应立即停止供水,通知设备制造商,及时查明原因,消除污染,并经水质检验合格后方可恢复供水。停水期间应采取措施保证必要的卫生安全的饮用水。

(2)学校水处理设备净化水监督方法:首先,查阅相关资料,参照一般监督的监督检查方法,尤其查看水处理设备净化水设备是否有涉水产品卫生许可批件,是否定期更换水处理材料,记录是否齐全,是否有水质监测报告。其次,现场监督检查,查看水处理设备净化水安装是否合理、卫生防护措施是否完备,查看设备运转是否正常,记录是否齐全,按照水处理设备净化水的监督内容,逐条核实,是否符合卫生要求。

6. 学校桶装水

(1)学校桶装水卫生监督内容由桶装水和与桶装水配套使用的饮水机监督两部分组成。第一部分桶装水的卫生监督内容包括:①索取桶装水生产许可证和每批次检验报告;②桶装水是否在保质期内,瓶口是否封闭完好(按照工作职能划分,桶装水的监管是由食品药品监督管理局完成)。第二部分桶装水配套使用的饮水机卫生监督内容包括:①饮水机的有效的卫生行政部门核发的卫生许可批件;②制定饮水机清洗消毒制度;③饮水机清洗消毒使用的消毒剂的有效的卫生许可批件,且有产品的检验合格证明;④饮水机清洗消毒应请专业机构进行,如学校自行清洗消毒,从事清洗消毒人员应有有效的健康体检证明;⑤饮水机尽量避免光照,并保持周围环境清洁,没有污染源,防止二次污染。

(2)学校桶装水卫生监督方法:首先,查阅相关资料,核实桶装水生产许可证和每批次检验报告是否齐全并在有限期内,饮水机的有效的卫生许可批件,饮水机清洗消毒记录。其次,现场监督检查,现场查看饮水机摆放位置是否符合要求。

7. 学校开水　饮用水经过高温煮沸,安全卫生,因此提倡学校采用开水作为学生饮水。

(1)学校开水卫生监督的主要内容包括:①若采用保温器皿作为盛放容器时,器皿应加盖上锁。器皿要定期清洗消毒,并有清洗消毒记录。②检查开水供应量是否充足和方便学生饮用,单纯供应开水的以4~6个班有一个50kg保温桶为足量。

(2)学校开水卫生监督的主要检查方法:首先,查阅盛开水的器皿的消毒制度和消毒记录。其次,现场检查器皿数量是否满足学生使用量,器皿是否加盖上锁。

案例 10-1　某年某月某日,某市某大学多名学生出现腹痛、腹泻症状,接到举报当地卫生和计划生育委员会卫生监督员立即赶赴现场调查处理,经现场监督检查、流行病调查和病人排泄物检测,判断为由饮用水受到污染引起的。该学校饮用水为市政供水,直接供学生饮用。监督员在事故调查中发现该学校自建一套供水设施正在为学生供水,水源为校园内新打的一口井，建有蓄水池，并安装了水质消毒装置，通过单独的供水管线供应学校用水。该校管水人员称：这套供水设施是刚建成的，主要用于在市政自来水供应不足时应急使用，平时不启用。经调查，新建的这套供水设施没有经过预防性卫生审查，蓄水池与学生公寓化粪池相距仅为 5 米，并且蓄水池有渗漏现象，该套供水设施没有办理卫生许可证，同时还发现两名管水人员没有健康体检合格证明，该套供水设施供应学生的饮用水没有经过卫生部门的检测，造成了学生饮用水污染事件。

问题：

1. 从以上例子中，你认为造成学生腹痛、腹泻的原因是什么？

2. 学校不同类别的供水和饮水的监督内容有哪些？

3. 你作为该学校的校长对学校饮用水应如何管理？

四、学校饮用水相关法律责任及违法违规行为处理

学校未按照国家饮用水法律、法规、规范和标准执行，卫生监督员发现违法行为后，依法进行相应的处罚，有地方法规的可按地方法规处罚，并向当地教育行政部门或学校主管上级单位进行情况通报，必要时通报当地政府。

（一）违法行为

包括：①集中式供水学校未取得县级以上地方人民政府卫生行政部门签发的卫生许可证擅自供水的行为；②集中式供水学校安排未取得体检合格证或患有有碍饮用水卫生的人员和病原携带者，从事直接供、管水工作；③学校供应的饮用水质不符合生活饮用水卫生标准；④学校未向学生提供充足的饮用水；⑤拒绝或者妨碍卫生监督员依照《学校卫生工作条例》实施卫生监督。

（二）判断依据

学校饮用水违法行为依据《中华人民共和国传染病防治法》《学校卫生工作条例》《生活饮用水卫生监督管理办法》的有关规定确定。

（三）违法条款

学校饮用水相关违法条款包括：①集中式供水学校未取得县级以上地方人民政府卫生行政部门签发的卫生许可证擅自供水的行为违反了《生活饮用水卫生监督管理办法》第七条的规定；②集中式供水学校安排未取得体检合格证或患有有碍饮用水卫生的人员和病原携带者，从事直接供、管水工作的行为违反了《生活饮用水卫生监督管理办法》第十一条的规定；③学校供应的饮用水不符合生活饮用水卫生标准的行为违反了《传染病防治法》第二十九条第一款、《生活饮用水卫生监督管理办法》第六条、《学校卫生工作条例》第七条第二款的规定；④学校未向学生提供充足的饮用水违反了《学校卫生工作条例》第七条第二款的规定；⑤拒绝或者妨碍学校卫生监督员依照《学校卫生工作条例》实施卫生监督的行为违反了《学校卫生工作条例》第三十条第二款的规定。

（四）处罚条款

卫生行政部门对以上 5 项违法行为依法分别给予相应的处罚。处罚内容包括：①集中式供水学校未取得县级以上地方人民政府卫生行政部门签发的卫生许可证擅自供水的行为，依据《生活饮用水卫生监督管理办法》第二十六条第三项的规定，责令限期改进；并可以处 20 元以上 5000 元以下的罚款。②集中式供水学校安排未取得体检合格证或患有有碍

饮用水卫生的人员和病原携带者，从事直接供、管水工作的行为，依据《生活饮用水卫生监督管理办法》第二十五的规定，责令限期改进；并可对供水单位处以 20 元以上 1000 元以下的罚款。③学校供应的饮用水不符合生活饮用水卫生标准的行为，依据《传染病防治法》第七十三条第一项的规定，责令限期改正，没收违法所得，可以并处五万元以下罚款；已取得许可证的，原发证部门可以依法暂扣或者吊销许可证；构成犯罪的，依法追究刑事责任；依据《生活饮用水卫生监督管理办法》第二十六条第四项责令限期改进；并可以处 20 元以上 5000 元以下的罚款；依据《学校卫生工作条例》第三十三条的规定，警告并责令限期改进；情节严重的，可以同时建议教育部门给予行政处分。④学校未向学生提供充足的饮用水，依据《学校卫生工作条例》第三十三条的规定警告并责令限期改进；情节严重的，可以同时建议教育部门给予行政处分。⑤拒绝或者妨碍学校卫生监督员依照《学校卫生工作条例》实施卫生监督工作的，依据《学校卫生工作条例》第三十六的规定，由卫生行政部门对直接责任单位或者个人给予警告；情节严重的，可以建议教育行政部门给予行政处分或者处以二百元以下的罚款。

第二节　学校公共场所经常性卫生监督

学校内公共场所经常性卫生监督，就是卫生行政部门依据国家有关法律、法规、规范及标准，对学校内公共场所进行监督和指导，对违法行为依法予以查处。

一、学校公共场所概述

（一）学校公共场所卫生监督的意义

公共场所是人群高度密集，相对密闭的空间，很多公共用品为多人使用，一旦室内空气污染容易造成健康危害，甚至造成传染病的流行。因此，公共场所卫生监督对预防疾病，保障人体健康至关重要。《公共场所卫生管理条例》规定的依法进行卫生监督的公共场所共 7 类 28 种，包括：①宾馆、饭馆、旅店、招待所、车马店、咖啡馆、酒吧、茶座；②公共浴室、理发店、美容店；③影剧院、录像厅（室）、游艺厅（室）、舞厅、音乐厅；④体育场（馆）、游泳场（馆）、公园；⑤展览馆、博物馆、美术馆、图书馆；⑥商场（店）、书店；⑦候诊室、候车（机、船）室、公共交通工具。目前根据国务院相关文件，公共场所卫生许可取消了公园、体育场馆、公共交通工具卫生许可。《公共场所卫生管理条例实施细则》明确要求公共场所经营者在经营活动中，应当遵守有关卫生法律、行政法规和部门规章以及相关的卫生标准、规范，开展公共场所卫生知识宣传，预防传染病和保障公众健康，为顾客提供良好的卫生环境。学校内的公共场所也同样遵照执行。

（二）学校公共场所分类

在《公共场所管理条例》中所列 7 类 28 种公共场所，学校常见的有公共浴室、游泳馆、图书馆、体育馆、理发店等。

二、学校公共场所卫生监督的依据

学校内公共场所卫生监督是学校卫生监督的内容之一，在行使卫生监督职责时，应当根据各级各类学校特点，依据法律、法规、规章等规定，认真执行。

1. 法律　学校公共场所卫生监督的主要法律依据有《传染病防治法》，它是一部预防、控制和消除传染病，保障人体健康和公共卫生的法律。其中第五十三条第一款第六项明确规定县级以上人民政府卫生行政部门对公共场所和有关单位的卫生条件和传染病预防、控制措施进行监督检查。它是对公共场所执行卫生监督工作的法律依据。

2. 法规　学校公共场所卫生监督的主要法规依据有《公共场所卫生管理条例》《学校卫生工作条例》。1987年4月1日国务院发布《公共场所卫生管理条例》是公共场所卫生监督的第一部法规，为创造良好的公共场所卫生条件，预防疾病，保障人体健康而制定的，是公共场所卫生监督工作开展的基本依据，共有五章十九条，对监督内容及罚则都做了规定。另一部学校公共场所卫生监督的法规是《学校卫生工作条例》，其中第六条学校教学建筑、环境噪声、室内微小气候、采光、照明等环境质量以及黑板、课桌椅的设置应当符合国家有关标准。第二十八条县以上卫生行政部门对学校卫生工作行使监督职权，第二项对学校内影响学生健康的学习、生活、劳动、环境、食品等方面的卫生和传染病防治工作实行卫生监督。

3. 部门规章　学校公共场所卫生监督涉及的主要规章有《公共场所卫生管理条例实施细则》，该《细则》是2011年3月10日发布，自2011年5月1日正式实施。在原卫生部1991年3月11日发布的基础上进行了修改，更加适应现今社会的发展需要，对公共场所的卫生管理、卫生监督等相关工作做出明确规定。是学校公共场所卫生监督的依据。

4. 规范性文件和相关卫生标准　学校公共场所是一项涉及面广的工作，我国针对公共场所制定了一系列规范和标准，这些规范和标准是学校公共场所卫生监督重要的工作依据，是卫生监督检查的内容。与学校公共场所卫生监督工作密切相关的规范主要有《学校卫生监督工作规范》，对学校卫生监督工作职责、学校卫生监督内容和方法以及监督情况的处理做了明确规定。其中第二章第四条学校卫生监督职责中的第五项为学校内公共场所的卫生监督；第三章第十七条详细写明了学校内游泳场所的监督内容和方法。《沐浴场所卫生规范》《游泳场所卫生规范》和《美容美发店卫生规范》，分别对沐浴场所、游泳场馆和美容美发店从场所卫生要求、操作卫生要求、人员卫生要求和卫生管理等方面做了明确规定。《公共场所集中空调通风系统卫生规范》《公共场所集中空调通风系统卫生学评价规范》《公共场所集中空调通风系统清洗消毒规范》对学校公共场所集中空调通风系统做了明确规定。标准是我们判断事物正确与否的尺度，是学校公共场所监督的重要依据，目前与学校公共场所有关的标准有：《游泳场所卫生标准》（GB 9667—1996）、《公共浴室卫生标准》（GB 9665—1996）、《理发店、美容店卫生标准》（GB 9666—1996）、《体育馆卫生标准》（GB 9668—1996）、《图书馆、博物馆、美术馆、展览馆卫生标准》（GB 9669—1996）、《学校卫生综合评价》（GB/T 18205—2012）、《室内空气质量标准》（GB/T 18883—2002）、《公共场所用品卫生标准》（WS 205—2001），这些标准分别对公共浴室、游泳场所、理发店、美容店、体育馆、图书馆、博物馆、美术馆、展览馆的水温、水质、空气质量、微小气候、噪声、照度和通风等标准值和卫生要求做了详细规定，这些标准是学校公共场所卫生监督的依据，也是行政处罚的举证依据。

上述法律、法规、部门规章、规范和标准构成了整个公共场所监管的法律体系。

三、学校公共场所卫生监督内容与方法

（一）学校公共浴室卫生监督

1. 学校公共浴室卫生监督内容　学校公共浴室不同于普通浴室，它面对的人群是在校

学生，一般没有公用的脸巾、浴巾，公用拖鞋一般很少。学校公共浴室卫生监督主要内容包括：

（1）依法取得卫生许可证：学校浴室开业前应办理公共场所卫生许可证，卫生许可证有效期四年，每两年复核一次。公共场所卫生许可证应当在经营场所醒目位置公示。

（2）从业人员有健康证：学生浴室从业人员上岗前应当取得"健康合格证明"。直接为顾客服务的从业人员，应每年进行健康检查，取得"健康合格证明"，同时要进行卫生法律法规、基本卫生知识和卫生操作技能培训，取得培训合格证后方可从事直接为顾客服务的工作。从业人员卫生知识培训每两年进行一次，健康合格证明不得涂改、转让、倒卖、伪造。凡患有痢疾、伤寒、甲型病毒性肝炎、戊型病毒性肝炎、活动性肺结核、化脓性或渗出性皮肤病及其他有碍公共场所卫生的疾病的和病原携带者，不得直接从事公共浴室工作。

（3）制定卫生管理制度：包括培训考核制度、自身检查与检测制度、公共用品清洗消毒更换制度、禁浴制度等，设立卫生管理部门或者配备专（兼）职卫生管理人员。

（4）学生浴室卫生设施：设置更衣室、浴室、厕所和消毒间等房间，浴室应设气窗，保持良好通风，气窗面积为地面面积的 5%，并保持良好通风。浴室地面坡度不小于 2%，屋顶应有一定弧度。浴室环境整洁，淋浴喷头间距大于 0.9 米。

（5）学生浴室消毒：浴室及其卫生间每天清洗消毒，做到无积水、无异味，公共用品用具做到一客一洗一消毒。

（6）学生浴室标识：在浴室明显位置悬挂严禁性病和各种传染性皮肤病（如疥疮、化脓性皮肤病、广泛性皮肤毒菌病等）患者就浴标志。

（7）学生浴室监测：依照《公共浴室卫生标准》（GB 9665—1996），对浴室的二氧化碳、一氧化碳、照度、水温、浴池水浊度等指标进行检测，具体标准值见表 10-1，每年至少监测一次。

表 10-1　公共浴室卫生标准值

项目	更衣室	浴室（淋、池、盆浴）
室温，℃	25	30～50
二氧化碳，%	≤0.15	≤0.10
一氧化碳，mg/m^3	≤10	
照度，lx	≥50	≥30
水温，℃		40～50
浴池水浊度，度		≤30

2. 学校公共浴室卫生监督方法

（1）查阅资料：检查公共场所卫生许可证、从业人员健康证持证情况，是否有卫生知识培训合格证，检查证件是否在有效期内，检查是否建立卫生管理制度，核实设立卫生管理部门或者配备专（兼）职卫生管理人员。公共用品清洗消毒记录是否齐全，是否有当年的空气检测报告。

（2）现场实地检查：浴室是否按要求设置更衣室、浴室、厕所和消毒间等卫生设施，气窗、地面设置是否符合要求，标注是否贴在醒目位置。

（二）学校游泳场馆卫生监督

为加强游泳场所的管理，保障游泳者的健康和安全，卫生监督员应依法对游泳场所进行监督管理。

1. 学校游泳场馆卫生监督内容 ①依法办理公共场所卫生许可证，凡是经营性的学校游泳场馆开业前应向县级以上地方人民政府卫生行政部门申请办理公共场所卫生许可证，有效期四年，每两年复核一次。公共场所卫生许可证应当在经营场所醒目位置公示。②从业人员办理健康证，学校游泳馆从业人员上岗前应当取得"健康合格证明"。直接为顾客服务的从业人员，应每年进行健康检查，取得"健康合格证明"，同时要进行相关卫生法律法规基本卫生知识和卫生操作技能培训，取得培训合格证后方可从事直接为顾客服务的工作。从业人员卫生知识培训每两年进行一次，"健康合格证明"不得涂改、转让、倒卖、伪造。凡患有痢疾、伤寒、甲型病毒性肝炎、戊型病毒性肝炎、活动性肺结核、化脓性或渗出性皮肤病及其他有碍公共场所卫生的疾病的和病原携带者，不得直接从事游泳场所工作。③建立卫生管理制度，包括培训考核制度、自身检查制度、水质循环净化消毒制度、水质监测制度、公共用品清洗消毒更换制度等，配备卫生管理人员。④游泳场所的卫生消毒，游泳场所的通道、浸脚消毒池保持清洁无异味并应定期消毒，通往游泳池走道中间应设有强制通过式浸脚消毒池（池长不小于2米，宽度应与走道相同，深度20厘米）和淋浴设施。浸脚消毒池的余氯含量应保持5～10mg/L，须4小时更换一次。⑤游泳池水质要求，人工游泳池在开放时间内应每日定时补充新水，保证池水水质有良好的卫生状况，应保持游离余氯浓度为0.3～0.5mg/L。⑥入口处标识牌要求，入口处应有明显"严禁肝炎、重症沙眼、急性出血性结膜炎、中耳炎、肠道传染病、精神病、性病等患者和酗酒者进入人工游泳池"的标志。⑦游泳池水净化消毒工作要求，人工游泳场所应设置专人负责池水净化消毒工作，并配备足量、符合国家卫生要求的净化、消毒剂。游泳场所应配备余氯、pH、水温度计等水质检测设备，每场开放前、开放时均应进行池水余氯、pH、温度等检测，检测结果应公示并注明测定时间，且记录备查，检测结果应每月上报卫生监督部门。开放期间每月应由当地卫生检验部门进行检测，并出具检验报告。游泳池每年开放前和连续开放期间应对卫生标准规定的全部项目进行检测（表10-2、表10-3）。天然游泳场所每年开放前应经卫生部门水质监测合格后方可对外开放，同时应根据国家有关标准要求中规定的项目定期进行水质检验（表10-4），每月不少于1次，监测结果应向公众公示。⑧索取相关证件：游泳场所使用的公共用品用具、净化剂、清洁剂、杀虫剂、消毒药剂、消毒设施、饮水设备、急救物品及设施、池水循环净化设备等应到证照齐全的生产厂家或经营单位购买，采购时应建立验收制度并做好记录，按照国家有关规定索取检验合格证。⑨传染病和健康危害事故应急工作情况。

2. 学校游泳场馆卫生监督方法

（1）查阅资料：检查公共场所卫生许可证、健康证持证情况，证件是否在有效期内；检查是否建立卫生管理制度，核实设立有卫生管理部门或者配备专（兼）职卫生管理人员；检查水质净化、消毒、检测记录及近期水质检测报告，根据实际情况，开展现场检测或采样送检；检查清洗、消毒、保洁、盥洗等设施设备和公共卫生间卫生状况；查阅卫生设施设备维护制度和检查记录；查阅传染病和健康危害事故应急预案或者方案。检查净化剂、清洁剂、杀虫剂、消毒药剂、消毒设施、饮水设备等有无检验合格证和生产企业卫生许可证或产品卫生许可批件；查阅由当地检验部门出具的检测报告。

表 10-2　人工游泳池水质卫生标准值

项目	标准值	项目	标准值
池水温度，℃	22～26	游离性余氯，mg/L	0.3～0.5
pH	6.8～8.5	细菌总数，个/ml	≤1000
浑浊度，度	≤5	大肠菌群，个/L	≤18
尿素，mg/L	≤3.5	有毒物质	按 TJ36 执行

表 10-3　游泳馆空气卫生标准值

项目	标准值	项目	标准值
冬季室温，℃	高于水温度1～2	空气细菌数	
相对湿度，%	≤80	a. 撞击法，cfu/m³	≤4000
风速，m/s	≤0.5	b. 沉降法，个/皿	≤40
二氧化碳，%	≤0.15		

表 10-4　天然游泳场水质卫生标准值

项目	标准值	项目	标准值
pH	6.0～9.0	漂浮物质	无油膜及无漂浮物
透明度，cm	≥30	有毒物质	按 TJ36 执行 或按 GB3079 执行

（2）现场实地检查：游泳场馆是否按要求设置卫生设施，标注是否贴在醒目位置。

（三）学校理发店卫生监督

1. 学校理发店卫生监督内容　①依法办理公共场所卫生许可证，学校理发店应按照规定向县级以上地方人民政府卫生行政部门申请办理卫生许可证，卫生许可证有效期四年，每两年复核一次。②从业人员办理健康证，直接为顾客服务的人员必须办理健康证，患有痢疾、伤寒、甲型病毒性肝炎、戊型病毒性肝炎等消化道传染病的人员，以及患有活动性肺结核、化脓性或者渗出性皮肤病等疾病的人员，治愈前不得从事直接为顾客服务的工作。同时进行相关卫生知识培训，取得培训合格证后方可上岗工作。每年体检一次。③制定卫生管理制度，理发店、美容院（店）应有健全的卫生制度。店内应有消毒设施或消毒间。理发用大小围布要经常清洗更换。④脸巾应洁净，每客用后应清洗消毒，其细菌数应符合《旅店业卫生标准》（GB 9663—1996）中表 2 要求。⑤公共用品用具如需外洗的，应选择清洗消毒条件合格的单位，作好物品送洗与接收记录，并索要承洗单位物品清洗消毒记录。⑥美容工具、理发工具、胡刷用后应消毒，不得检出大肠菌群和金黄色葡萄球菌。胡刷宜使用一次性胡刷。理发工具宜采用无臭氧紫外线消毒。理发刀具、美容工具配备的数量应满足消毒周转所需。⑦采购的公共用品用具应符合国家有关卫生标准和规定要求。采购的一次性卫生用品、消毒产品、化妆品等物品中文标识应规范，并向经销商索要近期产品检验报告或有效证明材料。⑧必须备有供患头癣等皮肤传染病顾客专用的理发工具，并有明显标志，用后即时消毒，并单独存放。⑨根据国家规定对理发店的二氧化碳、一氧化碳、甲醛、可吸入颗粒物、氨、空气细菌进行检测，检测依据《理发店、美容店卫生标准》（GB 9666—1996），具体数值见表 10-5，检测频次，每年至少一次。

表 10-5　理发店、美容院卫生标准

项目	理发店	项目	理发店
二氧化碳,%	≤0.1	氨,mg/m³	≤0.5
一氧化碳,mg/m³	≤10	空气细菌	
甲醛,mg/m³	≤0.12	a. 撞击法,cfu/m³	≤4000
可吸入颗粒物,mg/m³	≤0.15(美容院) ≤0.2(理发店)	b. 沉降法,个 / 皿	≤40

2. 学校理发店卫生监督方法

(1)查阅资料:查看许可证、健康证持证情况,证件是否在有效期内,查看是否建立卫生管理制度,公共用品清洗消毒记录是否齐全,是否有当年的空气检测报告。理发店使用的一次性卫生用品、消毒产品、化妆品有索证资料。

(2)现场实地检查:学校理发店是否按要求设置卫生设施,是否有理发用毛巾、刀具的消毒药和消毒工具,标注是否贴在醒目位置。

案例 10-2　某年某月某日,某地卫生监督机构接到举报,在某学校理发店理发后,出现了过敏症状。卫生监督员立即赶往现场,发现该学校新开了一家理发店,未办理任何证件就开业了,现场检查发现,该理发店未按要求设置消毒间,使用的毛巾、刀具等未经消毒直接给顾客使用,理发店使用的清洗护理用品,没有生产企业的卫生许可证和检测合格证,监督员现场拍照、取证,制作《现场检查笔录》,并对该理发店张某进行了询问,制作了《询问笔录》,并对该学校进行立案处罚。

问题:

1. 学校内理发店是否需要办理公共场所卫生许可证? 若需要办理卫生许可证,应该在什么时间办理?

2. 理发店的从业人员需要办理健康证吗? 有效期多长?

3. 作为一名卫生监督员,对学校内理发店应该怎样监督?

(四)图书馆卫生监督

1. 学校图书馆卫生监督主要内容包括　①使用面积超过 300m² 的图书馆应设置机械通风装置;②馆内采用湿式清扫,及时清除垃圾、污物,保持馆内整洁;③厅内自然采光系数不小于 1/6,人工照明应达到光线均匀、柔和、不炫目;④按照《公共场所管理条例实施细则》和《图书馆、博物馆、美术馆、展览馆卫生标准》规定,对图书馆内温度、相对湿度、风速、二氧化碳、甲醛、可吸入颗粒物、空气细菌数、噪声和台面照度进行检测,检测标准值见表 10-6,检测每年不得少于一次;⑤图书馆使用集中空调通风系统需按《公共场所集中空调通风系统卫生规范》《公共场所集中空调通风系统卫生学评价规范》《公共场所集中空调通风系统清洗消毒规范》的卫生要求执行;⑥建立相应的卫生管理制度。

2. 学校图书馆卫生监督方法

(1)查阅资料:查看是否建立卫生管理制度,公共用品清洗消毒记录是否齐全,当年的检测报告。

(2)现场实地检查:学校图书馆是否按要求采用湿式清扫,及时清除垃圾、污物,保持馆内整洁,人工照明是否达标。

表 10-6 图书馆、博物馆、美术馆和展览馆卫生标准值

项目	图书馆、博物馆、美术馆	展览馆
温度,℃		
有空调装置	18~28	18~28
无空调装置的采暖地区冬季	≥16	≥16
相对湿度,% 有中央空调	45~65	40~80
风速,m/s	≤0.5	≤0.5
二氧化碳,%	≤0.10	≤0.15
甲醛,mg/m³	≤0.12	≤0.12
可吸入颗粒物,mg/m³	≤0.15	≤0.25
空气细菌数		
a. 撞击法,cfu/m³	≤2500	≤7000
b. 沉降法,个/皿	≤30	≤75
噪声,dB(A)	≤50	≤60
台面照度,lx	≥100	≥100

(五)体育馆卫生监督

1. 学校体育馆卫生监督主要内容包括

(1)馆内环境清洁卫生、禁止吸烟。

(2)按照《公共场所管理条例实施细则》和《体育馆卫生标准》规定,对体育馆内可吸入颗粒物、室内温度、空气细菌、二氧化碳进行检测,标准值见表 10-7,检测每年不得少于一次。

(3)建立相应的卫生管理制度。若使用集中空调通风系统的按照《公共场所集中空调通风系统卫生规范》《公共场所集中空调通风系统卫生学评价规范》《公共场所集中空调通风系统清洗消毒规范》的卫生要求执行。

表 10-7 体育馆卫生标准值

项目	标准值	项目	标准值
温度,℃ 采暖地区为冬季的	≥16	可吸入颗粒物,mg/m³	≤0.25
相对湿度,%	40~80	空气细菌数	
风速,m/s	≤0.5	a. 撞击法,cfu/m³	≤4000
甲醛,mg/m³	≤0.12	b. 沉降法,个/皿	≤40
二氧化碳,%	≤0.15	照度,lx	比赛时观众席>5

2. 学校体育馆卫生监督方法

(1)查阅资料:查看是否建立卫生管理制度,当年的监测报告。

(2)现场实地检查:学校体育馆是否按保持馆内环境整洁,有禁烟标志。

以上公共场所要建立传染病和健康危害事故应急预案、事故报告制度。建立相应的卫生管理制度。

(六)学校内公共场所集中空调通风系统卫生监督

随着人民生活水平的不断提高,集中空调在学校大型的公共场所广泛使用,空调系统对于室内的空气品质一方面可以排除或稀释各种空气污染物和调节室内温湿度;另一方面

它可以产生和加重污染物的形成和发展,造成不良的室内空气品质。空调系统污染引起的疾病有以下几种:呼吸道疾病(军团菌病、上呼吸道感染)、过敏性疾病(过敏性鼻炎、肺炎、哮喘)和综合征(不良建筑综合征、办公室病,如容易出现疲劳、头痛、眩晕、恶心等症状),为了预防控制疾病传播和群体性健康危害事件的发生,卫生监督员应监督学校加强集中空调通风系统卫生管理,消除和控制空气传播性疾病传播与流行的潜在危害,保障师生的身体健康。

1. 学校内公共场所集中空调通风系统卫生监督内容

(1)建立集中空调系统卫生档案,主要包括以下内容:①集中空调系统竣工图;②卫生学检测或评价报告书;③经常性卫生检查及维修记录;④清洗、消毒及其资料记录;⑤空调故障、事故及其特殊情况记录。

(2)定期对集中空调系统进行检查、检测和维护。

(3)定期对集中空调系统下列部位进行清洗:①开放式冷却塔每年清洗不少于一次;②空气净化过滤材料应当每六个月清洗或更换一次;③空气处理机组、表冷器、加热(湿)器、冷凝水盘等每年清洗一次。

(4)集中空调系统出现下列情况时,应对相关部位进行清洗消毒:①冷却水、冷凝水中检出嗜肺军团菌;②送风质量不符合国家标准;③风管内表面积尘量、细菌总数、真菌总数不符合风管内表面卫生指标要求。

(5)制定空调系统预防空气传播性疾病的应急预案,主要包括以下内容:①集中空调系统进行应急处理的责任人;②不同送风区域隔离控制措施、最大新风量或全新风运行方案、空调系统的清洗、消毒方法;③集中空调系统停用后应采取的其他通风和调温措施等。

(6)当空气传播性疾病暴发流行时,符合下列条件之一的集中空调系统方可继续运行:①采用全新风方式运行的;②有空气净化消毒装置,并保证该装置有效运行的;③风机盘管加新风的空调系统,能确保各房间独立通风的。

(7)当空气传播性疾病暴发流行时,应每周对运行的集中空调系统的开放式冷却塔、过滤网、过滤器、净化器、风口、空气处理机组、表冷器、加热(湿)器、冷凝水盘等设备或部件进行清洗、消毒或更换。

2. 学校内公共场所集中空调通风系统卫生监督方法

(1)查阅资料:查看是否建立卫生管理制度,空调系统预防空气传播性疾病的应急预案,公共场所集中空调通风系统使用前的卫生监测报告和有关清洗消毒报告。

(2)现场实地检查:学校集中空调系统新风口周围有无污染源,新风口设置防护网和初效过滤器,新风机组运行正常,新风来自室外。出风口有卫生防护装置,排气装置运行正常,排气系统有效通往室外。

四、学校公共场所监督相关法律责任

县级以上卫生行政部门实施学校公共场所卫生监督后,应当及时将检查情况反馈被检查单位,针对问题及时出具卫生监督意见书,必要时通报当地教育行政部门,督促学校落实整改措施,对存在的以下违法行为,应当按照相关法律、法规和规章的规定,予以查处。

1. 违法行为包括 ①未依法取得公共场所卫生许可证擅自营业。②公共场所经营者安排未获得有效健康合格证明的从业人员从事直接为顾客服务工作的。③拒绝或者妨碍学校卫生监督员依照《学校卫生工作条例》实施卫生监督。④公共场所经营者未按照规定对公共场所的空气、微小气候、水质、采光、照明、噪声、顾客用品用具等进行卫生检测的；未按照规定对顾客用品用具进行清洗、消毒、保洁，或者重复使用一次性用品用具的。⑤公共场所经营者对公共场所集中空调通风系统未经卫生检测或者评价不合格而投入使用的；未按照规定索取公共卫生用品检验合格证明和其他相关资料的；未按照规定办理公共场所卫生许可证复核手续的；未按照规定建立卫生管理制度、设立卫生管理部门或者配备专（兼）职卫生管理人员，或者未建立卫生管理档案的；未按照规定组织从业人员进行相关卫生法律知识和公共场所卫生知识培训，或者安排未经相关卫生法律知识和公共场所卫生知识培训考核的从业人员上岗的；未按照规定设置与其经营规模、项目相适应的清洗、消毒、保洁、盥洗等设施设备和公共卫生间，或者擅自停止使用、拆除上述设施设备，或者挪作他用的；未按照规定配备预防控制鼠、蚊、蝇、蟑螂和其他病媒生物的设施设备以及废弃物存放专用设施设备，或者擅自停止使用、拆除预防控制鼠、蚊、蝇、蟑螂和其他病媒生物的设施设备以及废弃物存放专用设施设备的；未按照规定对公共场所新建、改建、扩建项目办理预防性卫生审查手续的等。

2. 判定依据包括　学校公共场所监督主要依据《公共场所卫生管理条例》《公共场所卫生管理条例实施细则》和《学校卫生工作条例》。

3. 违法条款　①未取得公共场所卫生许可证擅自营业，违反了《公共场所卫生管理条例》第八条、《公共场所卫生管理条例实施细则》第二十二条第二款的规定。②从业人员违反健康管理制度，违反了《公共场所卫生管理条例》第七条、《公共场所卫生管理条例实施细则》第十条的规定。③拒绝或者妨碍学校卫生监督员依照《学校卫生工作条例》实施卫生监督违反了《学校卫生工作条例》第三十条第二款的规定。④违法行为中④和⑤分别违反了《公共场所卫生管理条例实施细则》第十一条、第十三条、第十四条、第十五条、第十六条、第十七条、第十九条的规定。

4. 处罚条款包括　①未取得公共场所卫生许可证擅自营业。依据《公共场所卫生管理条例》第十四条第一款第四项、《公共场所卫生管理条例实施细则》第三十五条第一款的规定，给予警告，并处以五百元以上五千元以下的罚款；停业整顿。②从业人员违反健康管理制度，依据《公共场所卫生管理条例》第十四条第一款第二项、《公共场所卫生管理条例实施细则》第三十八条的规定，给予警告，并处以五百元以上五千元以下的罚款；逾期不改正的，处以五千元以上一万五千元以下的罚款。③拒绝或者妨碍学校卫生监督员的依据《学校卫生工作条例》第三十六条的规定，对直接责任单位或者个人给予警告；情节严重的，可以建议教育行政部门给予行政处分或者处以二百元以下的罚款。④公共场所经营者未按照规定对公共场所的空气、微小气候、水质、采光、照明、噪声、顾客用品用具等进行卫生检测的；未按照规定对顾客用品用具进行清洗、消毒、保洁，或者重复使用一次性用品用具的，依据《公共场所卫生管理条例实施细则》第三十六条规定，给予警告，并可处以二千元以下罚款；逾期不改正，造成公共场所卫生质量不符合卫生标准和要求的，处以二千元以上二万元以下罚款；情节严重的，可以依法责令停业整顿，直至吊销卫生许可证。⑤违反违法行为⑤中规定的内容，依据《公共场所卫生管理条例实施细则》第三十七条规定，责令限期改正；逾期不改的，给予警告，并处以一千元以上一万元以下罚款；对拒绝监督的，处以一万元以上三万元以下罚款；情节严重的，可以依法责令停业整顿，直至吊销卫生许可证。

在学校就读的学生是一个正在生长发育的特殊人群,学生学习生活环境中的饮用水和公共场所的卫生安全与学生的健康密切相关,完善学校饮用水和公共场所的卫生管理体系,提供学生符合卫生标准的饮用水和卫生安全的公共场所,提高由水污染引起的突发卫生事件的应急处置能力,对保障学生身体健康具有重要意义。学校的主要负责人是学校卫生管理的第一责任人,负责学校饮用水和公共场所的卫生管理工作,学校卫生监督工作依据国家法律、法规、规章、规范性文件和标准对学校饮用水和公共场所实施监督检查和指导,防止和消除不良环境对师生健康的影响,开展公共场所卫生知识宣传,预防传染病。对违法行为依法予以查处,保障在校师生的身体健康,维护社会的稳定。

(傅明蓉)

【学习思考】

1. 学校饮用水分为几类,不同类型的饮用水的监督方法分别是什么?
2. 学校常见的公共场所有几种,不同类型的公共场所的监督内容分别是什么?
3. 如何做好学校饮用水和公共场所卫生监督工作?

第十一章　学校食品安全监督

Food Safety Supervision in Schools

　　儿童少年是国家和民族的未来，学校食品安全问题不仅涉及食品安全，还事关食品质量与营养，对国家的命运、经济发展、社会稳定、政府的公信力等有着举足轻重的影响，是衡量国家社会治理、法制建设、民众生活质量的一个重要标准。我国学校食品安全现状不容乐观，强化食品安全监督管理，保障师生生命安全和身心健康是当前学校卫生监督工作的一项重要内容。

第一节　学校食品安全概述

　　"民以食为天，食以安为先"。食品是人类生存发展的必需品。学校食品安全关系到全体师生的身心健康、学校的声誉和教学秩序的稳定。特别是实施营养改善计划以来，学校实行集中供餐，食品安全责任更为重大。

一、食品安全概念

　　1. 食品（food）　指各种供人食用或饮用的成品或原料，即用于人类消费的可维持、改善或者调节人体代谢机能的物品和物质。《中华人民共和国食品安全法》（以下简称《食品安全法》）将食品法律定义为"食品，指各种供人食用或者饮用的成品和原料以及按照传统既是食品又是中药材的物品，但是不包括以治疗为目的的物品"。预包装食品，指预先定量包装或者制作在包装材料、容器中的食品。

　　2. 食品添加剂（food additives）　指为改善食品品质和色、香、味以及为防腐、保鲜和加工工艺的需要而加入食品中的人工合成或者天然物质，包括营养强化剂。

　　3. 食品安全（food safety）　根据世界卫生组织（WHO）定义，食品安全指"食物中有毒、有害物质对人体健康影响的公共卫生问题"。食品卫生和食品安全在概念上既有联系又有区别。根据联合国粮农组织/世界卫生组织（FAO/WHO）定义，食品卫生指在生产、加工、储存和销售时为保证提供安全、完好、健康的产品供人类食用而设计的必要条件和措施，而食品安全涉及食品可能对消费者产生急性和慢性健康危害的所有危险因素。

　　我国《食品安全法》也正是从食品的安全性、营养性和健康性三个方面将"食品安全"界定为：食品无毒、无害，符合应当有的营养要求，对人体健康不造成任何急性、亚急性或者慢性危害。该概念表明，食品安全既包括生产安全，也包括经营安全；既包括结果安全，也包括过程安全；既包括现实安全，也包括未来安全。

基于以上观点，食品安全可理解为：食品在种植（养殖）、加工、贮藏、运输、销售、消费等各个环节中的安全性必须符合国家法律法规的相关要求，不存在有毒、有害物质，以预防或消除对人们身体健康甚至生命安全的危害。

4. 食品安全事故（food safety accidents）　指食物中毒、食源性疾病、食品污染等源于食品，对人体健康有危害或者可能有危害的事故。

5. 食品安全监督（food safety inspection）　指为了保证食品安全，防止食品污染和有害因素对人体的危害，保障人民身体健康，增强体质，由食品安全监管主体依据食品安全法律、法规授权在其管辖范围内，按照法定程序对食品生产经营单位和个人在食品生产和加工、食品流通、餐饮服务等全过程中执行食品安全法律、法规、规章和标准的情况进行检查、监测、监督和处罚的行政执法活动。

二、学校食品安全的意义

目前，我国学校食品安全面临的形势非常严峻，学校食品中毒事件时有发生。学生是弱势群体，普遍存在食品消费心理急切、辨别能力弱的现象；与此同时，社会又缺少专门针对儿童青少年食品安全的健康促进，致使我国儿童青少年在食品安全与营养平衡方面问题突出，尤其是学校一旦发生食品安全问题往往影响到一个大群体，涉及面广、危害性大，轻者影响学生学习，重者影响社会稳定，还可能引发严重的社会问题。因此，加强学校食品安全监督，采取有效的措施消除食品安全存在的隐患，对于切实保障学生身心健康和生命安全具有重要的现实意义。

三、学校食品安全现状与存在问题

食品安全问题是一个不可忽视的问题。学校食品安全问题发展到今天业已超出传统的食品卫生或食品污染的范围。当前，经常发生的食品安全问题威胁人类的健康，过量使用化肥、农药和兽药，工业"三废"排放污染、土壤、大气和水环境污染、水土流失、土地沙化、土壤盐渍化和草场退化造成的生态环境恶劣，以及在食品生产加工环节过量使用添加剂、不合格原料等已经严重影响到食品安全，其中"苏丹红"事件和"三鹿奶粉"事件造成了恶劣的社会影响。加之我国经济社会发展水平不平衡，部分学校食堂特别是农村学校食堂的食品安全隐患严重，已经引起了全社会的广泛关注与高度重视。

（一）学校食品安全现状

当前，学校食物中毒的发生率逐年增长，已成为社会关注的热点和焦点。颜文娟等对中国 2004—2013 年学校食物中毒事件分析发现，高发地区多为浙江、江苏、山东、广东、广西和辽宁等沿海地区，低发省份多为甘肃、贵州、四川、陕西、新疆和云南等内陆地区。城乡分布显示，学校食物中毒多发生于城市，其次是城镇，农村较少，原因可能由于城市学校数量较多，尤其幼托机构和大中专院校多设于城市中。学校食物中毒的分布情况如下：中学＞小学＞中专＞幼托机构，原因可能与中学学生多在学校就餐有关。陈慧萍等报道指出，食物中毒的季节事件起数从低到高依次为冬季、春季、夏季、秋季。夏秋季发生中毒事件多由微生物性因素引起，可能由于夏秋季天气较热，微生物易生长繁殖，蚊虫传播病原微生物的机会较多，若不注意卫生和清洁，极易引起食物中毒；冬季有毒植物因素有所上升，可能冬季气温低，导致温度不够，使四季豆中有毒物质皂素和血球凝集素未破坏而引起中毒。

2014年,国家卫生和计划生育委员会通过突发公共卫生事件网络直报系统共收到26个省(自治区、直辖市)食物中毒类突发公共卫生事件(以下简称食物中毒事件)报告160起,中毒5657人,其中死亡110人。与2013年同期数据相比,报告起数、中毒人数和死亡人数分别增加5.3%、1.8%和0.9%。其中,学生食物中毒事件的报告起数、中毒人数和死亡人数分别占全年食物中毒事件报告总起数、中毒总人数、死亡总人数的22.5%、38.6%和3.6%。其中26起事件发生在集体食堂,中毒1754人,占学生食物中毒人数的80.4%,无人员死亡。与2013年相比,学生食物中毒事件的报告起数和中毒人数分别增加28.6%和15.1%,死亡人数增加2人。表11-1为学校食物中毒的原因分布。

表11-1　2014年26省(自治区、直辖市)36起学校食物中毒事件原因分布

中毒原因	报告起数	中毒人数	死亡人数
微生物性	22	1394	0
化学性	2	9	4
有毒动植物及毒蘑菇	6	298	0
不明原因或尚未查明原因	6	480	0
合计	36	2181	4

数据来源:国卫办应急发(2015) 9号

(二)学校食品安全主要存在问题

1. 学校食品安全管理存在薄弱环节　首先,学校管理者缺乏食品安全意识,对学校食品的卫生安全未予以足够重视,特别是乡村学校,将重点放在教学质量上,学校对学校食堂、学校小商店的食品卫生安全工作缺乏有效的监管与检查,个别食堂没有完善的管理制度和组织实施办法。部分学校因制度不严、责任不明和自身管理差等原因对食堂承包商缺少必要的监管,致使一些承包的食堂为追求经济效益而采购不符合卫生要求的原料。其次,从业人员卫生安全意识不足。食堂从业人员大多是临时聘用,未经培训就从事食品生产经营,普遍缺乏食品卫生知识,没有良好的卫生操作习惯。第三,学生食品卫生安全管理自我意识淡薄。学校食品安全宣传不到位、学生缺乏食品安全辨别能力、自我饮食卫生管理意识淡薄,导致了学生营养失衡与食品安全问题频发。

2. 学校食堂基础设施不健全　部分新、改、扩建的学校食堂未通过审查验收便开始营业;食堂基础设施不完善,缺乏配置配菜、肉类和清洁用品的洗涤池,没有建设和配备消毒间、餐饮用具消毒设备等;冷藏设备不足,各种食品放在同一冰箱,变质食品处理不及时,相互污染。食品原料靠墙、挨地存放,通风不良,导致食品发霉变质;半成品食品原料生熟不分,食材原料的储藏、加工、烹调、消毒经常混在一起,防尘、防蝇、防蟑螂工作不到位,造成学校食堂的安全卫生难以达到相关卫生标准,存在食品安全隐患。

3. 学校周边食品卫生安全情况堪忧　学校周边的餐饮店和流动摊贩大多卫生条件差,尤其是流动摊贩往往没有健康证明,缺乏卫生消毒设备,主要是销售袋装熟食、散装食品、烧烤、煎蛋饼、麻辣烫、汉堡、炸鸡肉、奶茶等小吃,生熟食及原材料随意露天摆放,餐饮卫生无法保证。缺乏必要的食品卫生安全意识,在食品加工过程中,不注重食品的卫生,没有卫生防护设施,而且这些食品摊点人群流动量较大,食品很容易受到各种细菌、病菌以及灰

尘的污染,商贩基本处于无人监管状态,这也为学校食品安全埋下了隐患。为了吸引食品安全辨别能力较弱的学生,以及降低成本,往往非法添加色素、防腐剂和香料,长期食用会引起慢性中毒,对青少年的身体造成伤害。

案例 11-1　2000 年 9 月 20 日,某省某重点中学发生食物中毒,从当日 8:00 至 9 月 22 日凌晨 2:00,在该中学校医室就诊人数达到 238 人。调查发现,学校食堂有 3 位厨房师傅之前发生腹泻多次,但作为病原携带者,仍然坚持上班,制作学生饭菜,结果导致病原菌污染饭菜,样品检查出副溶血性弧菌阳性(所检的发病住院学生 7 例,厨房炊事员 8 例,该食堂的 1 个砧板副溶血性弧菌阳性)。该起中学食物中毒是一起由于炊事人员发病携带致病性病原菌,未及时调离工作岗位继续从事食品加工,造成食品被致病菌污染引发食物中毒的典型案例。

问题:

1. 你认为本起中学食物中毒事件的原因有哪些?
2. 本起学校食物中毒事件中涉及的学校食品安全违法行为有哪些?
3. 对本起学校食物中毒事件中涉及的相关责任主体应做如何处罚?

第二节　学校食品安全监督依据

我国学校食物中毒事件频发,严重威胁了在校师生的生命安全和身心健康。学校食品安全问题越来越引起重视,以《食品安全法》为基础,国家相继颁布实施了食品安全相关的法律、法规,国务院相关行政机构及有关部委、地方政府及相关部门也颁布了一系列有关的规章制度和实施细则,有效保障了学校食品安全与食品质量。经过持续改革,上述食品安全法律、法规、规章、标准构成了我国食品安全法律体系,也是开展学校食品安全监督的法律依据。

一、学校食品安全法律

法律是指全国人民代表大会及其常务委员会制定的规范性文件,其地位和效力仅次于宪法。《中华人民共和国食品安全法》是我国食品安全领域的一部基本法律,它一方面为食品安全的法律、法规制定了总体的框架结构和指明了方向,另一方面该法增加如食品安全风险监测评估制度、召回制度、食品安全国家标准化管理与发布等等,从而更科学合理地保证食品质量安全目标的实现。

《中华人民共和国食品安全法》　2015 年 10 月 1 日第十二届全国人民代表大会常务委员会第十四次会议通过并颁布新修订的《中华人民共和国食品安全法》(以下简称《食品安全法》),这是我国食品安全法律体系中法律效力层级最高的规范性文件,是制定从属性食品安全法规、规章的依据。《食品安全法》是适应新形势发展需要,为了从制度上解决现实生活中存在的食品安全问题而制定的一部食品相关法律,其立法宗旨是"为了保证食品安全,保障公众身体健康和生命安全"。

《食品安全法》与原来的《食品卫生法》相比扩大了法律调整范围,涵盖了"从农田到餐桌"的全过程,对涉及食品安全的相关问题做出了全面规定,在一个更为科学的体系下,用食品安全标准来统筹食品相关标准,以更好地保证食品安全。2015 年新修订的《食品安全法》在以下 5 个方面做出规定：禁止剧毒高毒农药用于果蔬茶叶，保健食品标签不得涉及防病治疗功能，婴幼儿配方食品生产全程质量控制，网购食品纳入监管范围，生产经营转基因食品应按规定标示。

《食品安全法》总共有一百五十四条，主要包括 10 章的内容，包括：总则；食品安全风险监测和评估；食品安全标准；食品生产经营（一般规定、生产经营过程控制、标签、说明书和广告、特殊食品）；食品检验；食品进出口；食品安全事故处置；监督管理；法律责任和附则，给出食品安全等基本概念。

《食品安全法》第五十七条和第一百二十六条分别对学校食品生产经营和法律责任作出了明确规定。例如，第五十七条规定："学校、托幼机构、养老机构、建筑工地等集中用餐单位的食堂应当严格遵守法律、法规和食品安全标准；从供餐单位订餐的，应当从取得食品生产经营许可的企业订购，并按照要求对订购的食品进行查验。供餐单位应当严格遵守法律、法规和食品安全标准，当餐加工，确保食品安全。学校、托幼机构、养老机构、建筑工地等集中用餐单位的主管部门应当加强对集中用餐单位的食品安全教育和日常管理，降低食品安全风险，及时消除食品安全隐患。"

二、学校食品安全法规

食品安全法规（food safety regulation）包括食品安全行政法规和地方性法规，食品安全行政法规的法律层级仅次于食品安全法律，地方性法规的法律效力层级低于行政法规。

1. 行政法规　行政法规指作为国家最高行政机关的国务院根据宪法和法律所制定的规范性文件，其法律地位和效力仅次于宪法和法律。

现行食品安全的行政法规《中华人民共和国食品安全法实施条例（2016 修订）》（以下简称《食品安全法实施条例》），由国务院第 119 次常务会议于 2016 年 2 月 6 日公布实施。主要内容包括：总则、食品安全风险监测和评估、食品安全标准、食品生产经营、食品检验、食品进出口、食品安全事故处置、监督管理、法律责任和附则。该条例将《食品安全法》中某些比较抽象的、较为原则性的规定进行了详细化、具体化，在一定程度上提高了制度的可操作性，强调了食品安全溯源制度建立的意义，例如第二十九条规定了从事食品批发业务的经营企业应当担负的责任和遵守的义务，对食品安全溯源的食品批发领域作了法律上的要求和说明，促进了我国食品溯源法律制度的进一步健全完善。

此外，与学校食品安全相关的行政法规还有：《学校卫生工作条例》（1990 年 6 月 4 日，原国家教委、原卫生部）、《中华人民共和国国境卫生检疫法实施细则》（2010 年 4 月 19 日国务院第 108 次常务会议通过）以及《食品加碘消除碘缺乏危害管理条例》等。

2. 地方法规　地方法规是省、自治区、直辖市以及省级人民政府所在地的市和经国务院批准的较大的市级人民代表大会及其常委会，根据本行政区域的具体情况和实际需要，依法制定的在本行政区域内具有法律效力的规范性文件。目前，我国大多数地区根据《食品安全法》制定并颁布实施了有关食品安全监督管理的地方法规，如：江苏省人民代表大会常务委员会于 2010 年 9 月 29 日颁布实施的《江苏省食品卫生条例（2010 年修订）》、北京市第十三届人民代表大会常务委员会第三十七次会议于 2013 年 4 月 1 日颁布实施的《北京市食品安全条例》等。

三、学校食品安全规章

行政规章是行政性法律规范文件，其法律效力低于法律、行政法规。按照制定机关的不同可分为部门规章和地方规章。

1. 部门规章　部门规章指国务院各部、各委员会根据法律和国务院的行政法规、决定、命令，在本部门权限内制定的规定、办法、实施细则、规则等规范性文件的总称。《食品安全法》第五条授权国务院卫生行政部门依照本法和国务院规定的职责，组织开展食品安全风险监测和风险评估，会同国务院食品药品监督管理部门制定并公布食品安全国家标准。

2. 地方规章　地方规章指省、自治区、直辖市以及省级人民政府所在地的市和经国务院批准的较大的市级人民政府根据法律和行政法规、地方法规所制定的普遍适用于本地区行政管理工作的规定、办法、实施细则、规则等规范性文件的总称。部门规章和地方规章之间并无效力差别。

目前生效的涉及食品安全的部门规章有近百部。根据这些规章规范对象的不同，大致分为以下几类：

（1）对食品及食品原料的卫生管理：如《新资源食品管理办法》《保健食品注册管理办法（试行）》《食品添加剂新品种管理办法》等。

（2）对食品包装材料和容器的卫生管理：如《食品用包装、容器、工具等制品生产许可通则》《食品用塑料包装、容器、工具等制品生产许可审查细则》等。

（3）对食品生产经营的卫生管理：如《餐饮服务许可管理办法》《餐饮服务食品安全监督管理办法》《学校食堂与学生集体用餐卫生管理规定》《学生集体用餐卫生监督办法》《餐饮业和集体用餐配送单位卫生规范》《食品生产许可管理办法》《食品经营许可管理办法》等。

（4）对食品卫生监督的管理：如《食品药品行政处罚程序规定》《餐饮服务食品安全监督管理办法》《食品相关产品新品种行政许可管理规定》《国家食品安全事故应急预案》等。

（5）对食品卫生检验的管理：如《食品安全抽样检验管理办法》《食品检验机构资质认定管理办法》等。

四、学校食品安全监督的其他规范性文件

规范性文件指国家行政机关，为实施法律，执行政策，在法定权限内制定的除行政法规和规章以外的具有普遍约束力的决定、命令及行政措施等。在目前食品安全法律规范体系中，其他规范性文件数量最多，适用最广。

食品安全规范性文件指属于法律范畴（即法律、法规、规章）的立法性文件和除此以外的由国家机关和其他团体、组织制定的具有约束力的非立法性文件的总和。

1. 国务院制定实施的规范性文件　2011年国务院发布《国务院办公厅关于实施农村义务教育学生营养改善计划的意见》（国办发〔2011〕54号），正式实施农村义务教育学生营养改善计划，切实改善农村学生营养状况，提高农村学生健康水平。

在2012年之前，我国已有的规范性文件都是针对学校食品安全和卫生质量方面的，一直缺乏学校食堂经营的统一标准和规定。从2012年开始为了加强学校食品卫生管理，预防学校食物中毒事故发生，落实管理责任，保护学校师生身体健康和生命安全，国家颁布了一系列的规范性文件，如《国务院关于加强食品安全工作的决定》（国发〔2012〕20号）、《国家食

品安全监管体系"十二五"规划》(国办发〔2012〕36号)、《2013年食品安全重点工作安排》(国办发〔2013〕25号)、《国务院关于特大安全事故行政责任追究的规定》《国务院关于进一步加强食品安全工作的决定》等。

2. 国家卫生计生委及其相关部门制定实施的规范性文件　如《国家卫生计生委关于加强食品安全标准工作的指导意见》(国卫食品发〔2013〕18号)、《国家卫生计生委关于进一步加强食品安全风险监测工作的通知》(国卫食品发〔2013〕6号)、《全国青少年儿童食品安全行动》(宋基会字〔2007〕102号)等。

五、学校食品安全监督的相关标准

食品安全标准(food safety standards)指国家为了保证食品安全,保障公众身体健康,防止食源性疾病发生,对食品、食品添加剂、食品相关产品及其生产经营过程等方面,依照法定权限做出的统一规定。食品安全标准是强制执行的标准,食品安全国家标准由国务院卫生行政部门负责制定、公布。

《食品安全法》公布施行前,我国已有食品、食品添加剂、食品相关产品等国家标准2000余项,行业标准2900余项,地方标准1200余项,初步建立了以国家标准为核心,行业标准、地方标准和企业标准为补充的食品标准体系。而2009年颁布实施的《食品安全法》是我国首次从法律层面提出了食品安全标准的概念,《食品安全法》第十二条、十四条、十五条明确了食品安全标准的国家标准、地方标准和企业标准三类。《食品安全法》的颁布实施,进一步地完善了食品安全标准管理制度。

食品安全标准与食品安全问题密切相关,是食品安全法制体系中的重要组成部分之一,属于强制性技术法规。2015年最新修订的《食品安全法》第二十五条规定:除食品安全标准外,不得制定其他食品强制性标准。食品安全国家标准由国务院卫生行政部门负责制定、公布。《食品安全法》第二十六条规定了我国食品安全标准应当包括以下八大内容:①食品、食品添加剂、食品相关产品中的致病性微生物、农药残留、兽药残留、生物毒素、重金属等污染物质以及其他危害人体健康物质的限量规定;②食品添加剂的品种、使用范围、用量;③专供婴幼儿和其他特定人群的主辅食品的营养成分要求;④对与卫生、营养等食品安全要求有关的标签、标志、说明书的要求;⑤食品生产经营过程的卫生要求;⑥与食品安全有关的质量要求;⑦与食品安全有关的食品检验方法与规程;⑧其他需要制定为食品安全标准的内容。原卫生部等八部门联合制定的《食品安全国家标准"十二五"规划》也将完善食品安全国家标准管理制度作为今后的重点工作之一。该规划指出:"按照食品安全国家标准要科学合理、安全可靠的要求,进一步完善食品安全国家标准管理制度和工作程序。健全食品安全国家标准广泛征求意见的机制,保障反馈意见渠道畅通。"

上述食品安全法律、法规、规章、规范性文件及标准构成了我国食品安全法律体系,也是开展学校食品安全监督的法律依据。

第三节　学校食品安全监督的工作内容与方法

食堂是学校广大师生用餐的重要场所,因此做好食品安全卫生管理工作非常重要。在日常监管过程中,我们要正视管理上存在的问题,仔细研究食品安全卫生问题产生的原因,不断提升管理水平,强化管理力度。只有真正从思想上重视,采取科学的管理手段,才能够确保广大师生吃上营养可口、安全卫生的饭菜。

一、学校餐饮食堂的食品安全监督

学校食堂集体用餐,作为餐饮服务环节中的重要组成部分,供餐具有供应量大、供餐时间集中、就餐人数多的特点,如果在食品加工、贮存等过程中不规范操作,极易引发食物中毒。因此,加强学校食堂食品安全监督,是食品监管部门和教育行政主管部门高度重视的问题,可最大限度地预防群体性食物中毒事故的发生,确保师生就餐安全处于整体可控状态,具有重大的现实意义。

1. 餐饮服务许可管理　餐饮服务提供者必须依法取得《餐饮服务许可证》,按照许可范围依法经营,并在就餐场所醒目位置悬挂或者摆放《餐饮服务许可证》。

根据《食品安全法》第三十五条:国家对食品生产经营实行许可制度。从事食品生产、食品销售、餐饮服务,应当依法取得许可。但是,销售食用农产品,不需要取得许可。县级以上地方人民政府食品药品监督管理部门应当依照《中华人民共和国行政许可法》的规定,审核申请人提交的本法第三十三条第一款第一项至第四项规定要求的相关资料,必要时对申请人的生产经营场所进行现场核查;对符合规定条件的,准予许可;对不符合规定条件的,不予许可并书面说明理由。

2. 对加工经营场所和建筑设施的监督管理　根据《食品安全法》第三十三条:食品生产经营场所和建筑设施应当符合下列要求:①具有与生产经营的食品品种、数量相适应的食品原料处理和食品加工、包装、贮存等场所,保持该场所环境整洁,并与有毒、有害场所以及其他污染源保持规定的距离;②具有与生产经营的食品品种、数量相适应的生产经营设备或者设施,有相应的消毒、更衣、盥洗、采光、照明、通风、防腐、防尘、防蝇、防鼠、防虫、洗涤以及处理废水、存放垃圾和废弃物的设备或者设施;③具有合理的设备布局和工艺流程,防止待加工食品与直接入口食品、原料与成品交叉污染,避免食品接触有毒物、不洁物。

《食品安全法》第三十六条:食品生产加工小作坊和食品摊贩等从事食品生产经营活动,应当符合本法规定的与其生产经营规模、条件相适应的食品安全要求,保证所生产经营的食品卫生、无毒、无害,食品药品监督管理部门应当对其加强监督管理。县级以上地方人民政府应当对食品生产加工小作坊、食品摊贩等进行综合治理,加强服务和统一规划,改善其生产经营环境,鼓励和支持其改进生产经营条件,进入集中交易市场、店铺等固定场所经营,或者在指定的临时经营区域、时段经营。

3. 对学校食堂中食品、食品添加剂、食品相关产品的监督管理　根据《食品安全法》第三十四条:禁止生产经营下列食品、食品添加剂、食品相关产品:①用非食品原料生产的食品或者添加食品添加剂以外的化学物质和其他可能危害人体健康物质的食品,或者用回收食品作为原料生产的食品;②致病性微生物,农药残留、兽药残留、生物毒素、重金属等污染物质以及其他危害人体健康的物质含量超过食品安全标准限量的食品、食品添加剂、食品相关产品;③用超过保质期的食品原料、食品添加剂生产的食品、食品添加剂;④超范围、超限量使用食品添加剂的食品;⑤营养成分不符合食品安全标准的专供婴幼儿和其他特定人群的主辅食品;⑥腐败变质、油脂酸败、霉变生虫、污秽不洁、混有异物、掺假掺杂或者感官性状异常的食品、食品添加剂;⑦病死、毒死或者死因不明的禽、畜、兽、水产动物肉类及其制品；⑧未按规定进行检疫或者检疫不合格的肉类，或者未经检验或者检验不合格的肉类制品；⑨被包装材料、容器、运输工具等污染的食品、食品添加剂；⑩标注虚假生产日期、保质期或者超过保质期的食品、食品添加剂；无标签的预包装食品、食品添加剂；国家为防病等特殊需要明令禁止生产经营的食品；其他不符合法律、法规或者食品安全标准的食品、食品添加剂、食品相关产品。

另外，还要进一步增强食堂工作人员的专业素养，培养其食品安全意识，增强烹饪技术，同时关注食品的营养与搭配，确保广大师生能够在学校食堂中"吃安全饭，用营养餐"。

4. 对学校食堂餐具清洗消毒卫生的监督　根据《食品安全法》第三十三条：餐具、饮具集中消毒服务单位应当具备相应的作业场所、清洗消毒设备或者设施，用水和使用的洗涤剂、消毒剂应当符合相关食品安全国家标准和其他国家标准、卫生规范。餐具、饮具和盛放直接入口食品的容器，使用前应当洗净、消毒，炊具、用具用后应当洗净，保持清洁。

5. 对餐饮服务人员的健康管理　为规范餐饮服务从业人员健康管理，保障公众餐饮安全，根据《食品安全法》《食品安全法实施条例》和《餐饮服务食品安全监督管理办法》等法律、法规及规章规定：

（1）餐饮服务提供者应当按照《食品安全法》第三十四条的规定，建立并执行从业人员健康管理制度，建立从业人员健康档案。餐饮服务从业人员应当依照《食品安全法》第三十四条第二款的规定每年进行健康检查，取得健康合格证明后方可参加工作。新参加或临时参加工作的人员，应经健康检查，取得健康合格证明后方可参加工作。

（2）凡患有痢疾、伤寒、病毒性肝炎等消化道传染病，活动性肺结核，化脓性或者渗出性皮肤病以及其他有碍食品安全疾病的，不得从事接触直接入口食品的工作。

（3）从事直接入口食品工作的人员患有发热、腹泻、皮肤伤口或感染、咽部炎症等有碍食品安全病症的，应立即脱离工作岗位，待查明原因并将有碍食品安全的病症治愈后，方可重新上岗。应当将其调整到其他不影响食品安全的工作岗位。

6. 对餐饮服务人员食品安全知识的培训管理　食品药品监督管理部门应严格规范餐饮安全管理人员培训和考核工作。餐饮服务提供者应当依照《食品安全法》第三十二条的规定组织从业人员参加食品安全培训，学习食品安全法律、法规、标准和食品安全知识，明确食品安全责任，并建立培训档案；应当加强专（兼）职食品安全管理人员食品安全法律法规和相关食品安全管理知识的培训。①餐饮服务从业人员包括新参加工作和临时参加工作的餐饮服务从业人员必须经过培训、考核合格后，方可从事餐饮服务工作；②食品安全管理人员应制订从业人员食品安全教育和培训计划，组织各部门负责人和从业人员参加各种上岗前及在职培训；③食品安全教育和培训应针对每个食品加工操作岗位分别进行，内容应包括食品安全法律、法规、规范、标准和食品安全知识、各岗位加工操作规程等。

二、学生营养餐食品安全监督

从 2011 年秋季学期起，国家在集中连片特殊困难地区（以下简称连片特困地区）启动农村（不含县城，下同）义务教育学生营养改善计划试点工作。试点内容包括中央财政为试点地区农村义务教育阶段学生提供营养膳食补助，标准为每生每天 3 元（全年按照学生在校时间 200 天计算），所需资金全部由中央财政承担。农村义务教育学生营养改善计划（以下简称营养改善计划）的食品安全监督主要内容有：

1．卫生许可情况　现场检查集体用餐配送单位是否取得有效食品卫生许可证，是否按照核准的生产经营范围和方式从事食品生产经营活动。

2．食品安全制度建设与管理　①学校、供餐企业（单位）、托餐家庭（个人）应当建立健全食品安全管理制度，配备专职或兼职食品安全管理员。食品安全管理制度主要包括：从业人员健康管理和培训制度，从业人员每日晨检制度，加工经营场所及设施设备清洁、消毒和维修保养制度，食品（原料）、食品添加剂、食品相关产品采购索证索票、进货查验和台账记录制度，食品贮存、加工、供应管理制度，食品安全事故应急预案以及食品药品监管部门规定的其他制度。②学校食堂由学校自主经营，统一管理，封闭运营，不得对外承包。已承包的，合同期满，立即收回；合同期未满，给予一定的过渡期，由学校收回管理。由社会投资建设、管理的学校食堂，经当地政府与投资者充分协商取得一致后，可由政府购买收回，交学校管理。

3．从业人员卫生管理要求　①餐饮服务从业人员（包括临时工作人员）每年必须进行健康检查，取得有效的健康合格证明后方可从事餐饮服务。凡患有痢疾、伤寒、甲型病毒性肝炎、戊型病毒性肝炎等消化道传染病，以及患有活动性肺结核、化脓性或者渗出性皮肤病等有碍食品安全疾病的，不得从事接触直接入口食品的工作。②从业人员必须定期参加有关部门和单位组织的食品安全培训，增强食品安全意识，提高食品安全操作技能。③食堂从业人员应具备良好的个人卫生习惯。处理食品及分餐前、处理食品原料及使用卫生间后，必须用肥皂及流动清水洗手消毒；穿戴清洁的工作衣、帽，并把头发置于帽内；不得留长指甲、涂指甲油、戴戒指加工食品；不得在食品加工和供应场所内吸烟。④操作前应洗净手部，操作过程中应保持手部清洁，手部受到污染后应及时洗手。洗手消毒宜符合《推荐的餐饮服务从业人员洗手消毒方法》。不得在食品处理区内吸烟、饮食或从事其他可能污染食品的行为。

4．食品分装及配送要求　①盛装、分送集体用餐的容器不得直接放置于地面，容器表面应标明加工单位、生产日期及时间、保质期，必要时标注保存条件和食用方法。②集体用餐配送的食品不得在 10～60℃ 的温度条件下贮存和运输，从烧熟至食用的间隔时间（保质期）应符合以下要求：烧熟后 2 小时的食品中心温度保持在 60℃ 以上（热藏）的，其保质期为烧熟后 4 小时；烧熟后 2 小时的食品中心温度保持在 10℃ 以下（冷藏）的，保质期为烧熟后 24 小时，供餐前应按本规范第三十条第三项要求再加热。③运输集体用餐的车辆应配备符合条件的冷藏或加热保温设备或装置，使运输过程中食品的中心温度保持在 10℃ 以下或 60℃ 以上。④集体用餐配送单位应配备盛装、分送集体用餐的专用密闭容器，运送集体用餐的车辆应为专用封闭式，车内宜设置温度控制设备，车辆内部的结构应平整，以便于清洁。⑤运输车辆应保持清洁，每次运输食品前应进行清洗消毒，在运输装卸过程中也应注意保持清洁，运输后进行清洗，防止食品在运输过程中受到污染。

三、学校食品安全事故应急处理

2011 年国务院发布了《国家食品安全事故应急预案》，明确按照"统一领导、综合协调、分类管理、分级负责、属地管理为主"的应急管理体制，建立快速反应、协同应对的食品安全事故应急机制。学校应防止投毒事故，保障饮水安全，建立完善食物中毒等食品安全事故的应急预案，细化事故信息报告、人员救治、危害控制、事故调查、善后处理、舆情应对等具体方案，并定期组织演练。

（一）食品安全事故分级

食品安全事故（food safety accidents）指食物中毒、食源性疾病、食品污染等源于食品，对人体健康有危害或者可能有危害的事故。食品安全事故共分四级，即特别重大食品安全事故、重大食品安全事故、较大食品安全事故和一般食品安全事故。事故等级的评估核定，由卫生行政部门会同有关部门依照有关规定进行。

（二）食品安全事故应急处理指挥机构

1. 应急机制启动　食品安全事故发生后，卫生行政部门依法组织对事故进行分析评估，核定事故级别。特别重大食品安全事故，由原卫生部会同食品安全办向国务院提出启动Ⅰ级响应的建议，经国务院批准后，成立国家特别重大食品安全事故应急处置指挥部（以下简称指挥部），统一领导和指挥事故应急处置工作；重大、较大、一般食品安全事故，分别由事故所在地省、市、县级人民政府组织成立相应应急处置指挥机构，统一组织开展本行政区域事故应急处置工作。

2. 指挥部职责　指挥部负责统一领导事故应急处置工作；研究重大应急决策和部署；组织发布事故的重要信息；审议批准指挥部办公室提交的应急处置工作报告；应急处置的其他工作。

3. 工作组设置及职责　根据事故处置需要，指挥部可下设事故调查组、危害控制组、医疗救治组、检测评估组、维护稳定组、新闻宣传组、专家组等若干工作组，分别开展相关工作。各工作组在指挥部的统一指挥下开展工作，并随时向指挥部办公室报告工作开展情况。

4. 应急处置专业技术机构　医疗、疾病预防控制以及各有关部门的食品安全相关技术机构作为食品安全事故应急处置专业技术机构，应当在卫生行政部门及有关食品安全监管部门组织领导下开展应急处置相关工作。

（三）食品安全事故应急保障

食品安全事故应急保障主要包括：信息保障、医疗保障、人员及技术保障、物资与经费保障、社会动员保障、宣教培训。

（四）食品安全事故监测预警、报告与评估

1. 监测预警　国家建立覆盖全国的食源性疾病、食品污染和食品中有害因素监测体系。原卫生部根据食品安全风险监测结果，对食品安全状况进行综合分析，对可能具有较高程度安全风险的食品，提出并公布食品安全风险警示信息。有关监管部门发现食品安全隐患或问题，应及时通报卫生行政部门和有关方面，依法及时采取有效控制措施。

2. 报告主体和时限　食品生产经营者发现其生产经营的食品造成或者可能造成公众健康损害的情况和信息，应当在 2 小时内向所在地县级卫生行政部门和负责本单位食品安全监管工作的有关部门报告。发生可能与食品有关的急性群体性健康损害的单位，应当在 2 小时内向所在地县级卫生行政部门和有关监管部门报告。

3. 事故评估　有关监管部门应当按有关规定及时向卫生行政部门提供相关信息和资料，由卫生行政部门统一组织协调开展食品安全事故评估。评估内容包括：①污染食品可能导致的健康损害及所涉及的范围，是否已造成健康损害后果及严重程度；②事故的影响范围及严重程度；③事故发展蔓延趋势。

（五）食品安全事故的应急响应

1. 分级响应　根据食品安全事故分级情况，食品安全事故应急响应分为Ⅰ级、Ⅱ级、Ⅲ级和Ⅳ级响应。核定为特别重大食品安全事故，报经国务院批准并宣布启动Ⅰ级响应后，指挥部立即成立运行，组织开展应急处置。重大、较大、一般食品安全事故分别由事故发生地的省、市、县级人民政府启动相应级别响应，成立食品安全事故应急处置指挥机构进行处置。必要时上级人民政府派出工作组指导、协助事故应急处置工作。食源性疾病中涉及传染病疫情的，按照《中华人民共和国传染病防治法》和《国家突发公共卫生事件应急预案》等相关规定开展疫情防控和应急处置。

2. 应急处置措施　事故发生后，根据事故性质、特点和危害程度，立即组织有关部门，依照有关规定采取下列应急处置措施，以最大限度减轻事故危害：

（1）卫生行政部门有效利用医疗资源，组织指导医疗机构开展食品安全事故患者的救治。

（2）卫生行政部门及时组织疾病预防控制机构开展流行病学调查与检测，相关部门及时组织检验机构开展抽样检验，尽快查找食品安全事故发生的原因。对涉嫌犯罪的，公安机关及时介入，开展相关违法犯罪行为侦破工作。

（3）农业行政、质量监督、检验检疫、工商行政管理、食品药品监管、商务等有关部门应当依法强制性就地或异地封存事故相关食品及原料和被污染的食品用工具及用具，待卫生行政部门查明导致食品安全事故的原因后，责令食品生产经营者彻底清洗消毒被污染的食品用工具及用具，消除污染。

（4）对确认受到有毒有害物质污染的相关食品及原料，农业行政、质量监督、工商行政管理、食品药品监管等有关监管部门应当依法责令生产经营者召回、停止经营及进出口并销毁。检验后确认未被污染的应当予以解封。

（5）及时组织研判事故发展态势，并向事故可能蔓延到的地方人民政府通报信息，提醒做好应对准备。事故可能影响到国（境）外时，及时协调有关涉外部门做好相关通报工作。

现场处置主要依靠本行政区域内的应急处置力量。重大食品安全事故发生后，发生事故的单位和当地人民政府按照应急预案迅速采取措施。事态出现急剧恶化的情况时，现场应急救援指挥部在充分考虑专家和有关方面意见的基础上，及时制订紧急处置方案，依法采取紧急处置措施。

3. 检测分析评估　应急处置专业技术机构应当对引发食品安全事故的相关危险因素及时进行检测，专家组对检测数据进行综合分析和评估，分析事故发展趋势、预测事故后果，为制订事故调查和现场处置方案提供参考。有关部门对食品安全事故相关危险因素消除或控制，事故中伤病人员救治，现场、受污染食品控制，食品与环境，次生、衍生事故隐患消除等情况进行分析评估。

4. 响应级别调整及终止　在食品安全事故处置过程中，要遵循事故发生发展的客观规律，结合实际情况和防控工作需要，根据评估结果及时调整应急响应级别，直至响应终止。

（1）级别提升：当事故进一步加重，影响和危害扩大，并有蔓延趋势，情况复杂难以控制时，应当及时提升响应级别；当学校或托幼机构、全国性或区域性重要活动期间发生食品安全事故时，可相应提高响应级别，加大应急处置力度，确保迅速、有效控制食品安全事故，维护社会稳定。

（2）级别降低：事故危害得到有效控制，且经研判认为事故危害降低到原级别评估标准以下或无进一步扩散趋势的，可降低应急响应级别。

（3）响应终止：当食品安全事故得到控制，并达到以下两项要求，经分析评估认为可解除响应的，应当及时终止响应：①食品安全事故伤病员全部得到救治，原患者病情稳定24小时以上，且无新的急性病症患者出现，食源性感染性疾病在末例患者后经过最长潜伏期无新病例出现；②现场、受污染食品得以有效控制，食品与环境污染得到有效清理并符合相关标准，次生、衍生事故隐患消除。

（4）响应级别调整及终止程序：指挥部组织对事故进行分析评估论证。评估认为符合级别调整条件的，指挥部提出调整应急响应级别建议，报同级人民政府批准后实施。应急响应级别调整后，事故相关地区人民政府应当结合调整后级别采取相应措施。评估认为符合响应终止条件时，指挥部提出终止响应的建议，报同级人民政府批准后实施。上级人民政府有关部门应当根据下级人民政府有关部门的请求，及时组织专家为食品安全事故响应级别调整和终止的分析论证提供技术支持与指导。

重大食品安全事故隐患或相关危险因素消除后，重大食品安全事故应急救援终结，应急救援队伍撤离现场。应急指挥部办公室组织有关专家进行分析论证，经现场检测评价确无危害和风险后，提出终止应急响应的建议，报应急指挥部批准宣布应急响应结束。

（六）食品安全事故的信息发布

事故信息发布由指挥部或其办公室统一组织，采取召开新闻发布会、发布新闻通稿等多种形式向社会发布，做好宣传报道和舆论引导。

四、学校食品安全监督工作方法

学校食品安全监督需要对违法者依法给予行政处罚。行政处罚要按法定程序进行。我国的《中华人民共和国行政处罚法》规定了统一的行政处罚程序，学校食品安全监督工作中的行政处罚也必须符合该法。

（一）学校食品安全监督的手段与程序

1. 行政许可　县级以上人民政府食品药品监督管理、质量监督部门履行各自食品安全监督管理职责，有权采取下列措施，对生产经营者遵守本法的情况进行监督检查。设立食品生产企业，应当预先核准企业名称，依照食品安全法的规定取得食品生产许可后，办理工商登记。县级以上质量监督管理部门依照有关法律、行政法规规定审核相关资料、核查生产场所、检验相关产品；对相关资料、场所符合规定要求以及相关产品符合食品安全标准或者要求的，应当做出准予许可的决定。其他食品生产经营者应当在依法取得相应的食品生产许可、食品流通许可、餐饮服务许可后，办理工商登记。法律、法规对食品生产加工小作坊和食品摊贩另有规定的，依照其规定。食品生产许可、食品流通许可和餐饮服务许可的有效期为3年。

2. 行政处罚　根据《食品安全法》规定，行政处罚由相关主管部门，包括县级以上质量监督、工商行政管理、食品药品监督管理、动物卫生监督机构等部门执行。行政处罚的内容有：警告、责令改正、责令停产停业、没收违法所得、罚款、吊销许可证等。

3. 行政强制　卫生行政强制执行指卫生行政机关申请人民法院对不履行发生法律效力的卫生行政决定的行政相对人采取强制方式，以迫使该相对人履行义务，或达到义务履行的同一状态的行为或制度。卫生行政机关申请法院强制执行程序包括以下几个步骤：申请、受理、审查和强制执行。

（二）学校食品安全监督调查取证

1. 监督证据　依据《中华人民共和国食品安全法》《中华人民共和国食品安全法实施条

例》《突发公共卫生事件应急条例》《国家食品安全事故应急预案》《农村义务教育学生营养改善计划食品安全保障管理暂行办法》《餐饮服务食品安全操作规范》《餐饮业和集体用餐配送单位卫生规范》《餐饮服务许可证管理办法》《餐饮服务食品安全监督管理办法》等相关法律法规和规章进行调查取证。

2. 监督调查取证方法   立案后，由卫生监督机关指定卫生监督人员及时进行专案调查，收集学校违法事实的证据，写出调查记录。一般调查须由两人或两人以上参加。应首先向学校负责人或有关人员出示证件、表明合法身份，说明来意，并要求有关人员配合调查。调查记录填写完毕后，应由卫生监督人员和学校法定代表人双方签字，若后者拒绝签字应注明拒绝理由。

在调查了解的同时，还要取得视听、实物证据。如现场照相、录音、录像；属产品卫生质量问题的则应采样检验；与当事人的谈话应有记录（或录音）并请当事人过目签字；索取有关旁证材料应有旁证人签字等。取证过程中必须充分听取相对一方当事人的申辩和意见，并要记录在卷，这也是保证卫生行政处罚合法、有效的重要手段。

3. 监督证据的审查与应用   卫生监督证据的审查是指卫生行政部门对所取得的证据进行查证、鉴别和核对，以判断其真伪与是否齐全的活动。卫生监督证据审查的内容包括：卫生监督证据的合法性、真实性和关联性。审查的方式有逐证审查、综合审查。卫生监督证据的运用，是指卫生行政部门运用证据证明、查清案件事实，从而对案件事实根据不同情况做出符合客观实际的处理决定。

第四节   学校食品安全卫生监督的相关法律责任

《食品安全法》第九章对食品安全违法行为的种类和法律责任做出了较为具体的规定。不同食品安全违法行为的社会危害性以及其造成的危害后果有轻有重。因此，对实施了食品安全违法行为的行为人进行惩戒也要根据违法行为的社会危害性和危害后果综合适用行政责任、民事责任和刑事责任。

一、违法行为

食品安全违法行为是指违反食品安全法律法规，危害食品安全，损害公众身体健康和生命安全的行为，其主要包含三个特征：客观上具有违法性；行为在结果上具有危害性；行为在性质上具有可责性。学校食品安全违法行为主要有以下几种：

1. 未取得食品生产经营许可从事食品生产经营活动，或者未取得食品添加剂生产许可从事食品添加剂生产活动。

2. 生产经营食品安全法所禁止生产经营的食品   主要包括：①用非食品原料生产食品、在食品中添加食品添加剂以外的化学物质和其他可能危害人体健康的物质，或者用回收食品作为原料生产食品，或者经营上述食品；②生产经营致病性微生物、农药残留、兽药残留、重金属、污染物质以及其他危害人体健康的物质含量超过食品安全标准限量的食品；③生产经营营养成分不符合食品安全标准的专供婴幼儿和其他特定人群的主辅食品；④经营病死、毒死或者死因不明的禽、畜、兽、水产动物肉类，或者生产经营其制品；⑤经营未按规定进行检疫或者检疫不合格的肉类，或者生产经营未经检验或者检验不合格的肉类制品。

3. 生产经营被包装材料污染食品等四种违法行为 ①生产经营被包装材料、容器、运输工具等污染的食品、食品添加剂；②生产经营无标签的预包装食品、食品添加剂或者标签、说明书不符合本法规定的食品、食品添加剂；③生产经营转基因食品未按规定进行标示；④食品生产经营者采购或者使用不符合食品安全标准的食品原料、食品添加剂、食品相关产品。

4. 未建立查验制度等十三种违法行为 主要包括：①食品、食品添加剂生产者未按规定对采购的食品原料和生产的食品、食品添加剂进行检验；②食品生产经营企业未按规定建立食品安全管理制度，或者未按规定配备或者培训、考核食品安全管理人员；③食品、食品添加剂生产经营者进货时未查验许可证和相关证明文件，或者未按规定建立并遵守进货查验记录、出厂检验记录和销售记录制度；④学校、托幼机构、养老机构、建筑工地等集中用餐单位未按规定履行食品安全管理责任；⑤食品生产经营者安排未取得健康证明或者患有国务院卫生行政部门规定的有碍食品安全疾病的人员从事接触直接入口食品的工作。

5. 发生食品安全事故单位在发生食品安全事故后未进行处置、报告的，或者毁灭有关证据的，或者造成严重后果的。

6. 违反食品进出口管理的违法行为 ①进口不符合我国食品安全国家标准的食品、食品添加剂、食品相关产品；②进口尚无食品安全国家标准的食品，或者进口食品添加剂新品种、食品相关产品新品种，未通过安全性评估。

7. 违法从事食品运输活动 未按要求进行食品贮存、运输和装卸的行为。

8. 其他违法行为 主要包括：①妨碍食品安全工作人员执法；②网络食品交易中违反食品安全法的行为；③食品安全风险监测机构、风险评估工作技术人员违法行为；④食品检验机构、食品检验人员出具虚假检验报告；⑤食品广告作虚假宣传；⑥集中交易市场的开办者等违反食品安全法的行为。

二、违法条款

上述学校食品安全违法行为主要涉及违反《食品安全法》的条款有：第三十四条、第三十五条、第三十九条、第五十至第五十七条、第五十九条、第七十至第七十三条、第九十二至第九十三条、第一百零三条等。

三、处罚依据

学校食品安全违法行为的处罚依据主要有：《食品安全法》中第九章法律责任的相关规定，主要涉及行政责任条款，相应的行政处罚主要包括：警告、责令改正、责令停产停业、没收违法所得、罚款、吊销许可证等。

《食品安全法》第一百四十七条规定，违反本法规定，造成人身、财产或者其他损害的，依法承担赔偿责任。生产经营者财产不足以同时承担民事赔偿责任和缴纳罚款、罚金时，先承担民事赔偿责任。

《食品安全法》第一百四十九条规定，对严重违反《食品安全法》的有关规定，给消费者身心健康造成严重损害，社会影响恶劣的违法行为，构成犯罪的，要根据《刑法》第一百四十三条、第一百四十四条关于生产、销售不符合卫生标准的食品罪或者生产、销售有毒、有害食品罪的规定追究刑事责任。

作为最严厉的惩戒措施,我国对食品安全违法行为人刑事责任的规定散落于刑法分则的众多条文之中。食品安全犯罪可能涉及的刑事罪名主要包括4类:

(1)生产经营类犯罪:生产、销售伪劣商品罪,生产、销售不符合安全标准的食品罪,生产、销售有毒、有害食品罪。

(2)危害公共安全类犯罪:以危险方法危害公共安全罪,投放危险物质罪。

(3)非法经营类犯罪:非法经营罪,虚假公告罪。

(4)食品安全监管渎职罪:实践中,对于食品安全犯罪行为主要是依据生产、销售不符合安全标准的食品罪和生产、销售有毒、有害食品罪予以认定。

儿童少年饮食安全,直接关系祖国下一代的健康成长,关系亿万家庭的幸福、社会的稳定。学校食品安全问题不仅涉及食品安全,还事关食品质量与营养,对保障师生身体健康和生命安全至关重要。学校卫生监督机构和学校应该认真贯彻《中华人民共和国食品安全法》和“四个最严”的要求,加强学校(含托幼机构)校园及周边食品安全综合治理,推动食品安全管理制度进一步健全,主体责任进一步落实,监督管理工作进一步加强,强化食品安全教育,提升学生的食品安全意识,严厉打击食品安全违法行为,使学校校园及周边食品安全状况得以改善,预防和减少学校食品安全事故的发生。

(郝加虎)

【学习思考】

1. 简述学校食品安全与学校食品卫生的区别与联系。

2. 常见的学校食品安全违法行为有哪几类?

3. 请你谈谈目前我国学校食品安全事件的现状与新特点有哪些?

4. 相比2009版,《食品安全法》(2015版)主要新增加了哪几个方面的内容?

5. 学校食品安全年度监督管理计划应当将哪些事项作为监督管理的重点内容?

第十二章 学校教学环境和生活设施卫生监督

School Health Supervision of Teaching Environment and Living Equipments

改善学校卫生环境和教学卫生条件是学校卫生工作的主要任务之一,也是学校日常性卫生监督的重要部分。学校卫生监督要求学校教学建筑、环境噪声、室内微小气候、采光、照明等环境质量以及黑板、课桌椅的设置应当符合国家有关标准。但由于我国地域广阔、经济发展不平衡,在对学校教学环境和生活设施卫生监督的实际工作时,既要按照卫生监督法律法规的要求严格进行,同时,也要注意因地制宜,对不同经济状况的地区做到区别对待。

第一节 学校教学环境的卫生监督

学校是学生学习和活动的重要场所。符合卫生要求的学校教学环境,是促进学生身心健康和生长发育及培养儿童少年德、智、体、美全面发展的重要条件。因此,卫生计生行政部门依据相关法律、法规、规章、规范和卫生标准,对学校的选址和建筑设计实行预防性卫生监督,对教学环境卫生、设施设备实行经常性卫生监督。

一、学校教学环境的概述

(一)学校教学环境的定义

学校教学环境(school teaching environment)是指教学建筑、环境噪声、室内微小气候、采光、照明等环境质量以及黑板、课桌椅的设置等,其中室内微小气候包括气温、气湿、风速、二氧化碳浓度及室内空气质量等内容。

(二)学校教学环境的分类

学校教学环境可分为环境质量及教学设施设备。学校环境质量包括校址、教学用房、教室采光和照明、教室通风换气、微小气候、空气质量等;教学设施设备包括黑板、课桌椅等,还包括书籍、文具、书包等教学用品等。

在学校卫生监督的实际工作中,卫生计生行政部门及其监督机构依照国家有关法律、法规、规章、标准、规范,对新建、改建、扩建学校校舍的选址、设计审查和竣工验收实施预防性卫生监督,对学校教学环境等方面进行经常性卫生监督,对违法行为予以查处。

(三)学校教学环境卫生监督的意义

学校教学环境是学生进行学习和活动的重要外部环境。适宜的校址,及布局合理、功能完善的学校建筑物,符合卫生标准和卫生要求的普通教室、教室采光和照明、室内微小气候、室内噪声及黑板、课桌椅等教学设备,是保证学生德、智、体、美、劳全面发展的先决条件,也有利于学生良好的生长发育和身心健康。

卫生监督员在对学校教学环境的经常性卫生监督检查中,如发现不符合学校卫生标准或存在卫生安全隐患的,应当及时提出整改建议,并通报教育行政部门,使学校及时改正。

对学校教学环境的卫生监督的目的是:

1. 促使学校履行职责,规范学校教学环境卫生管理行为,消除卫生安全隐患。

2. 通过对新建、改建、扩建校舍的选址、设计和竣工验收的预防性卫生监督,指导学校创建健康的学习环境。

3. 通过对学校教学环境的经常性卫生监督,切实保障学生的身心健康成长。

4. 促进学校对教学条件及设施设备的改善,提高学校卫生工作水平。

(四)学校教学环境的卫生要求

1. 教室采光   学校教室采光和照明条件不佳,会影响学生的学习效率,也是造成视力低下或近视的重要原因之一。为保护学生视力,提高学生学习效果,改善学校教室的采光和照明条件,促进儿童青少年视力的正常发育,我国颁布了《中小学校教室采光和照明卫生标准》(GB 7793—2010)。

(1)光的物理量:只有在有光的条件下,人眼才能看见物体、才有分辨颜色的能力。

光通量(luminous flux):表示光源向四周空间发射的光能总量。采用以人眼对光的感觉量为基准单位,即光通量,单位光瓦。1 光瓦等于辐射通量为 1 瓦、波长 555nm 黄绿光产生的光感觉量。光通量的另一个常用单位是流明(lumen, lm),1 光瓦 = 680lm。

发光强度(luminous intensity):表示光通量在空间分布密度的量称为发光强度。单位是坎德拉(cd)。

光照度(illuminance):单位被照明面积上的光通量,单位为勒克斯(lx)。

光亮度(luminance):发光体表面单位面积向视线方向发出的发光强度,是反映发光体明亮程度的量。光亮度单位是 cd/m^2。

(2)自然采光(nature lighting):我国处于温带,有充分的天然光可利用。南方的扩散光照度较大,而北方是以直射光为主,但南方影响光线较大的低云多,故总照度差别不大。教室自然采光是建筑、教育、卫生部门共同关心的问题。教室自然采光的卫生要求主要是使各课桌面和黑板面上有足够照度;照度分布较均匀;光线应自学生座位左侧射入;避免产生较强烈的眩光作用,为学生创造愉快、舒适的学习环境。

由于教室的自然采光受多种因素的影响,所以改善教室采光就要满足多方面的条件。学校选址要科学合理,防止教室外建筑物或高大树木等影响教室内采光,要求对面遮挡物至教室的距离不应小于该建筑物高的 2 倍。为使离窗最远的课桌上获得较好的光线,要求最小开角(即课桌面的测定点到对面遮挡物顶点连线同该测定点到教室窗上缘连线之间的夹角)不小于 4°～5°。

学校教室的朝向要按照各地区的地理和气候条件决定。我国大部分地区南向(或南向偏东或偏西)的房间在一天内接受太阳光线的时间较长、冬暖夏凉,而东西朝向接受的太阳光时间过短,故教室应采用南北向的双向采光,不宜采用东西朝向。当单侧采光时,光线应来自左侧,以免造成手部阴影。可在靠内墙侧按一组灯,以弥补教室内照度相差过大的缺点。南外廊北教室时，应以北向窗为主要采光面。单侧采光时，教室的室深系数（窗上缘高与室深之比）不应小于 1:2，或投射角（也称入射角，指室内桌面一点到窗侧所引水平线与该点到窗上缘之间连线的夹角）不小于 20°～22°。也就是说，学校建筑物的结构影响室内的采光，中内廊结构的教室采光不好，双侧采光的外廊和单内廊教室的室内照度充足和均匀，而且可以加强室内通风换气。

　　教室的采光窗应适当加大，窗上缘尽可能地高些。窗间墙不大于窗宽的 1/2，最好设计成带形窗。为保证靠窗墙侧的桌面上光线充足，窗台不宜高过 1m，但也不宜低于 0.8m。玻地面积比（窗透光面积与地面积之比）不应低于 1:5。为防止窗的直接眩光（direct glare），教室应设半透明窗帘以避免阳光直接射入教室内。为防止黑板出现眩光现象，放黑板的前墙不设窗，黑板表面应采用耐磨和无光泽材料，如黑色或黑绿色磨砂玻璃等。

　　为改善教室的采光照明条件，教室的天棚和墙壁宜刷成白色（室内各表面的反射比值，表 12-1），并定期清扫和粉刷。桌椅颜色也应是淡色或木色。普通玻璃的遮光率为 10% 左右，而布满尘埃的玻璃遮光率可达 20%～30% 或更多些，所以要经常保持门窗玻璃的清洁。

表 12-1　室内各表面的反射比

表面名称	反射比	表面名称	反射比
顶棚	0.70～0.80	侧墙、后墙	0.70～0.80
前墙	0.50～0.60	课桌面	0.25～0.45
地面	0.20～0.40	黑板	0.15～0.20

资料来源：《中小学校教室采光和照明卫生标准》（GB 7793—2010）

　　除了上述因素外，室内自然采光还受天气、季节、地区和纬度等自然因素的影响，它会随室外天气变化而改变。因此。常用采光系数（daylight factor）综合评价教室的采光状况，采光系数是指室内某一工作面的天然光照度与同时室外开阔天空散射光的水平照度的比值。为使光线最不好的课桌面和黑板面上有足够照度，采光标准应以最低值为标准，Ⅲ类光气候地区课桌面上的采光系数最低值不应低于 2%，其他地区光气候区的采光系数应乘以相关的光气候系数。所在光气候区按 GB/T 50033 中国光气候分区图查出，光气候系数采用表 12-2。

表 12-2　光气候系数 K

光气候区	Ⅰ	Ⅱ	Ⅲ	Ⅳ	Ⅴ
K 值	0.85	0.90	1.00	1.10	1.20
室外天然光临界照度值 E1（lx）	6000	5500	5000	4500	4000

资料来源：《中小学校教室采光和照明卫生标准》（GB 7793—2010）

　　临界照度（critical illumination）是指全部利用天然光进行照明时的室外最低照度，是室内天然光照度等于标准规定的最低值时的室外照度，也是需开启或关闭人工照明时的室外照度极限值，标准规定的临界照度为 5000lx。所以，临界照度值直接影响教室开窗大小和人工照明的使用时间，有重要的现实意义。

　　2. 教室照明　我国《中小学校教室采光和照明卫生标准》（GB 7793—2010）规定"凡是

教室均应装设人工照明"。自然采光条件好的教室,白天一般不需要人工照明。但在冬季、阴雨天或者学生在校进行早晚自习时,课桌面仅靠自然光不能达到足够的照度,应需开照明灯进行补充。在自然光照度不够的教室,白天也需开灯,已满足学生学习的需要。教室人工照明(artificial illumination)的卫生要求与自然采光是一致的,即保证课桌面和黑板面上有足够照度;照度分布均匀,均匀的光线避免产生阴影或眩光效应,也不因人工照明导致室内温度过高而影响空气的质量和安全。

(1)教室人工照明卫生标准

1)教室均应设人工照明,采用 3300～5500K 色温的光源,小于 26mm 细管径直管形稀土三基色荧光灯、配有节能电感镇流器或电子镇流器。灯管排列宜采用其长轴垂直于黑板面布置。灯具距课桌面的最低悬挂高度不应低于 1.7m。为了避免光源引起的眩光,不宜采用裸灯照明。照明设计计算照度时,其维护系数应取 0.8。

2)教室课桌面上的维持平均照度值不应低于 300lx,其照度均匀度不应低于 0.7。

3)教室黑板应设局部照明灯,其维持平均照度不应低于 500lx,照度均匀度不应低于 0.8。教室人工照明的制定依据主要考虑学生能获得较好的视觉功能、减少视疲劳的实验结果,中小学校采光照明的现场调查结果,同时结合国家经济发展和能源供给情况及参考国际标准综合制定的。

实验研究发现工作面的照度越大,眼睛辨别细小物体的能力越强,也越不易发生视疲劳。山西医学院赵融等以闪光融合频率(反映视疲劳程度)和远、近视力(5 分记录)为指标,在不同照度下对儿童视功能进行实验观察,结果见图 12-1、图 12-2 和图 12-3。

图 12-1 是不同照度对学生视疲劳影响的实验结果,照度在 10～1000lx 范围内,照度越小视疲劳越大。相对视疲劳与照度的对数成反比。当照度从 10lx 提高到 200lx 时,视疲劳急剧下降;200～1000lx 时,视疲劳下降速度明显减缓。

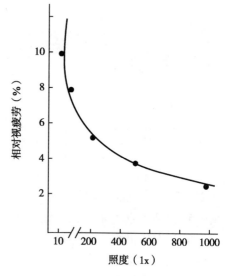

图 12-1   视疲劳与照度的关系
(据赵融等,1986)

图 12-2 和图 12-3 是不同照度对学生远、近视力影响的实验结果,当照度在 1000lx 范围内,远、近视力皆随照度的不断加大而提高。远、近视力皆与照度的对数成正比。当照度从 2lx 增加到 200lx 时,远、近视力都随照度加大而急剧提高,而照度在 200～1000lx 时,远、近视力的提高速度均逐渐减慢。以上实验说明 200lx 是一个转折点。因此,教堂课桌面上的照度标准最好选择 200lx 或以上。

《中小学校教室采光和照明卫生标准》(GB 7793—2010)选择不宜低于 150lx,是根据中小学校教室照度现场的调研结果及受限的经济因素而决定的。从全国的情况看,中小学校教室照度问题已得到政府和学校的重视,室内照度明显改观。因此,《中小学校教室采光和照明卫生标准》(GB 7793—2010)规定教室课桌面上的维持平均照度值不应低于 300lx,达到很多国家教室照度水平。这对保护学生视力,提高学生学习效率有极大的帮助。

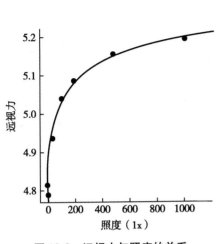

图 12-2 远视力与照度的关系
（据赵融等，1986）

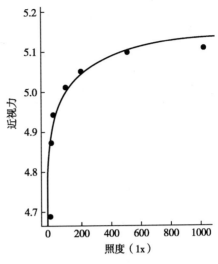

图 12-3 近视力与照度的关系
（据赵融等，1986）

（2）教室的灯光布置：教室的光源不能采用白炽灯，应采用高效节能的荧光灯。灯光的布置应满足人工照明的主要卫生要求。课桌面上照度主要取决于灯和灯具的种类、功率、数量及室内墙壁、天棚的颜色等，而照度均匀度与灯的数量、灯具形式、布置方式有关。照度均匀度随灯具悬挂高度的升高而加大，但照度随着高度升高而降低。

张绍刚 2000 年对北京 6 所大学 16 个教室照度测量发现，只有某高校新建的法学院教室照度较高，平均照度达到 514lx（表 12-3）。因此，要根据教室的大小，合理配置数量足够的灯管，使课桌面的照度达到标准。

（3）控制眩光（giddy light）：在视野中形成不舒适的干扰或使视觉产生疲劳的光亮称眩光，主要分直接眩光和反射眩光。前者指的是由视野中的高亮度或裸光源所产生的眩光；后者是由光泽表面的反射所产生的眩光，都可引起人不舒服和烦恼，并不同程度地降低视觉功能或可见度，影响学生学习效果。控制眩光的措施有：教室不用裸灯照明，选择亮度低的光源，降低视野范围内的亮度对比；在视野范围内减少光源的可视面积或光源避开视野；提高灯悬挂高度，可减少眩光。将灯具设在 0°～45°（视线与发光体间形成的夹角）以外的区域内；灯管排列宜使其长轴垂直于黑板面，即纵向排列。阶梯教室中前排灯不应对后排学生产生直接眩光。

3. 教室通风换气 教室是学生在校学习活动的重要场所，其空气的清洁度直接影响着学生的身体发育、健康与教学效果。在冬季，数十名学生同时在教室学习，室内的空气很快变污浊，二氧化碳（CO_2）含量逐渐增加，气味不佳的污染空气会使学生疲倦、精神不振和注意力不集中而影响学习效果，而潮湿寒冷的空气还可诱发上呼吸道感染和关节炎等疾病；同时，患急、慢性呼吸道疾病患者会将致病菌随着飞沫散布于空气中，使吸入者患病，危害健康。所以，改善室内空气质量、创造适宜的微小气候是学校教学环境监督的重要内容之一。

国家在 1998 年 10 月 1 日颁布实施了《中小学校教室换气卫生标准》（GB/T 17226—1998）。标准研制者是在查阅了大量的国内外标准及文献，考察了中小学校建筑的现状，并总结了有关教室通风换气方面的研究、设计及使用经验的基础上制定的。标准将 CO_2 浓度作为反

表 12-3　北京 6 所大学教室照明实测表

教室	教室面积 (m^2)	光源			灯具		照度 (lx)			照明效果	单位面积功率 (W/m^2)
		光源种类	灯数（只）	总功率（W）	类型	盏数（盏）	Emax	Emin	Eav		
1	43.56	40WT12 灯	8	384.0	双管简式 *	4	191	108	161.2	较暗	8.8
2	29.70	40WT12 灯	6	288.0	双管简式 *	3	160	84	116.3	很暗	9.6
3	43.89	36WT8 灯	9	388.8	三管简式	3	287	183	241.0	较高	8.8
4	39.60	36WT8 灯	6	259.2	双管简式	3	206	60	156.8	较暗	6.5
5	22.77	40WT12 灯	5	240.0	双管简式 *	3	130	77	114.3	很暗	10.6
6	45.00	40WT8 灯	9	432.0	单管简式	9	200	125	175.9	一般	9.6
7	36.54	40WT12 灯	6	288.0	双管简式 *	3	368	71	204.6	一般	7.9
8	135.72	32WT5 灯	26	1352.0	双管简式 *	13	241	108	179.0	尚可	10.0
9	99.36	36WT8 灯	26	1248.0	双管简式 *	14	534	110	224.0	较亮	12.6
10	88.80	36WT8 灯	32	1392.4	双管嵌入	16	700	507	514.0	很高	15.6
11	54.00	40WT12 灯	6	288.0	单管简式 #	6	120	60	81.7	很暗	5.3
12	30.36	40WT12 灯	4	192.0	单管简式 #	4	153	83	111.3	较暗	5.9
13	72.45	40WT12 灯	18	864.0	双管简式 *	10	160	135	164.2	一般	12.0
14	39.69	40WT12 灯	10	480.0	双管简式 *	6	250	117	181.6	一般	12.0
15	59.40	40WT12 灯	14	672.0	双管简式	8	265	117	218.5	一般	11.3
16	112.32	40WT12 灯	20	960.0	双管简式	11	152	52	119.0	很暗	8.5

注：1. T12 灯为管径 38mm 荧光灯；T8 灯为管径 26mm 荧光灯；T5 灯为管径 16mm 荧光灯

　　2. 总功率中考虑了镇流器的能耗

　　3. 双管简式 *：双管简易控照式；单管简式 #：单管简易控照式；双管嵌入：双管嵌入式格栅灯；三管简式：三管简易控照式（据张绍刚，2001）

映空气清洁度的重要指标，规定教室空气中 CO_2 最高允许浓度为 0.15%。如教室采用火炉、火墙等局部采暖时，还须测定室内有无 CO、SO_2 等有害气体及其浓度。但标准颁布后的 10 多年来，我国经济飞速发展，各地中小学校的建筑环境和条件已发生了巨大的变化。应根据目前我国中小学校的实际情况、现场 CO_2 测量值及参考国外的标准重新进行修订，以满足目前中小学校的需要，保证学生的身体健康。

（1）通风的形式：通风换气（ventilation）是通过空气流动，排出室内污浊空气，送入室外新鲜空气，达到改善空气质量的目的。为室内提供必需新鲜空气的同时，还应保证良好的微小气候。在炎热的夏季，室内需要流速较大、温度较低的空气；在寒冷的冬季则需流速较小、温度较高的空气。

通风换气形式可分自然和人工两种。大多数学校采用自然换气（nature ventilation）形式，利用室内门窗及缝隙、通风管道等直接导入室外空气，置换室内污染空气。在夏季利用自然通风可以降低室内的温度，排除 CO_2 等污浊空气，较大的风速可使学生感到凉爽和舒适，创造了良好的学习环境，提高学习效率。由于教室的通风主要靠开窗，所以学校的校址要选择在地势较高的地段上，建筑物四周无高大的遮挡物、并有适当的间距，也要考虑主导风的方向等因素。在炎热地区的中小学校教室一年四季都可开窗；夏热冬冷地区可根据季节和天气情况，采用开窗和开气窗相结合的形式；在严寒和寒冷地区则实行室内无人时开气窗的换气方式。对于北方常采用的中内廊教室，在解决开窗通风换气的时候，应考虑室内温度及对面教室之间噪声干扰问题。所以，教室的平面布置上应尽量采用外廊或单内廊形式。

据测量，室内外温差为 $1℃$ 时，$1m^2$ 的墙壁 1 小时内仅能通过 $0.25m^3$ 空气。在密闭很好的室内，仅靠通过建筑物孔隙所进入的空气远不能满足学生的需求，故必须规定供气量和每名学生在室内应占有的空气容积。而教室的换气次数取决于每名学生每小时的必要换气量和他所占教室的体积。必要换气量（necessary ventilation volume）按下列公式计算：$Q = M/(K - K_0)$。式中，Q 表示必要换气量 $[m^3/(h·人)]$；M 为二氧化碳呼出量 $[L/(h·人)]$；K 为教室内空气中 CO_2 最高允许浓度；K_0 为室外空气中 CO_2 浓度。

《中小学校设计规范》规定，小学、中学每座使用面积分别为 $1.36m^2$ 和 $1.39m^2$；小学、初中、高中教室净高分别为 $3.00m$、$3.05m$ 和 $3.10m$。因此，现行的《中小学校教室换气卫生标准》（GB/T 17226—1998）规定我国每名学生每小时必要换气量和教室换气次数已不合适，需重新修订。《中小学校教室换气卫生标准》规定教室空气中 CO_2 最高允许浓度为 0.15%（1500ppm）。我国每名学生每小时必要换气量为：小学生不低于 $11m^3$，初中生不低于 $14m^3$，高中生不低于 $17m^3$；小学教室每小时换气次数不宜低于 3 次，中学教室不宜低于 4 次。然而，不同地区、不同季节天气变化差别很大，必然影响室内微小气候，因此教室通风换气的方式要因地、因时制宜。

（2）教室通风换气的具体措施：在北方寒冷的冬季，如果不借助人工通风，很难使教室具有充足的新鲜空气。为此必须考虑通风窗等自然通风的设计，也要加强通风制度的管理，以弥补冬季室内换气不足的问题。具体方法如下：

1）教室气窗：气窗的开口面积应在教室地面积 1/60～1/50 之间，应设于窗的上 1/3 处，便于开启。采光窗最好设风斗式小窗，室外气流经风斗小窗流向天棚，再弧形下降，对保持室温比较有利，也避免冷空气直接吹到学生身上。

2）教室墙壁设自然抽出式通风道，对增加室内新鲜空气有一定作用：实验证明，冬季采暖时有通风道教室比无通风道教室的 CO_2 蓄积程度低，可使每小时换气次数自然增加。

3）教室的换气制度：根据季节采用开窗或开气窗与开门相结合的方式换气。寒冷季节在课前和课间休息 10 分钟期间，利用教室和走廊的气窗或窗和门进行通风换气。开窗换气有专人负责，要求学生应离开教室，到室外活动。中内廊的教学楼，每天有专人负责打开走廊的窗户，保证教室在课间通风换气时，进入新鲜空气。

4. 教室内的微小气候　教室内的微小气候包括气温、气湿和气流等，很大程度上左右着空气性状。由于儿童的身体调节功能不够完善，室温过热、过冷或骤然变化都易引起上呼吸道感染等疾病，也会影响学生和老师的教学过程。人们在"至适温度"（人们对环境的微小气候感到不冷不热的温度）的环境中，会精神愉快，精力旺盛，注意力集中。教室的室温要使大多数室内学生体温调节处于相对的平衡状态、并感到舒适。所以适宜的教室温度是保护学生健康和提高学习效率的重要环境条件。

我国幅员辽阔，南北方气候相差悬殊。在冬季严寒和寒冷地区，学校教室的设计上要考虑采暖、保暖和通风换气的问题；在夏季炎热地区，学校教室的设计上就要考虑良好的通风换气和隔热防暑问题。确定不同地区教室温度标准主要依据的是：该室温使大多数室内学生感到舒适；室温可使身体的体温调节处于相对的平衡状态；该温度标准与国家的经济发展情况相适应，有可行性。

（1）教室采暖

1）严寒和寒冷地区教室温度标准：《中小学校教室采暖温度标准》（GB/T 17225—1998）中规定：在冬季采暖地区（有集中采暖设施）的普通中小学校，在学习时间内，教室中部（距地面 1m 处）的温度最好是 16～18℃，不宜超过 20℃；室内水平温差和垂直温差均不宜超过 2℃；相对湿度 30%～80%；风速应在 0.3m/s 以下。中华人民共和国国家标准《室内空气质量标准》（GB/T 18883—2002）规定了冬季采暖室内温度 16～24℃、相对湿度 30%～60%、气流 0.2m/s；《中小学校设计规范》（GB 50099—2011）规定了冬季采暖教室温度不应低于 18℃。

文献或现场调查发现，多数城市教室内温度最低值是 18℃，只有少数是 16℃。国外标准基本也都大于 16℃。随着国家经济的不断改善，很多地方冬季供暖发生了很大的变化，各供暖地区政府颁布的集中供热管理条例显示，大多数省会城市要求室内温度不低于 18℃。因此，学校教室温度也要与所在城市一致，逐渐与国际标准接轨。

2）采暖及其设备的卫生要求在寒冷的冬季，既要通过合理的采暖来维持教室温度；又要实行通风换气，使教室空气保持清洁。学校的采暖方式可分为集中式和局部式采暖两种。

集中式采暖有蒸气式和热水式等。蒸气式采暖由于在给气时散热片表面温度高，停止供气时散热片很快冷却，基本不再采用；目前教室都采用热水式采暖，供热时散热片表面温度不高于 70℃，停止供热时散热片中存有的热水逐渐冷却，温度波动较小；平铺辐射式采暖（地热）也是常采用的一种采暖方式，它的特点是温度分布均匀，节省室内面积，并可防止学生外伤；空调机调节室内温度，由于造价高管理困难，不适合在学校应用。

在北方的农村，尤其是山区的中小学校常采用局部采暖方式，如火炉、火墙或地炕等。地炕和火墙形式的采暖，室内温度较均匀，可避免烟和灰尘进入室内；也有在室内用火炉采暖的，但要注意防止二氧化碳中毒和烫伤的发生，预防火灾，搞好室内清洁卫生工作等。

学校教室的采暖设计，应根据当地和学校的经济条件、不同房间的使用特点来考虑，既要保证供暖，又要避免能源浪费。

（2）学校教室的隔热和防暑问题：随着地球的气温逐渐变暖，我国长江流域、四川中部和长江中下游地区 7 月的平均气温都在 30℃左右，而且出现过 40℃以上的高温天气。这些炎热地区不但气温高、昼夜温差小，而且闷热、潮湿的气候易使人中暑。因此，中小学校建筑在设计时，要对屋顶、外墙采取隔热措施，窗户要有遮阳板或窗帘，房间有良好的自然通风条件。教室可利用穿堂风、电扇等增加室内风速，来调节微小气候。另外，校园要充分绿化。

赵融等曾对温暖地区和炎热地区学校学生主观感觉和某些生理指标（显汗率、口渴、头晕、乏力、注意力不集中等出现率、肾外失水量及大脑工作能力）的变化，提出在炎热地区，夏季教室温度应低于 31℃，学生在穿夏装情况下室温最好是 25～27℃，相对湿度低于 85%；风速宜 0.05～0.5m/s，不宜超过 1.5m/s；在温暖地区，夏季教室温度应低于 29℃，最好为 23～25℃，相对湿度应低于 85%；风速宜 0.05～0.5m/s，不宜超过 1.0m/s。炎热地区的教室温度如要达到"至适温度"，必须采用空调机调节室内温度，现已有学校采用。

5. 课桌椅　中小学生正处在身体成长发育重要时期，每天至少有五、六个小时使用课桌椅进行学习。每一个学生所使用的课桌椅的型号及规格是否适合他们的身高要求，直接影响到他们的生长发育。如果长期使用不符合卫生要求的课桌椅，极易引起使用者学习疲劳，学习效率低下，脊柱弯曲异常以及视力低下等问题。所以重视中小学生课桌椅配置情况，提高课桌椅符合率，对学生身体健康以及提高学习效率有着重要意义。

（1）学校课桌椅的基本要求：①满足写字、看书和听课等需求；②课桌椅适合就座学生的身材，可提供良好坐姿，减少疲劳发生，不妨碍正常生长发育，保护视力等；③坚固、安全、美观、造价低廉，便于教室的清扫。

学生上课时能保持良好的姿势看书、写字和听课，是课桌椅卫生要求的最基本出发点。正确的写字姿势：即身体坐正，腰背挺直，头和上身稍向前倾，不向左右偏斜；两肩间的连线与桌缘平行，前胸不受压迫，大腿水平，两脚平放地上；保持不易产生疲劳又均衡稳定的体位；眼睛与桌面上书本距离应为30～35cm，幼小儿童可稍近，年长青少年可稍远；保持血液循环通畅，呼吸自如，下肢神经干不受压迫。

坐姿分前位坐姿和后位坐姿。将上体重心落在坐骨结节之上或其前方的姿势称为"前位坐姿"；上体重心落在坐骨结节之后称"后位坐姿"。坐姿时，脊柱、骨盆、腹部、胸廓及膈肌等的神经肌肉，与下肢的神经肌肉形成统一和谐的系统，各肌肉群协同工作维持躯干平衡。前位坐姿时，伸直躯干的骶棘肌、背阔肌、背长肌及斜方肌等持续紧张，人较易出现疲劳；而有椅靠的后位坐姿，则不易出现疲劳。后位坐姿适用于休息、听课和看书；写字则必须采取上体稍前倾的体位，但不要过度前倾。

（2）课桌椅的尺寸：从教学上要求，课桌椅的大小及型式应便于采取微前倾和微后倾的坐姿，并能适度变换体位，避免长时间呆板不动，以减少疲劳。课桌椅是否符合卫生要求，能使学生就座后维持良好的姿势，可从椅高、桌高、桌椅高差及桌椅距离等几方面进行评价。

1）座面高（height of seat）：椅前缘最高点离地面的高度，也叫椅高。椅面太低或椅面太高时，就坐学生都会形成不良坐姿。如把臀部向前移，臀部与椅面接触面就减少，形成不稳定的坐姿，加重疲劳。适宜的椅高应是腓骨头点高或再低1cm（穿鞋情况下），使腘窝下没有明显压力。

2）桌面高（height of table top）：桌面近胸缘距离地面的高度。

3）桌椅高差（table-chair height difference）：桌面高与座面高之差。在课桌与课椅的配合上，桌椅高差是最重要因素，对就座姿势影响最大。假如桌椅高差太小，会使就坐学生脊柱呈侧弯状态，或脊柱后凸；假若桌椅高差太大，眼书距离缩短，也会使脊柱呈侧弯状态。

国际上常用两种确定桌椅高差的方法。第一种是桌椅高差等于人体坐姿肘高（上臂下垂、前臂水平时肘至椅面的高度）。欧美一些国家和前苏联以此为根据。第二种是丰田顺尔（1924）提出桌椅高差应等于1/3坐高。日本和中国以此方法为确定桌椅高差的根据。即学龄儿童适宜的桌椅高差应为其坐高的1/3；少年和青年应在此基础上提高1～2.5cm。

4）桌下空区（leg room under the table）：指课桌屉箱下的空间，也叫桌下净空。课桌椅要有够大的桌下空区，以满足就座学生的下肢在桌下自由移动，不受压迫。一般来说，桌面至箱底的高度不大于桌椅高差的1/2。

5）桌面：桌面宽（minimum length of table top）指坐人侧，桌面左右方向的尺寸。它不宜小于书写时两肘间的距离，以免邻座儿童相互干扰。桌面深（minimum depth of table top）指坐人侧，桌面前后方向的尺寸。它约等于前臂加手长，或不小于书本长度的一倍半。桌面可分为平面、斜面两种。平面桌有利于珠算、手工、绘画、书法等,也可满足学校供餐等需求。斜面桌有利于阅读、书写等学习活动。它可取 10°~12° 斜面坡度,避免就坐学生头部过度前倾。在桌面远侧有一约 9cm 宽的水平部分,放置文具等。

6）座面深（effective depth of seat）:也称为椅深,椅面前缘中点至靠背下缘中点之间的水平距离。即椅面前后方向的有效尺寸。大腿的后 2/3~3/4 应置椅面上,小腿后方留有空隙。

7）座面宽（minimum width of seat）:也称为椅宽,即椅面前缘左右方向的尺寸,应略等于臀宽。椅座面前缘及两角要钝圆,座面向后下倾斜 0°~2°,座面沿正中线如呈凹面时,其曲率半径 50cm 以上。

8）椅靠背:椅靠背应设计成与腰背部外形相吻合的形式,使就座学生感到舒适、腰背肌肉得到休息。靠背以向后倾斜 10° 为宜,不宜过大。靠背上缘高达肩胛骨下角之下。学校中不应采用无靠背的板凳。

9）桌椅距离:指桌与椅之间的水平距离,有椅座距离、椅靠距离等两个指标。桌椅距离是制作连式或固定式桌椅的重要尺寸。

10）椅座距离:指椅面前缘与桌近缘向下所引垂线间的水平距离（图 12-4）。在椅深适宜的条件下,椅座距离在 4cm 以内的负距离时,能使人保持良好的读写姿势。在正距离时,看书写字的学生则不能利用靠背或呈弯腰状态。

11）椅靠距离:指椅靠背与桌近缘间的水平距离。要求就座儿童的胸前（穿衣情况下）应有 3~5cm 的自由距离,避免挤压胸部而又能靠背。

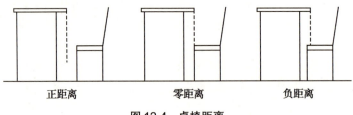

图 12-4　桌椅距离

12）课桌椅的型式:课桌椅有连式、分离式两类,还有固定式、升降式等。连式桌椅有固定的高差和距离,便于管理,但较笨重,最好采用单人连式;分离式桌椅中各型号的桌、椅间容易混,较难管理,但就坐者可自由变换体位,少拘束,减少疲劳;固定式课桌椅常常应用在阶梯教室,它具有连式的优点和缺点。在实际使用时要注意学生年级等问题,无论采用哪种型式的课桌椅,都应让学生坐合适的桌椅。

（3）学校课桌椅的卫生标准:《学校课桌椅功能尺寸》（GB/T 3976—2002）的大小型号系列是以国际标准 ISO 5970—1979 的模式为基础而划分的。此标准自 2002 年颁布以来,对改善中小学生的身体发育起到很大的作用,但由于我国儿童青少年身高普遍增长的实际情况,身高超过 187cm 的男生人数越来越多,此标准已不能适用目前的需要。2014 年 10 月 10 日由中国国家标准化管理委员会和中华人民共和国质量监督检验检疫总局发布《学校课桌椅功能尺寸及技术要求》（GB/T 3976—2014）,取代了 GB/T 3976—2002,于 2015 年 5 月 1 日起正式实施。

《学校课桌椅功能尺寸及技术要求》规定了中小学校、托幼机构和高等院校课桌椅的大小型号、功能尺寸、分配使用及其他卫生要求。也适用于大、中、小学校及托幼机构课桌椅的生产加工和使用。新标准主要增加了 0 号课桌椅及其尺寸要求，增加了人造板材和钢木课桌椅甲醛释放量和可溶性重金属含量的要求，并修改了课桌椅产品颜色标记。中小学校课桌椅功能尺寸见表 12-4。

表 12-4　中小学课桌椅尺寸表（GB/T 3976—2014）　　　　　　　　（cm）

型号	标准身高	学生身高范围	桌高	桌下净空高1	桌下净空高2	椅高	椅面有效深度	椅宽	靠背上缘距椅面高	颜色标志
0 号	187.5	≥180	79	≥66	≥52	46	40	≥38	35	浅蓝
1 号	180.0	173～187	76	≥63	≥49	44	38	≥36	34	蓝
2 号	172.5	165～179	73	≥60	≥46	42	38	≥36	33	浅绿
3 号	165.0	158～172	70	≥57	≥43	40	38	≥36	32	绿
4 号	157.5	150～164	67	≥55	≥40	38	34	≥32	31	浅红
5 号	150.0	143～157	64	≥52	≥37	36	34	≥32	29	红
6 号	142.5	135～149	61	≥49	≥34	34	34	≥32	28	浅黄
7 号	135.0	128～142	58	≥46	≥31	32	29	≥28	27	黄
8 号	127.5	120～134	55	≥43	≥28	30	29	≥28	26	浅紫
9 号	120.0	113～127	52	≥40	≥25	29	29	≥27	24	紫
10 号	112.5	≤119	49	≥37	≥22	27	26	≥27	23	浅橙

（4）学校课桌椅的卫生管理：课桌椅的卫生管理内容包括管标准、管分配和管使用。家具厂按国家标准生产符合标准尺寸的课桌椅，制定的课桌椅在出厂前要附永久性型号标记，即在标牌上标明大小型号及学生身高范围和颜色。学校对原有的课桌椅，也应按 GB/T 3976—2014 规定的桌高和椅高，标定相应型号，以便合理分配使用。

学校预置课桌椅时，应根据当地学生学年中期至末期的身高组成比例状况，确定各种大小型号的数量。按标准规定的身高范围，计算现用课桌椅对学生身高的符合率（符合人数占被调查人数的百分比）。高身材地区的大型号课桌椅比例可高些，低身材地区注意增加小型号课桌椅的比例。有条件的学校最好配齐九种型号的课桌椅，有助提高桌椅合格率。同时，管理者不仅要考虑当年的情况，也要顾及因生长发育长期变化带来的身高生长等问题。

校医或保健教师在每学年的开学初，要协助班主任让全校绝大多数学生坐上合适的课桌椅。做这项工作时要注意以下问题：同号课桌与课椅相匹配。最接近哪个型号，就标定为该型号。也可以在现有条件下，采用相邻两个型号大桌与小椅相匹配的方法。少数无法调整的课桌椅可迁就使用，就大（如大 1 号）不就小；要求教室第一排课桌前沿与黑板的水平距离不宜小于 220cm。教室最后一排课桌后沿与黑板的水平距离小学不宜大于 800cm，中学不宜大于 900cm。各列桌之间，与内墙、外墙之间都应有足够宽的通道，便于学生和老师出入。学生的座位应矮个在前，高个在后。每列学生每 1～2 周轮换座位，防止经常向一侧扭身，导致姿势不良。视力、听力不良学生的座位可尽量靠前；教师要随时纠正学生的不良姿势，进行正确坐位姿势的教育。校医还要了调查桌椅与学生身高的符合状况，及时掌握每个班级多余的型号数和缺少的型号数，便于进行桌椅的调整。课桌椅符合率是对分配使用情况的一种卫生评价，但课桌椅符合率是一个相对的概念，不应只局限于课桌或课椅的符合率，也要考虑桌椅高差的符合率，以及全校课桌椅型号和数量比例、型号是否规范。观察表明，只要桌椅高差改变不超过 2cm，就座者的读写姿势无不良变化，仍保持在良好范围内；椅高的容许范围更宽。因此，单独评价课桌或课椅的符合率是不全面的。

6. 黑板   黑板是教室的主要规定教具。《中小学校设计规范》（GB 50099—2011）的规定教学用房内设置黑板或书写白板及讲台时，其材质及构造应符合下列规定：黑板的宽度，小学不宜小于 3.60m，中学不宜小于 4.00m；黑板的高度不应小于 1.00m；黑板下边缘与讲台面的垂直距离，小学宜为 0.80～0.90m，中学宜为 1.00～1.10m；黑板表面应采用耐磨且光泽度低的材料。另外，讲台长度应大于黑板长度，宽度不应小于 0.80m，高度宜为 0.20m，其两端边缘与黑板两端边缘的水平距离分别不应小于 0.40m。

目前常用有黑绿色磨砂玻璃黑板及木制树脂涂面黑板，而在偏僻的农村学校常用普通木制黑板、水泥、或白色涂漆的铁皮书写板等不符合标准要求，不宜采用。磨砂玻璃黑板可长期维持表面磨砂状态而不产生眩光现象，使用效果较好；普通木制黑板易膨胀，造成表面凸凹脱色，书写不流畅，字迹不清楚；涂黑油漆的水泥黑板易脱落、脱色，书写困难，学生辨认字迹困难；铁皮黑板书写板易产生眩光，难擦拭。《书写板安全卫生要求》（GB 28231—2011）要求书写板的颜色应均匀，表面平整，没有波纹、龟裂、针孔、斑痕及凹凸不平等缺陷；拼接而成的平面书写面板，其接缝的间隙应小于 1mm，接缝两侧的高度差不应超过 1mm。用熟石膏或碳酸钙制白色粉笔在黑板上书写时，应手感流畅、充实、笔道均匀、线条鲜明，书写时不产生噪声。用干式黑板擦往复擦拭两次，没有清楚的残留字迹；用湿式黑板擦擦拭，距 1m 处观察，没有淤积的粉笔残迹。黑板选用坚固耐磨的材料，加工成粗糙表面，就能长久保持黑板不反光；黑板面的光泽度应在 12 光泽单位以下，不应有因板面本身的原因产生眩光；当其照度超过自然光照度时，为减少黑板眩光，可在黑板上方设一组照明灯。黑板下缘应制成小槽，起防尘作用。

教师授课时在黑板上写的字体高度应为作业本字体高的 9 倍，即拼音字母、阿拉伯数字高度约为 4cm，汉字 8cm。书写时应尽量少用颜色粉笔，推荐使用吸粉尘的黑板擦。

7. 教室噪声   噪声（noise）是指人体不需要，让人烦躁并干预正常学习、工作、休息的声音。随着城市化、工业化的进程，我国多数城市的噪声污染很严重，已经影响到学校，对学生身心发育和健康产生了危害。环境噪声主要来源于交通噪声、工业和施工噪声、生活噪声及学校噪声。学校外源性噪声是来源于上述噪声，内源性来自学校的教学、文体活动。

如教学环境噪声超过 65dB，学生无法集中注意力听课，个别人会产生头晕、耳鸣、心悸和失眠等症状。刚开始时听力会适应，然后听觉疲劳。随着接触时间延长而加重，会发生听觉损伤和噪声性耳聋，而这时耳蜗螺旋器可出现退行性变，听力损伤将不可逆。噪声强度 90dB 时，视网膜视杆细胞区别光亮的敏感性将下降。达到 115dB 时，会发生视疲劳、眼痛、眼花、流泪等。噪声还可通过听觉器官作用于神经系统，使中枢神经高度紧张，影响正常的生理、心理功能和神经行为。儿童少年长期接触噪声可导致神经衰弱症状等。

因此，学校选址要避免外部噪声干扰。《中小学校设计规范》规定，教学用房的环境噪声控制值应符合现行国家标准《民用建筑隔声设计规范》（GB 50118—2010）的有关规定（表 12-5）。教学用房的混响时间应符合现行国家标准《民用建筑隔声设计规范》（GB 50118—2010）的有关规定。

表 12-5　主要教学用房的隔声标准

房间名称	空气声隔声标准（dB）	顶部楼板撞击声隔声单值评价量（dB）
语言教室、阅览室	≥50	≤65
普通教室、实验室等与不产生噪声的房间之间	≥45	≤75
普通教室、实验室等与产生噪声的房间之间	≥50	≤65
音乐教室等与产生噪声的房间之间	≥45	≤65

二、学校教学环境卫生监督的依据

（一）学校教学环境卫生监督的相关法律法规及规章

《中华人民共和国未成年保护法》《中华人民共和国义务教育法》等法律及《学校卫生工作条例》是学校教学环境卫生监督的基本依据。

《学校卫生工作条例》第二条明确规定学校卫生工作的主要任务之一是改善学校卫生环境和教学卫生条件；第六条要求学校教学建筑、环境噪声、室内微小气候、采光、照明等环境质量以及黑板、课桌椅的设置应当符合国家有关标准。新建、改建、扩建校舍，其选址、设计应当符合国家的卫生标准。竣工验收应当有当地卫生行政部门参加。第二十八条规定县以上卫生行政部门对学校新建、改建、扩建校舍的选址、设计实行卫生监督；对学校内影响学生健康的学习、生活、劳动、环境、食品等方面的卫生和传染病防治工作实行卫生监督等。

（二）学校教学环境卫生监督的相关标准

涉及学校教学环境卫生监督的相关标准主要有《中小学校设计规范》（GB 50099—2011）、《中小学校教室采光和照明卫生标准》（GB 7793—2010）、《电视教室座位布置范围和照度卫生标准》（GB 8772—2011）、《中小学校教室换气卫生标准》（GB/T 17226—1998）、《室内空气质量标准》（GB/T 18883—2002）、《中小学校教室采暖温度标准》（GB/T 17225—1998）、《学校课桌椅功能尺寸及技术要求》（GB/T 3976—2014）、《书写板安全卫生要求》（GB 28231—2011）、《民用建筑隔声设计规范》（GB 50118—2010）、《学校卫生综合评价》（GB/T 18205—2012）等。

这些标准分别从学校建筑设备，教室采光照明、通风换气、微小气候、噪声、学校课桌椅、黑板等方面作出明确具体的规定。这些标准认真地执行，会改善学校教学环境，促进学生的身体健康，提高学生的学习效率。

（三）学校教学环境卫生监督的规范性文件

国家职能部门根据学校教学环境卫生监督涉及的法律法规及规章、卫生标准等作出了具体详细的规定，这些规范性文件更有利于卫生监督人员在实际工作中应用。主要有《学校卫生监督工作规范》《学校卫生监督执法技术指南》等。

《学校卫生监督工作规范》第四条规定对学校教学环境要进行卫生监督；第九条规定教学环境卫生监督内容包括教室人均面积、环境噪声、室内微小气候、采光、照明等环境卫生质量情况；黑板、课桌椅等教学设施的设置情况等。

《学校卫生监督执法技术指南》指南规定了学校教学环境卫生监督检查时的检查依据、检查内容、检查要求、检查方法、法律责任、检查要点。

三、学校教学环境卫生监督的内容与方法

学校教学环境卫生监督是学校卫生监督工作的主要职责之一,检查内容包括教室人均面积、教室采光和照明、黑板、课桌椅、教室微小气候、和环境噪声等是否符合国家相应卫生标准。卫生监督的方法包括监督检查前准备,现场检查及根据检查结果作出处理决定。

(一)学校教学环境的卫生监督内容

1. 教室人均面积　2008 年教育部、原卫生部、财政部关于印发《国家学校体育卫生条件试行基本标准》的通知,要求教室人均面积是小学不低于 1.15 平方米;中学不低于 1.22 平方米。《中小学校设计规范》(GB 50099—2011)规定,小学、中学每座使用面积分别为 $1.36m^2$ 和 $1.39m^2$。

2. 采光

(1) 学校教室的朝向宜按各地区的地理和气候条件决定,不宜采用东西朝向,宜采用南北向的双侧采光。教室采用单侧采光时,光线应自学生座位的左侧射入。南外廊北教室时,应以北向窗为主要采光面。

(2) 教室采光指标是否达到国家标准要求(Ⅲ类光气候区教室课桌面上的采光系数最低值不应低于 2%,其他光气候区的采光系数应乘以相应的光气候系数。光气候系数应按《中小学校教室采光和照明卫生标准》GB 7793—2010 查出,所在光气候区应按《建筑采光设计标准》GB/T 50033—2013 中国光气候分区图查出)。

(3) 窗地面积比不低于 1:5。

(4) 室内各表面的反射比参照《中小学校教室采光和照明卫生标准》(GB 7793—2010 执行)。

3. 照明

(1) 学校建筑是否安装人工照明设施。

(2) 教室课桌面照度是否达到国家卫生标准要求(教室课桌面上的维持平均照度值不应低于 300lx,其照度均匀度不应低于 0.7)。

(3) 教室灯具排列是否符合国家标准要求(采用控照式灯具,灯具距课桌面的最低悬挂高度不应低于 1.7m。灯管排列宜采用其长轴垂直于黑板面布置。对于阶梯教室,前排灯不应对后排学生产生直接眩光)。

(4) 教室黑板是否设局部照明灯,黑板面照度是否符合国家标准(维持平均照度不应低于 500lx,照度均匀度不应低于 0.8)。

4. 黑板

(1) 黑板尺寸是否符合国家标准要求(中学不小于 1m×4.0m,小学不小于 1m×3.6m)。

(2) 黑板卫生质量是否符合国家标准要求(黑板无破损,无眩光,反射比不大于 20%)。

(3) 黑板下缘与讲台地面的垂直距离是否符合国家标准要求(小学为 0.8~0.9m,中学为 1~1.1m)。

5. 课桌椅

(1) 课桌、课椅是否达到每人一席。

(2) 教室中课桌椅型号不少于两种。

(3) 课桌、课椅分配符合率不应小于 40%。

（4）普通教室课桌椅布置：中小学校普通教室课桌椅的排距不宜小于 0.90m，独立的非完全小学可为 0.85m；最前排课桌的前沿与前方黑板的水平距离不宜小于 2.20m；最后排课桌的后沿与前方黑板的水平距离小学不宜大于 8.0m，中学不宜大于 9.0m；教室最后排座椅之后应设横向疏散走道；自最后排课桌后沿至后墙面或固定家具的净距不应小于 1.10m；中小学校普通教室内纵向走道宽度不应小于 0.60m，独立的非完全小学可为 0.55m；沿墙布置的课桌端部与墙面或壁柱、管道等墙面突出物的净距不宜小于 0.15m；前排边座座椅与黑板远端的水平视角不应小于 30°。

6．教室微小气候

（1）教室通风换气是否符合国家标准要求。

（2）教室空气中二氧化碳浓度不应大于 0.15%。

（3）冬季采暖期室温不应小于 16℃（适用于采暖地区）。

（4）新建或新装修教室应进行室内空气质量检测，符合《室内空气质量标准》后投入使用。

7．环境噪声

（1）外环境对普通教室所产生的噪声不应大于 50 分贝。

（2）教室布局是否符合国家标准要求（两排教室长边间距不应小于 25m；普通教室不受音乐教室等外环境干扰）。

（二）监督方法

首先卫生监督员应掌握学校卫生监督检查所需的法律、法规、规章、标准、规范。应查阅被监督学校的基础档案，熟悉被监督学校的有关情况和现场检查的有关内容，准备好检查所需的执法文书及取证、采样、现场快检等工具；向被监督学校出示执法证件，说明来意及依据，告知被检查人所享有的权利和义务。对需要检查的项目进行现场检测；对监督检查中发现的问题，及时提出改正意见，下达《卫生监督意见书》，限期改正。对符合立案条件的违法行为，根据有关法律、法规、规章的规定，依照法定程序，提出处理意见。

1．检查要求　依据《学校卫生综合评价》《中小学校设计规范》（GB 50099—2011）等相关标准及检测报告，对教学环境存在不符合卫生标准、规范的，依据《学校卫生工作条例》进行处罚，并下达限期整改意见书；将教学环境中影响学生健康的问题向当地教育行政部门或学校主管上级部门进行情况通报，必要时通报当地政府。

2．检查方法　依据学校相关卫生标准对学校教学环境开展学校卫生综合评价。协调相关机构开展教学环境卫生检测。

3．检查要点　对学校内影响学生健康的教室建筑、环境噪声、教室内微小气候、采光、照明以及黑板、课桌椅等教学环境开展学校卫生综合评价。

案例 12-1　北方某一中学校（小学 5 年初中 3 年制）的教学楼是典型的中内廊建筑，两侧有教室 6 个；普通教室为南北朝向，每个教室面积约 69.5m²，每班学生平均为 55 名，年龄 11~14 岁；窗外有一个高楼，此建筑物距教室的距离小于该建筑物高 1.5 倍，教室透光面积为 13.9m²；教室安装了 9×40W 的荧光灯，课桌面的平均照度可达 200lx；教室课桌椅全是 1 号课桌课椅；教室内无气窗，冬季采用集中热水式供暖，室内平均温度 25℃，教室内空气中 CO_2 浓度为 1.15%。

某日，某市卫生监督所对该校进行经常性卫生监督，重点检查学校教学环境卫生，包括普通教室卫生要求、教室采光照明、教室微小气候、课桌椅等项目，并对结果进行评价，对发现的问题及时反馈给学校相关负责人，限时改正，使教室的卫生环境达到相应卫生标准的要求。

问题：

1. 普通教室是否符合卫生要求？存在哪些问题？如何改进？

2. 普通教室自然采光是否符合卫生要求？是否存在问题？要注意哪些问题？

3. 人工照明是否符合卫生要求？是否存在问题？应如何调整？

4. 都是 1 号课桌椅合适吗？如何调整？

5. 在冬季，该教室的空气中 CO_2 浓度是否超标？在教室无气窗和保证室温的情况下，应采取哪些措施改善空气清洁度？

6. 作为学校卫生监督员，简述一下整个卫生监督的过程。

四、学校教学环境的相关法律责任

（一）违法行为

学校教学环境卫生不符合国家卫生标准。

（二）违法条款

违法条款：根据《学校卫生工作条例》第六条第一款，学校教学建筑、环境噪声、室内微小气候、采光、照明等环境质量以及黑板、课桌椅的设置应当符合国家有关标准。

（三）处罚依据

判断依据：①教室人均面积；②采光；③照明；④黑板；⑤课桌椅；⑥教室微小气候；⑦环境噪声等上述项目不符合国家卫生标准。

处罚条款是根据《学校卫生工作条例》第三十三条。违反本条例第六条第一款规定的，由卫生行政部门对直接责任单位或个人给予警告并责令限期改进；情节严重的，可以同时建议教育行政部门给予行政处分。

第二节　学校生活设施的卫生监督

学校生活设施也是学校教学环境的重要组成部分，与学生的健康有着非常密切的关系。符合卫生要求的学校生活环境，是促进学生身体健康和生长发育、培养学生良好的卫生习惯的重要条件。因此，卫生行政部门依据相关法律、法规、条例、规范和卫生标准，对学校建筑设计实行预防性卫生监督，对学校生活设备实行经常性卫生监督。

一、学校生活设施的卫生监督概述

（一）学校生活设施的定义

学校生活设施是指与学生、老师生活有关的设施。中小学校生活服务用房应包括饮水处、卫生间、配餐室、发餐室、设备用房，还包括食堂、淋浴室、停车库（棚）。寄宿制学校应包括学生宿舍、食堂、浴室等。

（二）学校生活设施卫生监督的意义

学校生活设施是学生在学校生活和活动的重要外部环境。符合标准的宿舍、厕所、洗漱、洗澡等卫生设施,是保证学生身心健康重要的先决条件,也有利于学生形成良好的生活及卫生习惯。

卫生监督员在对新建、改建、扩建学校校舍时对宿舍、厕所等卫生设施进行预防性卫生监督,及对学校生活设施的经常性卫生监督检查中,如发现不符合学校卫生标准或存在问题时,及时对学校提出整改建议,并通报教育行政部门,使学校及时改正。对于存在重大隐患的,应同教育行政部门一起向当地政府报告。

对学校生活设施的卫生监督的目的是:①促使学校履行职责,规范学校管理行为,消除卫生安全隐患;②通过对新建、改建、扩建校舍的预防性卫生监督,指导学校创建健康的生活环境;③通过对学校生活设施的经常性卫生监督,切实保障学生的身体健康,促进学生养成良好的卫生习惯;④促进学校对生活设施的改善,提高学校卫生工作水平。

(三)学校生活设施的卫生要求

1. 学生宿舍　城市大学和部分中学、县镇乡的中学和中心小学都有住宿生。因此,宿舍必须符合《中小学校设计规范》(GB 50099—2011)的规定。规范要求学生宿舍不得设在地下室或半地下室,不宜与教学用房在同一栋建筑中分层合建,可在同一栋建筑中以防火墙分隔贴建;学生宿舍必须男女分区设置,分别设出入口,不得与教学用房合用建筑的同一个出入口,已满足各自封闭管理的要求;学生宿舍应包括居室、管理室、储藏室、清洁用具室、公共盥洗室和公共卫生间,宜附设浴室、洗衣房和公共活动室;每室居住学生不宜超过 6人,每学生使用面积不宜小于 $3.00m^2$。当采用单层床时,居室净高不宜低于 $3.00m$;当采用双层床时,居室净高不宜低于 $3.10m$。学生宿舍的居室内应设储藏空间,每人储藏空间宜为 $0.30\sim0.45m^3$,储藏空间的宽度和深度均不宜小于 $0.60m$。学生宿舍应设置衣物晾晒空间。

2. 学校卫生间　《中小学校设计规范》规定:教学用建筑每层均应分设男、女学生卫生间及男、女教师卫生间;中小学校应采用水冲式卫生间。当设置旱厕时,应按学校专用无害化卫生厕所设计。卫生间应具有天然采光、自然通风的条件,并应安置排气管道;卫生间位置应方便使用且不影响其周边教学环境卫生。卫生间应设前室,男、女生卫生间不得共用一个前室;当体育场地中心与最近的卫生间的距离超过 $90m$ 时,可设室外厕所,服务人数可依学生总人数的 15% 计算。另外,规范对学校卫生间卫生洁具的数量做了规定:男生应至少为每 40 人设 1 个大便器或 $1.20m$ 长大便槽。每 20 人设 1 个小便斗或 $0.60m$ 长小便槽;女生应至少为每 13 人设 1 个大便器或 $1.20m$ 长大便槽。每 $40\sim45$ 人设 1 个洗手盆或 $0.60m$ 长盥洗槽;卫生间内或卫生间附近应设污水池;厕位蹲位距后墙不应小于 $0.30m$。各类小学大便槽的蹲位宽度不应大于 $0.18m$。厕位间宜设隔板,隔板高度不应低于 $1.20m$。卫生间外窗距室内楼地面 $1.70m$ 以下部分应设视线遮挡措施。

学生厕所大便器(或大便槽)应采用坚固耐用,便于管理维修的冲洗设备,并应保证冲洗强度和水量。厕所不应面对教室和教师办公室。室外厕所应设在教室、宿舍的下风向、运动场所的边角处,但不能离教室太远。厕所要经常清扫和进行消毒,并备有必要的防蝇设施。尤其在肠道传染病流行季节,厕所必须严格执行消毒制度和保持良好的卫生。

二、学校生活设施卫生监督的依据

(一)学校生活设施卫生监督的相关法律法规及规章

《中华人民共和国未成年保护法》《中华人民共和国义务教育法》等法律及《学校卫生工

作条例》是学校生活设施卫生监督的基本依据。

《学校卫生工作条例》第二条明确规定学校卫生工作的主要任务之一是改善学校卫生环境和教学卫生条件；第七条规定学校应当按照有关规定为学生设置厕所和洗手设施。寄宿制学校应当为学生提供相应的洗漱、洗澡等卫生设施；第二十八条规定县以上卫生行政部门对学校内影响学生健康的学习、生活、劳动、环境、食品等方面的卫生和传染病防治工作实行卫生监督等。第三十一条至第三十七条规定了奖励与处罚方法。

（二）学校生活设施卫生监督的相关标准

涉及学校生活设施卫生监督的相关标准主要有《中小学校设计规范》（GB 50099—2011）、《学生宿舍卫生要求及管理规范》（GB 31177—2014）、《学校卫生综合评价》（GB/T 18205—2012）、《国家学校体育卫生条件试行基本标准》等。这些标准分别从学校建筑设备、基本设施、室内空气质量等方面对学校学生宿舍、学生卫生间及体育设施作出明确具体的规定和管理要求；目的是改善学校生活设施，使学生有良好舒适的生活环境，促进正常的生长发育和身心健康。

（三）学校生活设施卫生监督的规范性文件

《学校卫生监督工作规范》第四条规定教学及生活环境要进行卫生监督；第九条规定生活环境卫生监督内容包括学生宿舍、厕所等生活设施卫生情况。第十条规定的监督方法包括：检查学生厕所、洗手设施和寄宿制学校洗漱、洗澡等设施条件是否符合卫生要求，了解学生宿舍卫生管理制度落实情况，测量学生宿舍人均居住面积。

为加强和规范农村寄宿制学校生活卫生设施建设与管理，为学校师生创建安全健康的生活与学习环境，保障学校师生的身心健康，教育部、原卫生部依据国家相关标准，结合学校实际，联合制定了《农村寄宿制学校生活卫生设施建设与管理规范》。该《规范》重点对饮用水设施、宿舍、食堂、浴室、厕所、垃圾和污水设施等学校生活卫生设施的建设与管理提出要求。要求各地相关部门应统筹考虑和安排学校生活卫生设施的建设与改造，并加强规范管理，切实落实学校生活卫生设施卫生管理制度和要求，保障学校师生有安全健康的生活环境。

三、学校生活设施卫生监督的内容与方法

学校生活设施卫生监督是学校卫生监督工作的主要职责之一，检查内容包括学生宿舍和学生厕所等是否符合国家相应卫生标准。卫生监督的方法包括监督检查前准备，现场检查及处理决定。

（一）学校生活设施卫生监督内容

1. 学生宿舍的卫生监督

（1）学生宿舍是否与教学用房合建。男、女生宿舍是否分区或分单元布置。一层出入口及门窗是否设置安全防护设施。

（2）学生宿舍的居室人均使用面积是否大于 3.0 平方米。

（3）学生是否一人一床，上铺防护栏是否符合安全要求。

（4）宿舍是否通风良好，寒冷地区宿舍是否设有换气窗。

（5）学生宿舍是否设有厕所、盥洗设施。

2. 学生厕所的卫生监督

（1）独立设置的厕所与生活饮用水水源和食堂相距 30 米以上。

（2）新建教学楼是否每层设厕所。宿舍设室外厕所的，厕所距离宿舍不超过30米，并应设有路灯。

（3）女生是否按每15人设一个蹲位；男生是否按每30人设一个蹲位，每40人设1米长的小便槽。

（4）厕所内是否设置单排蹲位，蹲位不得建于蓄粪池之上，并与之有隔断；蓄粪池是否加盖。小学厕所蹲位宽度（两脚踏位之间距离）不超过18厘米。

（5）厕所是否有顶、墙、门、窗和人工照明。

（二）学校生活设施卫生监督的方法

学校生活设施的卫生监督方法见学校教学环境的卫生监督方法。

1. 检查要求　对检查中发现的各类问题，下达卫生监督意见书，对违法行为依据《学校卫生工作条例》进行处罚。将检查中发现的问题向当地教育行政部门或学校主管上级部门进行情况通报，必要时通报当地政府。

2. 检查方法

（1）实地查看学生宿舍卫生条件、安全防护措施、人均使用面积、宿舍卫生管理制度、宿舍厕所、盥洗数量。

（2）查看宿舍供水方式，对学生生活饮用水进行卫生监督。

（3）供暖地区开展室温等项目监测。

（4）现场检查学生厕所位置、数量、蹲位、环境条件，厕所及时清理、消毒情况。

案例 12-2　北方某小学校教学楼（三层）是典型的中内廊建筑，两侧有教室6个，每班平均45名学生，男女各半；每层设有厕所，有人工照明。男生有5个蹲位、2个1米长的小便池。女生也有5个蹲位。

某日，某市卫生监督所对该校进行经常性卫生监督，重点检查学校厕所设施卫生，对发现的问题要及时反馈给学校相关负责人，限时改正，使教室的生活设施达到相应卫生标准的要求。

问题：

1. 该校教学楼厕所是否符合卫生要求？存在哪些问题？

2. 根据你的知识，请提出针对这些问题的改进意见。

3. 作为学校卫生监督员，简述一下整个卫生监督的过程。

四、学校生活设施卫生监督的相关法律责任

（一）违法行为

学校生活设施不符合卫生要求。

（二）违法条款

违法条款是根据《学校卫生工作条例》第七条第一款。学校应当按照有关规定为学生设置厕所和洗手设施。寄宿制学校应当为学生提供相应的洗漱、洗澡等卫生设施。

（三）处罚依据

判断依据：①学校未按照有关规定为学生设置厕所和洗手设施；②寄宿制学校未提供相应的洗漱、洗澡等卫生设施。

处罚条款：根据《学校卫生工作条例》第三十三条。违反本条例第七条第一款规定的，由

卫生行政部门对直接责任单位或个人给予警告并责令限期改进；情节严重的，可以同时建议教育行政部门给予行政处分。

学校是儿童少年学习和活动的重要场所，改善其教学环境和生活设施是学校卫生工作的主要任务之一，也是学校日常性卫生监督的重要部分。卫生监督部门和学校应该严格按照法律法规的要求，使学校教学建筑、环境噪声、室内微小气候、采光、照明等环境质量以及黑板、课桌椅的设置及生活设施符合国家相关标准。并对学校的选址和建筑设计实行预防性卫生监督，对教学环境卫生、设施设备实行经常性卫生监督。良好的学校教学环境和生活设施，是培养儿童少年德、智、体、美全面发展、促进学生身心健康和生长发育的重要条件。

（王忆军）

【学习思考】

1. 学校教学环境卫生监督都涉及哪些卫生标准？

2. 学校教学环境卫生监督都包括哪些内容？如何开展学校教学环境的卫生监督？

3. 学校生活设施卫生监督都包括哪些内容？如何开展学校生活设施的卫生监督？

第十三章 学校内设医疗机构和保健室监督

Supervision of School Internal Medical Institution or Health Care Room

学校内设医疗机构（school internal medical institution）和保健室（health care room）是为在校学生提供各类卫生保健和医疗服务的公益性机构，是学校履行卫生工作职责的主要载体，是社区卫生服务网络乃至整个医疗卫生服务体系的重要组成部分。开展学校内设医疗机构和保健室监督，督促其规范开展学校卫生保健和医疗服务工作，是学校卫生监督的一项重要工作内容。

第一节 概 述

学校内设医疗机构和保健室监督（supervision of school internal medical institution or health care room）是指卫生行政部门和卫生监督员依据有关法律法规，对辖区内各级各类学校内设医疗机构和保健室的设置及其依法开展学校卫生保健工作的情况进行督促检查，对违反法律法规的行为追究法律责任的一种行政管理活动。有效履行学校内设医疗机构和保健室监督工作职责，要熟悉目前各级各类学校内设医疗机构和保健室的种类、特点，特别是其功能定位、具体工作任务和管理要求，还要领会开展学校内设医疗机构和保健室监督工作的作用和意义。

一、学校内设医疗机构和保健室的定义

中小学校负责学校卫生保健工作的机构一般为卫生室或保健室。卫生室是指取得《医疗机构执业许可证》，承担学校预防保健、健康教育、常见病和传染病预防与控制、学校卫生日常检查并为师生提供必要的医疗服务的学校内设卫生机构。保健室是指未取得《医疗机构执业许可证》，在卫生专业人员指导下开展学校预防保健、健康教育、常见病和传染病预防与控制、学校卫生日常检查等工作的学校内设卫生机构。高等学校内设医疗机构指设在高等学校内、主要为师生员工提供医疗保健服务的卫生机构，按学校规模大小及服务对象多少分别设置校医院和卫生科。

按照内设医疗机构设置冠名规定，以及机构设置与单位服务人数、服务功能等不同，中小学校内设医疗机构和保健室除"卫生室、保健室"外，通常还有"医务室""保健站""卫生所"等称谓，高等学校内设医疗机构除"校医院"和"卫生科"外，通常还有"门诊部""卫生所"等称谓。不管学校内设卫生机构的称谓如何，但其在学校卫生工作中都承担相应的职能。

二、学校内设医疗机构和保健室功能定位和工作任务

由于设置的学校类别、机构性质不同,中小学校内设医疗机构和保健室与高等学校内设医疗机构的功能定位和具体工作任务有所差别。

(一)中小学校内设医疗机构和保健室

中小学校内设医疗机构和保健室功能定位是根据学生生长发育阶段的特点和主要健康问题,以学生健康管理为中心、强化学生健康理念、提高学生健康素养、促进学生身心健康和社会适应能力的全面发展为宗旨,组织开展学校学生卫生保健服务和卫生知识宣传教育服务。

学生卫生保健服务工作包括以下内容:①承担学生传染病、常见病预防与控制工作,包括组织开展晨检、因病缺勤等学校传染病、常见病监测工作,负责传染病疫情报告,协助社区卫生服务机构和专业公共卫生机构开展针对学生的传染病、常见病预防控制,做好学生预防接种证查验和配合卫生部门疫苗补种工作;②开展学生健康咨询与指导,包括学生合理膳食、意外伤害预防、口腔保健、眼保健、听力保健等方面;③开展学生健康管理,包括组织学生健康体检,建立学生健康档案,开展个体和群体健康评价;④组织开展学校场所卫生管理,包括指导后勤开展学校环境卫生清洁和消毒,协助专业公共卫生机构开展针对学校场所(包括教学、生活、环境、食品和饮用水等方面)的卫生监测等管理工作;⑤学生意外伤害或其他危重疾病的现场急救处理与送诊;⑥参与处置学校内发生的各类突发公共卫生事件。

中小学校卫生室由于取得《医疗机构执业许可证》,具备医疗执业资质,除上述卫生保健服务职能之外,还承担学校师生一些常见病和多发病的基本医疗服务工作。

中小学校内设医疗机构和保健室另一个工作任务是卫生知识宣传教育服务,包括承担学校卫生健康教育课程教学研究,通过健康教育课程向学生传授健康知识和技能;组织开展各种防病知识宣传,通过组织班会课、宣传栏、海报等各种方式,向师生宣传传染病、慢性病防控知识,提高师生自我防护意识和能力。

(二)高等学校内设医疗机构

高等学校内设医疗机构功能定位是坚持面向全体师生员工、贯彻预防为主的工作方针,树立为教学服务、为提高师生健康水平服务的工作宗旨,开展并提供各种医疗保健服务。具体工作任务包括:①负责新生入学健康检查,定期对学校各类人员进行健康检查,对各类健康检查资料进行统计分析、并根据存在问题及时采取有效防治措施;②对患病体弱学生实施医疗照顾,对因病不能坚持学习者,根据学籍管理规定,提出休、退学处理意见;③对学校内危重病例实施抢救,对不能处理的危重及疑难病例,及时转上级医疗机构诊治;④协助教务部门开设大学生健康教育课程(选修课或必修课)或定期举办健康教育讲座,增强学生自我保健能力,促进学生建立健康的生活方式和良好的卫生习惯;⑤开展学校社区内医疗服务,做好各种常见病和多发病的诊治、控制工作;⑥贯彻执行传染病防治法规,做好学校社区内传染病预防和控制管理工作;⑦对学校教学卫生、体育卫生、劳动卫生、环境卫生、饮食饮水与营养卫生等实施监督,并提供咨询和技术指导;⑧承担计划生育技术指导。

三、学校内设医疗机构和保健室管理要求

学校内设医疗机构和保健室在机构设置、人员配备和日常管理等方面,都应符合法律法规、规章、标准或其他规范性文件的规定或要求。

（一）机构设置

中小学校中的寄宿制学校须设立卫生室，非寄宿制学校可视学校规模选择设立卫生室或保健室。普通高等学校应设校医院或者卫生科，校医院应当设保健科（室）。

中小学校卫生室或高等学校的校医院或卫生科要承担医疗服务职能，须按照《医疗机构管理条例》《医疗机构管理条例实施细则》等有关规定，在从事医疗执业活动前，申请办理执业登记手续，领取《医疗机构执业许可证》，获得医疗执业资质，并定期进行校验，在注册的诊疗科目范围内设置诊室并提供常见病诊治服务。

高等学校医疗保健机构的内部科室设置，除执行《医疗机构基本标准（试行）》中相应等级医院及综合门诊部的有关规定外，根据学校卫生工作的特点，应设立健康教育及心理咨询科室（组），或设专人负责该项工作。

多校区办学的学校，各校区均应设立相应的卫生保健分支机构。对于相邻或地理位置集中的学校，可探索联合设立卫生保健机构，以整合医疗卫生资源，提高利用效率。

（二）人员配备

学校内设医疗机构和保健室应按标准配备卫生保健人员，包括卫生保健教师或卫生专业技术人员。

在校学生数在 600 人以下的非寄宿制中小学应配备专职或兼职的保健教师（或卫生专业技术人员）开展学校卫生工作，保健教师由现任具有教师资格的教师担任。

寄宿制中小学校或在校学生数在 600 名学生以上的非寄宿制中小学校应按学生人数 600∶1 的比例配备专职卫生技术人员。卫生专业技术人员应持有卫生专业执业资格证书。

高等学校内设医疗机构结合学校的实际情况，按照医疗机构设置标准相关要求配备卫生专业技术人员，专业卫生技术人员应占其总编制的 80% 以上，中、高级技术职务人员应达到卫生技术人员总数的 60% 左右。

卫生专业技术人员和保健教师应接受学校卫生专业知识和急救技能培训，并取得相应的合格证书。

（三）组织管理

1. 组织领导　学校应加强对内设医疗机构和保健室的领导和支持。中小学校内设医疗机构和保健室受主管校长直接领导；高等学校内设医疗机构受主管校长直接领导，或由主管校长委托总务部门领导。学校内设医疗机构和保健室业务上接受当地卫生行政部门的监督和指导。学校内设医疗机构和保健室的基建与设备经费、人员经费以及各种业务经费，应纳入学校年度经费预算。

2. 建章立制　学校内设医疗机构和保健室应根据自身功能定位和工作任务，建立并完善各种工作制度。如在卫生保健服务方面，应建立健康教育及健康促进制度、预防保健工作制度、学生健康档案制度、传染病管理制度、慢性病管理制度等；在医疗服务方面，应按照《医疗机构管理条例》的规定，建立以岗位责任制为中心的规章制度，明确人员职责，包括门诊工作制度、处方管理制度、药品管理制度、消毒隔离制度、医疗废物处置制度、业务技术培训制度等及各种保健、医疗、护理常规和技术操作规程。

3. 管理措施　学校应加强对内设医疗机构和保健室的管理，督促落实各项工作制度和完成各项工作任务，建立和实施奖惩制度，提高人员工作积极性。机构应加强内部管理，确保各项工作有序开展：①制订并完成年度卫生保健服务工作计划，认真完成各种临时、突发工作；②做好各种工作资料的登记、整理、保存等管理；③依法开展医疗服务，遵守诊疗常规和技术操作规程，避免发生医疗差错和事故纠纷；④做好环境卫生清洁，严格落实消毒隔离措施，防止发生医院感染或疾病交叉感染；⑤加强内部安全管理，防止发生安全事故。

四、学校内设医疗机构和保健室监督工作的作用和意义

学校内设医疗机构和保健室监督是学校卫生监督的工作内容之一，通过监督检查，督促学校加强卫生保健机构管理，提升学校预防保健、卫生教育和健康监测与管理等方面的服务能力和水平，为提高师生的健康素养和健康水平提供有力保障。

（一）有助于促进学校卫生保健机构和卫生保健人员队伍建设

通过依法监督检查，明确学校在卫生机构和人员队伍建设方面的主体责任，督促学校投入必要的经费，落实学校内设医疗机构和保健室建设，以及人员配备基本标准，推进学校内设医疗机构和保健室的标准化建设和学校卫生保健人员队伍的专业化建设，完善学校内设医疗机构和保健室的管理体制和运行机制，使学生在校期间能够享有高质量的卫生保健服务，维护与促进学生身心健康。

（二）有助于提升学校内设医疗机构和保健室的服务能力和水平

通过日常监督检查，卫生监督部门可发现学校内设医疗机构和保健室存在的问题和工作薄弱环节，依法督促其责令整改，同时还可以通过法律法规宣贯、业务培训等方式，指导学校卫生保健机构建立健全有关内部规章制度，做到规范化管理，提高卫生保健服务质量和管理水平。

（三）依法查处学校内设医疗机构和保健室的违法违规行为，维护法律法规的严肃性

对监督检查中发现的学校内设医疗机构和保健室存在的违法违规行为，除通过监督信息反馈、责令整改等手段外，对于一些拒不整改问题或存在严重违法行为的单位或责任人，依法立案查处，通过行政处罚手段追究责任单位或个人责任，同时可及时通报给教育部门，给予相关责任人行政处分。通过依法严格执法，确保学校各项卫生保健工作得到及时有效的落实，同时也依法查处违法违规行为，维护法律法规的严肃性。

第二节　学校内设医疗机构和保健室监督依据

学校内设医疗机构和保健室除了承担预防保健、疾病防控、健康教育等各种基本公共卫生服务之外，还可能开展一些常见病诊治等医疗服务，学校内设卫生保健机构监督工作的内容涉及面非常广，部分与传染病防控监督、医疗执业监督等存在重叠，其相关的法律法规、规章、标准规范以及其他规范性文件等依据也较多。

一、法律法规及规章

（一）法律

《中华人民共和国传染病防治法》（下简称《传染病防治法》）是学校传染病防控监督工作的职责依据，也是学校履行传染病防控工作义务的法定依据。《传染病防治法》中诸多条款是规定对医疗机构承担的传染病防治职责和义务，这些条款也是学校内设医疗机构的监督的依据。如该法第三十条规定了医疗机构传染病疫情的法定报告职责；第二十一条规定医

疗机构必须严格执行国务院卫生行政部门规定的管理制度、操作规范,防止传染病的医源性感染和医院感染;第五十一条规定了医疗机构的基本标准、建筑设计和服务流程,应当符合预防传染病医院感染的要求;第五十二条明确医疗机构承担的传染病病人或者疑似传染病病人的医疗救治相关要求;第六十九条规定了医疗机构违反《传染病防治法》规定要承担的法律责任。另一部与学校内设卫生保健机构监督相关的法律是《中华人民共和国未成年人保护法》,该法第四十四条规定"卫生部门和学校应当对未成年人进行卫生保健和营养指导,提供必要的卫生保健条件,做好疾病预防工作"。这条款非常明确要求学校做好卫生保健工作。《执业医师法》也是与学校内设医疗机构相关的法律,涉及对内设医疗机构医师的执业监督管理。

(二)法规

与学校内设医疗机构和保健室监督工作相关的法规中最重要的是《学校卫生工作条例》和《医疗机构管理条例》。《学校卫生工作条例》第十九条规定"普通高等学校、中等专业学校、技工学校和规模较大的农业中学、职业中学、普通中小学,可以设立卫生管理机构,管理学校的卫生工作"。第二十条规定"普通高等学校设校医院或者卫生科。校医院应当设保健科(室),负责师生的卫生保健工作。城市普通中小学、农村中心小学和普通中学设卫生室,按学生人数六百比一的比例配备专职卫生技术人员。中等专业学校、技工学校、农业中学、职业中学,可以根据需要,配备专职卫生技术人员。学生人数不足六百人的学校,可以配备专职或者兼职保健教师,开展学校卫生工作"。第二十二条规定"学校卫生技术人员的专业技术职称考核、评定,按照卫生、教育行政部门制定的考核标准和办法,由教育行政部门组织实施。学校卫生技术人员按照国家有关规定,享受卫生保健津贴"。这些条款是学校内设卫生保健机构设置和卫生保健人员配备的主要依据。

《医疗机构管理条例》是我国医疗机构管理的主要法规依据,学校内设医疗机构的设置、执业等必须符合该条例的要求。如《医疗机构管理条例》第二条规定"本条例适用于从事疾病诊断、治疗活动的医院、卫生院、疗养院、门诊部、诊所、卫生所(室)以及急救站等医疗机构"。第六条规定"机关、企业和事业单位可以根据需要设置医疗机构,并纳入当地医疗机构的设置规划"。第八条规定"设置医疗机构应当符合医疗机构设置规划和医疗机构基本标准"。在医疗机构执业方面,该条例第二十四条规定"任何单位或者个人,未取得《医疗机构执业许可证》,不得开展诊疗活动"。第二十五条规定"医疗机构执业,必须遵守有关法律、法规和医疗技术规范"。第二十七条规定"医疗机构必须按照核准登记的诊疗科目开展诊疗活动"。第二十八条规定"医疗机构不得使用非卫生技术人员从事医疗卫生技术工作"。以上这些条款可作为对学校内设医疗机构监督的依据。

除了《学校卫生工作条例》和《医疗机构管理条例》外,其他与学校内设医疗机构监督相关的法规还有很多。例如《医疗废物管理条例》《护士条例》《艾滋病防治条例》《病原微生物实验室生物安全管理条例》等。

(三)规章

与学校内设医疗机构和保健室监督工作直接相关的规章也比较多,主要与学校内设医疗机构监督有关,其中比较重要的如《医疗机构管理条例实施细则》《消毒管理办法》《突发公共卫生事件与传染病疫情监测信息报告管理办法》《医院感染管理办法》《处方管理办法》等,这些规章针对医疗机构的设置和执业、消毒隔离、传染病管理、医院感染控制和处方管理等做出相关规定。

另外,2006年由教育部牵头十个部门制定的《中小学幼儿园安全管理办法》第二十三条规定"学校应当按照国家有关规定配备具有从业资格的专职医务(保健)人员或者兼职卫生保健教师,购置必需的急救器材和药品,保障对学生常见病的治疗,并负责学校传染病疫情及其他突发公共卫生事件的报告。有条件的学校,应当设立卫生(保健)室"。

二、标准

目前与学校内设医疗机构和保健室监督工作密切相关的标准主要是《中小学校设计规范》(GB 50099—2011)和《中小学校传染病预防控制工作管理规范》(GB 28932—2012)。《中小学校设计规范》提出了中小学校卫生室或保健室设置的建筑设计要求,包括选址、功能分区、面积等;《中小学校传染病预防控制工作管理规范》在中小学校传染病防控组织保障和制度中提出"寄宿制学校和600人以上的学校应设立须设立医务室或卫生室,并按照不低于600∶1的比例配备专职学校卫生专业技术人员。学生人数不足600人的非寄宿制学校,可以配备专职或兼职卫生专业技术人员或保健教师,开展学校传染病预防控制工作"。上述2个标准适用于各级各类中小学校,其中《中小学校传染病预防控制工作管理规范》作为一部强制性国家卫生标准,中小学校必须遵循执行,因此是学校内设医疗机构和保健室监督非常重要的工作依据。另外,2004年3月1日起实施的建设部、教育部制定发布的行业标准《特殊教育学校建筑设计规范》(JGJ 76—2003)针对特殊教育学校卫生保健室的设计提出了以下规定:卫生保健室应位于教学楼入口附近,房间宜为南向;医疗保健室入口净宽度不应小于1.20米;室内应设置常用的医疗器械、健康检测、常备药品橱柜和洗手盆等;在检查床的周边应设活动帷幔;保健室的近邻宜设有卫生间。

三、其他相关规范性文件

在学校卫生管理方面,我国卫生、教育等部门制定诸多规范性文件,其中与学校内设医疗机构和保健室监督工作密切相关有《学校卫生监督工作规范》《高等学校医疗保健机构工作规程》《国家学校体育卫生条件试行基本标准》等。2012年9月原卫生部依据相关法律法规制定印发了《学校卫生监督工作规范》,该工作规范将明确了学校内设医疗机构或保健室卫生监督内容和方法,是全国各级卫生监督机构开展学校内设医疗机构和保健室监督最重要的工作依据。为了进一步贯彻落实国务院批准颁布的《学校卫生工作条例》、《医疗机构管理条例》,加强对高等学校医疗保健机构的规范化管理,提高高等学校医疗保健工作的质量,1998年4月22日教育部印发《高等学校医疗保健机构工作规程》。该工作规程明确了高等学校医疗保健机构工作管理要求,是高校医疗保健机构设置和管理的重要依据。2008年6月9日根据《中共中央国务院关于加强青少年体育增强青少年体质的意见》(中发〔2007〕7号)的要求,为保障中小学校体育、卫生工作的正常开展,教育部、原卫生部、财政部在调查研究、多方论证的基础上,研究制订了《国家学校体育卫生条件试行基本标准》,作为国家对中小学校体育教师、体育场地器材、教学卫生、生活设施、卫生保健室配备以及学生健康体检等方面的最基本要求,是教育检查、督导和评估的重要内容,其中中小学卫生保健室建设基本标准从设置、人员配备要求、设施与设备三个方面进行了详细规定。目前这个标准既是中小学校卫生保健机构建设和卫生保健人员队伍配备的主要工作依据,也是卫生监督检查的重要参考依据。

除了国家层面之外,地方制定法规、规章、标准和规范性文件如有涉及学校内设医疗机构和保健室工作的内容,也可作为辖区内卫生监督部门开展工作的依据。

第三节 学校内设医疗机构和保健室监督内容及方法

学校内设医疗机构和保健室监督是学校卫生监督工作的主要职责之一,根据《学校卫生监督工作规范》的规定,目前学校内设卫生保健机构监督检查内容主要围绕几个方面,即医疗机构或保健室设置及学校卫生工作开展情况;医疗机构持有效执业许可证、医护人员持有效执业资质证书情况;医疗机构传染病疫情报告、消毒隔离、医疗废物处置情况。在日常监督检查中发现学校未贯彻执行相关法律法规做好内设卫生保健机构管理工作,或接到投诉举报反映学校内设卫生保健机构存在违法违规行为的,卫生监督部门应及时进行调查核实及处理。学校内设卫生保健机构监督检查的方法与其他领域一样:一是包括查阅各种资料、现场查看设施设备或物品,制作现场检查笔录;二是对相关人员进行询问,制作询问笔录;必要时通过拍照或摄像进行取证。

一、学校内设医疗机构和保健室监督的检查内容和方法

(一)中小学校保健室监督

根据《国家学校体育卫生条件试行基本标准》,非寄宿制中小学校可视学校规模设立卫生室或保健室。学校保健室的监督检查主要针对保健室设置情况、卫生保健人员配置情况以及学校卫生保健工作开展情况。

1. 设置情况 监督检查内容包括保健室基本条件、选址和设施设备情况。通过现场核实学校是否为非寄宿制,判断该校设置保健室是否符合国家学校体育卫生条件试行基本标准。通过现场查看,检查学校保健室选址是否符合《中小学校设计规范》规定,设在建筑物的首层,临近体育场地,并方便急救车辆就近停靠。通过现场查看和测量,检查保健室建筑面积是否大于$15m^2$,并有适应学校卫生工作需要的功能分区。检查保健室是否具备以下基本设备:视力表灯箱、杠杆式体重秤、身高坐高计、课桌椅测量尺、血压计、听诊器、体温计、急救箱、压舌板、观察床、诊察桌、诊察凳、止血带、污物桶等。

2. 卫生保健人员配备情况 通过现场查阅相关卫生保健人员任职聘书、资格证书、培训合格证书或其他文件资料,结合该校学校学生人数,检查卫生保健人员配备是否符合要求:600名学生以上的非寄宿制学校应按照600∶1的比例配备卫生专业技术人员;卫生专业技术人员应持有卫生专业执业资格证书;600名学生以下的非寄宿制学校,应配备专职或兼职的保健教师或卫生专业技术人员;保健教师由现任具有教师资格的教师担任;卫生专业技术人员和保健教师应接受学校卫生专业知识和急救技能培训,并取得相应的合格证书。

3. 学校卫生保健工作开展情况 通过现场查阅工作制度、工作记录、上报资料、工作总结等书面资料以及询问工作人员,检查保健室开展的学校卫生保健工作情况。如查看传染病疫情报告、晨检、因病缺勤等工作记录,检查传染病防控工作开展情况;查看学生健康档案,检查学生健康管理开展情况;通过工作记录,检查学生意外伤害或其他危重疾病的现场急救处理与送诊情况等。

（二）中小学校卫生室监督

根据《国家学校体育卫生条件试行基本标准》，寄宿制中小学校必须设立卫生室。学校卫生室的监督检查与保健室一样，主要针对卫生室设置情况、卫生保健人员配置情况以及学校卫生保健工作开展情况。

1. 设置情况　主要检查卫生室选址、面积、功能分区、设施设备以及机构资质情况。通过现场查看，检查学校卫生室选址是否符合《中小学校设计规范》规定，设在建筑物的首层，临近体育场地，并方便急救车辆就近停靠。通过现场查看和测量，检查卫生室建筑面积是否大于40平方米，并有适应学校卫生工作需要的功能分区。小学卫生室可只设1间，中学宜分设相通的2间，分别为接诊室和检查室，并可设观察室；卫生室的面积和形状应能容纳常用诊疗设备，并能满足视力检查的要求；每间房间的面积不宜小于15平方米；卫生室宜附设候诊空间，候诊空间的面积不宜小于20平方米；卫生室内应设洗手盆、洗涤池和电源插座等。通过现场查看，检查卫生室是否配置以下基本设备：视力表灯箱、杠杆式体重秤、身高坐高计、课桌椅测量尺、血压计、听诊器、体温计、急救箱、压舌板、诊察床、诊察桌、诊察凳、注射器、敷料缸、方盘、镊子、止血带、药品柜、污物桶、紫外线灯、高压灭菌锅等。通过查阅卫生室《医疗机构执业许可证》，检查机构资质证明。

2. 卫生保健人员配备情况　通过现场查阅相关卫生保健人员任职聘书、资格证书、培训合格证书或其他文件资料，结合该校学生人数，检查卫生保健人员配备是否符合要求：学校应按照600∶1的比例配备卫生专业技术人员，卫生专业技术人员应持有卫生专业执业资格证书；卫生专业技术人员应接受学校卫生专业知识和急救技能培训，并取得相应的合格证书。

3. 学校卫生保健工作开展情况　学校卫生室通常还开展学生一般常见病的初步诊治。因此，除通过现场查阅工作制度、工作记录、上报资料、工作总结等工作书面资料以及询问工作人员等方法，检查卫生室开展的常规学校卫生保健工作情况外，还要通过现场查阅病人诊治登记记录、药品发放记录、诊疗器械和环境消毒灭菌记录等，检查卫生室常见病的诊治工作是否符合诊疗常规，是否按规范做好消毒隔离工作，药品和消毒剂等物品的进货、保存和销毁等是否符合规定，卫生室医疗废物处置是否规范等。

（三）高等学校内设医疗机构监督

《学校卫生工作条例》规定"普通高等学校设校医院或者卫生科。校医院应当设保健科（室），负责师生的卫生保健工作"。由于学校规模大小及服务对象数量原因，一些高等学校不一定设置校医院，也可能设置综合门诊部、卫生所甚至医务室等。但不管高等学校内设医疗机构规模如何，其在学校卫生工作中承担的职能都应包括两个方面，即预防保健服务和医疗服务。高等学校内设医疗机构的监督检查内容包括内设医疗机构和人员设置情况、学校预防保健服务工作开展情况和医疗执业服务情况。

1. 机构设置和卫生保健人员配备情况　主要检查机构资质、科室设置、人员资质及培训情况。通过查阅《医疗机构执业许可证》情况，检查是否获得医疗机构资质证明。对能够出示《医疗机构执业许可证》的机构，检查其《医疗机构执业许可证》正本及副本，查看《医疗机构执业许可证》签发日期、签发部门、盖章、格式及有效期限，核实其真实性，并检查是否按期校验。通过现场查看和查阅相关科室职责，检查医疗机构是否设置保健科（室），承担学校学生的卫生保健工作。通过现场查阅相关卫生保健人员任职聘书、资格证书、培训合格证书或其他文件资料,检查学校是否配备专职卫生专业技术人员从事学校卫生保健工作,相关人员是否持有卫生专业执业资格证书;从事学生卫生保健工作的卫生专业技术人员是否接受过学校卫生专业知识和急救知识技能培训并取得相应的培训合格证书。

2. 预防保健服务工作开展情况 通过现场查阅工作制度、工作记录、上报资料、工作总结等工作书面资料以及询问工作人员,检查医疗保健机构开展的学校卫生保健工作情况。例如查看传染病疫情登记、报告等工作记录,检查学校传染病预防和控制管理工作开展情况;查看学生健康检查档案,检查新生入学健康检查和学生定期体检情况;查看相关工作记录,检查学校环境卫生、饮食饮水与营养卫生等内部管理工作开展情况;查看学校健康教育课件、宣传资料等,检查学校健康教育或卫生防病知识宣传教育工作开展情况。

3. 医疗执业服务情况 高等学校内设医疗机构作承担学校社区内各种常见病和多发病的诊治、控制工作和危重病例实施抢救,其在开展医疗服务过程中机构、人员、医疗质量与技术等都必须遵守相关法律法规和规章规定,要遵循各种诊疗常规和技术操作规程,同时要依法履行传染病防治、消毒隔离、医院感染防控、医疗废物规范处置、放射卫生安全防护等职责。高等学校医疗保健机构有关医疗执业服务情况的监督检查内容与一般医疗机构的监督检查要求相同的,不属于一般意义上学校卫生监督范畴,可参考其他相关专业的卫生监督内容。

二、学校内设医疗机构和保健室违法违规行为的调查处理

（一）调查取证

在现场监督检查笔录中记录学校是否在开学期间、全校学生人数、内设医疗机构和保健室的设置与卫生保健人员配备等基本情况,客观描述学校内设医疗机构和保健室相关学校卫生保健工作执行情况以及有关工作记录登记的完整情况。

对未依照规定设立内设医疗机构和保健室与配置卫生保健人员,或未按法律法规规范要求做好学校卫生保健工作的,应在现场检查笔录中如实记录,必要时可以复印相关的书面登记材料,同时应做好当事人询问笔录。

对学校内设医疗机构在开展医疗服务过程中机构、人员、医疗质量与技术等违反相关法律法规和规章规定,未遵循相关诊疗常规和技术操作规程或未依法履行传染病防治、消毒隔离、医院感染防控、医疗废物规范处置、放射卫生安全防护等职责的,可参考其他相关专业的卫生监督工作要求,开展调查取证工作。

（二）违法违规行为处理

1. 未按要求设立卫生保健机构和配备卫生保健人员 目前我国虽然诸多法律法规如《学校卫生工作条例》等规定了学校应设立卫生保健机构和配备卫生保健人员,负责师生的卫生保健工作职责,但缺少对违法违规行为处理的相关法条依据。因此,学校设立内设医疗机构和保健室和配备卫生保健人员方面存在的问题不能依法给予行政处罚。卫生监督部门可依据《学校卫生工作条例》,向学校发放《卫生监督意见书》,督促指导学校限期整改,同时可将发现的问题反馈给教育行政部门或学校上级主管单位。

2. 未按法律法规规范要求做好学校卫生保健工作 如学校内设医疗机构或保健室未按法律法规规范要求做好学校卫生保健工作的,应根据调查结果确认学校未履行的是哪项卫生保健工作职责和违反的具体法律法规,如果该法律法规有明确处罚条款,则依法给予

行政处罚，例如，依据《中华人民共和国传染病防治法》第六十九条，学校内设医疗机构经查实违反该法相关规定，有下列情形之一的，由县级以上人民政府卫生行政部门责令改正，通报批评，给予警告；造成传染病传播、流行或者其他严重后果的，对负有责任的主管人员和其他直接责任人员，依法给予降级、撤职、开除的处分，并可以依法吊销有关责任人员的执业证书；构成犯罪的，依法追究刑事责任。具体包括：①未按照规定承担本单位的传染病预防、控制工作、医院感染控制任务和责任区域内的传染病预防工作的；②未按照规定报告传染病疫情，或者隐瞒、谎报、缓报传染病疫情的；③发现传染病疫情时，未按照规定对传染病病人、疑似传染病病人提供医疗救护、现场救援、接诊、转诊的，或者拒绝接受转诊的；④未按照规定对本单位内被传染病病原体污染的场所、物品以及医疗废物实施消毒或者无害化处置的；⑤未按照规定对医疗器械进行消毒，或者对按照规定一次使用的医疗器具未予销毁，再次使用的；⑥在医疗救治过程中未按照规定保管医学记录资料的；⑦故意泄露传染病病人、病原携带者、疑似传染病病人、密切接触者涉及个人隐私的有关信息、资料的。依据《突发公共卫生事件与传染病疫情监测信息报告管理办法》第四十条规定：执行职务的医疗卫生人员瞒报、缓报、谎报传染病疫情的，由县级以上卫生行政部门给予警告，情节严重的，责令暂停六个月以上一年以下执业活动，或者吊销其执业证书。责任报告单位和事件发生单位瞒报、缓报、谎报或授意他人不报告突发性公共卫生事件或传染病疫情的，对其主要领导、主管人员和直接责任人由其单位或上级主管机关给予行政处分，造成疫情播散或事态恶化等严重后果的，由司法机关追究其刑事责任。如果缺少对该违法、违规行为进行处理的相关法条依据，可向学校发放《卫生监督意见书》，督促指导学校限期整改。

3. 违反医疗服务管理   学校内设医疗机构在开展医疗服务过程中违反相关法律、法规的，应给予相应的处理。如内设医疗机构未取得《医疗执业许可证》开展医疗执业服务的，可依据《医疗机构管理条例》处理；违反消毒卫生管理规定的可依据《消毒管理办法》处理；违反医疗废物管理规定可依据《医疗废物管理条例》处理。学校内设医疗机构在开展医疗服务过程中的违法违规行为，可参考其他相关专业卫生监督依法处理。

案例 13-1   2012 年 9 月 3 日，某市卫生监督所学校卫生监督科执法人员对该市某某中学开展新学年的学校卫生监督检查，检查显示：该中学为寄宿制学校，包括初中、高中部，共有班级 36 个，现有学生 1686 名；在学校主教学楼一楼查见设有"卫生保健室"，保健室分为相通 2 间，分别为接诊室和检查室，面积大约各有 20 平方米，现场查见视力表灯箱、体重秤、身高坐高计、血压计、听诊器、体温计、急救箱、洗手池等相关设施设备；经查，该校卫生保健室未取得《医疗机构执业许可证》，现共有 2 名工作人员，其中毛某某为卫生专业技术人员，现场查见其助理执业医师资格证书，另外一名工作人员李某为该校兼职保健老师，未取得卫生专业技术资格；现场查见相关学校卫生工作制度、工作记录、上报资料、工作总结等工作书面资料；经查问，工作人员表示卫生保健室平时不开展对学生疾病诊疗业务，检查人员在现场未查见病人诊治登记记录、药品进货及发放记录等。

问题：

1. 该学校的内设卫生保健机构的设置是否符合规定？理由是什么？

2. 该学校卫生保健人员配置是否符合规定？如果不符合，应如何整改？

3. 针对以上监督检查结果，卫生监督执法人员应如何处理？

　　学校内设医疗机构和保健室是学校履行卫生保健工作职责的主要载体。卫生监督执法人员应了解学校内设医疗机构和保健室的工作任务，熟悉掌握中小学校保健室、卫生室、高等学校内设医疗机构等监督检查的内容和方法，对监督检查发现的违法违规行为给予依法处理。但目前我国学校卫生保健机构及人员建设工作比较薄弱，相应的管理体制和运行机制还不健全，卫生保健服务能力较低，与教育和卫生事业的发展水平不相适应，与广大学生健康需求不相适应。因此，加强学校内设医疗机构和保健室监督工作，督促学校加强卫生保健机构管理，提升学校预防保健、卫生教育和健康监测与管理等方面的服务能力和水平，对于促进学校卫生工作、保障学校师生的身体健康有重要意义。

（林建海）

【学习思考】

1. 学校内设医疗机构和保健室的定义及功能定位？
2. 学校内设医疗机构和保健室监督的主要法律法规和规章依据包括哪些？
3. 中小学校保健室、卫生室、高等学校内设医疗机构等监督检查的内容及区别？
4. 如何处理学校内设医疗机构和保健室违法违规行为？

第十四章 学校突发公共卫生事件应急处置

Countermeasures for Public Health Emergency Events of Schools

学校是特殊公共场所，学生群体具有人群聚集、接触密切、年龄集中的特征，各类突发公共事件时有发生，校园安全和正常教学秩序深受影响。因此，完善学校突发公共卫生事件应急反应和防控体系，提高学校突发公共卫生事件的应急处置能力，对于保障师生身心健康和生命安全具有重要意义。

第一节 学校突发公共卫生事件的概述

学校突发公共卫生事件关系到儿童青少年的生命安全与健康。明确学校突发公共卫生事件的定义，坚持学校突发公共卫生事件应对原则，依据学校突发公共卫生事件应对的相关法律、法规加强监督，对预防控制学校突发公共卫生事件具有重要作用。

一、学校突发公共卫生事件定义

1. 突发事件定义　根据《中华人民共和国突发事件应对法》，突发事件是指突然发生，造成或者可能造成严重社会危害，需要采取应急处置措施予以应对的自然灾害、事故灾难、公共卫生事件和社会安全事件。突发事件的原因可以是自然的因素、社会的因素或人为的因素。

2. 突发公共卫生事件（public health emergency events）的定义　根据《突发公共卫生事件应急条例》，突发公共卫生事件是指突然发生，造成或者可能造成社会公众健康严重损害的重大传染病疫情、群体性不明原因疾病、重大食物和职业中毒以及其他严重影响公众健康的事件。

在实际工作中，多数学者认为符合下列情况时即可界定：范围为一个社区（城市的居委会、农村的自然村）或以上；伤亡人数较多或可能危及居民生命安全和财产损失；如不采取有效控制措施，事态可能进一步扩大；需要政府协调多个部门参与，统一调配社会整体资源；必须动员公众群策、群防、群控，需要启动应急措施或预案。

3. 学校突发公共卫生事件定义及其特征　学校突发公共卫生事件是指在学校内突然发生，造成或可能造成师生员工身体健康严重损害的传染病疫情、群体性不明原因疾病、群体性异常反应、食物和职业中毒以及其他严重影响师生员工身体健康的公共卫生事件。学校是特殊公共场所，具有社会性与相对独立性的特点，学校内的人与事物时刻与外界发生着交往，社会发生的变化随时会影响到学校，学校突发公共卫生事件没有固定的发生时间、发生方式，具有极大的隐蔽性和不确定性，具有以下特征：

（1）突发性：往往发生突然，公众始料未及，缺乏明显征兆。

（2）紧迫性：顷刻间即将惨烈的场面和复杂的情况展示在公众面前，并按照事物发展的内在规律急速恶化。

（3）群体性和社会性：事件诱因复杂多样，涉及人员众多，波及面广，常对社会产生较大的影响。

（4）后果严重性与效应滞后性：不仅影响到学生及其家庭，甚至影响到社会，扰乱正常工作、生活秩序和社会稳定。事件的影响不仅限于事发当时，往往具有继发效应和远期效应。

（5）处置复杂和难度大：学校突发公共卫生事件往往导致长期以来建立在社会成员之间、社会组织与成员之间的信任纽带突然断裂，致使政府产生或者加剧政府信用危机。

4. 学校突发公共卫生事件分级　根据《国家突发公共卫生事件应急预案》（2006），按照突发公共卫生事件性质、危害程度、涉及范围，结合教育行政部门实际，突发公共卫生事件按严重程度，从高至低划分为特别重大（Ⅰ级）、重大（Ⅱ级）、较大（Ⅲ级）和一般（Ⅳ级）四级。

（1）特别重大突发公共卫生事件：《国家突发公共卫生事件应急预案》将 7 种事件界定为特别重大突发公共卫生事件：

1）肺鼠疫、肺炭疽在大、中城市发生并有扩散趋势，或肺鼠疫、肺炭疽疫情波及 2 个以上的省份，并有进一步扩散趋势。

2）发生传染性非典型肺炎、人感染高致病性禽流感病例，并有扩散趋势。

3）涉及多个省份的群体性不明原因疾病，并有扩散趋势。

4）发生新传染病或我国尚未发现的传染病发生或传入，并有扩散趋势，或发现我国已消灭的传染病重新流行。

5）发生烈性病菌株、毒株、致病因子等丢失事件。

6）周边以及与我国通航的国家和地区发生特大传染病疫情，并出现输入性病例，严重危及我国公共卫生安全的事件。

7）国务院卫生行政部门认定的其他特别重大突发公共卫生事件。

（2）其他三级突发公共卫生事件：《国家突发公共卫生应急预案》（2006）没有对Ⅱ级、Ⅲ级、Ⅳ级突发公共卫生事件作出界定，但指出，国务院有关部门根据需要和本预案的规定，制定本部门职责范围内的具体工作预案。

教育部《教育系统突发公共事件应急预案》对Ⅱ级、Ⅲ级、Ⅳ级突发公共卫生事件的界定标准如下：

1）重大突发公共卫生事件（Ⅱ级）：①学校发生集体食物中毒，一次中毒人数超过 100 人并出现死亡病例，或出现 10 例及以上死亡病例；②学校发生肺鼠疫、肺炭疽、腺鼠疫、霍乱等传染病病例或血吸虫急感病例，发病人数以及疫情波及范围达到省级以上卫生行政部门确定的重大突发公共卫生事件标准；③学校发生传染性非典型肺炎、人感染高致病性禽流感疑似病例；④乙类、丙类传染病在短期内暴发流行，发病人数以及疫情波及范围达到省级以上卫生行政部门确定的重大突发公共卫生事件标准；⑤群体性不明原因疾病扩散到县（市）以外的学校；⑥因预防接种或群体预防性用药造成人员死亡；⑦因学校实验室（或工厂）有毒物（药）品泄漏，造成人员急性中毒在 50 人以上，或者死亡 5 人以上；⑧发生在学校的、经省级以上卫生行政部门认定的其他重大突发公共卫生事件。

2）较大突发公共卫生事件（Ⅲ级）：①学校发生集体性食物中毒，一次中毒人数 100 人以上，或出现死亡病例；②学校发生肺鼠疫、肺炭疽、霍乱等传染病病例及血吸虫急感病例，发病人数以及疫情波及范围达到市（州）级以上卫生行政部门确定的较大突发公共卫生事件标准；③乙类、丙类传染病在短期内暴发流行，疫情局限在县（市）域内的学校，发病人数达到市（州）级以上卫生行政部门确定的较大突发公共卫生事件标准；④在一个县（市）域内学校发现群体性不明原因疾病；⑤发生在学校的因预防接种或预防性服药造成的群体心因性反应或不良反应；⑥因学校实验室（或工厂）有毒物（药）品泄漏，造成人员急性中毒，一次中毒人数在 10～49 人，或出现死亡病例，但死亡人员在 5 人以下；⑦发生在学校的，经市（州）级以上卫生行政部门认定的其他较大突发公共卫生事件。

3）一般突发公共卫生事件（Ⅳ级）：①学校发生集体食物中毒，一次中毒人数 5～99 人，无死亡病例；②学校发生腺鼠疫、霍乱病例或血吸虫急感病例，发病人数以及疫情波及范围达到县级以上卫生行政部门确定的一般突发公共卫生事件标准；③因学校实验室（或工厂）有毒物（药）品泄漏，造成人员急性中毒，一次中毒人数在 10 人以下，无死亡病例；④发生在学校的，经县级以上卫生行政部门认定的其他一般突发公共卫生事件。

二、学校突发公共卫生事件应对的相关法律法规依据

（一）法律

学校突发公共卫生事件的应对，应该严格按照《中华人民共和国突发事件应对法》《中华人民共和国传染病防治法》《中华人民共和国食品安全法》《中华人民共和国职业病防治法》的具体要求积极应对。例如《中华人民共和国突发事件应对法》对突发事件的预防与应急准备、监测与预警、应急处置与救援、事后恢复与重建等应对活动都有具体规定，卫生监督机构在学校突发公共卫生事件应对过程中，必须严格执行《中华人民共和国突发事件应对法》；《中华人民共和国传染病防治法》第六章第五十三条规定，县级以上人民政府卫生行政部门对传染病防治工作履行下列监督检查职责：对下级人民政府卫生行政部门履行法律规定的传染病防治职责进行监督检查；对疾病预防控制机构、医疗机构的传染病防治工作进行监督检查；对采供血机构的采供血活动进行监督检查；对用于传染病防治的消毒产品及其生产单位进行监督检查，并对饮用水供水单位从事生产或者供应活动以及涉及饮用水卫生安全的产品进行监督检查；对传染病菌种、毒种和传染病检测样本的采集、保藏、携带、运输、使用进行监督检查；对公共场所和有关单位的卫生条件和传染病预防、控制措施进行监督检查。

（二）行政法规、规章

学校突发公共卫生事件的应对，应该严格按照《突发公共卫生事件应急条例》《学校卫生工作条例》《医疗机构管理条例》《突发公共卫生事件与传染病疫情监测报告管理办法》《生活饮用水卫生监督管理办法》《国家突发公共卫生事件应急预案》以及各个地方有关学校突发公共卫生事件的应对细则的具体规定执行，依法应对各种学校突发公共卫生事件。

三、学校突发公共卫生事件应对原则

《中华人民共和国突发事件应对法》第五条规定，突发事件应对工作实行预防为主、预防与应急相结合的原则。《突发公共卫生事件应急条例》第五条规定，突发事件应急工作，应当遵循预防为主、常备不懈的方针，贯彻统一领导、分级负责、反应及时、措施果断、依靠

科学、加强合作的原则。

1. 预防为主,常备不懈 提高全社会对突发公共卫生事件的防范意识,落实各项防范措施,做好人员、技术、物资和设备的应急储备工作。对各类可能引发突发公共卫生事件的情况要及时进行分析、预警,做到早发现、早报告、早处理。学校应该在上级教育行政部门的领导下,提高防范意识,积极预防各种学校突发公共卫生事件。

2. 统一领导,分级负责 根据突发公共卫生事件的范围、性质和危害程度,对突发公共卫生事件实行分级管理。各级人民政府负责突发公共卫生事件应急处理的统一领导和指挥,各有关部门按照预案规定,在各自的职责范围内做好突发公共卫生事件应急处理的有关工作。学校作为突发公共卫生事件发生地,应该在上级教育行政部门的领导下,及时应对各种学校突发公共卫生事件。

3. 依法规范,措施果断 地方各级人民政府和卫生行政部门要按照相关法律、法规和规章的规定,完善突发公共卫生事件应急体系,建立健全系统、规范的突发公共卫生事件应急处理工作制度,对突发公共卫生事件和可能发生的公共卫生事件做出快速反应,及时、有效开展监测、报告和处理工作。

4. 依靠科学,加强合作 突发公共卫生事件应急工作要充分尊重和依靠科学,要重视开展防范和处理突发公共卫生事件的科研和培训,为突发公共卫生事件应急处理提供科技保障。各有关部门和单位要通力合作、资源共享,有效应对突发公共卫生事件。要广泛组织、动员公众参与突发公共卫生事件的应急处理。

5. 以人为本,生命至上 处置学校突发公共卫生事件中,要坚持以人为本的原则,始终把保护师生健康和生命安全放在第一位,特别是对危重病人要不惜代价地迅速组织救治。

第二节 学校突发公共卫生事件应对过程

学校突发公共卫生事件一般分为三个阶段:事件前阶段、事件中阶段和事件后阶段。在学校突发公共卫生事件的不同阶段,应对的任务和内容是不同的。

一、学校突发公共卫生事件前的应对

突发公共卫生事件前的应对主要是做好日常监督工作。如根据中华人民共和国传染病防治法,县级以上人民政府卫生行政部门对传染病防治工作履行下列监督检查职责:

(1)对下级人民政府卫生行政部门履行规定的传染病防治职责进行监督检查。

(2)对疾病预防控制机构、医疗机构的传染病防治工作进行监督检查。

(3)对采供血机构的采供血活动进行监督检查。

(4)对用于传染病防治的消毒产品及其生产单位进行监督检查,并对饮用水供水单位从事生产或者供应活动以及涉及饮用水卫生安全的产品进行监督检查。

(5)对传染病菌种、毒种和传染病检测样本的采集、保藏、携带、运输、使用进行监督检查。

(6)对公共场所和有关单位的卫生条件和传染病预防、控制措施进行监督检查。

在学校突发公共卫生事件前的应对,卫生监督部门应当做好与学校突发公共卫生事件有关的日常监督工作,监督指导学校做好突发公共卫生事件应急预案。开展教学及生活环

境的卫生监督、传染病防控工作的卫生监督、生活饮用水的卫生监督、学校内设医疗机构和保健室的卫生监督、学校内公共场所的卫生监督、开展学校校舍新建、改建、扩建项目选址、设计及竣工验收的预防性卫生监督指导工作和上级卫生行政部门交办的其他学校卫生监督任务。突出中小学校教学环境、传染病防控、饮用水卫生等监督工作重点，及时发现问题，消除发生突发公共卫生事件的隐患。

各级疾病预防控制机构负责开展突发公共卫生事件的日常监测工作。按照国家统一规定和要求，结合实际，组织开展重点传染病和突发公共卫生事件的主动监测。根据监测信息，按照公共卫生事件的发生、发展规律和特点，及时分析其对公众身心健康的危害程度、可能的发展趋势，开展风险评估，及时做出预警。

根据突发公共卫生事件与传染病疫情监测信息报告管理办法（原卫生部令第 37 号），各级卫生监督机构在卫生行政部门的领导下，具体负责本行政区内的突发公共卫生事件与传染病疫情监测信息报告管理工作的监督检查。在卫生行政部门的领导下，开展对医疗机构、疾病预防控制机构突发事件应急处理各项措施落实情况的督导、检查；依照法律、行政法规的规定，做好公共卫生监督管理工作，防范突发事件的发生；建立完善的卫生监督统计报告及其管理系统，规范化地收集各级疾病预防控制机构、医疗机构和管理相对应的各类监督监测、卫生检测、疾病报告等原始资料，用现代化手段整理分析，形成反馈信息，为政府和卫生行政部门提供准确的信息；各级卫生监督机构应当结合辖区内的实际情况，制订相应的应急处理预案，并适时组织演练，不断补充完善；各级卫生监督机构根据所承担的任务，制订培训计划并组织实施，并大力推广有效控制危害的新方法和新技术；按照突发事件监测和预警系统设置的职责，配置和完善相应的设施、设备，确保日常监测和预警工作的正常运行。

二、学校突发公共卫生事件即时应对

1. 事件接报与报告 实行首接负责制，应按"详尽接报，分析评估，准确定性，及时报告"的工作原则，做好突发公共卫生事件的接报和报告工作。

（1）认真接报：各个部门要保持通讯畅通。接报时，负责接听人员要认真接听电话并详细询问与事件有关情况，准确在突发公共卫生事件相应类别登记表上记录事发情况，务必清楚记录报告单位、报告人及联系电话。

（2）核实：接报后要立即向相关事发单位和诊治医疗机构核实登记情况。

（3）报告：接报人员核实接报情况后立即报告所在单位突发公共卫生事件应急处置领导小组。经初步核实认为可能是或确认为突发公共卫生事件后，应当尽快组织有关小组进行现场应急处置工作。

从接报事件开始，在突发公共卫生事件卫生监督应急处置的各个阶段，要及时对突发公共卫生事件调查的情况、类别和性质、波及范围和严重程度、已采取的应对措施和效果及其发展的趋势进行评估，判定突发公共卫生事件的类型和级别。

初次报告：报告内容包括事件名称、初步判定的事件类别和性质、发生地点、发生时间、发病人数、死亡人数、主要的临床症状、可能原因、已采取的措施、报告单位、报告人员及通讯方式等。

进程报告：报告事件的发展与变化、处置进程、事件的原因或可能因素，势态评估、控制措施等内容。同时,对初次报告进行补充和修正。重大及特别重大突发公共卫生事件至少按日进行进程报告。

结案报告:事件结束后,应进行结案信息报告。达到《国家突发公共卫生事件应急预案》分级标准的突发公共卫生事件结束后,在确认事件终止后 2 周内,对事件的发生和处置情况进行总结,分析其原因和影响因素,并提出今后对类似事件的防范和处置建议。

2. 早期处置

(1)初步确认:接到报告后,由应急处置领导小组立即组织专家对情况进行分析、评估,初步判断事件的性质,研究是否启动相应的突发事件应急预案以及响应的级别。

(2)召集现场处置工作组,布置卫生监督应急处置工作任务:根据事件情况,召集现场卫生监督应急处置小组(根据实际情况可分事发单位和诊治医疗机构现场卫生监督工作小组)、信息管理小组以及后勤保障小组等卫生监督应急处置工作小组开展事件应急处置工作。各现场应急处置小组人员携带监督执法装备和现场快速检测器材火速分赴现场进行卫生监督应急处置工作。后勤保障组根据事件发展和应对需要,适时调集、调整人员和物资,协调现场工作组开展现场处置,提供后勤保障。

(3)初次报告和通报:向卫生行政部门呈报事件的初始情况,提出初步应急处置建议。事态较严重或可能影响周边地区,需上级卫生监督部门指挥、协调,同时呈报上级卫生监督机构;必要时,向疾病预防控制机构通报突发公共卫生事件情况。

(4)保持通讯畅通,及时收集和报告事态进展情况:迅速检查应急通讯设备(包括电话、传真、网络等是否正常工作),通讯录是否携带齐全。

3. 现场卫生监督应急处置 对各项突发公共卫生事件应急措施落实情况进行监督,会同疾病预防控制机构开展现场调查取证,核实事件,收集整理事件相关信息,对事态进行分析,提出、实施和不断补充完善控制措施,并对现场调查工作进行评估;在卫生行政部门的领导下,督导、检查疾控机构落实突发事件应急处置措施情况;依照法律、法规查处突发公共卫生事件中的违法行为。主要防控措施:

(1)拟订方案:根据现场调查所获悉疾病的传染源或事件危害源、传播或危害途径以及疾病、事件特征,确定控制和预防措施,拟订现场控制卫生监督工作方案。

(2)措施选择:根据事件类型和流行病学调查结果,有针对性地采取卫生监督应急控制措施,在事发现场和可能波及的区域开展主动监督;必要时启动日报告、零报告制度;及时通报情况,争取有关部门配合和支持控制措施的落实;对控制措施落实情况开展监督检查;对控制效果进行评价,及时调整控制方案。

4. 应急终止 突发公共卫生事件隐患或相关危害因素消除,或末例传染病病例发生后经过最长潜伏期无新的病例出现。

重大、特别重大突发公共卫生事件的应急响应终止,遵照省、国家突发公共卫生事件应急预案相关规定执行。一般、较大突发公共卫生事件应急处置工作完成后,组织专家进行评估,确认无危害和无风险后,向上级提出终止应急响应的建议。

突发公共卫生事件应急处理要采取边调查、边处理、边抢救、边核实的方式,以有效措施控制事态发展。

一旦发生学校突发公共卫生事件,在当地政府和卫生行政部门的部署下,卫生监督部门按照预案要求开展工作,执行或协助其他部门完成下列紧急任务:

（1）限制或者停止集市、影剧院演出或者其他人群聚集的活动。

（2）停工、停业、停课。

（3）封闭或者封存被传染病病原体污染的公共饮用水源、食品以及相关物品。

（4）控制或者捕杀染疫野生动物、家畜家禽。

（5）封闭可能造成传染病扩散的场所。

三、学校突发公共卫生事件后的应对

突发公共卫生事件结束后，各级卫生行政部门应在本级人民政府的领导下，组织有关人员对突发公共卫生事件的处理情况进行总结评估。总结评估内容主要包括事件概况、现场调查处理概况、病人救治情况、所采取措施的效果评价、应急处理过程中存在的问题和取得的经验及改进建议。

在突发公共卫生事件结束后，卫生行政部门和食品药品监督管理部门根据法律的授权，依据《中华人民共和国传染病防治法》《中华人民共和国食品安全法》《中华人民共和国职业病防治法》《突发公共卫生事件应急条例》和《学校卫生工作条例》等法律法规及相对人（公民、法人和其他组织）的违法事实，给予相对人（公民、法人和其他组织）行政处罚。

学校突发公共卫生事件受到伤害的儿童青少年，社会影响大，要高度重视。在学校突发公共卫生事件的应对中，重点是做好预防工作。对于卫生监督部门，就是要做好学校卫生的日常监督监测工作，在事件发生前，积极主动开展重点传染病和突发公共卫生事件的监测，及时预警；在事件发生中，随时做好充分准备，招之即来，快速有效的做好本职工作；突发公共卫生事件结束后，及时进行总结评估，根据法律的授权，协助卫生行政部门依法对相对人（公民、法人和其他组织）的违法行为给予行政处罚。

第三节　各种学校突发公共卫生事件具体应对处置

学校发生突发公共卫生事件时，学校以及相关卫生机构在卫生行政部门和教育行政部门的领导下，积极有效应对。

一、学校传染病疫情暴发应对要求

（一）疫情报告、通报和公布

学校发现传染病病人或者疑似传染病病人时，应当及时向属地疾病预防控制机构或者医疗机构报告。疾病预防控制机构或者医疗机构发现《中华人民共和国传染病防治法》规定的传染病疫情或者发现其他传染病暴发、流行以及突发原因不明的传染病时，应当遵循疫情报告属地管理原则，按照国务院规定的或者国务院卫生行政部门规定的内容、程序、方式和时限报告。

疾病预防控制机构应当主动向学校收集、分析、调查、核实传染病疫情信息。接到甲类、乙类传染病疫情报告或者发现传染病暴发、流行时，应当立即报告当地卫生行政部门，由当地卫生行政部门立即报告当地人民政府，同时报告上级卫生行政部门和国务院卫生行政部门。疾病预防控制机构应当设立或者指定专门的部门、人员负责传染病疫情信息管理工作，及时对疫情报告进行核实、分析。

县级以上地方人民政府卫生行政部门应当及时向本行政区域内的疾病预防控制机构和医疗机构通报传染病疫情以及监测、预警的相关信息。接到通报的疾病预防控制机构和医疗机构应当及时告知本单位的有关人员。

（二）疫情控制

1. 医疗机构措施　医疗机构发现甲类传染病时，应当及时采取下列措施：

（1）对病人、病原携带者，予以隔离治疗，隔离期限根据医学检查结果确定。

（2）对疑似病人，确诊前在指定场所单独隔离治疗。

（3）对医疗机构内的病人、病原携带者、疑似病人的密切接触者，在指定场所进行医学观察和采取其他必要的预防措施。

（4）拒绝隔离治疗或者隔离期未满擅自脱离隔离治疗的，可以由公安机关协助医疗机构采取强制隔离治疗措施。

（5）医疗机构发现乙类或者丙类传染病病人，应当根据病情采取必要的治疗和控制传播措施。

（6）医疗机构对本单位内被传染病病原体污染的场所、物品以及医疗废物，必须依照法律、法规的规定实施消毒和无害化处置。

2. 疾病预防控制机构措施　疾病预防控制机构发现传染病疫情或者接到传染病疫情报告时，应当及时采取下列措施：

（1）对传染病疫情进行流行病学调查，根据调查情况提出划定疫点、疫区的建议，对被污染的场所进行卫生处理，对密切接触者，在指定场所进行医学观察和采取其他必要的预防措施，并向卫生行政部门提出疫情控制方案。

（2）传染病暴发、流行时，对疫点、疫区进行卫生处理，向卫生行政部门提出疫情控制方案，并按照卫生行政部门的要求采取措施。

（3）指导下级疾病预防控制机构实施传染病预防、控制措施，组织、指导有关单位对传染病疫情的处理。

对已经发生甲类传染病病例的场所或者该场所内的特定区域的人员，所在地的县级以上地方人民政府可以实施隔离措施，并同时向上一级人民政府报告；接到报告的上级人民政府应当即时作出是否批准的决定。上级人民政府作出不予批准决定的，实施隔离措施的人民政府应当立即解除隔离措施。

在隔离期间，实施隔离措施的人民政府应当对被隔离人员提供生活保障；被隔离人员有工作单位的，所在单位不得停止支付其隔离期间的工作报酬。

隔离措施的解除，由原决定机关决定并宣布。

传染病暴发、流行时，县级以上地方人民政府应当立即组织力量，按照预防、控制预案进行防治，切断传染病的传播途径，必要时，报经上一级人民政府决定，可以采取停课、封闭或者封存被传染病病原体污染的公共饮用水源、食品以及相关物品、控制或者捕杀染疫野生动物、家畜家禽和封闭可能造成传染病扩散的场所等紧急措施。

（三）医疗救治

县级以上人民政府应当加强和完善传染病医疗救治服务网络的建设，指定具备传染病救治条件和能力的医疗机构承担传染病救治任务。医疗机构应当对传染病病人或者疑似传染病病人提供医疗救护、现场救援和接诊治疗，书写病历记录以及其他有关资料，并妥善保管。

医疗机构应当实行传染病预检、分诊制度；对传染病病人、疑似传染病病人，应当引导至相对隔离的分诊点进行初诊。医疗机构不具备相应救治能力的，应当将患者及其病历记录复印件一并转至具备相应救治能力的医疗机构。

（四）监督管理

1. 在接到卫生行政部门有关学校传染病暴发的疫情处理任务后，卫生监督机构应派员依法对学校进行监督检查和调查取证。

2. 根据监督检查的情况，制作现场监督笔录，结合疫情防控的需要依法出具卫生监督意见书或控制决定，对涉嫌违反《中华人民共和国传染病防治法》《生活饮用水卫生监督管理办法》的依法立案调查。

二、学校食物中毒应对要求

（一）制订应急预案

根据《中华人民共和国食品安全法》，县级以上地方人民政府应当根据有关法律、法规的规定和上级人民政府的食品安全事故应急预案以及本行政区域的实际情况，制订本行政区域的食品安全事故应急预案，并报上一级人民政府备案。

食品安全事故应急预案应当对食品安全事故分级、事故处置组织指挥体系与职责、预防预警机制、处置程序、应急保障措施等作出规定。

供应学校的食品生产经营企业应当制订食品安全事故处置方案，定期检查本企业各项食品安全防范措施的落实情况，及时消除事故隐患。

（二）现场应急处置

发生食品安全事故的学校应当立即采取措施，防止事故扩大。事故学校和接收病人进行治疗的单位应当及时向事故发生地县级人民政府食品药品监督管理部门、卫生行政部门报告。

县级以上人民政府质量监督、农业行政等部门在日常监督管理中发现食品安全事故或者接到事故举报，应当立即向同级食品药品监督管理部门通报。

发生食品安全事故，接到报告的县级人民政府食品药品监督管理部门应当按照应急预案的规定向本级人民政府和上级人民政府食品药品监督管理部门报告。县级人民政府和上级人民政府食品药品监督管理部门应当按照应急预案的规定上报。

任何单位和个人不得对食品安全事故隐瞒、谎报、缓报，不得隐匿、伪造、毁灭有关证据。

医疗机构发现其接收的病人属于食源性疾病病人或者疑似病人的，应当按照规定及时将相关信息向所在地县级人民政府卫生行政部门报告。县级人民政府卫生行政部门认为与食品安全有关的，应当及时通报同级食品药品监督管理部门。

县级以上人民政府卫生行政部门在调查处理传染病或者其他突发公共卫生事件中发现与食品安全相关的信息，应当及时通报同级食品药品监督管理部门。

县级以上人民政府食品药品监督管理部门接到食品安全事故的报告后，应当立即会同同级卫生行政、质量监督、农业行政等部门进行调查处理，并采取下列措施，防止或者减轻社会危害：

1）开展应急救援工作，组织救治因食品安全事故导致人身伤害的人员。

2）封存可能导致食品安全事故的食品及其原料，并立即进行检验；对确认属于被污染的食品及其原料,责令食品生产经营者依照《中华人民共和国食品安全法》第六十三条的规定召回或者停止经营。

3)封存被污染的食品相关产品,并责令进行清洗消毒。

4)做好信息发布工作,依法对食品安全事故及其处理情况进行发布,并对可能产生的危害加以解释、说明。

发生食品安全事故需要启动应急预案的,县级以上人民政府应当立即成立事故处置指挥机构,启动应急预案,依照《中华人民共和国食品安全法》和应急预案的规定进行处置。

发生食品安全事故,县级以上疾病预防控制机构应当对事故现场进行卫生处理,并对与事故有关的因素开展流行病学调查,有关部门应当予以协助。县级以上疾病预防控制机构应当向同级食品药品监督管理、卫生行政部门提交流行病学调查报告。

(三)调查与处理

发生食品安全事故,涉及的市级以上人民政府食品药品监督管理部门应当立即会同有关部门进行事故责任调查,督促有关部门履行职责,向本级人民政府和上一级人民政府食品药品监督管理部门提出事故责任调查处理报告。

涉及两个以上省、自治区、直辖市的重大食品安全事故由国务院食品药品监督管理部门依照前款规定组织事故责任调查。

调查食品安全事故,应当坚持实事求是、尊重科学的原则,及时、准确查清事故性质和原因,认定事故责任,提出整改措施。

调查食品安全事故,除了查明事故单位的责任,还应当查明有关监督管理部门、食品检验机构、认证机构及其工作人员的责任。

食品安全事故调查部门有权向有关单位和个人了解与事故有关的情况,并要求提供相关资料和样品。有关单位和个人应当予以配合,按照要求提供相关资料和样品,不得拒绝。

任何单位和个人不得阻挠、干涉食品安全事故的调查处理。

学校和教育行政部门在学校食品安全事故发生过程中,首先应积极开展中毒学生的急救,同时积极配合当地食品药品监督管理部门的调查与处理。

三、学校饮用水污染事件应对要求

首先根据《生活饮用水卫生监督管理办法》,做好学校饮用水卫生工作,积极预防学校饮用水污染事件的发生,一旦发生学校饮用水污染事件,要及时报告。

1. 在接到卫生行政部门有关学校饮用水污染事件处理任务后,卫生监督机构应派员对学校进行监督检查和调查取证,依法对学校的饮用水卫生管理情况及供水设施、水源的卫生安全防护、水质净化消毒设施及运行情况、水处理剂和消毒剂的使用情况等影响水质卫生的因素进行现场监督检查,制作现场监督笔录。

2. 对被污染的水源、水质异常的学校饮用水,卫生监督员应及时报告卫生行政部门,依法责令停止使用;对因饮用水净化消毒或者卫生管理不规范导致水质不合格的,下达整改意见,水质检测合格后,方可恢复供水;对涉嫌违反《中华人民共和国传染病防治法》《生活饮用水卫生监督管理办法》的,依法立案调查。

3. 属于工业污染造成饮用水污染事故的,应及时报告卫生行政部门,移交环境保护行政主管部门。对涉嫌人为投毒的,应及时报告卫生行政部门,移交公安司法机关。

学校和教育行政部门在学校饮用水安全事故发生过程中,首先应积极开展学生的急救,同时积极配合当地卫生监督管理部门的调查与处理。

四、预防接种或预防性服药的异常反应处置

预防接种是预防控制传染病最经济、安全、有效的措施,是《中华人民共和国传染病防治法》确定的一项重要制度,是贯彻党和政府执政为民理念、促进社会和谐发展、保障群众身体健康和生命安全的重要工作,已经取得消灭天花、实现无脊髓灰质炎目标等巨大成就。但是由于个体差异等多种原因,极少数受种者可能会发生严重预防接种异常反应,对受种者及其家庭造成严重影响。近年来,社会和公众愈加关注预防接种异常反应。

《疫苗流通和预防接种管理条例》规定预防接种异常反应是指合格的疫苗在实施规范接种过程中或者实施规范接种后造成受种者机体组织器官、功能损害,相关各方均无过错的药品不良反应。

《疫苗流通和预防接种管理条例》规定下列情形不属于预防接种异常反应:

1. 因疫苗本身特性引起的接种后一般反应。

2. 因疫苗质量不合格给受种者造成的损害。

3. 因接种单位违反预防接种工作规范、免疫程序、疫苗使用指导原则、接种方案给受种者造成的损害。

4. 受种者在接种时正处于某种疾病的潜伏期或者前驱期,接种后耦合发病。

5. 受种者有疫苗说明书规定的接种禁忌,在接种前受种者或者其监护人未如实提供受种者的健康状况和接种禁忌等情况,接种后受种者原有疾病急性复发或者病情加重。

6. 因心理因素发生的个体或者群体的心因性反应。

根据《疫苗流通和预防接种管理条例》,学校不得擅自进行群体性预防接种。一旦发生学校预防接种或预防性服药的异常反应事件,要第一时间积极救治并及时报告。

《疫苗流通和预防接种管理条例》规定,疾病预防控制机构和接种单位及其医疗卫生人员发现预防接种异常反应、疑似预防接种异常反应或者接到相关报告的,应当依照预防接种工作规范及时处理,并立即报告所在地的县级人民政府卫生主管部门、药品监督管理部门。接到报告的卫生主管部门、药品监督管理部门应当立即组织调查处理。

1. 在接到卫生行政部门有关学校预防接种或预防性服药的异常反应处理任务后,对预防接种、预防性服药的组织实施单位、个人资质、接种的疫苗或预防性服药的品名、批号、生产厂家、学生的异常反应症状及程度进行调查了解。

2. 制作现场监督笔录并采取应急控制措施。

3. 对于引起异常反应原因的进一步调查,由药品监督管理行政部门或组织有关专家进行调查处理。

2014年4月4日,国家卫生计生委、教育部等八部委以国卫疾控发〔2014〕19号印发《关于进一步做好预防接种异常反应处置工作的指导意见》。该《意见》就加强对预防接种异常反应处置工作的组织领导、进一步加强疑似预防接种异常反应监测和应急处置工作、切实做好预防接种异常反应病例救治和康复工作、进一步规范完善预防接种异常反应调查诊断和鉴定工作、依法落实预防接种异常反应补偿政策、扎实做好预防接种异常反应病例后续关怀救助工作等,提出了具体意见。

五、学生群体心因性反应的处置

学生群体性心因性反应对学校和社会稳定危害极大，要做好学生群体性心因性反应的现场处置。卫生监督机构在接到卫生行政部门有关学校学生群体心因性反应处理任务后，对事件的起因和经过要进行调查；在排除确定的危害学生健康因素后，采取相应的对症处理；加强卫生知识宣传，解除学生的认识和理解误区；积极开展心理咨询活动。

（一）具体处置的关键环节

1. 控制事件的影响范围　事发第一现场的教师要冷静处理，讲究方法。针对可能原因（如注射、服药、饮食、迷信等），要善于发挥学生干部的积极作用，稳定学生情绪，同时迅速与专业机构联系，及时确诊病因。如果遇事慌乱，无意识地扩大范围，极易给学生造成恐慌心理，引发群体癔症。

2. 尽早准确获取检验结果，为事件定性提供可靠依据　监督部门和疾病控制的专业技术机构应当及时准确的进行现场检验和诊断，其检验结果直接关系到事件所涉及人员的生命安全，所以不能有丝毫的疏忽。

3. 在事态已经扩大的情况下，用权威机构检验结果平息事件。

4. 在群体性癔症处置过程中，充分发挥媒体的作用　媒体介入有助于让公众迅速了解事件真相，平息因误传或流言引发的社会恐慌。但是，在事件没有准确定论的时候，决不能随意发布消息，这对保持社会稳定是十分必要的。群体性癔症危害严重，各级卫生和教育行政主管部门都应高度重视。学生的心理比较脆弱，是最易受到心理暗示的人群，也最容易发生心因性反应，从而引发整个群体的心理作用。很多人在趋同性心理暗示和从众心理的支配下，也会感到自己身体不适。这些患者检查不出器质性变化，只有主观感觉症状而无客观体征，且这种主观感觉症状易受暗示而发作，现场流行病学调查时，所陈述的症状在医学检查中也得不到证实。所以，把握好以上这些关键步骤，就能有效地把群体性癔症的发生消除在萌芽状态。

5. 及时健康教育和心理辅导　快速有效地利用各种教育形式，宣传有关卫生知识。同时，运用"个别劝导、讲座、咨询"等方式，做好教师、学生的心理危机疏导干预工作，配合新闻传媒加大健康教育力度。

（二）干预关键点

1. 针对可能导致群体性癔症的原因如集体服药、打预防针、食物中毒、迷信等，需要重点监护，对可能发生的各种情况进行风险评估，要有应对方案。

2. 早期识别群体性癔症，及时排除其他因素如服药、打预防针副反应及食物中毒等。

3. 普及健康知识和其他科学知识。

4. 关注学生干部和敏感人群，通过筛查发现癔症倾向人群，对癔症倾向人群重点关注。

5. 及时进行心理辅导。学校建立心理辅导室，经常性开展心理健康教育。

6. 减轻和缓解学生压力。通过调查研究发现学生压力大、紧张，是癔症基础因素，需要通过各种途径减轻和缓解学生的压力。

（三）预防

1. 普及健康知识和其他科学知识。

2. 关注学生干部和敏感人群　通过筛查发现癔症倾向人群，对癔症倾向人群重点关注；

及时进行心理辅导。

3．及时转移注意力　有的癔症病人在发作前常有某些症状，此时可有意识转移注意力，改变其心境。

4．避免不良暗示　做好患者周围人如同学、亲属等人的工作，避免周围人过分紧张、过分关心的不良影响。

5．减少负性刺激　癔症的发作往往与负性刺激关系密切，诸如亲人死亡或其他意外遭遇、自尊心受到挫折、人格遭受侮辱、家庭不和、父母冲突、父母对孩子态度生硬、同学之间的纠纷等。某些躯体疾病、疲劳、健康状况不良等，也容易促发本病。

6．注意生活调节　合理安排生活，保证充足睡眠，以提高大脑皮层的工作能力。

7．正确认识疾病　告诉患者，该病是由于高级神经活动失调所致的发作性症状，是暂时性的脑机能障碍，并非器质性病变，完全能够治愈。

第四节　学校突发公共卫生事件的信息报告与发布

为进一步加强对突发公共卫生事件相关信息报告的管理，保障信息报告系统规范有效运行，及时准确掌握突发公共卫生事件相关信息，快速有效地处置各种突发公共卫生事件，原卫生部制定了《国家突发公共卫生事件相关信息报告管理工作规范（试行）》，该规范适用于各级卫生行政部门、疾病预防控制机构、职业病预防控制机构、卫生监督机构以及其他专业防治机构和医疗机构对突发公共卫生事件相关信息的报告和管理。

一、突发公共卫生事件信息报告

（一）组织机构

根据原卫生部《国家突发公共卫生事件相关信息报告管理工作规范（试行）》，突发公共卫生事件相关信息报告管理遵循依法报告、统一规范、属地管理、准确及时、分级分类的原则。

1．各级卫生行政部门负责对突发公共卫生事件相关信息报告工作进行监督和管理，根据《国家突发公共卫生事件应急预案》要求，组织人员对突发公共卫生事件进行核实、确认和分级。

2．各级卫生行政部门应指定专门机构负责突发公共卫生事件相关信息报告系统的技术管理，网络系统维护，网络人员的指导、培训。

3．各级疾病预防控制机构、职业病预防控制机构、卫生监督机构或其他专业防治机构负责职责范围内的各类突发公共卫生事件相关信息的业务管理工作、网络直报和审核工作，定期汇总、分析辖区内相关领域内的突发公共卫生事件相关信息。

4．各级各类医疗卫生机构负责报告发现的突发公共卫生事件相关信息。

5．各级卫生行政部门、职业病预防控制机构、疾病预防控制机构、卫生监督机构或其他专业防治机构接受公众对突发公共卫生事件的举报、咨询和监督，负责收集、核实、分析辖区内来源于其他渠道的突发公共卫生事件相关信息。

（二）报告范围

突发公共卫生事件相关信息报告范围，包括可能构成或已发生的突发公共卫生事件相关信息，其报告标准不完全等同于《国家突发公共卫生事件应急预案》的判定标准。突发公共卫生事件的确认、分级由卫生行政部门组织实施。

1. 传染病

（1）鼠疫：发现1例及以上鼠疫病例。

（2）霍乱：发现1例及以上霍乱病例。

（3）传染性非典型肺炎：发现1例及以上传染性非典型肺炎病例病人或疑似病人。

（4）人感染高致病性禽流感：发现1例及以上人感染高致病性禽流感病例。

（5）炭疽：发生1例及以上肺炭疽病例；或1周内，同一学校、幼儿园、自然村寨、社区、建筑工地等集体单位发生3例及以上皮肤炭疽或肠炭疽病例；或1例及以上职业性炭疽病例。

（6）甲肝/戊肝：1周内，同一学校、幼儿园、自然村寨、社区、建筑工地等集体单位发生5例及以上甲肝/戊肝病例。

（7）伤寒（副伤寒）：5例及以上伤寒（副伤寒）病例，或出现2例及以上死亡。

（8）细菌性和阿米巴性痢疾：3天内，同一学校、幼儿园、自然村寨、社区、建筑工地等集体单位发生10例及以上细菌性和阿米巴性痢疾病例，或出现2例及以上死亡。

（9）麻疹：1周内，10例及以上麻疹病例。

（10）风疹：1周内，同一学校、幼儿园、自然村寨、社区等集体单位发生10例及以上风疹病例。

（11）流行性脑脊髓膜炎：3天内，同一学校、幼儿园、自然村寨、社区、建筑工地等集体单位发生3例及以上流脑病例，或者有2例及以上死亡。

（12）登革热：1周内，一个县（市、区）发生5例及以上登革热病例；或首次发现病例。

（13）流行性出血热：1周内，同一自然村寨、社区、建筑工地、学校等集体单位发生5例（高发地区10例）及以上流行性出血热病例，或者死亡1例及以上。

（14）钩端螺旋体病：1周内，同一自然村寨、建筑工地等集体单位发生5例及以上钩端螺旋体病病例，或者死亡1例及以上。

（15）流行性乙型脑炎：1周内，同一乡镇、街道等发生5例及以上乙脑病例，或者死亡1例及以上。

（16）疟疾：以行政村为单位，1个月内，发现5例（高发地区10例）及以上当地感染的病例；或在近3年内无当地感染病例报告的乡镇，以行政村为单位，1个月内发现5例及以上当地感染的病例；在恶性疟流行地区，以乡（镇）为单位，1个月内发现2例及以上恶性疟死亡病例；在非恶性疟流行地区，出现输入性恶性疟继发感染病例。

（17）血吸虫病：在未控制地区，以行政村为单位，2周内发生急性血吸虫病病例10例及以上，或在同一感染地点1周内连续发生急性血吸虫病病例5例及以上；在传播控制地区，以行政村为单位，2周内发生急性血吸虫病5例及以上，或在同一感染地点1周内连续发生急性血吸虫病病例3例及以上；在传播阻断地区或非流行区，发现当地感染的病人、病牛或感染性钉螺。

（18）流感：1周内，在同一学校、幼儿园或其他集体单位发生30例及以上流感样病例，或5例及以上因流感样症状住院病例，或发生1例及以上流感样病例死亡。

（19）流行性腮腺炎：1周内，同一学校、幼儿园等集体单位中发生10例及以上流行性腮腺炎病例。

（20）感染性腹泻（除霍乱、痢疾、伤寒和副伤寒以外）：1周内，同一学校、幼儿园、自然村寨、社区、建筑工地等集体单位中发生20例及以上感染性腹泻病例，或死亡1例及以上。

（21）猩红热：1周内，同一学校、幼儿园等集体单位中，发生10例及以上猩红热病例。

（22）水痘：1周内，同一学校、幼儿园等集体单位中，发生10例及以上水痘病例。

（23）输血性乙肝、丙肝、HIV：医疗机构、采供血机构发生3例及以上输血性乙肝、丙肝病例或疑似病例或HIV感染。

（24）新发或再发传染病：发现本县（区）从未发生过的传染病或发生本县近5年从未报告的或国家宣布已消灭的传染病。

（25）不明原因肺炎：发现不明原因肺炎病例。

2．食物中毒

（1）一次食物中毒人数30人及以上或死亡1人及以上。

（2）学校、幼儿园、建筑工地等集体单位发生食物中毒，一次中毒人数5人及以上或死亡1人及以上。

（3）地区性或全国性重要活动期间发生食物中毒，一次中毒人数5人及以上或死亡1人及以上。

3．职业中毒　发生急性职业中毒10人及以上或者死亡1人及以上的。

4．其他中毒　出现食物中毒、职业中毒以外的急性中毒病例3例及以上的事件。

5．环境因素事件　发生环境因素改变所致的急性病例3例及以上。

6．意外辐射照射事件　出现意外辐射照射人员1例及以上。

7．传染病菌、毒种丢失　发生鼠疫、炭疽、非典、艾滋病、霍乱、脊灰等菌毒种丢失事件。

8．预防接种和预防服药群体性不良反应

（1）群体性预防接种反应：一个预防接种单位一次预防接种活动中出现群体性疑似异常反应；或发生死亡。

（2）群体预防性服药反应：一个预防服药点一次预防服药活动中出现不良反应（或心因性反应）10例及以上；或死亡1例及以上。

9．医源性感染事件　医源性、实验室和医院感染暴发。

10．群体性不明原因疾病　2周内，一个医疗机构或同一自然村寨、社区、建筑工地、学校等集体单位发生有相同临床症状的不明原因疾病3例及以上。

11．各级人民政府卫生行政部门认定的其他突发公共卫生事件。

（三）报告内容

突发公共卫生事件相关信息报告内容见本书附录1，具体包括：

1．事件信息　信息报告主要内容包括：事件名称、事件类别、发生时间、地点、涉及的地域范围、人数、主要症状与体征、可能的原因、已经采取的措施、事件的发展趋势、下步工作计划等。具体内容见《突发公共卫生事件相关信息报告卡》。

2．事件发生、发展、控制过程信息　事件发生、发展、控制过程信息分为初次报告、进程报告、结案报告。

（1）初次报告：报告内容包括事件名称、初步判定的事件类别和性质、发生地点、发生时间、发病人数、死亡人数、主要的临床症状、可能原因、已采取的措施、报告单位、报告人员及通讯方式等。

（2）进程报告：报告事件的发展与变化、处置进程、事件的诊断和原因或可能因素，势态评估、控制措施等内容。同时，对初次报告的《突发公共卫生事件相关信息报告卡》进行补充和修正。重大及特别重大突发公共卫生事件至少按日进行进程报告。

（3）结案报告：事件结束后，应进行结案信息报告。达到《国家突发公共卫生事件应急预案》分级标准的突发公共卫生事件结束后，由相应级别卫生行政部门组织评估，在确认事件终止后2周内，对事件的发生和处理情况进行总结，分析其原因和影响因素，并提出今后对类似事件的防范和处置建议。

（四）报告方式

获得突发公共卫生事件相关信息的责任报告单位和责任报告人，应当在2小时内以电话或传真等方式向属地卫生行政部门指定的专业机构报告，具备网络直报条件的同时进行网络直报，直报的信息由指定的专业机构审核后进入国家数据库。不具备网络直报条件的责任报告单位和责任报告人，应采用最快的通讯方式将《突发公共卫生事件相关信息报告卡》报送属地卫生行政部门指定的专业机构，接到《突发公共卫生事件相关信息报告卡》的专业机构，应对信息进行审核，确定真实性，2小时内进行网络直报，同时以电话或传真等方式报告同级卫生行政部门。

接到突发公共卫生事件相关信息报告的卫生行政部门应当尽快组织有关专家进行现场调查，如确认为实际发生突发公共卫生事件，应根据不同的级别，及时组织采取相应的措施，并在2小时内向本级人民政府报告，同时向上一级人民政府卫生行政部门报告。如尚未达到突发公共卫生事件标准的，由专业防治机构密切跟踪事态发展，随时报告事态变化情况。

（五）信息监控

1. 各级卫生行政部门指定的专业机构，应根据卫生行政部门要求，建立突发公共卫生事件分析制度，每日对网络报告的突发公共卫生事件进行动态监控，定期进行分析、汇总，并根据需要随时做出专题分析报告。

2. 各级卫生行政部门指定的专业机构对突发公共卫生事件分析结果要以定期简报或专题报告等形式向上级卫生行政部门指定的专业机构和同级卫生行政部门报告，并及时向下一级卫生行政部门和相同业务的专业机构反馈。

（六）技术保障

国家建立突发公共卫生事件相关信息报告管理系统，为全国提供统一的突发公共卫生事件相关信息报告网络平台，用于收集、处理、分析和传递突发公共卫生事件相关信息。信息系统覆盖中央、省、市（地）、县（市）、乡（镇、街道）。卫生行政部门指定的专业机构，负责辖区内网络密码的分配和管理。网络密码定期更换，不能泄露和转让。

（七）监督管理

1. 监督与指导 各级卫生行政部门对突发公共卫生事件相关信息报告工作进行监督管理，对辖区内各级各类医疗机构、疾病预防控制机构、卫生监督机构以及其他专业防治机构相关的突发公共卫生事件相关信息报告和管理情况进行经常性的监督，对违法行为依法进行调查处理。

2. 检查与考核 各级卫生行政部门指定的专业机构定期对本区域内突发公共卫生事件相关信息报告工作按照本规范要求进行检查与考核。

（八）突发公共卫生事件与传染病疫情监测信息报告的责任与处罚

1. 突发公共卫生事件与传染病疫情监测信息报告的责任　根据《突发公共卫生事件与传染病疫情监测报告管理办法》，国务院卫生行政部门对全国突发公共卫生事件与传染病疫情监测信息报告管理工作进行监督、指导。县级以上地方人民政府卫生行政部门对本行政区域的突发公共卫生事件与传染病疫情监测信息报告管理工作进行监督、指导。各级卫生监督机构在卫生行政部门的领导下，具体负责本行政区内的突发公共卫生事件与传染病疫情监测信息报告管理工作的监督检查。各级疾病预防控制机构在卫生行政部门的领导下，具体负责对本行政区域内的突发公共卫生事件与传染病疫情监测信息报告管理工作的技术指导。各级各类医疗卫生机构在卫生行政部门的领导下，积极开展突发公共卫生事件与传染病疫情监测信息报告管理工作。任何单位和个人发现责任报告单位或责任疫情报告人有瞒报、缓报、谎报突发公共卫生事件和传染病疫情情况时，应向当地卫生行政部门报告。

2. 突发公共卫生事件与传染病疫情监测信息报告的违法与处罚　根据《突发公共卫生事件与传染病疫情监测报告管理办法》，医疗机构有下列行为之一的，由县级以上地方卫生行政部门责令改正、通报批评、给予警告；情节严重的，会同有关部门对主要负责人、负有责任的主管人员和其他责任人员依法给予降级、撤职的行政处分；造成传染病传播、流行或者对社会公众健康造成其他严重危害后果，构成犯罪的，依据刑法追究刑事责任：

（1）未建立传染病疫情报告制度的。

（2）未指定相关部门和人员负责传染病疫情报告管理工作的。

（3）瞒报、缓报、谎报发现的传染病病人、病原携带者、疑似病人的。

疾病预防控制机构有下列行为之一的，由县级以上地方卫生行政部门责令改正、通报批评、给予警告；对主要负责人、负有责任的主管人员和其他责任人员依法给予降级、撤职的行政处分；造成传染病传播、流行或者对社会公众健康造成其他严重危害后果，构成犯罪的，依法追究刑事责任：

（1）瞒报、缓报、谎报发现的传染病病人、病原携带者、疑似病人的。

（2）未按规定建立专门的流行病学调查队伍，进行传染病疫情的流行病学调查工作。

（3）在接到传染病疫情报告后，未按规定派人进行现场调查的。

（4）未按规定上报疫情或报告突发公共卫生事件的。

执行职务的医疗卫生人员瞒报、缓报、谎报传染病疫情的，由县级以上卫生行政部门给予警告，情节严重的，责令暂停六个月以上一年以下执业活动，或者吊销其执业证书。

责任报告单位和事件发生单位瞒报、缓报、谎报或授意他人不报告突发性公共卫生事件或传染病疫情的，对其主要领导、主管人员和直接责任人由其单位或上级主管机关给予行政处分，造成疫情播散或事态恶化等严重后果的，由司法机关追究其刑事责任。

个体或私营医疗保健机构瞒报、缓报、谎报传染病疫情或突发性公共卫生事件的，由县级以上卫生行政部门责令限期改正，可以处100元以上500元以下罚款；对造成突发性公共卫生事件和传染病传播流行的，责令停业整改，并可以处200元以上2000元以下罚款，触犯刑律的，对其经营者、主管人员和直接责任人移交司法机关追究刑事责任。

县级以上卫生行政部门未按照规定履行突发公共卫生事件和传染病疫情报告职责，瞒报、缓报、谎报或者授意他人瞒报、缓报、谎报的，对主要负责人依法给予降级或者撤职的行政处分；造成传染病传播、流行或者对社会公众造成其他严重危害后果的，给予开除处分；构成犯罪的，依法追究刑事责任。

二、突发公共卫生事件的信息发布

（一）突发公共卫生事件信息发布注意事项

1. 依法发布信息；依管理规定发布信息。

2. 建立新闻发言人制度，专人统一发布，掌握口径。

3. 主动、准确、及时发布信息。

4. 搜集舆情，研判信息。

（二）突发公共卫生事件信息发布内容

国务院卫生行政部门应当及时通报和公布突发公共卫生事件和传染病疫情，省（自治区、直辖市）人民政府卫生行政部门根据国务院卫生行政部门的授权，及时通报和公布本行政区域的突发公共卫生事件和传染病疫情。

突发公共卫生事件和传染病疫情发布内容包括：

1. 突发公共卫生事件和传染病疫情性质、原因。

2. 突发公共卫生事件和传染病疫情发生地及范围。

3. 突发公共卫生事件和传染病疫情的发病、伤亡及涉及的人员范围。

4. 突发公共卫生事件和传染病疫情处理措施和控制情况。

5. 突发公共卫生事件和传染病疫情发生地的解除。

学校作为特殊的公共场所，具有人群特殊、聚集和接触密切的特征，各类突发公共事件时有发生，完善学校突发公共卫生事件应急反应和防控体系，提高学校突发公共卫生事件的应急处置能力，对于保障师生身心健康和生命安全具有重要意义。学校卫生监督机构和学校应该严格按照法律法规的要求，在学校突发公共卫生事件前阶段、事件中阶段和事件后三个阶段，积极应对，坚持预防第一，针对常见的学校传染病疫情暴发、学校食物中毒、学校水污染事件、不良反应事件以及学生群体心因性事件，采取积极措施以保护学校师生生命安全和身心健康为第一要务，预防和减少学校突发公共卫生事件的发生。

（徐　勇）

【学习思考】

案例 14-1 2005 年 6 月 18 日下午 17 时 15 分，某市卫生局接县卫生局电话和传真报告：6 月 17 日晚 23 时 15 分，某县疾病预防控制中心接到疫苗接种异常反应报告"17 日上午 8 时 30 分至 10 时 30 分，某镇防保所对该镇某小学的 105 名学生进行了甲肝疫苗预防接种，有 26 名学生接种后，出现头晕、胸闷、恶心、乏力、肢体麻木等症状"。

典型病人：刘某某，女，12 岁，某镇某小学 4 年级学生，于 6 月 17 日上午 10 时接种甲肝疫苗，接种后 2～3 分钟即出现头晕、胸闷、恶心、面色苍白、出冷汗等症状，接种人员当即令其休息，注射肾上腺素处理，未见明显好转，即转入卫生院治疗。

至 6 月 17 日中午 12 时接种的学生中，又出现 6 例病人，晚 10 时增加至 23 例，其中两例转入县人民医院治疗。18 日上午又出现 3 例，累计 26 例。其中男 13 例，女 13 例，年龄最小 7 岁，最大 14 岁，18 日上午有 2 例出院。

　　在成立了现场处理领导小组和医疗救治组后，决定停止接种该批次疫苗，26名出现不适症状的接种者已被安排到某县人民医院进行观察治疗。

　　问题：

　　1. 学校突发公共卫生事件应该如何报告？

　　2. 针对预防接种异常反应事件，到达现场后应该调查哪些内容？

　　3. 群体性心因性反应的处理原则是什么？

第十五章　学校卫生综合评价

Comprehensive Appraisement for School Health

　　学校卫生是公共卫生的重要组成部分,学校卫生监督是卫生监督领域的重要内容,同时也是全面开展学校卫生工作的重要保障。如何科学、有序的实施学校卫生监督,保障学校卫生工作的有效开展,保障广大儿童青少年身体健康,始终是学校卫生工作者,尤其是学校卫生监督工作者探索的重要课题。2012 年国家卫生计生委(原卫生部)和国家标准化管理委员会联合发布和实施的国家标准《学校卫生综合评价》(GB/T 18205—2012)(以下简称《学校卫生综合评价》),为学校卫生工作模式的转变奠定了良好的理论基础,也将对学校卫生工作的全面、协调、可持续发展起到重要推动作用。卫生监督机构应用《学校卫生综合评价》开展学校卫生监督工作,对学校卫生实施综合评价,将达到改善学校卫生总体状况、提高卫生监督效能的目的。

第一节　学校卫生综合评价概述

　　学校卫生综合评价(comprehensive appraisement for achool health)确定了学校卫生综合评价的内容、学校卫生综合评价方法、结果判定以及在学校卫生监督工作中的应用。学校卫生综合评价体系设定了三个子体系:一是学校卫生管理(监督)指标体系;二是学校卫生监测指标体系;三是综合判定体系。

一、学校卫生综合评价实施的背景、目的和意义

(一)实施背景

　　1. 党和政府高度重视学生健康保障工作、重视学校卫生工作　青少年身心健康关系到民族素质和国家未来发展。广大青少年身心健康、体魄强健、意志坚强、充满活力,是一个民族旺盛生命力的体现,是社会文明进步的标志,是国家综合实力的重要方面。学校卫生工作关系到学生的健康发展,关系到中华民族整体素质和国家未来的长远大计。

　　党和政府高度重视青少年身心健康。2007 年党中央国务院颁布了《中共中央国务院关于加强青少年体育增强青少年体质的意见》(中发〔2007〕7 号,简称"中央 7 号文件"),明确提出要使我国青少年普遍达到国家体质健康的基本要求,其耐力、力量、速度等体能素质要明显提高,营养不良、肥胖和近视的发生率要明显下降。2010 年以来国家卫生计生委(原卫生部)、教育部联合下发《关于进一步加强学校卫生管理和监督的通知》等系列文件,制定了多项有关儿童青少年身体健康方面的国家卫生标准,这些规范性文件和卫生标准,对开展

学校卫生工作,保障学生身体健康都提出了明确的具体要求。

学校卫生监督工作是卫生监督工作的重要组成部分,是维护广大青少年身体健康的重要保障。国家卫生计生委为持续发展学校卫生监督工作,积极探索学校卫生监督管理模式,将《学校卫生综合评价》作为学校卫生监督工作创新模式的理论基础,建立了一个科学合理的学校卫生监督量化分级、卫生信誉度等级评价的体系-学校卫生综合评价体系,并于2014年、2015年、2016年连续下发文件,要求在全国开展中小学校卫生综合评价。

2. 学校卫生综合评价是学校卫生标准体系中重要的内容　学校卫生标准是对儿童青少年的学习生活环境、教育过程、心理、行为和疾病预防控制等各种因素做出的技术规定。学校卫生标准涉及的人群对象是0～18岁的儿童、青少年和在校大学生。

根据《学校卫生工作条例》等法律法规,国家制定了多项学校卫生标准。学校卫生综合评价是学校卫生标准体系中的重要标准之一。

学校卫生标准是进行学校卫生监督执法的重要依据。通过学校卫生监督执法工作的开展,既贯彻执行了学校卫生标准,又改善了学校教学、生活环境卫生,强化了学生健康教育,规范了学生健康检查及管理等要求。

(二)目的和意义

国家卫生计生委(原卫生部)、国家标准化管理委员会于2012年12月31日发布,2013年5月1日实施《学校卫生综合评价》。

实施学校卫生综合评价是以保障学生身体健康为总体目标,以解决学校卫生管理、学校卫生监督、学校疾病预防控制、学校卫生教学、学校卫生科研等问题为主要目的。

实施学校卫生综合评价意义深远。一是标志着我国学校卫生监督监测工作迈进更加科学、规范的轨道,奠定了学校卫生监督监测工作模式转变的理论基础,为学校卫生工作者开展学校卫生监督监测、科学研究、教学培训等提供了依据;二是将推动国家各项卫生法律、法规、标准在学校卫生领域内的贯彻执行,推动学校卫生工作进一步开展;三是将提高各级各类学校对学校卫生工作的重视,提高自身学校卫生工作意识,提高保障广大学生身体健康工作的主动性。

二、学校卫生综合评价的依据

学校卫生综合评价是依据我国现行有效的有关儿童青少年身体健康、学校卫生的法律、法规、规章、标准和规范性文件实施的。

1. 开展学校卫生综合评价的法律依据　《中华人民共和国义务教育法》《中华人民共和国未成年人保护法》《中华人民共和国传染病防治法》《中华人民共和国食品安全法》《中华人民共和国执业医师法》《中华人民共和国突发事件应对法》是实施学校卫生综合评价的基本依据。

2. 开展学校卫生综合评价的法规、规章依据　《学校卫生工作条例》《公共场所卫生管理条例》《医疗机构管理条例》《护士条例》《医疗废物管理条例》《疫苗流通和预防接种管理条例》《突发公共卫生事件应急条例》《传染病防治法实施办法》《生活饮用水卫生监督管理办法》《公共场所卫生管理条例实施细则》《医疗机构管理条例实施细则》《医疗废物管理行政处罚办法》(试行)、《国家突发公共卫生事件应急预案》《医疗卫生机构医疗废物管理办法》《消毒管理办法》《医院感染管理办法》《中小学幼儿园安全管理办法》《突发公共卫生事件与传染病疫情监测信息报告管理办法》和《中共中央国务院关于加强青少年体育增强青少年体质的意见》等法规和规章，也是开展学校卫生综合评价的重要依据。

3．开展学校卫生综合评价的规范性文件依据　学校卫生综合评价除依据有关法律法规、规章、标准之外，国家卫生计生委、教育部等行政部门发布的规范性文件也是开展综合评价的依据，比如，《学校卫生监督工作规范》《全国卫生监督机构工作规范》《学校和托幼机构传染病疫情报告工作规范》（试行）、《学校结核病防控工作规范》（试行）、《生活饮用水集中式供水单位卫生规范》《医疗机构基本标准（试行）》《诊所基本标准》《沐浴场所卫生规范》《游泳场所卫生规范》《国家突发公共卫生事件相关信息报告管理工作规范》（试行）、《卫生监督信息报告管理规定》和《中小学生健康体检管理办法》等，都是相关部门开展现行卫生综合评价的依据。

4．开展学校卫生综合评价依据的相关国家标准　学校卫生标准是国家卫生标准体系中的重要部分。国家卫生计生委根据《学校卫生工作条例》等法律法规制定的现行有效的学校卫生标准有 33 项。其中国家标准 24 项，卫生行业标准 9 项。学校卫生标准是对儿童青少年的学习生活环境、教育过程、心理、行为和疾病预防控制等各种因素做出的技术规定。开展学校卫生综合评价须依据其中多项标准才能完成。

学校卫生标准是监督执法的重要依据。学校卫生标准是贯彻执行有关学校卫生法规，进行学校卫生监督执法的重要技术依据。通过贯彻执行学校卫生标准，可以改善学校教学、生活环境卫生，保证儿童青少年用品的安全、卫生，提高学生生活服务质量，规范学生健康检查及管理要求，对保障和促进我国 2 亿多儿童青少年的健康成长，提高未来国民素质具有深远影响。

《学校卫生综合评价》是学校卫生标准体系框架中的国家标准之一，开展学校卫生综合评价还须依据其他多项标准才能完成。除学校卫生标准体系中的国家标准以外，《学校课桌椅功能尺寸及技术要求》（GB/T 3976—2014）、《中小学校教室采光和照明卫生标准》（GB 7793—2010）等 10 余部国家标准也是开展学校卫生综合评价的依据。

三、学校卫生综合评价的适用范围

《学校卫生综合评价》按照学校的分类规定了哪些学校可以实施综合评价，此外，还根据学校卫生评价项目、指标的要求，规定了学校卫生的哪些内容适合综合评价。

1．学校卫生综合评价适用于全日制小学（含民办小学）、初级中学、高级中学（含中等职业学校、民办中学）和普通高等学校（含民办高等学校、独立院校）各项卫生状况的综合评价。

2．学校卫生综合评价规定了学校卫生综合评价项目、评价方法以及综合评价判定，全面规范了学校教学环境、生活环境卫生管理（监督）和监测，如采光、照明、教室人均面积、宿舍、食堂等，涵盖了学生在校期间吃、住、学多方面的活动范围的卫生管理（监督）和监测。

3．学校卫生综合评价内容涉及的专业多，涉及对食品安全（卫生）、饮用水卫生、公共场所卫生、传染病防控卫生、学校学习环境卫生、学生用品、保健用品卫生等多个专业的评价。

四、学校卫生综合评价的应用

（一）学校卫生综合评价结果应用的必要性

1．实施学校卫生综合评价是国家学校卫生监督的工作要求　国家卫生计生委（原卫生部)发布的《学校卫生监督工作规范》规定,省级卫生行政部门要制订全省(区、市)学校卫生监督工作制度、规划和年度工作计划并组织实施,根据学校卫生监督综合评价情况,突出重点,确定日常监督内容和监督覆盖率、监督频次。

2. 学校卫生现状需要一个相对统一的方式开展学校卫生工作　目前我国学校卫生现状决定了开展学校卫生工作需要实施综合评价的方式。一是地区经济、文化发展不平衡以及学校卫生监督工作开展的不均衡;二是学校卫生专业性强、涉及专业多,需要综合平衡、统筹;三是国家相关部门对学校卫生方面的有关规定不一致,需协调统一。

(二)学校卫生综合评价结果应用

《学校卫生工作条例》规定了教育行政部门负责学校卫生的行政管理,卫生计生行政部门负责学校卫生监督,学校负责日常学校卫生的管理工作。对于学校卫生监督、监测、管理的内容,卫生计生行政部门、教育行政部门、学校等相关单位都可以按照学校卫生综合评价体系对学校卫生工作实施评价,得出评价结果,用以评估学校卫生的风险等级和信誉度。

1. 卫生计生部门的应用　卫生计生行政部门、卫生监督机构、疾病预防控制机构在日常学校卫生监督监测工作中,应用学校卫生综合评价体系,得出评价结果,评估学校卫生监督状况、监测状况。

2. 教育部门的应用　教育行政部门应用学校卫生综合评价体系,得出评价结果,评估辖区内学校卫生状况。

3. 各级各类学校的应用　学校应用学校卫生综合评价体系自查、自评本校的卫生状况。大、中、小学校在日常学校卫生检查评定工作中,可以应用综合评价体系,得出评价结果,评估自身学校卫生状况。

(三)学校卫生综合评价结果的社会效益

学校实施卫生综合评价的结果,其社会效益凸显,符合我国各级各类学校卫生现状。一是学校卫生综合评价的实施,对我国学校办学条件及基本卫生状况的改善起到进一步推进作用,为保障广大儿童青少年的身体健康提供基础条件;二是学校卫生综合评价的实施与目前我国各级各类学校实际发展阶段相适应。

五、学校卫生综合评价项目

学校卫生综合评价的项目分为管理(监督)和监测两部分:一部分是管理(监督)内容,另一部分是监测内容。这两部分内容,分别在《学校卫生综合评价》(见本书附录 2)中的表 A.1《学校卫生管理(监督)评价记分表》、表 A.2《学校卫生监测评价记分表》中体现具体内容。

1. 管理　包括突发公共卫生事件、传染病预防控制、常见病与多发病、学校食品安全、生活饮用水卫生、教室环境卫生、生活环境卫生和公共场所卫生八个项目。

2. 监测　包括学校食品安全(食饮具消毒)、生活饮用水卫生、教室环境卫生、生活环境卫生和公共场所卫生五个项目。

案例 15-1　××市卫生计生委根据国家卫生计生委的要求,应用《学校卫生综合评价》(GB/T 18205—2012)标准,对本地区的部分中小学校的学校卫生实施综合评价。××市卫生监督所根据实施方案的规定,抽取辖区内 20 所学校,对其进行综合评价,其中寄宿制学校10 所、非寄宿制学校 9 所,武术训练学校 1 所。

问题：

1. 卫生监督员选择的20所学校，是否符合评价适用范围？
2. 哪些学校不符合评价范围？
3. 叙述学校卫生综合评价的适用范围。

第二节　学校卫生管理（监督）综合评价

学校卫生监督综合评价体系（comprehensive appraisement system for school health）包括评价项目和指标、评价方法、结果的判定三部分。根据学校是否为寄宿制等具体情况来确定评价项目和指标，掌握评价方法后，实施现场逐项检查，根据检查结果进行评价及结果判定。

一、评价的项目和指标

学校卫生监督评价共包括突发公共卫生事件管理（监督）、传染病预防控制管理（监督）等八个项目，每个评价项目包括多项评价指标。

（一）突发公共卫生事件管理（监督）

突发公共卫生事件管理（监督）是学校卫生监督评价体系中的重要项目，通过对以下八项指标的现场检查后实施评价。八项指标包括：

1. 建立校长为第一责任人制度。
2. 建立突发公共卫生事件应急处理领导小组。
3. 制订学校突发公共卫生事件应急处理预案。
4. 建立突发公共卫生事件报告制度。
5. 有专职或兼职报告人。
6. 定期（每学期1次）开展防控突发公共卫生事件宣传教育活动。
7. 每学年开展一次突发公共事件应对演练。
8. 因校方责任发生的其他突发公共卫生事件。

其中建立校长为第一责任人制度，强调的是因为学校的原因引发的突发公共卫生事件，责任由校长来承担。

（二）传染病预防控制管理（监督）

在日常监督工作中，传染病预防控制管理（监督）的监督内容比较多，但对以下十项指标现场检查后，可以评价学校传染病预防控制管理工作的情况。十项指标包括：

1. 有校长为第一责任人的传染病预防控制工作小组。
2. 有传染病疫情报告制度。
3. 有专人负责疫情报告。
4. 有晨检制度。
5. 有新生入学接种卡（证）查验制度、有学生因病缺勤登记、追踪制度和复课证明查验制度。
6. 定期（每学期1次）开展预防传染病知识的宣传活动。
7. 寄宿制或600名学生以上非寄宿学校配备卫生专业技术人员。
8. 600名以下非寄宿学校配备保健教师或卫生专业技术人员。

9. 寄宿学校应设立卫生室,非寄宿学校视规模设卫生室或保健室。

10. 因校方责任发生传染病暴发流行。

其中有校长为第一责任人的传染病预防控制工作小组这一指标,在现场检查过程中,要以学校下发的专门文件为准。

(三)常见病与多发病管理(监督)

学生常见病和多发病是日常学校卫生监督工作中的基本内容,对以下八项指标开展检查后,可以对学生常见病与多发病管理(监督)实施评价。包括:

1. 建立学生健康体检档案。

2. 建立体检异常学生登记记录。

3. 建立体检结果向家长反馈制度。

4. 制订学生常见病与多发病防治计划、措施。

5. 开展预防近视专题宣传活动。

6. 每年实施 1 次学生健康体检。

7. 定期(每学期 1 次)开展健康生活方式、营养和慢性病预防知识教育和宣传活动。

8. 校医院、卫生所、卫生室、医务室有《医疗机构执业许可证》。

在检查建立学生健康体检档案、建立体检异常学生登记记录这两项指标时,要逐一核对每名学生的健康档案及体检异常记录建立情况。

(四)学校食品安全管理(监督)

学校应当认真贯彻食品安全法律、法规,加强饮食卫生管理,办好学生餐饮服务,加强营养指导。学校食品应符合《食品安全法》中的有关规定。监督检查包括学校自建的学生食堂、校外加工制作学校定制的外供快餐及学校内的食品超市(食杂店),根据检查情况实施评价。

1. 学生食堂　通过对以下十一项指标的现场检查后,实施评价。

(1)餐饮服务许可证有效。

(2)从业人员持健康证明。

(3)从业人员有食品安全知识培训证明。

(4)有各项食品安全管理制度。

(5)食品生产加工条件符合要求。

(6)食(饮)具实施消毒。

(7)食(饮)具消毒情况监测频率符合规定要求(至少 1 次 / 月)。

(8)从业人员个人卫生符合要求。

(9)烹饪加工要烧熟煮透(中心温度在 70℃以上)。

(10)原料采购、运输和储藏条件符合要求。

(11)有索证索票制度、建立台账。

2. 外供快餐　通过对以下三项指标的检查后,实施评价。

(1)供餐单位食品生产或餐饮服务许可证有效。

(2)包装、运输和分发条件应符合要求。

(3)一次性餐盒符合要求。

3. 超市(食杂店)　通过对以下六项指标的现场检查后,实施评价。

(1)食品流通许可证有效。

（2）从业人员持健康证明。

（3）从业人员有食品安全知识培训证明。

（4）有食品进货查验记录制度。

（5）按照保证食品安全的要求贮存食品。

（6）不得有变质或超过保质期的食品。

4. 因校方责任发生集体性食品安全事故　这项指标是重点评价指标，是指经政府有关部门确认是由于学校责任引发的食品安全事故后，在评价中可以直接确认学校食品安全管理项目不合格。

（五）生活饮用水卫生管理（监督）

学校应该为学生提供充足的符合卫生标准的饮用水。对学校内的生活饮用水主要通过对以下十项指标的现场检查后，实施评价。包括：

1. 集中式供水依法取得卫生许可证。

2. 二次供水蓄水设施定期（每年1次）清洗、消毒。

3. 分散式供水有卫生安全防护设施并对水质进行消毒。

4. 建立供水卫生管理制度。

5. 涉水产品符合相关卫生要求。

6. 配备专（兼）职供水人员。

7. 水质监测频率符合当地规定要求。

8. 供水人员持健康证明上岗。

9. 供应饮用水水质符合卫生要求。

10. 因校方责任发生校内生活饮用水污染事故。

学校内的自建集中式供水需取得卫生许可证后方可供水，现场检查过程中要核对卫生许可证是否有效。第10项因校方责任发生校内生活饮用水污染事故这项指标是重点评价指标，是指经政府有关部门确认是由于学校责任引发的校内生活饮用水污染事故后，在评价中可以直接确认生活饮用水卫生管理（监督）项目不合格。

（六）教室环境卫生管理（监督）

教室设备、采光、照明、微小气候和环境噪音等应符合国家《中小学校设计规范》（GB 50099—2011）的规定。通过对以下各项指标的现场检查后实施评价。

1. 课桌椅　通过对每间教室内最少设2种不同型号的课桌椅及每人1席两项指标的检查情况，对教室课桌椅实施评价。

2. 黑板　通过对教室内黑板的有无破损、有无眩光两项指标的检查情况，对教室课桌椅实施评价。

3. 教室采光　通过对教室的墙壁和顶棚为白色或浅色，窗户为无色透明玻璃及单侧采光光线应从座位左侧入，双采光主采光窗应设在左侧这些指标的检查情况，对教室采光实施评价。

4. 教室照明　通过对教室内的灯管是否垂直布置于黑板、是否采用控照式灯具，不宜用裸灯这些指标的现场检查，对教室照明实施评价。

5. 微小气候　通过对教室是否设通气窗，寒冷地区是否有采暖设备两项指标的检查，对教室微小气候实施评价。

6. 噪声　通过对教室是否受音乐室等外界环境干扰这一指标的检查，对学校噪音实施评价。

7. 教室环境卫生评价　需现场核查有资质的监测机构出具的监测报告是否有效、监测频率是否符合规定。

（七）学校公共场所和宿舍卫生监督

按照《学校卫生工作条例》的规定，"学校应当建立卫生制度，加强对学生个人卫生、环境卫生以及教室、宿舍卫生的管理。"此外，学校的公共场所，如公共浴池、游泳馆、体育馆、图书馆亦应按照相应的法律法规、卫生标准的规定进行卫生监督，实施评价。

1. 厕所　通过对教学楼每层是否设置厕所、室内厕所是否有洗手设备、独立设置的厕所与生活饮用水水源和食堂相距是否 30 米以上、旱厕内有无蝇、蛆等指标的现场检查，对学校学生使用厕所实施评价。

2. 学生宿舍　通过对寄宿制学校内男、女生宿舍分区或分单元布置情况、是否设置在地下室或半地下室、能否保证学生一人一床、保证通风良好（寒冷地区宿舍是否设有换气窗）、宿舍内是否设有厕所、盥洗设施、是否有卫生管理制度等指标的检查，对学生宿舍实施评价。

3. 公共浴池　通过对学校内的公共浴池是否依法取得卫生许可证、从业人员是否有健康证明、是否建立浴室卫生消毒制度、是否有资质的监测机构出具的监测报告，监测报告是否有效、监测频率是否达到 1 次以上 / 年等指标的检查，对学校内公共浴池实施评价。

4. 游泳馆　通过对学校内的游泳馆是否依法取得卫生许可证、是否建立健全卫生管理制度、游泳场所的通道及卫生设施是否定期消毒、保持清洁、是否做到无异味、是否是有资质的监测机构出具的监测报告、监测频率符合规定（1 次以上 / 年）的检查，对学校游泳馆实施评价。

5. 体育馆　通过对学校内的体育馆馆内环境清洁卫生状况、是否立有"禁止吸烟"标识、监测频率是否符合规定（1 次以上 / 年）等指标的检查，对学校体育馆实施评价。

6. 图书馆　通过对馆内是否采用湿式清扫，是否保持馆内整洁，是否立有"禁止吸烟"标识及监测频率符合规定（1 次以上 / 年）等指标的检查，对学校图书馆实施评价。

二、评价方法

根据学校卫生相关法律、法规、规章、标准的规定，学校卫生监督的综合评价根据学校卫生监督检查项目内容的不同，需采用不同的评价方法开展评价。具体评价实施包括三个基本步骤，一是确定检查单位，分别采取以学校为单位或以学校下设的部门为单位；二是清晰检查方法，采用现场核查与资料审核为主的方法，个别项目中的指标检查需现场测量；三是掌握评价方法。

在进行八个评价项目的评价过程中还分别有如下具体要求：

（一）突发公共卫生事件

以学校为单位，检查学校突发公共卫生事件防控工作情况。

（二）传染病预防控制

对学校传染病预防控制管理的评价宜遵循以下方法：

1. 以学校为单位，检查学校传染病预防管理、疫情报告、传染病控制以及预防接种等工作情况。

2．以学校设置的校医院、卫生所、卫生室、保健室为对象，对其执行《中华人民共和国传染病防治法》的相关工作进行检查。

（三）常见病与多发病

以学校为单位，检查学校常见病与多发病管理工作情况。

（四）学校食品安全

对学校食品安全管理的评价宜遵循以下方法：

1．以每个食堂、外供快餐单位和超市（食杂店）为评价单位。

2．如学校没有食堂，而有外供快餐，则以加工外供快餐的单位和学校分餐环节为评价单位。

3．学校设有多个食堂，应先评出每个单位得分，将各单位得分相加，取平均分数为该项目的得分。

（五）生活饮用水卫生

对学校集中式供水、二次供水、小型集中式供水及分散式供水，进行卫生管理情况检查。

（六）教室环境卫生

以学校教室为单位，检查教室人均面积、课桌椅、黑板、教室采光、教室照明、微小气候、噪声等项目符合要求情况。

（七）生活环境卫生

以学校内厕所、学生宿舍为单位，检查其符合要求情况。

（八）公共场所卫生

以学校内公共浴池、游泳场所、体育馆和图书馆为单位，检查其符合要求情况。

三、管理（监督）结果的综合判定

《学校卫生综合评价》（附录2）中的表A.1管理（监督）部分规定各项目指标的内容及分值，总分值为100分，分为八部分，其中突发公共卫生事件10分、传染病预防控制15分、常见病与多发病10分、学校食品安全20分、生活饮用水卫生10分、教室环境卫生15分、生活环境卫生9分、公共场所卫生11分，各项目具体记分及标化得分须按照表A.1规定执行，并应遵循以下原则：

1．在管理（监督）项目评价中，评价指标有 ※ 为重要指标，若该指标不合格，本项目不得分；※※ 为关键指标，若该指标不合格，直接评价该校为学校卫生不合格。

2．教室环境卫生管理（监督）项目中各指标得分应为抽样检查教室数的平均分，普通高等院校不参加此项评价。

3．有合理缺项时，总分中减掉该项目分值后，为应得分，即：管理（监督）应得分＝100－合理缺项项目总分，如缺少学生宿舍，总分值中应减掉学生宿舍的单项分值。

4．管理（监督）项目评价综合判定　标化后得分＝（各项实际得分的总合／应得分）×100。

第三节　学校卫生监测综合评价

学校卫生监测结果是实施学校卫生监督工作的重要依据，是学校卫生综合评价工作的重要组成部分。因此，保证监测数据的准确、科学、合理、可比性，是对实施学校卫生监测工作的首位要求。

一、监测评价的基本原则

为了保证学校卫生监测综合评价结果的科学、合理,监测评价工作必须符合以下原则:

1. 标准化原则(standardization principle)　监测、检测工作严格按国家标准操作,评价工作按国家最新卫生标准进行。如,目前学校卫生综合评价依据的是《学校卫生综合评价》(GB/T 18205—2012),《学校卫生综合评价》中照明检测的方法依据《照明测量方法》(GB/T 5700—2008),在进行照明检测的时候就要严格按照该标准进行。

2. 整体化原则(integrative principle)　学校卫生综合评价是针对学校整体卫生工作进行的评价,《学校卫生综合评价》中涉及的专业范畴包括学校卫生、环境卫生、传染病等多个领域,监测、检测工作由各级疾控中心、学校、卫生监督机构统一协调才能完成,因此在实施评价过程中要突出整体化原则。

3. 可持续发展原则(principles of sustainable development)　考虑到学校卫生和学生健康保护工作面临的新问题、热点问题,在完成基本检测项目的基础上,监测机构可以根据自己的监测、检测能力和需求扩大监测、检测的内容,以获得更全面的信息,为政府部门的决策提供依据。

二、监测评价的工作要求

为了保证监测检测数据的准确性,确保评价结果科学合理,现场检测前要做好充足的准备,现场监测中要加强质量管理,严格按照操作规范执行,检测工作完成后要及时总结。具体工作要求如下:

1. 抽样方法要具有代表性　比如教室环境卫生相关指标监测进行抽样过程中,要按学校教室的结构、层次、朝向、单侧采光、双侧采光的不同类型确定监测教室数,抽取有代表性的教室作为样本进行检测。

2. 检测人员要严格按照操作规范进行检测　检测人员应熟悉现场检测设备操作规程,接受过专用仪器的技能培训,并经考试合格后持证上岗。应至少有 2 个检测人员参与检测,并填写检测中的各项记录,记录由复核人进行核对。值得注意的是,采光、照明等项目的检测人员的姿势和着装会影响监测结果。比如,检测人员穿浅色衣服进行检测,会因为反光导致检测结果偏高,因此检测人员不能穿浅色衣服参加采光、照明的检测工作;再比如,检测人员如果站在检测点与光源之间,会遮挡光源,导致检测结果偏低,因此检测过程中检测人员需要选择合适的位置和姿势,避免对光源的遮挡。

3. 仪器设备的精度和测量范围应符合标准方法或相关检测规程的要求　对于目前常用的几种现场检测仪器,具体按以下要求进行:

(1) 照度计:根据《采光测量方法》(GB/T 5699—2008)和《照明测量方法》(GB/T 5700—2008)的要求,照度计应不低于一级,量程应满足 0.1～105lx,相对示值误差≤±4%。另外,照度计在计量认证中属于强检的设备,每年应进行检定,检测者要正确使用校准证书中给定的修正因子。修正因子的具体使用方法为:①校准证书中给定了线性方程,可将现场读取的检测结果直接代入该方程修正;②校准证书中只给定了标准值和所校准仪器的显示值,使用该仪器时,应建立该标准值和仪器显示值的回归方程,建立的回归方程相关系数至少在 0.99 以上,现场读取的检测结果即可直接代入该方程修正,该方程随着每年校准结果的不同应注意及时修正；③校准证书中给定的不同范围修正值，应根据实际应用情况建立方程或应用插入法等方法使用。

（2）二氧化碳分析仪：根据《一氧化碳、二氧化碳红外气体分析器》（JJG 635—2011）（JJG 635—2011）进行检定，二氧化碳分析仪应不低于二级。

（3）温度计：依据《中小学校教室采暖温度标准》（GB/T 17225—1998），教室温度测量的仪器为干湿球温度计，该仪器温度测定的准确度为 ±0.5℃，温度计检定时应在 10～40℃之间至少校准 3～4 度。

（4）声级计：声级计应选用测量仪器精度为 2 型及 2 型以上的积分平均声级计、环境噪声自动监测仪器或普通声级计，其性能需符合《电声学　声级计　第 1 部分：规范》（GB-T 3785.1—2010）和《积分平均声级计》（GB/T 17181—1997）的规定，并定期校验。依据《声环境质量标准》（GB 3096—2008）要求，测量前后使用声校准器校准测量仪器的示值偏差不得大于 0.5dB，否则测量无效。

（5）测量尺：学生身高及课桌椅型号测量尺、钢卷（直）尺、激光测距仪每年均应进行校验。

三、综合评价的监测内容与方法

学校卫生监测综合评价内容主要包括学校食品安全、生活饮用水卫生、教学环境卫生、生活环境卫生等方面。

1. 学校食品安全监测　采用的是餐（饮）具消毒监测指标。按照《食（饮）具消毒卫生标准》（GB 14934—1994），监测餐（饮）具消毒的感官指标、理化指标、细菌指标。

对学校食堂的食（饮）具消毒监测评价宜遵循两条原则：①以每个食堂为单位进行抽检餐（饮）具，进行评价；②监测方法执行《食品卫生微生物学检验》（GB 4789）的所有内容。

2. 生活饮用水卫生监测　根据《生活饮用水卫生标准》（GB 5749—2006）的规定，对细菌总数、总大肠菌群、消毒剂余量、色度、浑浊度、臭和味、肉眼可见物、pH 进行检测。各地还可根据当地水源水质的实际情况，增加相应的监测项目。

对于学校内生活饮用水卫生监测方法：在学校内选取 1 个以上的取水点，依据《生活饮用水标准检验方法》（GB/T 5750）中规定的方法进行检测。

3. 学校教室环境卫生监测　学校教室环境卫生监测主要内容包括教室人均面积、课桌椅、黑板、教室采光、教室照明、教室微小气候和噪声等核心指标。

凡是对学校教室环境的评价项目，均应根据学校教室设置状况进行抽样。按照学校教室的结构、层次、朝向、单侧采光、双侧采光的不同类型确定监测教室数，抽取有代表性的教室作为样本进行检测。一般抽取教室数不少于 6 间。

教学环境相关指标的监测和评价均应依据相应的国家标准规定的检测方法进行。具体监测与评价依据如下：

（1）教室人均面积指标依据《学校卫生综合评价》（GB/T 18205—2012）中规定的方法进行检测，依据《中小学校设计规范》（GB 50099—2011）中规定的标准进行评价。

（2）课桌椅指标依据《学校课桌椅功能尺寸及技术要求》（GB/T 3976—2014）的规定，测量课桌高度、课椅高度，判定课桌椅分配符合率情况。

（3）黑板指标主要是黑板反射比：按照《学校卫生综合评价》（GB/T 18205—2012）中规

定的方法进行黑板反射比的检测,按照《书写板安全卫生要求》(GB 28231—2011)、《中小学校教室采光和照明卫生标准》(GB 7793—2010)和《中小学校设计规范》(GB 50099—2011)规定的标准评价黑板反射比。

(4) 教室采光指标主要包括采光系数、后墙壁反射比、窗地面积比:根据《采光测量方法》(GB/T 5699—2008)和《学校卫生综合评价》(GB/T 18205—2012)规定的测量方法监测教室采光系数、后墙壁反射比、窗地面积比,并依据《中小学校教室采光和照明卫生标准》(GB 7793—2010)和《中小学校设计规范》(GB 50099—2011)进行评价。

(5) 教室照明指标主要有照明状态下的课桌面平均照度、黑板面平均照度、灯桌距:根据《照明测量方法》(GB/T 5700—2008)规定的方法测量并计算课桌面平均照度和黑板面平均照度,依据《中小学校教室采光和照明卫生标准》(GB 7793—2010)对教室照明状态下课桌面平均照度、黑板面平均照度、灯桌距进行评价。

(6) 教室微小气候指标主要包括室内二氧化碳浓度和室内温度:室内二氧化碳浓度的监测方法要按照《公共场所卫生检验方法　第 1 部分:物理因素》(GB/T 18204.1—2013)中规定的二氧化碳浓度的测量方法进行;室内温度按照《中小学校教室采暖温度标准》(GB/T 17225—1998)规定的方法进行检测。室内二氧化碳浓度和室内温度的测定时间应为每年的冬季,一般在当年 11 月至下一年 1 月,监测当天 10 时和 14 时各测一次,取平均值作为代表值。监测后依据《中小学校教室换气卫生标准》(GB/T 17226—1998)、《中小学校教室采暖温度标准》(GB/T 17225—1998)和《学校卫生综合评价》(GB/T 18205—2012)规定的标准进行评价。

(7) 噪声指标根据《公共场所卫生检验方法 第 1 部分:物理因素》(GB/T 18204.1—2013)中规定的噪声测量方法进行布点检测,依据《图书馆、博物馆、美术馆、展览馆卫生标准》(GB 9669—1996)中规定的图书馆噪声的标准进行评价:为了减少室内人员活动造成的干扰,可以选择没人的教室进行监测。

4. 生活环境卫生监测　学校生活环境卫生监测主要包括对学校厕所、学生宿舍、校内公共场所的卫生监测。

(1) 学校厕所:学校厕所的卫生学监测指标主要是对学生厕所的蹲位数和男生厕所的小便槽数(长度)进行评价。

要查看学校男、女厕所的蹲位数,按全校男、女学生人数分别计算男、女厕所平均每一个蹲位所容纳的学生人数。测量男生厕所小便槽长度或计算小便器的数量,按全校男学生人数计算平均每米小便槽或每个小便器容纳的学生人数。凡是设有多个厕所的学校,蹲位数按全校所有学生厕所蹲位数总和计算。厕所蹲位数的评价依据的是《中小学校设计规范》(GB 50099—2011)和《学校卫生综合评价》(GB/T 18205—2012)。

在进行厕所环境卫生状况评价时,无论室内、室外厕所,都以每一个厕所为单位进行评价。

(2) 学生宿舍:学生宿舍的卫生学监测指标主要包括宿舍人均面积和盥洗室门与居室门的距离等。

学生宿舍的监测与评价是以每栋学生宿舍为单位进行的。根据宿舍的不同面积、层次、朝向等,抽取不同类型的寝室作为监测样本,每栋宿舍楼抽取的寝室数不少于 3 间。计算出每间寝室的人均使用面积和每间寝室的门与盥洗室门之间的距离,根据《学校卫生综合评价》标准评价宿舍卫生状况。相关部门还可以根据需要对宿舍温度、照度、噪声、空气质量等指标进行监测与评价。

（3）校内公共场所：公共浴池、游泳场所、体育馆、图书馆等是学校内常见的公共场所。各场所的卫生监测与评价应依据公共场所的有关标准和规范进行。

根据《学校卫生综合评价》规定，学校内公共场所主要监测与评价方法和指标包括：

1）公共浴室：以校内每个公共浴池为单位进行评价，监测池水浊度、浴室温度、照度和二氧化碳浓度等指标。

2）游泳池：以每个游泳馆、池为单位进行评价，监测池水的细菌总数、大肠菌群、浑浊度、余氯等指标和室内空气中的细菌数、二氧化碳浓度等指标．

3）体育馆：以每个体育馆为单位进行评价，监测室内温度、空气细菌数、可吸入颗粒物、二氧化碳浓度等指标。

4）图书馆：以每个校内图书馆为单位进行评价，监测图书馆的室内温度、照度、噪声、空气细菌数、二氧化碳浓度等指标。

学校公共场所的卫生学监测与评价指标可以根据学校的具体情况和需要，进行相应的增加。

四、监测结果的综合判定

（一）评价项目及分值

《学校卫生综合评价》中（附录 2）的表 A.2 规定了监测部分各项目指标的内容和分值，总分为 100 分，分为五部分，其中学校食品安全监测（食饮具消毒）10 分、生活饮用水监测 10 分、教室环境卫生监测 60 分、生活环境卫生监测 8 分、公共场所卫生监测 12 分。各项目具体评分方法有所不同。

1. 学校食品安全监测（食饮具消毒）　本部分包括感官指标、理化指标、细菌指标（8 分）和监测频率（2 分）。其中，感官指标、理化指标、细菌指标检测中有一项指标不合格，该项不得分，即 8 分全扣；监测频率未达到每月 1 次，该项不得分，即 2 分全扣。

2. 生活饮用水监测　本部分包括监测指标（8 分）和监测频率（2 分）。其中，监测指标包括细菌总数、总大肠菌群、消毒剂余量、色度、浑浊度、臭和味、肉眼可见物、pH 8 项常规监测指标和当地根据水源水质实际情况增加的其他项目指标，这些指标的检测结果有一项不合格，该项不得分，即扣 8 分；监测频率未达到当地规定的频率，该项不得分，即 2 分全扣。

3. 教室环境卫生　教室环境卫生评价包括人均面积（10 分）、课桌椅分配符合率（10 分）、黑板（10 分）、教室采光（10 分）、教室照明（10 分）、微小气候（4 分）、噪声（4 分）7 项监测指标项和 1 项监测频率项（2 分）。

具体计分方法为：

（1）7 项监测指标项的得分都是在对 6 间教室分别打分后取平均值而得：现以人均面积得分的计算为例进行说明。人均面积的计分方法分为 3 步：第一步，按标准要求对抽取的 6 间教室进行监测，获得每间教室的人均面积值；第二步，以每间教室人均面积总分 10 分为满分，对照表 A.2 中的评分标准为每间教室打分；第三步，将 6 间教室的人均面积得分取平均值，即得出该学校教室人均面积的实得分。

其他 6 项监测指标项内的计分方法与人均面积计分方法相同。另外，由于课桌椅分配符合率、黑板、教室采光、教室照明、微小气候、噪声等监测指标项都是由几个分指标组成，因此应按照上述三步计分方法先计算各分指标的分值,再将各分指标得分相加,获得该监测指标项的得分。例如:黑板监测指标项是由尺寸(5分)、下缘与讲台地面的垂直距离(3分)、反射比(2分)3个分指标组成,就要先参照人均面积的三步计分方法分别计算出该学校黑板尺寸、下缘与讲台地面的垂直距离、反射比3个分指标的得分,再将3个分指标的得分相加,即为黑板监测指标项的实得分。

(2)监测频率项的评分标准为:监测频率未达到每2年1次,该项不得分,即2分全扣。

(3)教室环境卫生监测总得分计算:将人均面积、课桌椅分配符合率、黑板、教室采光、教室照明、微小气候、噪声和监测频率8项得分相加即为教室环境卫生监测部分的实得分。

4. 生活环境卫生　生活环境评价包括厕所(4分)和学生宿舍(4分)两项指标。

(1)厕所项的计分:将学校所有的学生专用厕所汇总,按全校男女学生数计算男生厕所人均蹲位数、人均小便槽长度或人均小便斗数、女生厕所人均蹲位数,小学还要测量厕所蹲位的宽度,根据表A.2中厕所的相关评分标准进行评价打分,达到标准的指标得分,不达到标准的该指标不得分,再将各指标分相加,得出厕所项的总得分。

(2)学生宿舍的计分:学生宿舍的计分方法与教室环境卫生监测部分的计分方法相同。因为监测学生宿舍数为3间,因此按照三步计分方法,先计算出每间宿舍的得分后取平均值,即为该项的得分。

5. 公共场所卫生　公共场所卫生评价包括公共浴室(4分)、游泳馆(4分)、体育馆(2分)、图书馆(2分)4项监测指标项。

各监测指标项的计分方法与学校食品安全监测(食饮具消毒)部分和生活饮用水监测部分计分方法相同,监测指标部分有一项指标不合格,该项即不得分;监测频率未达到监测频率要求的,该监测频率即不得分。

将公共浴室、游泳馆、体育馆、图书馆4项监测指标项得分相加即为公共场所卫生监测总得分。

(二)监测部分评分步骤及遵循原则

1. 计算合理缺项分　进行监测部分综合评分时应考虑合理缺项,有些学校没有图书馆,图书馆相应的得分应纳入合理缺项分。将所有合理缺项分汇总计算出该校的合理缺项项目总分。普通高等学校不参加教室环境卫生监测评价。

2. 计算监测应得分　监测应得分 =100 - 合理缺项项目总分。

3. 计算监测实得分　监测实得分 = 各监测项的得分之和。

4. 计算出标化后得分　标化后得分 =(监测实得分 / 监测应得分)×100。

第四节　学校卫生综合评价结果的判定

对学校卫生管理(监督)及监测分别实施评价后,根据管理(监督)及监测评价的结果,进行学校卫生的综合评价,首先需计算出综合评价得分,并根据综合评价得分,最后进行综合评价判定(风险等级)确定。

一、综合评价得分

学校卫生管理(监督)评价得分与监测评价得分的总和为综合评价实际得分。

二、综合评价判定

1．综合评价判定＝100×（管理实得分＋监测实得分)/(管理应得分＋监测应得分)。

2．综合评价得分与级别的对应　凡综合评价实际得分达到管理（监督）与监测标准总分的：

(1) 85%及以上者为学校卫生优秀学校,定为 A 级。

(2) 60%～85%为学校卫生合格学校(不含 85%),定为 B 级。

(3) 60%以下者(不含 60%),为学校卫生不合格学校,定为 C 级。

案例 15-2　××市卫生计生委根据国家卫生计生委要求,下发文件布置××市卫生监督所、疾病预防控制中心应用《学校卫生综合评价》标准,对本地区的部分中小学的学校卫生实施综合评价。××市卫生监督所的两名学校卫生监督员根据实施方案的规定,结合《学校卫生综合评价》(GB/T 18205—2012)(附录 2)中表 A.1《学校卫生管理（监督）评价记分表》和表 A.2《学校卫生监测评价记分表》,并与××市疾病预防控制中心技术人员协商后,对辖区内 20 所寄宿制、非寄宿制学校进行综合评价,每所学校学生都在 600～1100 名之间。

问题：

1．简述对寄宿制学校实施综合评价的评价项目以及非寄宿制学校评价项目中的合理缺项。

2．在本次评价中,××市疾病预防控制中心对学校实施监测评价,简述对寄宿制学校评价项目中需要监测哪些指标？

3．这些学校应设置多少名卫生专业技术人员？

4．叙述综合评价得分和判定原则？

2012 年国家卫生计生委（原卫生部）和国家标准化管理委员会联合发布和实施的国家标准《学校卫生综合评价》(GB/T 18205—2012),对学校卫生工作模式的转变奠定了良好的理论基础,也将对学校卫生工作全面、协调、可持续发展起到推动作用。《学校卫生综合评价》确定了学校卫生综合评价的内容、方法、结果判定以及在学校卫生监督工作中的应用。《学校卫生综合评价》体系设定了三个子体系,一是学校卫生管理（监督）指标体系;二是学校卫生监测指标体系;三是综合判定体系。《学校卫生综合评价》是依据我国现行有效的有关儿童青少年身体健康、学校卫生的法律、法规、规章、标准和规范性文件实施的。《学校卫生综合评价》明确了可实施综合评价的学校分类,并根据学校卫生评价的项目、指标要求,规定了学校卫生哪些内容适于综合评价。实施学校卫生综合评价是国家学校卫生监督工作的要求,对于学校卫生监督、监测、管理的内容,卫生计生行政部门、教育行政部门、学校等相关单位都可以按照学校卫生综合评价体系对学校卫生工作实施评价,得出评价结果,用以评估学校卫生的风险等级和信誉度。

（潘德鸿　段佳丽）

【学习思考】

1．对学校实施卫生综合评价的意义？

2．学校卫生综合评价的适用范围？

3．学校卫生综合评价的项目有哪些？

4．学校卫生监测评价的基本原则与工作要求是什么？

第十六章 学校卫生监督信息管理

Information Management of School Health Supervision

学校卫生监督信息管理（information management of school health supervision）是学校卫生监督的一个重要组成部分，是学校卫生监督工作记录与信息保存的一项长期的、系统的工程，也是信息交换与信息查阅、审核的原始依据。学校卫生监督信息管理主要包括学校卫生监督信息报告和学校卫生监督数据交换与管理。

第一节 学校卫生监督信息报告

卫生监督信息报告（information report of health supervision）是卫生监督工作的重要内容，是全面掌握卫生监督工作情况的有效手段。其基本任务是依据《中华人民共和国统计法》和国家有关卫生法律、法规、政策的规定和要求，收集、汇总与卫生监督工作密切相关的数据，进行统计分析，发布情况通报，为卫生监督工作提供科学依据。学校卫生监督信息报告是整个卫生监督信息系统的一个重要组成部分，它并不是一个独立的系统，而仅仅是卫生监督信息报告系统中的一个子系统。因此，我们要了解和掌握学校卫生监督信息报告系统，首先必须全面了解和掌握卫生监督信息报告系统的整体情况。

一、卫生监督信息报告

（一）卫生监督信息报告系统介绍

卫生监督信息报告系统（information report system of health supervision）是国家级卫生监督信息系统的核心系统，通过网络实现卫生监督信息报告工作的信息化管理，在全国范围内全面收集卫生部规定的卫生监督信息，建立全国的卫生监督信息数据库。

卫生监督信息报告系统采用卫生监督信息卡的报告形式，利用先进的计算机网络手段，应用卫生监督信息报告系统和其他相应的业务应用系统，建立高效的卫生监督信息体系，能够真实、准确、及时地收集汇总卫生监督工作信息，建立、健全和完善各级卫生行政部门的卫生监督信息数据库，促进卫生监督工作的科学化、规范化，提高卫生监督工作效率和水平。

我国的卫生监督信息报告工作是随着公共卫生立法的发展逐步完善起来的。在 20 世纪 90 年代以前，卫生监督信息报告制度不够完善和正规，主要通过专题调查和监测等途径获得有关信息，先后在劳动卫生、食品卫生、环境卫生和学校卫生等领域开展了信息报告工作。从 1989 年起，卫生部对卫生监督信息报告工作进行了规范，开始实行卫生监督监测报告制度。各级卫生行政部门每年将卫生监督各专业领域的行政许可、行政处罚、监督检查、监测检验、预防性体检、中毒污染事故、职业病及食源性疾病等监督信息，以汇总表的形式逐级上报，卫生部于每年四月初发布全国卫生监督工作情况通报，向社会公布上一年度的卫生监督监测情况。

卫生监督信息报告制度自正式实施以来，先后于 1990 年、1996 年、2002 年、2007 年和 2010 年进行了五次重大的调整。

2010 年 1 月，新修订的卫生监督信息卡经国家统计局批准正式启用。同时，卫生部发布的《卫生监督信息报告管理规定》(卫监督发〔2007〕240 号)，明确了各级卫生监督机构的职责，从报告制度、资料利用和保存、安全管理、考核评估和保障措施等方面作出了具体的规定。

（二）卫生监督信息报告的目的和意义

卫生监督信息报告的根本目的是为卫生监督管理和执法工作的科学决策提供依据，不断提高卫生监督工作水平。

概括地说，做好卫生监督信息报告工作，其意义主要表现在：

1. 全面真实地反映卫生监督工作　卫生监督信息报告可收集和汇总卫生监督工作的重要信息、数据，直观、真实、科学地反映出各级卫生监督工作的成效。

2. 为卫生行政部门科学合理制订卫生监督工作计划和规划提供依据　卫生监督计划和规划的制订，首先要确定卫生监督有关领域中的主要问题，分析造成这些问题的主要原因，提出可供选择的解决问题的方法，确定优先领域、具体目标和实现目标所采取的策略与措施。在计划制订过程中，卫生监督信息是重要的参考依据。

3. 为政府制定公共卫生政策提供科学依据　卫生监督计划、实施和评价等管理过程的各个环节，都会遇到诸多决策问题，大到改变整个卫生监督工作策略，小到某个具体领域工作的妥善安排。决策需有依据，要减少决策的盲目性，提高科学决策水平，卫生监督信息是不可缺少的重要保证。

4. 为评价考核卫生监督工作提供重要依据　历年实施计划和规划后的报告数据，如监督户数、处罚户数、处罚情况等，都可作为评价阶段性卫生监督工作效果的客观指标和重要依据，其数据的变化趋势更是反映了一个地区卫生监督工作的数量、质量和效率。

5. 为向社会通报卫生监督情况提供信息　卫生行政部门按照相关规定，适时向社会和有关部门通报、反馈卫生监督统计分析信息，可以起到推动卫生监督工作、深化政务公开、保障社会和谐健康发展的作用。

（三）卫生监督信息报告的内容和作用

卫生监督信息报告主要依据卫生监督信息卡(information card of health supervision)的填报，19 张卫生监督信息卡基本涵盖了卫生监督的内容，详述如下：

1. 卫生监督信息卡的分类和组成　经国家统计局批准使用的 19 张卫生监督信息卡，涵盖了目前卫生监督机构职责范围内的 8 个专业，包括公共场所卫生、生活饮用水卫生、消毒产品和传染病防治、学校卫生、职业卫生、放射卫生、医疗卫生、采供血卫生等。这 19 张卫生监督信息卡共分 5 大类，其中，涉及建设项目信息的 1 张；涉及经常性卫生监督信息的 1 张；涉及卫生监督监测信息的 1 张；涉及被监督单位信息的 7 张；涉及案件查处信息的 9 张。

19 张卫生监督信息卡具体如下：

（1）建设项目卫生审查信息卡。

（2）经常性卫生监督信息卡。

（3）卫生监督监测信息卡。

（4）公共场所卫生被监督单位信息卡。

（5）公共场所卫生监督案件查处信息卡。

（6）生活饮用水卫生被监督单位信息卡。

（7）生活饮用水卫生监督案件查处信息卡。

（8）消毒产品被监督单位信息卡。

（9）学校卫生被监督单位信息卡。

（10）学校卫生监督案件查处信息卡。

（11）职业卫生被监督单位信息卡。

（12）职业卫生技术机构被监督单位信息卡。

（13）职业卫生监督案件查处信息卡。

（14）放射卫生被监督单位信息卡。

（15）放射卫生监督案件查处信息卡。

（16）传染病防治监督案件查处信息卡。

（17）医疗卫生监督案件查处信息卡。

（18）无证行医案件查处信息卡。

（19）采供血卫生监督案件查处信息卡。

需要说明，涉及医疗卫生、采供血卫生等被监督单位的信息，传染病、职业病的信息以及突发公共卫生事件的信息，由原卫生部相关部门通过相应信息系统收集，故在卫生监督信息卡中未纳入。

2. 卫生监督信息卡的结构和主体内容   每张卫生监督信息卡均由首部、正文、尾部等三个部分构成。

（1）首部（prelude）：用于记录填报对象的概况，由被监督（被查处、申请）单位名称、注册地址、地址（即生产经营的实际地址）、行政区划代码、组织机构代码、经济类型代码等6个项目组成。其中，设置"注册地址"和"地址"项的目的在于当统计同一生产经营类别的单位数时，能有效识别经注册的某一单位在不同地址的生产经营情况，避免重复统计单位数。"组织机构代码"项用于表明某一单位的身份证明，类似于个人的身份证件号。

（2）正文（text）：用于记录填报对象的相关具体信息，其中建设项目卫生审查信息卡中由建设项目的基本情况、专业类别、项目性质、监督内容等项目组成；经常性卫生监督信息卡中由被监督单位的基本情况、监督日期等项目组成；卫生监督监测信息卡由被采样单位的基本信息、监测样品数和合格样品数等项目组成；被监督单位信息卡中由被监督单位基本情况、单位类别、生产经营状况、卫生许可情况等项目组成；案件查处信息卡中由被查处单位基本情况、单位类别、案件查处情况、其他处理情况等项目组成。

（3）尾部（end part）：用于记录填报单位的基本信息，由报告单位、报告单位负责人、报告人、报告日期等项目组成。

3. 卫生监督信息卡的作用   卫生监督信息卡的使用，将发挥以下四方面的作用：

（1）有利于各级卫生监督机构建立完善统一系统平台、统一信息标准、统一数据结构、统一业务流程的卫生监督信息数据库,实现卫生监督信息数据的科学利用和智能化、网络化动态管理。

（2）利于及时、全面地掌握本地区在建设项目卫生审查、卫生行政许可及管理相对人信息、经常性卫生监督和监测、案件查处等卫生监督主要业务领域的实施和进展情况。

（3）利于通过卫生监督案件查处信息卡反映的信息,掌握相关生产经营单位的不良记录,建立违反卫生法律法规的生产经营单位"黑名单",为卫生监督管理过程中合理分配监督资源和审查严重违法单位的准入资格提供信息支持。

（4）利于促进各级卫生行政部门和卫生监督机构进一步规范卫生监督业务工作,强化机构内部的卫生监督业务管理,提高卫生监督信息报告的工作质量和效率。

（四）卫生监督信息卡的使用

卫生监督信息卡的使用必须了解与掌握信息卡的填报方法、填报流程和填报规则,才能正确填报信息卡。

1. 卫生监督信息卡的填报方法　卫生监督信息报告的基础性工作,是指通过使用信息系统软件填报卫生监督信息卡所载明的项目,完成卫生监督管理过程中有关业务信息的采集和相关数据资料的保存。卫生监督信息的报告可通过全国统一使用的卫生监督信息报告系统直接填报,亦可通过卫生监督日常业务系统自动报告两种方法。

（1）卫生监督信息报告系统填报:填报方式可手工填写纸质卫生监督信息卡后由监督员本人或指定专人录入系统,亦可通过卫生监督信息报告系统直接填报。手工填写纸质卫生监督信息卡,由卫生监督员在实施卫生监督业务过程中填写相应的信息卡,应使用黑色或蓝色的钢笔或签字笔填写,要求内容真实、完整、准确,字迹清楚,无错项、漏项和逻辑错误。

（2）卫生监督日常业务系统自动报告:通过使用原卫生部组织开发的全国普遍通用的卫生监督日常业务应用系统,或者使用各地自建业务应用系统,自动生成卫生监督信息报告数据。各地自建的业务应用系统应符合国家卫生监督信息标准规范,覆盖卫生监督信息卡相关信息、能够与卫生监督信息报告系统实现信息交换功能。使用符合国家卫生监督信息相关标准的卫生监督日常业务系统,信息报告数据内容由业务应用系统自动生成、自动上报。

随着卫生监督信息化建设的发展,当各地卫生行政许可系统、卫生监督现场检查与行政处罚系统等业务应用系统的不断推进,使用卫生监督业务应用系统自动报告将逐步取代卫生监督信息报告系统填报。

2. 卫生监督信息卡的填报流程　卫生监督员在日常的卫生监督执法等业务工作过程中,采集相关的卫生监督信息,必要时填写相应的卫生监督信息卡,通过国家卫生监督信息报告系统进行信息的录入、审核、报告,系统自动化生成相应的汇总表。可通过系统进行数据的查询、统计和分析。

（1）采集信息:卫生监督员在实施卫生行政许可、经常性卫生监督和监测、案件查处、建设项目卫生审查等业务工作过程中,手工采集或通过相应的业务应用系统自动采集相关的卫生监督信息。

（2）录入信息:一般有两种情形,一种情形是通过卫生监督信息报告系统采集信息,由报告人将手工采集的信息录入卫生监督信息报告系统,或直接通过卫生监督信息报告系统直接填报录入;另一种情形是针对业务应用系统采集到的信息,由业务系统自动生成报告数据并传输至卫生监督信息报告系统的数据库。一次不能采集到全部信息时,应及时录入先采集到的信息,待采集全信息后再补充录入。对已存在的历史数据,应核实新情况进行补充录入或修正录入。

(3)审核信息:由审核人员对录入卫生监督信息报告系统的信息进行审核确认,审核确认后的信息即为有效的上报信息。经审核发现信息不全或有误的,应退回至信息录入人员,在核对信息来源后重新填报。值得注意的是,由业务应用系统采集到的信息因为已在系统内审核通过,故不再进行审核,直接生效。

(4)查重、查漏和查错:由专职报告管理人员对已经生效的信息进行查重、查漏和查错。对出现信息重项、错项、漏项的情况,在系统中撤销信息的有效性,退回至信息录入人员,核实校正后重新填报。

(5)生成汇总表:经审核确认并上报的信息,信息报告系统定期自动生成相关汇总表。

(6)查询信息:信息查询实行权限管理,业务人员可查询授权范围内的相关信息。

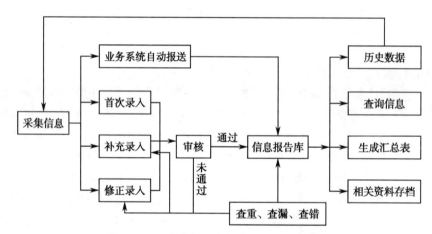

图 16-1　卫生监督信息报告业务工作流程图

3. 卫生监督信息卡的填报规则　卫生监督机构为卫生监督信息的责任报告单位,依据职能分工和管辖范围,承担相应卫生监督信息报告任务。在完成卫生监督信息的采集之后,要按照"谁监督、谁填报"的数据归口原则进行卫生监督信息的报告。具体的填报规则如下:

(1)被监督单位信息卡:在许可或首次监督后 5 个工作日内填报;在监督过程中发现被监督单位信息发生变动后 5 个工作日内进行补充或修正填报。

(2)经常性卫生监督信息卡:在对被监督单位进行监督后 5 个工作日内填报。

(3)卫生监督监测信息卡:在获得卫生监督监测结果信息后 5 个工作日内填报。

(4)案件查处信息卡:一般程序案件实行"一案一卡两次报告"制度;第一次应在行政处罚决定书送达生效之日起 5 个工作日内填报;第二次应在结案后 5 个工作日内对原信息卡就结案情况进行补充报告(跨年度结案的案件也应填报)。简易程序案件、立案后不作行政处罚和仅实施行政强制及其他措施的案件,应在结案后 5 个工作日内一次报告。另外,发生行政复议、行政诉讼的案件,应在收到复议决定书或诉讼判决书之日起 5 个工作日内对信息卡相应内容进行补充、修正。

(5)建设项目卫生审查信息卡:应在建设项目(包括跨年度的建设项目)每完成一个阶

段的预防性卫生监督后填报；在完成下一阶段的预防性卫生监督后 5 个工作日内，对信息卡相应内容进行补充或修正填报。一个建设项目同时涉及职业卫生、放射卫生等多个专业内容时，应分别进行填报。

（6）审核情况：对录入报告系统的信息应在 5 个工作日内完成审核。对信息报告系统内已经审核通过和业务系统自动生成的信息，至少每周进行一次查重、查漏和查错，并将相应的卫生监督信息报上一级机构。

（五）卫生监督信息卡的填报质控管理和资料保存

卫生监督机构是卫生监督信息的责任报告单位，承担相应的卫生监督信息报告任务、日常维护和安全管理。同时，卫生监督机构应确定专职报告管理员，负责卫生监督信息的管理工作。卫生监督人员作为卫生监督信息的报告人、审核人，负责相关卫生监督信息的收集、录入、审核工作。在收集、录入、审核、上报卫生监督信息的整个过程中，相关人员应当结合卫生监督工作的实际情况，及时、准确无误地完成卫生监督信息的填报工作，并确保信息数据的可溯源性。与此同时，卫生行政部门和卫生监督机构应当将卫生监督信息卡的填报质量纳入稽查和考核的范畴，加强卫生监督信息报告培训工作，提高卫生监督信息报告管理水平。并建立相应的工作考核制度，定期对卫生监督信息报告工作进行考核评估，采取措施不断提高卫生监督信息卡的填报质量。

各类涉及卫生监督信息报告的原始资料，责任报告单位、专职报告管理员和报告人应按国家有关规定纳入档案管理，定期、完整地进行收集、整理、归档，保存期限为 3 年。需保存的资料包括：

（1）手工填写纸质卫生监督信息卡的，其卫生监督信息卡及相关的原始资料应当保存。

（2）监督信息来自相关业务文书的，所使用到的相关业务文书资料应当保存。

（3）监督信息由业务应用系统自动报送至信息报告系统的，录入业务应用系统的原始资料应当保存。

（4）录（导）入信息报告系统的电子数据信息应当备份保存。

二、学校卫生监督信息卡及汇总表

学校卫生监督信息卡及汇总表是专门针对学校卫生监督而设计的信息填报表格，也是整个卫生监督信息系统的重要组成部分。

（一）学校卫生监督信息卡及填报说明

学校卫生监督信息报告的形式是个案报告，其核心是卫生监督信息卡。真实、准确、完整、及时、规范地填报信息卡，是确保国家卫生监督信息报告系统正常运行和卫生监督信息报告工作质量的关键。学校卫生监督信息卡分"共性项目"和"个性项目"两个部分，填报前，学校卫生监督员必须熟悉学校卫生监督信息卡的每一个项目的含义和解释，才能做到理解一致、填写一致、报告一致。

常用的学校卫生监督信息卡主要是"学校卫生被监督单位信息卡和学校卫生监督案件查处信息卡"两种。与其他卫生监督信息卡一样，学校卫生监督信息卡的首部、正文和尾部中，有"单位名称""法定代表人（负责人）""报告单位"等共性项目。学校卫生监督监测信息卡中的首部、正文和尾部与相对应的被监督单位信息卡基本保持一致。对这些共性项目的说明如下：

1. 首部

（1）单位名称：被监督单位信息卡中实行卫生许可管理的单位填报卫生许可证上载明的单位全称，学校卫生被监督单位填报有效证照载明的单位全称；案件查处信息卡中填报立案报告、卫生行政处罚决定书等相关卫生行政执法文书所认定的被查处单位（个人）。

（2）注册地址：指填报对象的营业执照或其他有效证照登记注册的地址，一般指填报对象的主要办事机构所在地。未登记注册的不填。

（3）地址：被监督单位信息卡中填报被监督单位（个人）生产经营的实际地址，需经卫生许可的一般指卫生许可证上载明的地址；案件查处信息卡中填报立案报告、卫生行政处罚决定书等相关卫生行政执法文书所认定的违法行为发生地。

（4）行政区划代码：填报上述"地址"项所属的行政区划代码，用于统计不同行政区域内的卫生监督管理情况。各地区的行政区划代码参照《中华人民共和国行政区划代码》（GB/T 2260—2007）。新增行政区划时，其地区代码要注意与国家统计局公布的行政区划代码保持一致。

（5）组织机构代码：指填报对象的组织机构代码证上载明的代码。未取得组织机构代码证的不填。填报的相关知识可参照国家标准《全国组织机构代码编制规则》（GB 11714—1997）。

（6）经济类型代码：根据有效证照载明的经济类型，参照国家标准《经济类型分类与代码》（GB/T 12402—2000）进行填报。

2. 正文

（1）法定代表人（负责人）：法人单位填法定代表人姓名，其他单位（个人）填负责人或业主姓名。

（2）身份证件名称：填报用于表明上述法定代表人（负责人）身份的证件名称，包括居民身份证、护照、港澳台居民通行证、回乡证等。"证件号码"填报用于表明上述法定代表人（负责人）身份证件的号码。

（3）职工总数：指填报对象与本信息卡报告内容相关的在职职工总人数，包括新参加工作及临时参加工作的人员，在填报该项目时应注意与从业人员数加以区别。

（4）生产经营状况：本栏目用于区分被监督单位是否继续纳入经常性卫生监督范围，便于对被监督单位信息卡进行管理维护。如，被监督单位已注销、原地址无此单位、生产经营场所改作他用等情形的填"关闭"；新办卫生行政许可以及需要纳入经常性卫生监督范围的被监督单位，不论其是否正常生产经营均填"营业"。

（5）卫生许可情况：按原卫生部《卫生行政许可管理办法》（2004 年原卫生部第 38 号令）等规定填报。其中的"日期"填报新发、变更、延续或注销卫生许可的日期。"有效期截止"填报卫生行政许可有效期截止日期，《放射诊疗许可证》等如无有效期规定的，可不填。

（6）案件来源：参照原卫生部《卫生行政处罚程序》（1997 年原卫生部第 53 号令）规定进行分类。

（7）违法事实：填报查实认定的违法行为。"其他违法行为"一栏指本信息卡未列出的，又在现行有效的卫生法律法规中明令禁止的违法行为。

（8）处罚程序：按《中华人民共和国行政处罚法》和原卫生部《卫生行政处罚程序》（1997 年原卫生部第 53 号令）分两类，"听证"一栏只填报实际举行听证的案件。

（9）处罚过程：简易程序的案件，其"立案日期"一栏空缺；立案后不作行政处罚和仅实施行政强制及其他措施的案件，其"决定书送达日期"一栏空缺。

（10）行政处罚决定：填报卫生行政处罚决定书所载明的处罚决定内容，处罚决定的"其他"一栏指依据卫生法律法规等规定作出的其他处罚内容。

（11）处罚文号或编号：一般程序案件填报行政处罚决定书上载明的处罚文号；简易程序案件填报当场行政处罚决定书上载明的编号；不作行政处罚和仅实施行政强制及其他措施的案件，其"处罚文号或编号"一栏空缺。

（12）行政强制及其他措施：填报对被查处单位（个人）作出的责令改正等行政措施、取缔等行政强制措施。

（13）行政复议、行政诉讼：发生行政复议、行政诉讼的案件，在相应的复议、诉讼结果栏内打"√"。

（14）结案情况：参照《卫生行政处罚程序》（1997 年原卫生部第 53 号令）和《卫生行政执法文书规范》（2003 年原卫生部第 34 号令），填报案件的执行情况。其中，"实际履行罚款金额"一栏填报被查处人履行行政处罚决定的罚款金额数，注意与"行政处罚决定"中"罚款金额"一栏的区别和联系。

（15）其他处理情况：填报案件及案件所涉及的案件查处之外的处理情况。

3. 尾部

（1）报告单位：指填报信息卡的卫生监督机构全称。

（2）报告单位负责人：指填报信息卡的卫生监督机构法定代表人（负责人）姓名。

（3）报告人：指填写信息卡的卫生监督人员姓名。

（4）报告日期：指填报信息卡的时间。

（二）学校卫生监督被监督单位信息卡

学校卫生被监督单位主要是各类大、中、小学校，其信息卡的制定，主要依据学校卫生监督的内容和学校的实际情况而制定。

1. 制卡目的　为掌握各地学校的基本信息和卫生管理状况，根据《学校卫生工作条例》等法规、规章的有关规定，制定本卡。

2. 报告范围　小学及小学以上的学校。

3. 样卡　详见本书附录 3，学校卫生监督被监督单位信息卡。

4. 相关说明

（1）学生总数：指在上一年度的 9 月 1 日到本年度的 8 月 31 日之间，学校在册的学生人数。

（2）教职员工数：指学校在职在岗的各类聘任人员。

（3）学校类别：参照《学校卫生工作条例》《国民经济行业分类》（GB/T 4754—2011）等规定进行分类。

1）初等教育：指小学教育。

2）中等教育：包括初中教育、高中教育、中等专业教育、职业中学教育、技工学校教育、其他中等教育。

3）高等教育：包括国家承认学历的普通高等教育，以及脱产学习并参加国家文凭考试、自学考试的民办高等教育。

4）其他教育：指中、小学一体化办学等综合性学校。

（4）办学性质："其他"一栏主要指港、澳、台投资和国外投资的办学。

（5）校内辅助设施数：指校园内配套的有关设施，以及根据相关卫生法律法规的规定，校园内应纳入卫生监管范围的各行业单位数，包括有独立营业执照的单位。

（6）饮用水：指学校提供给学生的饮用水情况。同一学校供应多种类别的饮用水时，填报主要供应的饮用水类别。供应桶装饮用水的计入"分质供水"栏内，不供应饮用水或供应其他类型饮用水的计入"其他"栏内。

1）集中式供水：指根据《生活饮用水卫生监督管理办法》规定，由水源集中取水，经统一净化处理和消毒后，由输水管网送至用户的供水方式（包括公共供水和单位自建设施供水）。

2）二次供水：指根据《生活饮用水卫生监督管理办法》规定，将来自集中式供水的管道水另行加压、贮存，再送至水站或用户的供水设施。

3）分质供水：主要指利用过滤、吸附、氧化、消毒等装置对城市集中式供水或其他原水作进一步的深度（特殊）处理，通过独立封闭的循环管道输送，供给人们直接饮用的水。

4）分散式供水：指根据《生活饮用水卫生标准》（GB 5749—2006）等规定，直接从水源取水，无任何设施或仅有简易设施的供水方式。

（7）卫生室、保健室：根据《国家学校体育卫生条件试行基本标准》（教体艺〔2008〕5号），卫生室是指取得《医疗机构执业许可证》的学校卫生机构，保健室是指未取得《医疗机构执业许可证》的学校卫生机构。

（8）学生体检数：指学生总数中，在上一年度的9月1日到本年度的8月31日之间接受了健康检查的学生人数。学生体检数≤学生总数。

（9）学生常见病防治：指在上一年度的9月1日到本年度的8月31日之间，按照《学校卫生工作条例》等规定，开展近视眼、龋齿、营养不良、肥胖等学生常见疾病的预防和矫治工作情况。开展了4项及以上学生常见疾病防治工作的填"开展"一栏，开展了1～3项的填"部分开展"。

5. 注意事项

（1）本卡应在完成首次学校卫生监督后5个工作日内填报。

（2）同一学校有两个以上办学地点的，应填两份以上信息卡。

（3）对已建卡的学校，信息卡内容有变动的，必须进行修正或补充填报。

（三）学校卫生监督案件查处信息卡

学校卫生监督案件查处信息卡主要用于学校卫生监督过程中发现的违法、违规事件的登记与处理。

1. 制卡目的 为掌握各地依据《学校卫生工作条例》等法规、规章实施的卫生行政处罚、行政强制及其他措施案件的情况，制定本卡。

2. 报告范围 依据《学校卫生工作条例》等法规、规章实施的卫生行政处罚、行政强制及其他措施的案件，包括立案后不作行政处罚和仅实施行政强制及其他措施的案件。

3. 样卡 见本书附录4，学校卫生监督案件查处信息卡。

4. 相关说明

（1）学校类别：同《学校卫生监督被监督单位信息卡》。

（2）办学性质：同《学校卫生监督被监督单位信息卡》。

（3）违法事实：第（1）～（5）项的主要查处依据为《学校卫生工作条例》第三十三条；第（6）项的主要查处依据为《学校卫生工作条例》第三十四条；第（7）项的主要查处依据为《学校卫生工作条例》第三十五条；第（8）项的主要查处依据为《学校卫生工作条例》第三十六条。

5. 注意事项

（1）一般程序的案件应在送达处罚决定书和案件结案后分两次填报，简易程序的案件、立案后不作行政处罚和仅实施行政强制及其他措施的案件应在结案后一次填报。

（2）对发生行政复议、行政诉讼的案件，应在收到行政复议决定书或诉讼判决书后再次进行填报。

（3）对发生行政复议、行政诉讼的案件，"执行结果"一栏按最终有效行政行为进行填报。

（四）学校卫生监督信息汇总表

学校卫生监督被监督单位信息汇总表是学校卫生监督机构对辖区内所有被监督学校的信息汇总，便于了解与掌握所有被监督学校的整体情况。

1. 学校卫生被监督单位信息汇总表　根据《学校卫生监督被监督单位信息卡》汇总产生该表的相应数据（见本书附录5 学校卫生被监督单位信息汇总表），用于反映某地区小学及小学以上学校的基本信息及卫生管理相关情况。填报说明如下：

（1）学校类别：参照《学校卫生工作条例》《国民经济行业分类》（GB/T 4754—2011）等规定，将学校分为4类。①"初等教育"指小学教育；②"中等教育"包括初中教育、高中教育、中等专业教育、职业中学教育、技工学校教育、其他中等教育；③"高等教育"包括国家承认学历的普通高等教育，以及脱产学习并参加国家文凭考试、自学考试的民办高等教育；④"其他教育"指中、小学一体化办学等综合性学校。

（2）学校数：指在上一年度的9月1日到本年度的8月31日之间，辖区内的学校总数。同一学校有两个以上办学地点的，应分别填报。

（3）教职员工数：指学校在职在岗的各类聘任人员总数。

（4）学生数：指在上一年度的9月1日到本年度的8月31日之间，辖区内学校在册的学生总数。

（5）办学性质："其他"一栏主要指港、澳、台投资和国外投资的办学。

（6）校内辅助设施数：指校园内配套的有关设施，以及根据相关卫生法律法规的规定，校园内应纳入卫生监管范围的各行业单位数，包括有独立营业执照的单位。

（7）饮用水：指学校提供给学生的饮用水情况。同一学校供应多种类别的饮用水时，填报主要供应的饮用水类别。供应桶装饮用水的计入"分质供水"栏内，不供应饮用水或供应其他类型饮用水的计入"其他"栏内。

（8）学生体检数：指学生数中，在统计时限内接受了健康体检的学生人数。

（9）有学生健康档案、开设健康教育课、学生常见病防治、开展急慢性传染病和地方病防控、有突发公共卫生事件应急预案：指在上一年度的9月1日到本年度的8月31日之间有相应的学校数。

（10）学生常见病防治：指在上一年度的9月1日到本年度的8月31日之间，按照《学校卫生工作条例》等规定，开展近视眼、龋齿、营养不良、肥胖等学生常见疾病的预防和矫治工作情况。开展了4项及以上学生常见疾病防治工作的填入"开展"一栏。

2. 学校卫生监督案件查处信息汇总表　根据《学校卫生监督案件查处信息卡》汇总产

生该表的相应数据（附录6），用于反映某地区实施的学校卫生行政处罚、行政强制及其他措施案件的相关情况，包括立案后不作行政处罚和仅实施行政强制及其他措施的案件。填报说明如下：

（1）学校类别：参照《学校卫生工作条例》《国民经济行业分类》（GB/T 4754—2011）等规定，将学校分为4类。①"初等教育"指小学教育；②"中等教育"包括初中教育、高中教育、中等专业教育、职业中学教育、技工学校教育、其他中等教育；③"高等教育"指普通高等教育；④"其他教育"指中、小学一体化办学等综合性学校。

（2）查处案件数：指统计时限内，依据《学校卫生工作条例》等法规、规章，实施学校卫生行政处罚、行政强制及其他措施的所有案件数。（包括统计时限内送达处罚决定书且未结案的案件、立案后不作行政处罚和仅实施行政强制及其他措施的案件，不包括统计时限前送达处罚决定书的结案案件。）

（3）违法事实：指"查处案件数"中，查实认定的违法行为。违法事实不能列入①～⑧项的归入"其他违法行为"。

（4）行政强制及其他措施：指"查处案件数"中，作出行政强制及其他措施等相应处理的案件数，包括行政处罚案件中的行政强制及其他措施。

（5）行政处罚案件数：指"查处案件数"中，送达处罚决定书的案件数。（不包括立案后不作行政处罚和仅实施行政强制及其他措施的案件。）

（6）结案案件数：指结案日期在统计时限内的所有查处案件数。（包括统计时限前送达处罚决定书的结案案件、立案后不作行政处罚和仅实施行政强制及其他措施的案件，不包括统计时限内送达处罚决定书且未结案的案件。）

（7）处罚程序：指"结案案件数"中，按《行政处罚法》等规定进行分类；"其中：听证"一栏按实际举行了听证的案件数填报。

（8）行政处罚决定：指"结案案件数"中，《卫生行政处罚决定书》所载明的处罚决定内容。

（9）行政复议、行政诉讼：指"结案案件数"中，发生行政复议、行政诉讼的案件数。

（10）结案情况：填报案件的执行方式、执行结果，以及不作行政处罚的案件数。

第二节　学校卫生监督信息报告系统数据交换管理

卫生监督信息报告系统数据交换（data exchange of information report system of health supervision），是指省级卫生监督机构依据职责分工和管辖范围，将具有标准格式（XML）的信息，经VPN专用通道，采用商用数据传输中间件来完成卫生监督信息报告。学校卫生监督信息报告系统的数据交换也是整个卫生监督信息系统数据交换的一个重要组成部分。

一、目的与意义

学校卫生监督信息报告系统数据交换是信息报告工作的重要组成部分，加强学校卫生监督信息报告系统数据交换管理，是为了保证学校卫生监督信息报告系统信息传送通道畅通，实现国家卫生监督中心信息平台与省级卫生监督信息平台顺利对接，确保交换数据的真实、准确、有效和及时，提高信息报告的质量和效率，并实现学校卫生监督信息报告系统内部信息资源共享。

二、职责与资质管理

学校卫生监督的职责是指各级卫生监督机构在学校卫生监督信息系统数据交换与管理应承担的工作职责,资质管理是开展数据交换与管理应具备的基本条件。

(一)职责

国家卫生监督中心负责全国卫生监督信息报告系统数据交换工作,其主要职责:

1. 建设与维护国家级卫生监督软硬件平台和数据交换平台。

2. 建立与维护国家级卫生监督数据资源中心。

3. 制定卫生监督信息报告系统数据交换标准。

4. 承担全国卫生监督信息报告系统数据交换业务指导。

5. 监控全国卫生监督信息报告系统数据交换质量。

数据交换省份的省级卫生监督机构负责本辖区卫生监督信息报告系统数据交换工作,其主要职责:

1. 建设与维护省级卫生监督软硬件平台和数据交换平台。

2. 建立与维护省级卫生监督数据资源中心。

3. 承担本辖区卫生监督信息报告系统数据交换业务指导。

4. 监控本辖区卫生监督信息报告系统数据交换质量。

(二)资质管理

学校卫生监督信息报告系统数据交换应遵循“统一标准、分级管理、准确及时、谁交换谁负责”的原则。

申请数据交换的省级卫生监督机构必须具备以下基本条件:

1. 建有符合《卫生监督信息系统功能规范》的卫生监督业务应用系统,并按照《全国卫生监督调查制度》收集全省范围卫生监督信息。

2. 配置省级数据交换平台

(1)配备 1 台数据专用交换服务器(参考配置不低于: 4*Intel Xeon E7420,8GB 内存,3*146GB HS SAS HDD)。

(2)Internet 网络接入带宽不小于 10M。

(3)配备 1 台 IPSEC 功能防火墙(应与国家级卫生监督系统所用防火墙完全兼容),建立 VPN 专用通道。

(4)配备 1 套 IBM MQ 消息交换中间件产品。

3. 卫生监督业务应用系统、卫生监督数据资源中心、卫生监督数据交换平台要按照不低于国家信息安全等级保护第二级的要求进行保护。

4. 设有信息报告管理员、数据交换管理员和质控管理员。信息报告管理员负责组织协调本辖区内的数据交换工作,定期登录信息报告系统,查看数据交换情况及完成其他卫生监督信息报告工作。

数据交换管理员负责省级数据交换平台的运行维护、安全管理和权限管理,及时处理、反馈数据交换工作中出现的问题。

质控管理员负责对个案信息的质控工作和交换信息的质量审核。

三、申报流程

学校卫生监督信息报告系统数据交换申请流程如下：

1. 省级卫生监督机构向国家卫生计生委综合监督局提交卫生监督信息报告系统数据交换申请表。

2. 国家卫生计生委综合监督局应当自收到申请之日起15个工作日内予以答复。

3. 审核通过的省级卫生监督机构开展数据交换准备工作，配置软件、硬件和网络环境。

4. 省级卫生监督机构依据《卫生监督信息报告系统数据交换标准》，使用"数据传输标准本地验证包"开发本省数据交换平台接口。

5. 省级卫生监督机构与国家卫生计生委综合监督局开展数据联调工作。

四、数据交换管理

根据国家卫生计生委综合监督局《卫生监督信息报告系统数据交换管理制度》的规定，数据交换的时间与内容分别如下：

1. 数据交换时间   数据交换时段为当日20:00至次日8:00。

2. 数据交换内容   数据交换内容依次为：①部门、人员信息；②建设项目、被监督单位信息；③经常性监督、监督监测信息；④案件查处信息。

国家卫生计生委综合监督局建立与数据交换省份的定期沟通机制，了解数据交换工作情况。择期组织数据交换工作督导检查和交流培训。

数据交换中发现问题，数据交换省份应及时与国家卫生计生委综合监督局反馈，国家卫生计生委综合监督局应及时解决问题。

第三节   学校卫生监督档案建设与管理

卫生监督档案（health supervision record）是指各级卫生监督机构在卫生监督、监测（卫生质量抽检）、卫生行政稽查、卫生行政许可、卫生行政处罚、卫生宣教、科研培训及党政管理等活动中直接形成的，对国家和社会、本单位工作具有查考、利用保存价值的文字、图表、声像等各种载体、各种门类的历史记录。

学校卫生监督档案工作是学校卫生监督工作的重要组成部分，是提高学校卫生监督工作质量和科学管理水平、加强规范化建设的必备条件。

一、档案管理目的

学校卫生监督档案依据《中华人民共和国档案法》《卫生档案管理暂行规定》《机关文件材料归档范围和文书档案保管期限规定》《归档文件整理规则》等法律法规文件，依法进行档案分级管理。其目的在于：

（1）保存原始资料，以便核对资料准确性及查证需要。

（2）便于建立人事或者项目履历。

（3）能够保证资料保存的完整性和连续性。

（4）保证资料真实，以利后续借鉴。

二、档案管理范围与形式

基层单位的学校卫生监督档案按监督对象实行分户档案和综合性业务档案管理。

学校卫生分户档案范围包括学校基本情况、预防性卫生监督、经常性卫生监督等相关资料，分户档案是以一个学校为单位进行归档，实行一校一档动态管理。

综合性业务档案范围包括年度工作计划、总结、专项工作资料、卫生行政处罚、各类学校卫生报表、学校突发公共卫生事件和卫生行政稽查等相关资料。综合性业务档案按一案一档的形式进行归档，其中卫生行政处罚案件、学校突发公共卫生事件的档案应在分户档案中做简明扼要的记载，以便于工作查阅。

三、档案管理的具体内容

档案管理的具体内容包括分户档案管理、学校卫生行政处罚档案、学校突发公共卫生事件处理档案和学校卫生报表档案等。

（一）分户档案管理的具体内容

分户档案管理的具体内容包括学校基本情况、预防性卫生监督资料和经常性卫生监督资料等。

1．学校基本情况

（1）学校名称、地址、法定代表人、联系人、联系电话等。

（2）学校类型。

（3）学校用地情况：总面积、建筑用地面积、运动场地面积、绿化用地面积等。

（4）教职员工及学生人数，学生宿舍、教室数。

（5）校内辅助设施数，包含食堂、小餐饮、超市及各类公共场所等。

（6）校医院、医务室、保健室等设置情况。

（7）学校饮用水供应情况。

（8）学生体检及健康档案情况等。

2．预防性卫生监督资料 新、改、扩建校舍的选址、设计审查和竣工验收等相关资料。

3．经常性卫生监督资料

（1）卫生许可：卫生行政许可、变更、延续、复核、注销等相关材料。

（2）日常卫生监督：学校传染病防控、饮用水卫生、学生学习生活环境卫生、学校医疗机构（保健室）卫生等监督过程中形成的监督执法文书、相关检查记录和其他相关文件材料。材料分专业按形成时间依次排列归档。

4．不良行为在分户档案中以《行政处罚登记表》进行记录。

（二）学校卫生行政处罚档案的具体内容

卫生行政处罚决定、依据、立案、证据、案件裁量、听证、执行、结案、行政复议及行政诉讼等材料。按卫生行政处罚案卷档案有关要求进行归档。

（三）学校突发公共卫生事件处理档案内容

包括事件责任单位、事件类别、发生时间、发生地、暴露人数、发病人数、死亡人数、病情、事件原因、结论及事件调查、处理情况。

（四）学校卫生报表档案

学校卫生报表档案主要包括如下 4 种：

1. 学校卫生监督被监督单位信息卡。

2. 学校卫生监督案件查处信息卡。

3. 学校卫生被监督单位信息汇总表。

4. 学校卫生监督案件查处信息汇总表。

四、归档要求及保管期限

学校卫生监督档案有明确的归档要求和保管期限规定。归档要求如下：

（1）对学校卫生监督档案按一户一档的形式管理，并将卫生行政许可的情况录入卫生监督网络平台，建立索引，便于查找。

（2）卫生行政处罚案件按一案一卷的形式管理，相关科室将结案后的案卷材料及时移交档案管理办公室统一保管。

（3）档案材料要齐全、完整、准确，不符合要求的档案材料，要加以补充和完善。

（4）单位工作人员因公外出学习、培训和参加各种会议带回的文件材料，必须按规定上交统一保管。

（5）归档文件尽量是原件，字迹能够永久保留，已破损的文件应予以修整。

（6）归档文件要求排列、编号，编写的目录规范有序，按件号装盒，并编制必要的检索目录。

学校卫生监督档案保管期限分为永久、长期、短期三种，最短期限不少于 2 年。

五、学校卫生监督档案建设

学校卫生监督是卫生行政部门及其卫生监督机构依据法律、法规、规章对辖区内学校的卫生工作进行检查指导，督促改进，并对违反相关法律法规规定的单位和个人依法追究其法律责任的卫生行政执法活动。按照《学校卫生监督工作规范》（卫监督发〔2012〕62 号）的要求，学校卫生监督职责包括八个方面的内容，即：①教学及生活环境的卫生监督；②传染病防控工作的卫生监督；③生活饮用水的卫生监督；④学校内设医疗机构和保健室的卫生监督；⑤学校内公共场所的卫生监督；⑥配合相关部门对学校突发公共卫生事件应急处置工作落实情况的卫生监督；⑦根据教育行政部门或学校申请，开展学校校舍新建、改建、扩建项目选址、设计及竣工验收的预防性卫生监督指导工作；⑧上级卫生行政部门交办的其他学校卫生监督任务。卫生监督机构在行使学校卫生监督工作职责时，应当根据各级各类学校卫生特点，突出中小学校教学环境、传染病防控、饮用水卫生等监督工作重点，依照法律、法规规定，认真落实《学校卫生监督工作规范》要求。因此，学校卫生监督档案建设应该与学校卫生监督职责相匹配。

目前，我国学校卫生监督档案还没有统一的形式与内容。虽然不同地区建立的学校卫生监督档案各有特色，但总体上不够规范，不便于统一管理。特别是随着数字化、信息化技术的普及与推广，学校卫生监督档案管理在很大程度上需要实现标准化的网络传送，因此，我国学校卫生监督档案的标准化建设需要提上议事日程。在编写本章节过程中，笔者查阅了部分地区的学校卫生监督档案资料，归纳总结为学校卫生监督档案建设的基本模板（详见本书附录7），仅供参考。

　　学校卫生监督信息管理是学校卫生监督的一个重要组成部分，主要内容包括学校卫生监督信息报告、数据交换与管理、档案建设与管理等内容。客观、真实、及时填报、保存和交换学校卫生监督信息，是做好学校卫生监督信息管理的基本职责。学校卫生监督工作者应该掌握《卫生监督信息系统》中各种学校卫生监督信息卡与汇总表的填报流程、内容及数据交换要求，以适应学校卫生监督信息化管理的需要。

（罗家有）

【学习思考】

1. 学校卫生监督信息卡首部、主体、尾部包含的主要内容是什么？
2. 常用的学校卫生监督信息卡有哪两种，它们有何异同点？
3. 学校卫生监督汇总表的类型与主要内容？
4. 如何理解学校卫生监督的数据交换？
5. 简述学校卫生监督档案管理的范围与形式？

实习一　学校卫生监督执法文书制作

学校卫生监督执法文书是指依法行使学校卫生监督职权的各级卫生计生、食品药品监督等行政部门，在履行其学校卫生监督职责，对学校进行卫生监督、行政处罚等行政执法活动过程中，依法制作的具有法律效力的文书。

一、学校卫生监督执法文书分类

（一）按照用途分类

1. 证据类文书　行政机关在行政执法检查过程中，依法收集证据材料时使用的法律文书。如现场笔录、询问笔录、采样记录等。

2. 执行类文书　行政机关在行政执法过程中，按照法律法规规定的程序，履行职责办理案件时使用的法律文书。如各类通知书、各类决定书等。

3. 工作类文书　行政机关在行政执法过程中，内部研究讨论案件时使用的法律文书。如合议记录、卫生行政执法事项审批表等。

4. 听证类文书　行政机关在行政执法过程中，对适用听证程序案件时使用的法律文书。如听证笔录、听证通知书等。

（二）按照制作方法分类

1. 填写式文书　有固定内容和统一格式的法律文书，如采样记录、当场行政处罚决定书等。

2. 叙述式文书　根据案件情况进行综合评述或作出相应处理决定的法律文书，如案件调查终结报告、听证意见书等。

二、学校卫生监督执法文书书写原则

1. 合法性　学校卫生监督执法文书制作的主体、内容、程序必须符合法律法规规定，不能超越法定权限。按照现行的法律法规规定，对学校卫生监督工作具有卫生监督职权的各级行政部门，才是学校卫生监督执法文书的制作主体，如卫生和计划生育委员会、食品药品监督管理局等行政机关。制作的内容必须是学校违反了现行有效的《食品安全法》《传染病防治法》《学校卫生工作条例》《公共场所卫生管理条例》等法律法规相应的条款规定，做到有据可循，有法可依。按照《行政处罚法》《卫生行政处罚程序》等要求，文书制作必须符合相应法定程序和要求。

2. 规范性　按照《卫生行政执法文书规范》要求，根据实际执法情况不同，可以选择使用 37 种执法文书,如果想再增加执法文书的种类,可以自行制定,但必须报政府法制部门和上级行政主管部门备案。每种文书都有自己特定的格式,要按照规定的格式进行书写,文字用语规范,书写准确,无错别字,条理清晰。针对违法事实,引用的法律法规及具体条、款、项要准确无误。

3. 真实性 能真实反映出现场检查时的实际情况,必须是亲眼看到的,要如实记录,客观描述,不能随意扩大或缩小,不能主观臆断,记录的内容要与卫生监督类别及要查处的案件相关。

三、学校卫生监督执法文书书写基本要求

(一)格式书写要求

《卫生行政执法文书规范》统一规定了 37 种执法文书格式,根据实际工作情况,选择相应的执法文书进行制作,必须按照文书规定的项目逐一填写,不能空项。按照一般文书结构的首部、正文、尾部进行填写,使用黑色或蓝黑色水笔填写,也可以按照规范的格式打印。

(二)语言文字要求

语言规范、严谨、准确,字迹清楚,无错别字。描述的内容要与实际情况相符,要如实记录,不能总结概括,不能掺入个人因素进行夸张、比喻,不能做任何分析推断,以免影响他人对现场实际情况的公正判断。

(三)引用法律法规要求

引用的法律法规条款必须明确具体,原文引用,不能任意取舍。

四、常用学校卫生监督执法文书

以 2012 年 12 月 1 日起施行的原卫生部令第 87 号《卫生行政执法文书规范》规定的 37 种执法文书为例,现将常用文书范例介绍如下。

(一)学校各类执法文书书写通用要点

1. 文号编写方法 地区简称 + 卫 + 执法类别 + 执法性质 +(年份)+ 序号。

2. 编号编写方法 年份 + 序号。

3. 用黑色或蓝黑色的水笔或签字笔书写。

4. 预先设定的文书栏目,应当逐项填写。

5. 因书写出现问题需要修改时,应当用横线划去修改处,在其上方或者接下处写上正确内容,应该在改动处加盖校对章,或者由对方当事人签名或者盖章。

6. 涉及案件关键事实和重要线索的,应当尽量记录原话。

7. 各类笔录在记录完成后,应注明"以下空白",当事人认为笔录所记录的内容真实无误的,应当在笔录上注明"以上笔录属实",并签名确认。当事人拒不签名的,应当注明情况。

8. 文书本身设有"当事人"项目

(1)是法人或者其他组织的,应当填写单位的全称、地址、联系电话,法定代表人(负责人)的姓名、性别、民族、职务等内容。

(2)是个人的,应当填写姓名、性别、身份证号、民族、住址、联系电话等内容。"案件来源"按照《卫生行政处罚程序》的规定要求填写。

9. 文书首页不够记录时,可以续页记录,但首页和续页均应当有当事人签名并注明日期。

10. 案由统一写法　当事人名称（姓名）＋具体违法行为＋案。如有多个违法行为，以主要的违法行为作为案由。文书本身设有"当事人"项目的，在填写案由时可以省略有关当事人的内容。

11. 对外使用的文书本身没有设定签收栏的，一般应当使用送达回执。

12. 文书中如果有执法机关名称必须填写全称。

（二）常用学校卫生监督执法文书

1. 现场笔录

（1）概念：是在案件调查、现场监督检查或者采取行政强制措施过程中，对与案件有关的现场环境、场所、设施、物品、人员、生产经营过程等进行现场检查时作的记录。

（2）特性：①是案件现场状况的原始书面凭证；②是进行卫生学评价的重要依据；③是进行卫生行政处罚和行政诉讼重要原始证据之一；④同一现场进行多次检查或者一起案件多个现场的，要分别制作现场笔录。

2. 卫生监督意见书

（1）概念：是卫生行政机关制作的对被监督单位或者个人具有指导性或者指令性作用的文书。

（2）特性：①可用于对被监督对象提出卫生要求、改进意见、技术指导、卫生学评价等；②违法事实轻微，不需要给予行政处罚的当事人，可用此文书提出整改意见；③对存在违法事实，依法需要责令改正的，应当写明法律依据、改正期限及责令改正意见等内容。

3. 案件受理记录

（1）概念：是对检查发现、群众检举或者控告，上级卫生行政机关交办、下级卫生行政机关报请、有关部门移送来的案件，按照规定的权限和程序办理案件受理手续，所作的文字记录。

（2）特性：

1）案情摘要应当写明主要违法事实，包括案发时间、案发地点、人物、事件、重要证据及造成的危害和影响等内容。

2）案件的来源可以用以下填写方式：①电话举报、当面举报、书面举报、消费者投诉；②卫生监督检查中发现；③上级卫生行政机关交办；④下级卫生行政机关报请；⑤有关部门移送；⑥有关部门监测报告；⑦媒体信息发现等。

4. 立案报告

（1）概念：是对受理的案件进行初步核实后，确认有违法事实，属于本机关管辖，并需给予行政处罚的，为了对案件展开调查，向主管卫生行政机关负责人或主管科（处、室）负责人提出的书面报告。

（2）特性：①是对案件正式开展调查取证的依据，标志着执法进入处罚程序；②案情摘要应当按照性质和程度，由大到小、从重到轻加以排列，逐个罗列事实并加以简要说明。同时要指明当事人涉嫌违反的具体法律条款。

5. 询问笔录

（1）概念：为查明案件事实，收集证据，而向案件当事人、证人或者其他有关人员调查了解有关情况时作的记录。

（2）特性：①是证据类法律文书；②可以搜集案件所需要的有关证据，可以核实已取得证据的真实性,可以在案件调查中扩大或发现新的调查线索;③调查人员必须熟悉案情,询问内容要有的放矢,客观、真实、全面;④采用一问一答的形式,忠实记录被询问人的陈诉原话。

6. 案件调查终结报告

(1)概念:是案件调查终结后,承办人就案情事实、对所调查问题性质的认识、对当事人责任的分析、对当事人的处理意见等,以书面形式向领导或者有关部门所做的正式报告。

(2)特性:

1)承办机构要具体写到负责办理该案件机构的科(处)等,承办人,指具体负责办理该案件的监督人员。

2)案情及违法事实应当简明扼要,写明案件的经过、结果、违反的法律条款等。

3)相关证据应当列明已经查证属实的,与案件有关的所有证据。

4)争议要点:①当事人与承办人之间对案情事实的不同观点;②承办人之间对案件的不同意见;③如无争议则写"无"。

5)处理建议,经过调查,立案的违法事实并不存在,应当写明建议终结调查并结案等内容。需要给予行政处罚的,应当写明拟实施行政处罚的种类、幅度及法律依据等。

6)负责人意见,应当写明是否同意调查终结的意见,对需要合议的案件,应当提出具体意见。

7. 合议记录

(1)概念:对拟适用听证程序的行政处罚或其他重大行政处罚案件在调查终结后,组织有关人员对案件进行综合分析、审议时记录的文字材料。

(2)特性:①合议结束后,所有参加合议人员都应当在每页合议记录上签名并注明日期;②参加合议人员应该是3人以上单数;③合议建议以少数人服从多数人原则。

8. 行政处罚事先告知书

(1)概念:在作出行政处罚决定前,告知当事人将要作出的行政处罚决定的事实、理由、依据以及当事人依法应当享有的权利的文书。

(2)特性:①是履行告知程序必不可少的法律文书;②写明当事人的违法行为、违反的法律条款、将要作出的行政处罚决定的法律依据、行政处罚的种类和幅度,告知当事人享有的陈述和申辩的权利;③适用听证的,应当告知当事人享有要求举行听证的权利及法定期限,并注明联系人、联系电话、地址等;④在当事人表明放弃陈述和申辩权或者放弃听证权时,应当请当事人在"当事人意见记录"处写明"放弃陈述和申辩权"或者"放弃听证权"等内容。

9. 陈述和申辩笔录

(1)概念:是对当事人及陈述申辩人陈述事实、理由和申辩内容的记录。

(2)特性:①当事人委托陈述申辩人的,应当出具当事人的委托书;②应当写明受委托的陈述申辩人的姓名、性别、职务、现在工作单位等;③应当尽可能记录陈述申辩人原话,不能记录原话的,记录应当真实反映陈述申辩人原意;④当事人提供的书面意见应在笔录中注明,并附后;⑤制作笔录应有两人以上执法人员。

10. 陈述和申辩复核意见书

(1)概念:是对当事人提出的事实、理由和证据进行复核的记录。

（2）特性：①复核意见书应当写明陈述申辩人的姓名、陈述和申辩的理由和证据，以及复核人和承办机构的意见。②当事人收到催告书后所进行的陈述和申辩的复核，应当在复核意见书中写明卫生行政机关的意见。

11.行政处罚听证通知书

（1）概念：是经有权要求举行听证的当事人提出，卫生行政机关决定举行听证时向当事人发出的书面通知。

（2）特性：①当事人接到行政机关将对其作出责令停产停业、吊销许可证或者执照、较大数额罚款等行政处罚之前，应告知当事人有要求举行听证的权利；②听证时间应该在当事人接到《行政处罚听证通知书》之日起，七天之后举行；③如果不是直接送达的，应当充分考虑文书在送达过程中的时间。

12.听证笔录

（1）概念：是对听证过程和内容的记录。

（2）特性：①当事人委托代理人的，应当写明代理人的姓名、性别、职务、现在工作单位等；②委托代理人应当出具当事人的委托书；③所有参加听证的人员都应当在每页笔录上签名并注明日期。

13.听证意见书

（1）概念：听证结束后，就听证情况及听证人员对该案件的意见，以书面形式向负责人或者有关部门所做的正式报告。

（2）特性：①对当事人和案件承办人的陈述应当抓住要点，归纳概括；②听证人员根据听证情况，对该案件的违法事实、证据、适用法律、处罚裁量等是否合理提出的意见；③负责人意见是负责人对听证人员意见的具体批示。这里的负责人，可以是卫生行政机关的负责人，也可以是经授权的有关主管科（处、室）负责人。

14.行政处罚决定书

（1）概念：是对事实清楚、证据确凿的违法案件，根据情节轻重依法作出行政处罚决定的文书。

（2）特性：①被处罚人是单位的，填写单位全称、法定代表人（负责人）、卫生许可证件或者营业执照号码等内容；是个人的，填写姓名、身份证号；②决定书应当写明查实的违法事实、相关证据（注明日期）、违反的法律条款（具体到条、款、项、目）、行政处罚依据、理由以及行政处罚决定的内容；③决定书还应当写清楚罚款缴往单位名称及具体地址。

15.送达回执

（1）概念：是将行政执法文书送交有关当事人后证明受送达人已收到的凭证。

（2）特性：①送达回执用于直接送达、邮寄送达、留置送达等方式；②送达回执是进行复议和诉讼的重要证据；③在直接送达时当事人拒绝签收而采用留置送达方式的，应当在备注栏说明有关情况，并记录留置送达的过程。

16.催告书

（1）概念：是卫生行政机关作出申请强制执行决定前，事先催告当事人履行法定义务时发出的文书。

（2）特性：①应当写明履行法定义务的期限、方式；②涉及金钱给付的，应当注明明确的金额和给付方式；③告知当事人依法享有陈述和申辩的权利。

17. 强制执行申请书

(1)概念：是当事人在法定期限内不申请行政复议或者提起行政诉讼，又不履行行政决定的，经依法催告仍未履行，卫生行政机关申请人民法院强制执行时提交给人民法院的书面申请。

(2)特性：①申请强制执行人民法院的名称有两种情况，一是当事人对处罚决定或行政复议决定不起诉又不履行的，向当事人所在地的基层人民法院申请强制执行，二是拒绝执行已发生法律效力的判决、裁定的，向第一审人民法院申请强制执行；②附件中向法院提交的材料是指行政处罚决定书、送达回执、复议决定书、裁定书及其他有关资料。

18. 结案报告

(1)概念：是对立案调查的案件，在行政处罚决定履行或者执行后，或者不作行政处罚的案件，报请负责人批准结案的文书。

(2)特性：①立案日期与立案报告日期一致；②当事人和案由与案件调查终结报告一致；③执行方式是指案件处理终结方式，如自觉履行、法院强制执行等；④执行日期是指当事人交罚款的收据日期；⑤执行结果是指行政处罚决定实际执行情况，如完全履行或不完全履行。

19. 当场行政处罚决定书

(1)概念：是对案情简单、违法事实清楚、证据确凿的违法案件依法当场作出处罚决定的文书。

(2)特性：①用于对公民处以五十元以下，法人或其他组织处以一千元以下或者警告的行政处罚；②当场行政处罚决定书的填写与一般程序行政处罚决定书的要求基本相同；③程序简单、操作方便、提高行政工作效率。

20. 产品样品采样记录

(1)概念：是采集用于鉴定检验的健康相关产品及其他产品的书面记录。

(2)特性：①是卫生监督人员向被采样人进行依法采样时出具的，以证明该产品样品来源和法律身份的书面凭证；②采样记录内容要与被采集的样品相一致，记录完整准确。

21. 非产品样品采样记录

(1)概念：是从有关场所采集鉴定检验用样品的书面记录。

(2)特性：①采样方法按实际使用方法填写，如集气法、浓缩法、涂抹法、自然沉降法等，没有特定方法可不填写；②采样目的是检测的具体内容和项目；③设备仪器有型号的，要写具体型号；④被采样物品或场所状况是对现场实际采样工作的记录，如采样方法、场所存在的卫生状况等。

22. 产品样品确认告知书

(1)概念：是实施卫生监督抽检的卫生行政机关为确认产品的真实生产或者进口代理单位，向标签标注的生产或者进口代理单位发出的文书。

(2)特性：①在市场流通环节采样时需要使用的文书；②有些项目的填写应该与《产品样品采样记录》相一致。

23. 检验结果告知书

(1)概念：是卫生行政机关将抽检不合格样品的检验结果告知相应当事人的文书。

(2)特性：①应写明被检验的产品或者其他物品的名称，检验结果不符合国家有关卫生标准规定的情况；②告知当事人依照规定是否有申请复核的权利及提出复核申请的期限等内容。

24．卫生行政执法事项审批表

（1）概念：在作出证据先行登记保存、行政强制、行政处罚等行政决定前，由卫生行政机关负责人对拟作出的行政决定意见进行审查，并签署审批意见的文书。也适用于因情况紧急需要当场实施行政强制措施，事后补办批准手续的情形。

（2）特性：①审批表应当写明当事人、案由、申请审批事项、承办人处理意见、审核意见及部门负责人审批意见等；②申请行政处罚审批时，申请审批事项中应当写明主要违法事实、证据、处罚理由及依据。申请证据先行登记保存、行政强制审批时，申请审批事项中应当写明原因及依据。

25．卫生行政控制决定书

（1）概念：是卫生行政机关发现当事人生产经营的产品或者场所已经或者可能对人体健康产生危害，需要对物品或者场所采取控制措施时发出的文书。

（2）特性：①常用于处罚案件的调查取证过程，是一种行政强制措施；②使用此文书时，必须有法律法规依据。

26．解除卫生行政控制决定书

（1）概念：是卫生行政机关确认被控制的物品或者场所不能或者不可能对人体健康构成危害时，决定对被控制的物品或者场所解除控制时发出的文书。

（2）特性：被解除的内容必须与控制内容相一致，而且发出解除卫生行政控制决定书和卫生行政控制决定书的行政机关应该是同一个。

27．物品清单

（1）概念：是作出查封、扣押、没收物品等行政决定时，附于查封、扣押决定书、行政处罚决定书等文书后，用于登记相关物品所使用的文书。

（2）特性：物品清单应当注明被附文书的名称及文号，并写明物品名称、数量、生产或进口代理单位、生产日期及批号等内容，由当事人、案件承办人签名。

28．查封、扣押决定书

概念：是卫生行政机关为制止违法行为、防止证据毁损、避免危害发生、控制危险扩大，依法对涉案的场所、设施或者财物采取查封、扣押措施时发出的文书。

29．查封、扣押处理决定书

概念：是卫生行政机关在规定的期限内对被采取查封、扣押行政强制措施的场所、设施或者财物作出处理决定时发出的文书。

30．查封、扣押延期通知书

概念：是因案情复杂，需要延长查封、扣押期限时发出的文书。

31．公告

（1）概念：是指卫生行政机关为制止违法行为或者防止危害后果扩大，对当事人的违法行为依法采取执法行为并需要公众知晓或者配合时使用的文书。

（2）特性：公告的纸张规格大小可以根据实际需要确定。

32．封条

（1）概念：是为调查取证、保存证据或者防止危害进一步扩大等，对特定生产经营场所、物品等采取临时停止使用，以及禁止销售、转移、损毁、隐匿物品等措施时使用的文书。

（2）特性：①封条上应当注明日期和期限，并加盖公章；②封条的规格可以根据实际需要确定。

33．证据先行登记保存决定书

（1）概念：是要求当事人对需要保全的证据在登记造册后进行保管的文书。

（2）特性：登记保存时间为 7 天。

34．证据先行登记保存处理决定书

概念：是卫生行政机关在规定的期限内对被保存的证据作出处理决定的文书。

35．续页

（1）概念：是接在各类卫生行政执法文书后面完成相关记录内容时所使用的文书。

（2）特性：使用续页应当写明所承接的执法文书名称，有相关人员签字并注明页码、日期。

36．案件移送书

概念：是将不属于本单位或者本部门管辖的案件，移送有关单位或者部门处理的文书。

37．卫生行政执法建议书

（1）概念：是卫生行政机关为促进依法履职、规范执法，在日常监督检查和稽查过程中，结合执法办案，建议下级卫生行政机关及其卫生监督机构完善制度和工作机制，加强内部管理，改进工作、消除隐患，促进执法监管水平提高时发出的文书。

（2）特性：卫生行政执法建议书应当写明提出建议的起因，在日常监督检查和案件调查处理过程中发现的需要重视和解决的问题，对问题产生原因的分析，并依据法律法规及有关规定提出的具体建议、意见，以及其他需要说明的事项。

（三）常用学校卫生监督执法文书的应用

1．日常卫生监督常用的文书　现场笔录、卫生监督意见书。

2．监测采样常用的文书　产品样品采样记录、非产品样品采样记录、产品样品确认告知书、检验结果告知书。

3．行政处罚常用的文书

（1）受理、立案阶段：案件受理记录、立案报告。

（2）调查取证阶段：询问笔录、现场笔录、卫生行政执法事项审批表、证据先行登记保存决定书、物品清单、产品样品采样记录、封条、案件调查终结报告。

（3）一般程序：合议记录、卫生行政执法事项审批表、行政处罚事先告知书、陈述和申辩笔录、陈述和申辩复核意见书、证据先行登记保存处理决定书、行政处罚决定书、送达回执、催告书、强制执行申请书、结案报告。

（4）听证程序：合议记录、卫生行政执法事项审批表、行政处罚听证通知书、听证笔录、听证意见书、行政处罚决定书、送达回执、催告书、强制执行申请书、结案报告。

（5）简易程序：现场笔录、当场行政处罚决定书。

（四）学校卫生监督执法文书书写范例

详见网络增值。

（冯晓春）

实习二 学校卫生监督的行政处罚程序及案例模拟

第一节 学校卫生监督的卫生行政处罚程序

卫生行政处罚程序是卫生行政机关在对相对人实施卫生行政处罚过程中的方式和步骤。换言之，就是指实施卫生行政处罚的空间形式和时间形式。通常分为一般程序、听证程序和简易程序。

卫生行政处罚的原则是，必须事实清楚，证据确凿，适用法律、法规、规章正确，坚持先调查取证后裁决，合法、适当、公正、公开的处罚与教育相结合。卫生行政处罚内容包括警告、罚款、没收违法所得、责令停产停业、吊销许可证以及卫生法律、行政法规规定的其他行政处罚。

一、案件行政处罚的前期工作

（一）受理

针对各种来源的案件需及时受理，并填写案件受理记录。

1. 在卫生监督管理中发现的。

2. 卫生机构监测报告的。

3. 社会举报的。

4. 上级卫生行政机关交办、下级卫生行政机关报请的或者有关部门移交的。

（二）立案

受理的案件符合下列条件的，应当在7日内立案：

1. 有明确的违法行为人或者危害后果。

2. 有来源可靠的事实依据。

3. 属于卫生行政处罚的范围。

4. 属于本机关管辖。

根据不同的立案来源，由卫生监督人员填写立案报告，并由行政机关的负责人签署意见，决定是否立案。卫生行政机关对决定立案的应当制作报告，由直接领导批准，并确定立案日期和两名以上卫生执法人员为承办人。承办人有下列情形之一的，应当自行回避：①是本案当事人的近亲属；②与本案有利害关系；③与本案当事人有其他利害关系，可能影响案件公正处理的。当事人有权申请承办人回避。回避申请由受理的卫生行政机关负责人决定。

凡违反卫生法规的行为，卫生行政机关认为具有可能构成行政处罚情节，拟追究法律责任时,均须予以立案。对大型案件,则要成立办案组,通常立案来源有四个方面:①卫生监督人员在卫生监督工作中发现的被监督单位或个人,有违反卫生法规规定的情况或行为;②对送检、抽检和监测的产品的样品,发现有不符合卫生标准的;③被监督单位或个人被检举、控告有违反卫生法规规定的情况或行为,以及有关部门移送的案件;④被监督单位或个人发生的有关卫生方面的中毒或污染事故等,均为立案的来源。

立案程序。一般是根据不同的立案来源,由卫生监督人员填写"立案报告",并由行政机关的负责人签署意见,决定是否立案。决定立案的案件,均要制作案卷,且一事一案一卷,详细记载违法行为的情况及违法事实,并附相应的证据及各有关材料。

(三)调查取证

立案后,卫生行政机关应当组织开展调查取证,查明违法事实。案件的调查取证,必须有两名以上执法人员参加,并出示有关证件。对涉及国家机密、商业秘密和个人隐私的,应当保守秘密。卫生执法人员应分别询问当事人或证人,并当场制作询问笔录。询问笔录经核对无误后,卫生执法人员和被询问人应当在笔录上签名。被询问人拒绝签名的,应当由两名卫生执法人员在笔录上签名并注明情况。卫生执法人员进行现场检查时,应制作现场检查笔录,笔录经核对无误后,卫生执法人员和被检查人应当在笔录上签名。被检查人拒绝签名的,应当由两名卫生执法人员在笔录上签名并注明情况。调查取证的证据应当是原件、原物,调查取证原件、原物确有困难的,可由提交证据的单位或个人在复制品、照片等物件上签章,并注明"与原件(物)相同"字样或文字说明。书证、物证、视听材料、证人证言、当事人陈述、鉴定结论、勘验笔录、现场检查笔录等,经卫生执法人员审查或调查属实,为卫生行政处罚证据。卫生行政机关在收集证据时,在证据可能灭失或者以后难以取得的情况下,经卫生行政机关负责人批准,可以先行登记保存。执法人员应向当事人出具由行政机关负责人签发的保存证据通知书。卫生行政机关应当在七日内作出处理决定。卫生法律、法规另有规定的除外。卫生执法人员调查违法事实,需要采集鉴定检验样品的,应当填写采样记录。所采集的样品应标明编号并及时进行鉴定检验。

调查终结后,承办人应当写出调查报告。其内容应当包括案由、案情、违法事实、违反法律、法规或规章的具体款项等。

调查取证的常用方式如下:

1.询问当事人或者证人　谈话应有记录(或录音),制作询问笔录,并请当事人过目签字。取证过程中必须充分听取相对一方当事人的申辩和意见,并要记录在卷,这也是保证卫生行政处罚合法、有效的重要手段。

2.检查现场　观察卫生状况,如卫生设施、容器,卫生防护措施,环境卫生状况等。现场照相、录像,制作现场笔录和卫生监督意见书。

3.现场采样　需要采集鉴定检验样品的,应当填写产品样品采样记录。所采集的样品应标明编号并及时进行鉴定检验。

4.收集证据　证据应当是原件、原物,调查取证原件、原物确有困难的,可由提交单位或个人在复制品、照片等物件上签章,并注明"与原件(物)相同"字样或文字说明。

(四)案件调查终结与合议

案件调查终结后,调查承办人要制作案件调查终结报告。其内容包括案由、案情、违法事实、违反法律、法规或者规章的具体款项等。

符合合议程序的还应组织人员对案件进行合议,并制作合议记录,合议成员应签字确认。根据合议提出处罚意见,然后填写卫生行政执法事项审批表。对重大案件,根据相对人的要求还要举行听证,而后提出处罚意见,填写"行政处罚审批表",然后按行政处罚审批权限进行审批。

二、案件的行政处罚程序

(一)卫生行政处罚的一般程序

一般程序也即普通程序,多数卫生行政处罚,都适用该程序。卫生行政机关及卫生监督人员对被监督主体实施一般程序行政处罚时,要制作行政处罚事先告知书,应写明违法事实、处罚依据、拟处罚内容以及告知其享有陈述申辩的权利(时间、地点应注明)。卫生行政处罚事先告知书作出后,应在规定期限内及时向被处罚人送达。卫生行政机关必须充分听取当事人的陈述和申辩(申述和申辩笔录),并进行复核(申述和申辩复核意见书),当事人提出的事实、理由或者证据成立的,应当采纳。卫生行政机关不得因当事人申辩而加重处罚。当事人行使其权力之后,卫生行政机关应制作行政处罚决定书。

为了保证卫生行政处罚的合法、高效,减少和消除各种违法处罚的现象,根据现行的卫生法规的一般规定和卫生行政处罚实践中有关新的趋向和做法,将卫生行政处罚的一般程序归纳为以下几个步骤(实习图 2-1)。

案件调查终结后,属于一般行政处罚程序的,接下来要制作卫生行政处罚事先告知书以及配套的送达回执,并在规定期限内及时向被处罚人送达。行政处罚常用的送达方式分为:直接送达、邮寄送达、转、留置送达、公告送达。送达行政处罚告知书时应注意告知当事人应有的权利及期限(一般指陈述申辩、听证的权利及期限)。

卫生行政机关必须充分听取当事人的陈述和申辩,并进行复核,当事人提出的事实、理由或者证据成立的,应当采纳。卫生行政机关不得因当事人申辩而加重处罚。

对当事人违法事实已查清,依据卫生法律、法规、规章的规定应给予行政处罚的,承办人应起草行政处罚决定书文稿,报卫生行政机关负责人审批。卫生行政机关负责人应根据情节轻重及具体情况作出行政处罚决定。对于重大、复杂的行政处罚案件,应当由卫生行政机关负责人集体讨论决定。行政处罚决定作出后,卫生行政机关应当制作行政处罚决定书。卫生行政机关适用一般程序实施行政处罚时,对已有证据证明的违法行为,应当在发现违法行为或调查违法事实时,书面责令当事人改正或限期改正违法行为。卫生行政机关应当自立案之日起三个月内作出行政处罚决定。因特殊原因,需要延长规定的时间的,应当报请上级卫生行政机关批准。

送达行政处罚决定书时应注意告知当事人应有的权利及期限(一般指提起行政复议权利及期限)。

卫生行政处罚决定由原作出卫生行政处罚的卫生行政机关或被处罚人所在地卫生行政机关执行。执行应从决定书送达之日起开始,在执行中不得超越或变更卫生行政处罚决定。一般执行的途径有:

(1)督促当事人自觉地在限期内履行处罚决定。

(2)对罚款等处罚决定不履行、逾期又不起诉的,原处罚机关可填写"卫生行政处罚强制执行申请书",向法院申请强制执行。

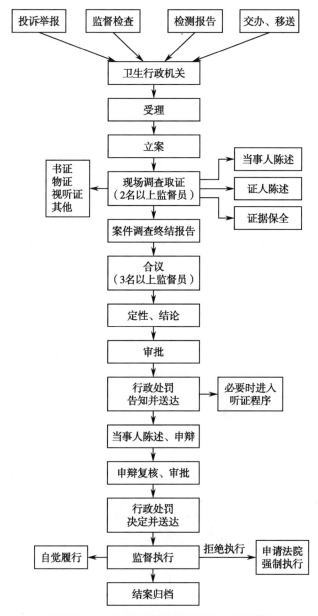

实习图 2-1 卫生行政处罚流程图（一般程序）

卫生行政处罚实施完毕后，应由主办的卫生监督人员填写结案报告，予以结案。应做到一案一卷。结案卷宗应包括：卷宗封面，应写明被处罚的单位或个人名称及被处罚项目；卷宗的目录，以文书形式或收集先后顺序编目；包括案件立案到结案的内部、外部文书，及各种书证、物证、影音资料等。

（二）卫生行政处罚的听证程序

卫生行政机关在作出的责令停产停业、吊销许可证或者较大数额罚款等行政处罚决定前，应当告知当事人有要求举行听证的权利。当事人要求听证的，卫生行政机关应当组织听证。听证由卫生行政机关内部法制机构或主管法制工作的综合机构负责。对较大数额罚款的听证范围依照省、自治区、直辖市人大常委会或人民政府的具体规定执行（实习图2-2）。

听证遵循公正、公开的原则。除涉及国家秘密、商业秘密或者个人隐私外，听证应当以公开的方式进行。听证实行告知、回避制度，依法保障当事人的陈述权和申辩权，由作出行政处罚的卫生行政机关组织。当事人不承担卫生行政机关听证的费用。卫生行政机关对于适用听证程序的卫生行政处罚案件，应当在作出行政处罚决定前，向当事人送达听证告知书。

听证告知书应当载明下列主要事项：①当事人的姓名或者名称；②当事人的违法行为、行政处罚的理由、依据和拟作出的行政处罚决定；③告知当事人有要求听证的权利；④告知提出听证要求的期限和听证组织机关。听证告知书必须盖有卫生行政机关的印章。

卫生行政机关决定予以听证的，听证主持人应当在当事人提出听证要求之日起二日内确定举行听证时间、地点和方式，并在举行听证的七日前，将听证通知书送达当事人。听证通知书应载明下列事项并加盖卫生行政机关印章：①当事人的姓名或者名称；②举行听证的时间、地点和方式；③听证人员的姓名；④告知当事人有权申请回避；⑤告知当事人准备证据、通知证人等事项。

当事人接到听证通知书后，应当按期出席听证会。因故不能如期参加听证的，应当事先告知主持听证的卫生行政机关，并且获得批准。无正当理由不按期参加听证的，视为放弃听证要求，卫生行政机关予以书面记载。在听证举行过程中当事人放弃申辩和退出听证的，卫生行政机关可以宣布听证终止，并记入听证笔录。

卫生行政机关的听证人员包括听证主持人、听证员和书记员。听证主持人由行政机关负责人指定本机关内部的非本案调查人员担任，一般由本机关法制机构人员或者专职法制人员担任。听证员由卫生行政机关指定一至二名本机关内部的非本案调查人员担任。协助

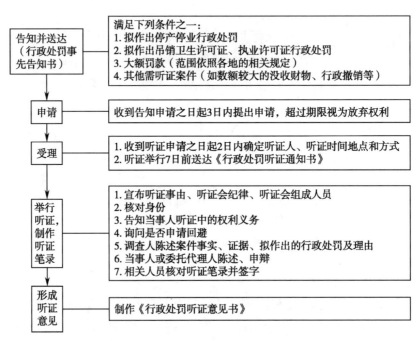

实习图2-2 听证程序

听证主持人组织听证。书记员由卫生行政机关内部的一名非本案调查人员担任，负责听证笔录的制作和其他事务。当事人认为听证主持人、听证员和书记员与本案有利害关系的，有权申请回避。听证员和书记员的回避，由听证主持人决定；听证主持人的回避由听证机构行政负责人决定。

举行听证时，案件调查人提出当事人违法事实、证据和适用听证程序的行政处罚建议，当事人进行陈述、申辩和质证。案件调查人员对认定的事实负有举证责任，当事人对自己提出的主张负有举证责任。听证应当制作笔录，听证笔录应当载明下列事项：①案由；②听证参加人姓名或名称、地址；③听证主持人、听证员、书记员姓名；④举行听证的时间、地点、方式；⑤案件调查人员提出的事实、证据和适用听证程序的行政处罚建议；⑥当事人陈述、申辩和质证的内容；⑦听证参加人签名或盖章。

听证主持人应当在听证后将听证笔录当场交当事人和案件调查人审核，并签名或盖章。当事人拒绝签名的，由听证主持人在听证笔录上说明情况。听证结束后，听证主持人应当依据听证情况，提出书面意见。卫生行政机关应当根据听证情况进行复核，违法事实清楚的，依法作出行政处罚决定；违法事实与原来认定有出入的，可以进行调查核实，在查清事实后，作出行政处罚决定。

（三）卫生行政处罚的简易程序

多数的卫生行政处罚，都适用一般程序。然而，在引起卫生行政处罚的原因情节十分简单、明了或者违法事实清楚、证据确凿情况下，卫生监督人员便可以不必应用一般程序，而采用简易程序，当场作出卫生行政处罚（实习图2-3）。

简易程序是相对于一般程序而言的，不等于没有程序。简易程序的内容在实质上应与一般程序的内容相一致，只是做了一定的简化。卫生行政执法人员当场做出行政处罚决定的，应向当事人出示证件，告知身份、说明理由、制作笔录、决定以及告知申诉和诉讼的权利等，再填写预定格式、编有号码并盖有卫生机关印章的当场行政处罚决定书。

卫生行政机关适用简易程序作出卫生行政处罚决定的，应在处罚决定书中书面责令当事人改正或限期改正违法行为。但当事人提出异议，就应按普遍程序处理，以保障当事人的权利。

一般而言，简易程序的卫生行政处罚包括：

1. 予以警告的行政处罚。

2. 对公民处以50元以下罚款的行政处罚。

3. 对法人或者其他组织处以1000元以下罚款的行政处罚。

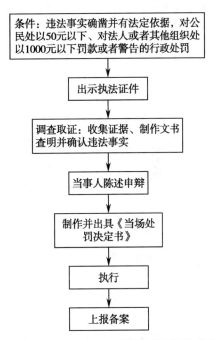

实习图 2-3　卫生行政处罚流程图（简易程序）

（四）行政处罚送达形式

行政处罚决定可采取下列形式送达当事人。

1. 直接送交当事人。

2．挂号邮寄送达。

3．委托近的卫生行政机关代送。

4．公告方式送达，自发出公告之日起，经过60日，即视为送达。

三、行政处罚的执行和结案

卫生行政处罚决定作出后，当事人应当在处罚决定的期限内予以履行。执行应从决定书送达之日起开始，在执行中不得超越或变更卫生行政处罚决定。

1．在规定的期限内，自觉到指定银行交罚款。

2．下面三个原因可以当场收缴罚款　①依法给予二十元以下罚款的；②不当场收缴事后难以执行的；③在边远、水上、交通不便地区，当事人向指定的银行缴纳罚款确有困难的，经当事人提出，卫生执法人员可以当场收缴罚款。交罚款后，必须向当事人出具省、自治区、直辖市财政部门统一制发的罚款收据。

当事人在法定期限内不申请行政复议或者不提起行政诉讼又不履行的，卫生行政机关可以采取下列措施：

1．到期不缴纳罚款的每日按罚款数额的百分之三加处罚款。

2．申请人民法院强制执行。

卫生行政处罚实施完毕后，应由承办人制作结案报告，予以结案。并将有关案件材料进行整理装订，归档保存，做到一案一卷。结案卷宗应包括：卷宗封面，应写明被处罚的单位或个人名称及被处罚项目；卷宗的目录，以文书形式或收集先后顺序编号；包括案件立案到结案的内部、外部文书，及各种书证、物证、影音资料等。

第二节　学校卫生监督的典型案例模拟

实习案例2-1　某高校卫生所超出诊疗范围开展执业活动案

（一）案情介绍

2013年3月18日，某市卫生局接到举报，反映"某高校卫生所"存在医疗卫生安全问题。接到举报后卫生监督员到达现场，经检查发现该卫生所《医疗机构执业许可证》正本、副本登记诊疗科目为西医内科、预防保健科、心电诊断专业、中医内科。但在该卫生所一楼诊室的门上贴有"牙科"字样，室内有牙椅、空气压缩机、墙上贴有口腔诊疗项目价格表及标有姓名的使用后的一次性口腔托盘，卫生所仓库内存有使用后的一次性输液器。医生刘某未取得《医师资格证书》《医师执业证书》，护士迟某未取得《护士资格证书》。二人均在该校卫生所口腔科执业3个月。

（二）案件处罚

该高校卫生所超出《医疗机构执业许可证》批准的诊疗科目开展诊疗活动的行为，违反了《医疗机构管理条例》第二十七条的规定；使用后的一次性输液器未及时进行无害化处理的行为违反了《消毒管理办法》第六条第二款的规定；使用非卫生技术人员从事诊疗活动的行为违反了《医疗机构管理条例》第二十八条规定。某市卫生局依法对该高校卫生所做出合计罚款人民币壹万元整的行政处罚。

（三）案件评析

1. 被处罚主体认定准确　《医疗机构管理条例实施细则》第二条明确规定，《医疗机构管理条例》及《医疗机构管理条例实施细则》所称医疗机构，是指经登记取得《医疗机构执业许可证》的机构。卫生监督员现场检查时，该机构出示了《医疗机构执业许可证》，是从事疾病诊断、治疗及保健的一家能独立行使权力、承担民事责任的单位。该案的违法主体为某高校卫生所，其认定准确。

2. "非卫生技术人员"的认定准确　《医疗机构管理条例实施细则》第八十八条对卫生技术人员含义做了明确规定：是指按照国家有关法律、法规和规章的规定取得卫生技术人员资格或者职称的人员。《中华人民共和国执业医师法》规定国家实行医师资格考试制度。也就是说，经国家统一考试取得《医师资格证书》，经注册合格取得《医师执业证书》后方可在医疗机构从事医疗执业活动。《护士执业注册管理办法》第二条规定护士执业注册取得《护士执业证书》后，方可按照注册的执业地点从事护理工作。未经执业注册取得《护士执业证书》者，不得从事诊疗技术规范规定的护理活动。

3. 处罚较为适当　《消毒管理办法》第六条第二款规定医疗卫生机构使用的一次性医疗用品用后，应当及时进行无害化处理。依据《消毒管理办法》第四十五条规定由县级以上地方卫生行政部门责令限期改正，可以处 5000 元以下的罚款。本案所涉及卫生所仓库内存有使用后的一次性输液器未及时进行无害化处理，总重量近 2kg，给予 3000 元的处罚较为适当。

本案需要思考之处：

1. 对某高校门诊部口腔科非卫生技术人员行医没有按照《执业医师法》另案处理，存有遗憾。

2. 本案对无《护士资格证书》的迟某按照《医疗机构管理条例》使用非卫生技术人员处罚，属于法律适用不当，按照新法优于旧法、特别法优于一般法的原则，使用"无《护士资格证书》的迟某"应该按照《护士条例》进行行政处罚。

3. 该高校门诊部口腔科超出登记范围开展诊疗活动与使用非医师从事口腔诊疗活动属于牵连性违法行为，且非法执业 3 个月之久，应就其执业期间诊疗及收入情况进行调查，确定其违法行为及所造成的危害程度，对卫生行政处罚提供有力证据。

（四）思考建议

卫生技术人员的"执业资格"的概念与界定？

执业资格是指专业技术人员依法开展或从事某些专业技术工作所需要的学识、技术和能力的必备标准，具有法律效力。

《医疗机构管理条例实施细则》第八十八条第四款规定："卫生技术人员：是指按照国家有关法律、法规和规章的规定取得卫生技术人员资格或者职称的人员。"

1. 医师执业资格　《中华人民共和国执业医师法》第八条规定："国家实行医师考试制度。医师资格考试分为执业医师资格考试和执业助理医师资格考试"。第十三条规定："国家实行医师注册制度。取得医师资格的，可以向所在地县级以上人民政府卫生行政部门申请注册"。第十四条规定："医师经注册后，可以在医疗、预防、保健机构中按照注册的执业地点、执业类别、执业范围从事执业，从事相应的医疗、预防、保健业务。未经医师注册取得执业证书，不得从事医师执业活动。"

依照上位法优于下位法的原则。医师执业资格应当按照《中华人民共和国执业医师法》

的要求给予认定：依法取得执业医师资格或执业助理医师资格，经注册取得执业证书。即同时具备"医师资格证书"和"医师执业证书"的人员方可认定为医师。

2. 护士执业资格　《护理条例》第二条规定："本条例所称护士，是指经执业注册取得护士执业证书，依照本条例规定从事护理活动，履行保护生命、减轻痛苦、增进健康职责的卫生技术人员。"

护士执业资格应当按照《护士条例》的要求予以认定：只有经执业注册取得护士执业证书才具备护士执业资格。

3. 医学检验人员　《关于医师执业注册中执业范围的暂行规定》：临床类别（10）、医学检验、病理专业。

《医疗机构临床实验室管理办法》第十二条规定："医疗机构临床实验室专业技术人员应当具有相应的专业学历，并取得相应专业技术职务任职资格。二级以上医疗机构临床实验室负责人应当经过省级以上卫生行政部门组织的相关培训。"

结合《医疗机构管理条例实施细则》和上述规章规定，临床检验人员的"执业资格"适用"资格"与"职称"选择认定原则，即无论是取得"执业医师（医学检验）"或者取得"临床检验职称"均视为具有合法"执业资格"。

4. 药学人员　《执业药师资格制度暂行规定》（1999年4月1日人事部、原国家药品监督管理局人发〔1999〕34号发布）第三条规定："执业药师是指经全国统一考试合格，取得《执业药师资格证书》并经注册登记，在药品生产、经营、使用单位中执业的药学技术人员。"

《中华人民共和国药品管理法》第二十二条规定："医疗机构必须配备依法经过资格认定的药学技术人员。非药学技术人员不得直接从事药剂技术工作。"

《处方管理办法》第六十一条规定："本办法所称药学专业技术人员，是指按照卫生部《卫生技术人员职务试行条例》规定，取得药学专业技术职务任职资格人员，包括主任药师、副主任药师、主管药师、药师、药士"。第二十九条规定："取得药学专业技术职务任职资格的人员方可从事处方调剂工作"。第四十九条规定："未取得药学专业技术职务任职资格的人员不得从事处方调剂工作。"

结合《医疗机构管理条例实施细则》和上述法规规定，药学专业技术人员的"执业资格"仍适用"资格"与"职称"选择认定原则，即无论是取得"执业药师"或者取得"药学专业职称"均视为具有合法"执业资格"。

实习案例2-2　某学校未取得卫生许可证擅自供应管道直饮水案

（一）案情介绍

2013年6月27日16时，某市卫生局卫生监督员在该市××区××路88号某大学进行日常卫生监督检查发现：在综合教学楼一楼设有直饮水机房，该机房向综合教学楼内的教职员工和学生提供直饮水，抽查了此楼内×、××号教室均设有直饮水终端饮水装置。直饮水机房面积24平方米，在其内设有一套×××牌kzy—500型反渗透水处理设备、洗手盆一个、换气扇一台、紫外线杀菌灯一盏。对供水现场分别拍照，共4张。学校现场提供了这套直饮水水质处理设备、管道及饮水终端卫生许可批件。此机房是2013年5月设置安装供水的，但未办理管道直饮水卫生许可证，也无水质消毒记录和水质检测报告。某市卫生局2013年6月28日予以立案。

根据现场收集的证据：现场笔录、对供水现场的拍照、某大学组织机构代码证复印件、某大学法定代表人王某的身份证复印件、对该大学后勤处负责人何某的询问笔录等，再通过对学校综合教学楼三楼教研室老师李某、201204班学生肖某以及供水人员刘某关于饮水情况的询问，并制作了询问笔录，进一步证实了该大学未办理卫生许可证擅自设置安装直饮水机并向综合教学楼内的教职员工、学生供水的事实。同时查证供水人员刘某持有效体检合格证和卫生知识培训合格证上岗。

（二）案件处理

制水设施运转是否正常，直接影响供水水质，如果水质不能保证，对教职员工和学生可能造成危害后果。因此，某大学未取得有效卫生许可证而擅自向学生供水的行为属于严重违法行为，违反了《生活饮用水卫生监督管理办法》第四条："国家对供水单位和涉及饮用水卫生安全的产品实行卫生许可制度"的规定。2013年7月3日经某市卫生局合议委员会合议决定，依据《生活饮用水卫生监督管理办法》第二十六条第一款第（三）项的规定，责令该大学在30日内改正违法行为，并给予罚款人民币3000元的行政处罚，下达《行政处罚事先告知书》。

该大学承认了违法事实，在规定时限内放弃了陈述和申辩。该市卫生局于2013年7月18日将《行政处罚决定书》送达到该大学后勤处。该市卫生局卫生监督员于7月25日到该大学对供水情况进行核查，该大学已经办理了卫生许可证并履行了行政处罚决定，于7月28日结案。

（三）案件评析

1. **违法主体认定**　该大学的组织机构代码证证实了其具有独立法人资格，本案的被处罚主体就是大学。

2. **违法事实认定**　某大学未办理卫生许可证擅自为教职员工和学生提供管道直饮水的行为。

3. **证据确凿**　从管道直饮水设置现场笔录、照片、管道直饮水管理人员以及饮用水使用者的询问笔录均证实了该大学未办理卫生许可证擅自为教职员工和学生提供管道直饮水的事实。（调查取证：①现场检查笔录1份，2013年6月27日。②询问笔录4份，2013年6月27日，对该大学后勤处负责人何某的询问笔录1份。2013年6月28日对该大学综合教学楼三楼教研室李某、201204班学生肖某以及供水人员刘某制作了询问笔录各一份。③组织机构代码复印件。④现场照片4张。）

4. **适用法律正确**　该大学未办理卫生许可证擅自为教职员工和学生提供管道直饮水的行为，违反了《生活饮用水卫生监督管理办法》第四条（国家对供水单位和涉及饮用水卫生安全的产品实行卫生许可制度）的规定，依据《生活饮用水卫生监督管理办法》第二十六条第一款第（三）项供水单位未取得卫生许可证而擅自供水"，县级以上地方人民政府卫生行政部门应当责令期限改进，并可处以20元以上5000元以下的罚款。

5. **争议要点**　本案争议的要点是管道直饮水是否属于《生活饮用水卫生监督管理办法》调整范围。《卫生部关于分质供水卫生许可证发放问题的批复》明确：分质供水是集中供水的一种形式，应当属于供水单位卫生许可范围。根据以上批复，管道分质供水应当依法取得供水单位卫生许可证后方可供水，同时依法履行供水安全的相关法律责任。据此本案依据《生活饮用水卫生监督管理办法》处理，法律适用正确。

6. 裁量公正　合议裁量时,除了依据《生活饮用水卫生监督管理办法》第二十六条第一款第(三)项外,还参照了《某省卫生行政处罚裁量权基准(试行)》第十二节"《生活饮用水卫生监督管理办法》行政处罚裁量权基准之二的第二十六条的行政处罚裁量权基准第一款第(三)项处罚基准:由县级以上地方人民政府卫生行政部门责令限期改正,处3000元以上5000元以下罚款。"的规定,对该大学给予本项最低限额度3000元的行政处罚,此行政处罚公正,适当。

7. 程序合法　本案发现违法事实及时立案,依照行政处罚的程序和时限办理此案。该大学具有法人资格,因此,本案对该大学给予的3000元行政处罚,不属于听证范畴,某市卫生局卫生监督员在进行案件调查办理时,按照行政处罚一般程序,书面告知了当事人有申请回避、陈述、申辩的权利。当事人放弃了陈述和申辩。在送达《行政处罚决定书》之时,书面告知了如不服行政处罚决定,可在收到《行政处罚决定书》之日起60日内,依法申请行政复议,也可在3个月内依法提起行政诉讼。该案程序合法。

(四)思考建议

本案案情较简单,违法事实、性质与情节认定清楚,表述准确。在案件的处理过程中主要证据具有真实性、关联性和合法性,实施行政处罚有明确有效的法律依据,行政处罚种类和幅度符合法律、法规、规章以及规范行政处罚自由裁量权基准的规定。

实习案例2-3　某小学教室人均面积不符合国家标准案

(一)案情介绍

2014年10月24日,某市卫生监督所2名卫生监督员到某小学进行现场监督检查,同时跟随疾控中心学校卫生专业的检测人员,经现场检测计算,得出该小学二年三班人均面积为1.08平方米,监督人员依据《学校卫生工作条例》第六条第一款和第三十三条规定,当场予以警告的行政处罚决定。

(二)处罚依据和标准

1. 条例　《学校卫生工作条例》第六条第一款规定,学校教学建筑、环境噪声、室内微小气候、采光、照明等环境质量以及黑板、课桌椅的设置应当符合国家有关标准。依据《学校卫生工作条例》第三十三条规定,违反本条例第六条第一款、第七条和第十条规定的,由卫生行政部门对直接责任单位或者个人给予警告并责令限期改进。情节严重的,可以同时建议教育行政部门给予处分。

2. 相应的部门工作规范　《学校卫生监督工作规范》第九条教学、生活环境卫生监督内容:①教室人均面积、环境噪声、室内微小气候、采光、照明等卫生质量情况……;第十条教学、生活环境卫生监督方法:①测量教室人均面积;检查教室……

3. 国家有关标准　《国家学校体育卫生条件试行基本标准》中规定"普通教室人均使用面积:小学不低于1.10平方米,中学不低于1.12平方米。"中小学校设计规范(GB 50099—2011)中规定普通教室使用面积指标,小学1.36(m^3/每座),中学1.39(m^3/每座)。

(三)案件评析

1. 处罚主体明确,事实清楚,适用法律正确。

2. 疾控中心是具有GMA资质认定的检验机构,监测报告具有可信性和合法性。

3. 处罚执行了简易程序,警告是当场行政处罚的一种。

实习案例 2-4　某学校教学室照明不符合国家有关标准案

（一）案情介绍

2014 年 9 月 10 点 15 分，某市某区卫生监督所张某、李某监督员对辖区内的某公立小学开展日常卫生监督检查发现：一年一班、一年二班等 24 间教室室内照明灯管方向相对黑板按平行布置，并为非控照式灯具。监督员对现场进行了拍照取证，当场制作了现场询问笔录和卫生监督意见书，陪同检查的副校长王五认同并签字。该校违反了《学校卫生工作条例》第六条第一款"学校教学建筑、环境噪声、室内微小气候、采光、照明等环境质量以及黑板、课桌椅的设置应当符合国家有关标准。"的规定，监督员依据《学校卫生工作条例》第三十三条"由卫生行政部门对直接责任单位或者个人给予警告并责令限期改进。情节严重的，可以同时建议教育行政部门给予行政处分。"给予该学校警告，并立即改正违法行为的当场行政处罚决定。

（二）案件评析

1. 该案案情较为简单。

2. 违法主体明确，为某公立小学。

3. 违法行为认定清楚。"一年一班、一年二班等 24 间教室室内照明灯管方向相对黑板按平行布置，并为非控照式灯具"不符合《国家学校体育卫生条件试行标准》有关规定"教室灯管宜垂直于黑板布置；教室照明应采用配有灯罩的灯具。"

4. 适用法律准确。违反了《学校卫生工作条例》第六条第一款"学校教学建筑、环境噪声、室内微小气候、采光、照明等环境质量以及黑板、课桌椅的设置应当符合国家有关标准。"的规定。依据《学校卫生工作条例》第三十三条"由卫生行政部门对直接责任单位或者个人给予警告并责令限期改进。情节严重的，可以同时建议教育行政部门给予行政处分。"给予该学校警告，并立即改正违法行为的当场行政处罚决定。

5. 法律程序。当场处罚程序，又称简易程序，相对普通程序（或一般程序）而言的程序，其主要针对违法事实清楚、证据确凿、情节简单、因果关系明确的违法行为，其主要特点在于"当场决定并当场处罚"。

根据《行政处罚法》第三十三、第三十四条的规定，执法人员当场作出行政处罚决定的，应当遵循以下程序：

1. 违法事实确凿并有法定依据，对公民处以五十元以下、对法人或者其他组织处以一千元以下罚款或者警告的行政处罚的，可以当场作出行政处罚决定。

2. 向当事人出示执法身份证件。

3. 填写预定格式、编有号码的行政处罚决定书。

4. 把行政处罚决定书当场交付当事人。行政处罚决定书应当载明当事人的违法行为、行政处罚依据、罚款数额、时间、地点以及行政机关名称，并由执法人员签名或者盖章。

5. 执法人员作出的行政处罚决定，必须报所属行政机关备案。

（三）思考建议

1.《学校卫生工作条例》由 1990 年 4 月 25 日国务院批准，1990 年 6 月 4 日国家教育委员会令第 10 号、原卫生部令第 1 号发布，距今已有 25 年，其规定的内容不够全面，处罚力度明显不足，已经不适应当前学校卫生监督工作的实际需要。

2.《学校卫生工作条例》中由卫生行政部门实施的行政处罚种类仅局限于"警告、责令整改"，往往在实际工作中都会忽视"警告"这种行政处罚的使用，监督员发现违法行为时下达《卫生监督意见书》，来代替"警告"的《行政处罚决定》。

3. 学校卫生工作涉及的规范、标准较多，使用时一定要注意规范、标准的适用性问题。

实习案例 2-5 某高校发生饮用水污染事件案

（一）案情介绍

×年×月×日，某地卫生计生委接到举报电话，反映该地某高校学生陆续出现了呕吐、腹泻症状，而且人数在不停增加。卫生计生委迅速通知卫生监督所，组成联合调查组，对某高校生活饮用水卫生安全问题进行全面检查。通过实地检查，发现：该校给学生宿舍提供的生活饮用水供水系统是二次供水，距离二次供水 9 米处，刚刚建有一个化粪池，监督员现场检查，发现化粪池有渗漏现象。卫生监督员立即采取控制措施，对二次供水进行了抽检。

（二）案例思考

1. 联合调查组赶赴现场后应立即采取哪些有效措施？

2. 学校二次供水卫生的监督管理措施有哪些？

（三）处置过程

1. 联合调查组赶赴现场，立即采取的措施有　①立即关停井水的使用；②公告住校学生不得饮用学生宿舍楼供水；③在查明原因之前学校须保证供应学生饮用符合国家卫生标准的饮用水；④密切观察师生胃肠道患病情况，发现异常立即报告、救治。

2. 对学校二次供水卫生的监督管理措施　学校要做到：①加强对饮用水卫生安全工作的重视和管理。建立学校饮用水卫生安全校长责任制，建立和完善卫生管理制度，要配备专兼职管理人员，落实各项措施。②加强对学校新建、改建和扩建饮用水建设工程的卫生审查和监督。卫生监督部门必须参加二次供水设施的设计审查、竣工验收和水质监测（二次供水设施卫生规范全项指标），合格方能投入使用。③加强对卫生防护设施的监管。蓄水池周围 10 米内不得有渗水坑和堆放垃圾等污染源，水箱周围 2 米内不得设有污水管线及污染物；低位蓄水池进出口要加盖上锁，设置通风口，且要安装防尘、防昆虫网；高位水箱要专用，门要上锁，窗户要严密，昆虫及鼠、鸟类不能进入；蓄水池、水箱的材质和内壁涂料应无毒无害，不影响水的感官性状；设施不得与市政供水管道直接联通，不得与非饮用水管道连接。④监督监测频率。学校每年应对设施进行一次全面清洗，消毒，并对水质进行检验，及时发现和消除污染隐患。⑤督促学校建立二次供水管理档案。内容包括：水质监测记录和检测报告；涉水产品索证材料包括：水箱、管材、防腐涂料、消毒药物、消毒设备；直接从事供、管水人员健康体检、卫生知识培训材料及清洗消毒人员健康体检情况；水箱或蓄水池清洗消毒记录、日常自检记录等；水质检验人员资质或委托检验合同；水处理生产流程、管网分布平面图等材料。

【典型案例讨论】

×年×月×日，张某、李某两名卫生监督员对某农村小学的教学环境进行监督检查，现场情形描述如下：

该学校×年×班教室：长 8 米、宽 5 米，入户门在教室北侧，黑板位于教室东侧，教室南北侧设有采光窗。实际上课学生数为 38 名,教室仅有 1 盏照明用钨丝灯泡位于顶棚中央,灯具距桌面的悬挂高度为 1.8 米;教室内课桌椅均为完全一样的破旧的木质课桌椅;教室墙壁进行白色粉刷,年久略显黄色。教室黑板为 0.9m×3,6m,黑板下缘距离地面 0.85 米,讲台桌面距离教室地面的高度为 1.2 米,教室前排课桌前缘与黑板距离 2.1 米。

　　问 1:该校哪些情形违反了《学校卫生工作条例》第六条第一款的要求,请分别指出,并提出监督意见以及监督意见的依据。

　　问 2:是否可对该校进行行政处罚? 如果可以写出处罚依据及具体处罚条款。

(刘金东)

实习三 学校卫生监督相关检验技术

学校是学生重要的学习和生活场所，它在建筑和设备方面是否符合卫生学要求，将直接影响到学生的健康、生长发育及学习效果。因此，应该根据国家有关法规和卫生标准，对学校进行卫生监督、监测和评价，以便督促学校进行改进，使得相关指标达到相关标准卫生要求。学校卫生监测主要包括教学环境、校内公共场所、生活饮用水卫生监测。

一、一般状况调查

通过问卷调查、现场调查、实地核实等方法了解学校一般情况。调查内容主要包括：学校名称、年级、班级、学生人数、教室卫生（楼层、方位、毗邻等）；教室的长、宽、净高、面积和容积；教室的教学设备（黑板、课桌椅、多媒体等）、生活设施（清洁柜、挂衣钩等）、通风换气和采暖降温等设备设置和使用情况。

二、教学环境中几个常用指标的测量方法

（一）人均面积

1. 仪器设备　使用激光测距仪或钢卷（直）尺进行现场测量。
2. 检测方法　在抽样教室中测量教室面积及学生人数，分别计算各教室的人均面积。

测量教室边长并计算教室面积。异型教室不能舍弃不规则边角的面积，测量时应在原始记录中附草图，标注各部分测量值，并注明计算方法。测量教室面积时，应注意激光测距仪本身长度对测量数据的影响。

学生人数的统计应以班级内实有学生人数计算。通过核实花名册、询问学生和老师，确定班级实有学生数。不能单纯把检测当天教室内座位数、学生数作为学生人数。应注意，不能把有本校学籍但到其他学校借读的学生计入本班级学生人数，也不能遗漏有外校学籍但在本班借读的学生。

人均面积的计算公式：按实习式（3-1）计算。

$$S_1 = S_2 / a \hspace{4cm} \text{实习式（3-1）}$$

式中：

S_1——人均面积；

S_2——被测教室面积；

a——该教室学生人数。

（二）采光

1. 窗地面积比的测量和计算　用尺测量并计算教室中直接透光窗的窗洞面积和地板的面积，窗洞总面积和地面面积的比即窗地面积比。计算过程中，按教室窗洞总面积为 1，求出与地板面积的比例，以 1 比多少来表示。

比如，某教室直接透光窗的窗洞总面积为 8.5m^2，地面积为 54.0m^2，则窗地面积比 = 8.5/54.0 = 1/6.4，故该教室的窗地面积比为 1∶6.4。

测量过程中要注意，教室直接透光窗是指自然采光光线能通过玻璃直接摄入教室的窗户，面向楼道且不能获得自然采光的通风窗、观察窗不能计入直接透光窗。

2. 采光系数的测量　使用（光）照度计和激光测距仪或钢卷（直）尺对采光系数进行现场检测。照度计的量程下限不大于 1lx，上限不小于 5000lx；示值误差不超过 ±8%。

（1）检测要求

1）检测时的天空条件可以为全阴天，也可以为晴天。

2）一般选择当地时间上午 10 时至下午 2 时，一天内照度相对稳定的时间内进行测量。

3）操作人员应着深色衣服，并远离接收器，以防止对接收器产生遮挡和反射。

4）测量室内照度时，应熄灭人工照明。

5）测量前接收器需曝光 2 分钟。

6）室外照度与室内照度的测量应同时进行。

（2）检测方法

1）室内照度的测定：选择教室内光线最差的课桌面测量照度。用中心布点法，将教室划分成 2m×2m 的矩形网格，在每个矩形网格中心点用照度计测量课桌面照度，每个测量点测量 1 次。单侧采光时应在距内墙 1m 处设测点，双侧采光时应在教室横剖面中间设测点。取室内桌面照度的最低值为室内照度值。

2）室外照度的测定：全阴天时，选择周围无遮挡的空地作为测量点位置，距离应大于教学楼高度的 6 倍，避免阳光直射；晴天时，测量室外水平面天空光照度时，应使用表面涂黑的遮光球或遮光板（直径为 8cm）挡住直射光线，使照度计接收器刚好完全处于阴影之中，遮光球或遮光板与照度计接收器距离应大于 0.5m，测量点位置同样应大于教学楼高度的 6 倍。在测量室内照度前后各测量一次室外照度，取平均值作为室外照度值。

3）计算公式：按实习式（3-2）计算。

$$X_1 = E_{室内}/E_{室外} \qquad\qquad 实习式（3-2）$$

X$_1$——教室采光系数；

E$_{室内}$——室内照度（lx）；

E$_{室外}$——室外照度（lx）。

3. 侧（后）墙反射比的测量　使用（光）照度计和激光测距仪或钢卷（直）尺进行现场检测。

（1）检测要求：同采光系数。

（2）检测方法：选择不受光直接照射的被测墙面，将墙壁分左、中、右，取 3 个点，选左、右墙壁，离其相邻墙面相接 10～20cm 为测点，将照度计接收器感光面朝上，置于测点，测其入射照度，然后将接收器感光面对准同一被测表面的原来位置，逐渐平移离开，待照度稳定后，读取反射照度。

计算公式：按实习式(3-3)计算

$$X_2 = E_{反射} / E_{入射} \qquad \text{实习式(3-3)}$$

X_2——反射比；

$E_{反射}$——反射照度(lx)；

$E_{入射}$——入射照度(lx)。

以三个测定点的平均反射比为代表值。

（三）照明

教室照明主要检测指标有黑板表面平均照度和照度均匀度、课桌面平均照度和照度均匀度。

1. 黑板表面平均照度和照度均匀度

（1）仪器设备：同采光系数测量。

（2）检测要求：开展教室照明检测时应做到以下3点：

1）应在没有天然光和其他非被测光源影响下进行，白天测量时应采取厚窗帘、遮光板等措施有效遮蔽天然光。

2）现场白炽灯和卤钨灯累积燃点时间需在50小时以上，并在至少点燃15分钟后进行测量。

3）操作人员应着深色衣服，并远离接收器，以防止对接收器产生遮挡和反射。

（3）检测方法：

1）使用钢卷尺将黑板划分0.5m×0.5m的矩形网格，在每个网格中心点用照度计测量照度，每个测定点测量2～3次，取平均数作为该测点的照度。

2）依据以下计算公式计算黑板面平均照度和照度均匀度：黑板面平均照度按实习式(3-4)计算。

$$E_{av黑板} = \sum E_{i黑板} / (M_{黑板} \times N_{黑板}) \qquad \text{实习式(3-4)}$$

式中：

$E_{av黑板}$——黑板面平均照度(lx)；

$E_{i黑板}$——黑板面在第i个测点上的照度(lx)；

$M_{黑板}$——黑板纵向测点数；

$N_{黑板}$——黑板横向测点数。

黑板面照度均匀度按实习式(3-5)计算。

$$U_{黑板} = \sum E_{min黑板} / E_{av黑板} \qquad \text{实习式(3-5)}$$

式中：

$U_{黑板}$——黑板表面照度均匀度；

$E_{min黑板}$——黑板面测定点最小照度(lx)；

$E_{av黑板}$——黑板表面平均照度(lx)

2. 课桌面平均照度、课桌面照度均匀度

（1）仪器设备：同采光系数测量。

（2）检测要求：同黑板表面平均照度，黑板表面照度均匀度。

（3）检测方法：

1）从第一排课桌前缘开始（最前排课桌的前沿与前方黑板的水平距离不宜小于 2.2m），用中心布点法，将教室划分成 2m×2m 的矩形网格，在每个矩形网格中心点用照度计测量课桌面照度，每个测量点测量 2～3 次，取平均数作为该测点的照度。

2）课桌面平局照度和照度均匀度的计算公式如下：课桌面平均照度按实习式(3-6)计算。

$$E_{av课桌} = \sum E_{i课桌} / (M_{教室} \times N_{教室}) \qquad 实习式(3-6)$$

式中：

$E_{av课桌}$——课桌面平均照度（lx）；

$E_{i课桌}$——课桌面在第 i 个测点上的照度（lx）；

$M_{教室}$——教室纵向测点数；

$N_{教室}$——教室横向测点数。

课桌面照度均匀度按实习式(3-7)计算。

$$U_{课桌} = \sum E_{min课桌} / E_{av课桌} \qquad 实习式(3-7)$$

式中：

$U_{课桌}$——课桌面照度均匀度；

$E_{min课桌}$——课桌面测定点最小照度（lx）；

$E_{av课桌}$——课桌面平均照度（lx）。

（四）微小气候

1. 室温

（1）仪器设备：使用干湿球温度计/温湿度计/数显温度计进行现场检测。

（2）检测方法：将温度计感温部分挂在教室中部距地面 1m 处，温度计的感温部分与人体的距离不宜小于 0.5m，并应避开直射阳光及其他热辐射源。从放置温度计开始，经过 5 分钟后进行读数。

在开展学校卫生综合评价时，室温测定结果主要反映的是冬季采暖季节供暖情况，因此室温的测定时间为每年冬季，一般在当年 11 月至下一年 1 月，10 时和 14 时各测一次，取平均值作为代表值。

2. 二氧化碳浓度

（1）仪器设备：使用二氧化碳不分光红外线气体分析仪进行现场检测。

（2）检测方法

1）二氧化碳分析仪的启动和校准：

启动和零点校准：仪器接通电源后，稳定 30 分钟～1 小时，将高纯氮气或空气经干燥管和烧碱石棉过滤管后，进行零点校准。

终点校准：用二氧化碳标准气（如 0.5%）连接在仪器进样口，进行终点刻度校准。

零点与终点校准 2～3 次，使仪器处于正常工作状态。

2）采样：

测量点的选择：选取教室中央为测量点，距地面 1.0m 高处作为采样点。

用塑料铝箔复合薄膜采气袋，抽取现场空气冲洗 3～4 次，采气 0.5L 或 1.0L，密封进气口，带回实验室分析。也可以将仪器带到现场间歇进样，或连续测定空气中二氧化碳浓度。

3）样品测定：将内装空气样品的塑料铝箔复合薄膜采气袋连接仪器进气口，表头直接读出二氧化碳浓度值(%)。

如果将仪器带到现场,可间歇进样测定。

(五)噪声

1. 仪器设备 使用积分平均声级计/环境噪声自动监测仪器/普通声级计和激光测距仪/钢卷(直)尺进行现场检测。

2. 检测方法

(1)测定点的选择:选择教室中央为测定点,噪声传声器距地面高1.2m,与操作者距离0.5m左右,距墙壁和其他主要反射面不小于1m。测量条件:周围有上课班级的空教室内,开窗的条件下进行测定。

(2)测定方法:

方法一:使用普通声级计进行现场检测

1)噪声测量时声级计应每隔5秒读一个瞬时A声级,每个测量点要连续读取若干个数据代表该点的噪声分布。

2)在公共场所噪声标准中,规定用等效声级 LAeq 作为评价值。等效声级 LAeq 的计算实习式(3-8)为:

$$L_{Aeq} = 10\lg\left(\sum_{i=1}^{100} 10^{0.1L_{Ai}}\right) - 20 \qquad \text{实习式(3-8)}$$

式中:

L_{Aeq}——等效A声级(dB);

L_{Ai}——第i次测量的A声级(dB)。

方法二:使用积分平均声级计进行现场检测

1)设定测量时间。

2)启动声级计,达到设定好的测量时间后,测量自动结束,存入机内,显示的"××.×"值即为设定时间的Leq值。

(六)课桌椅

1. 仪器设备 学生身高及课桌椅型号测量尺:该尺按课桌和课椅的高度(cm),标有相应的号数,测量时可直接读出被测桌椅号。也可用普通测量尺测量学生身高及课桌椅的高度。

2. 检测方法 在抽样教室中,测量教室内在座学生(随机抽取不少于10名学生)身高及相应课桌椅高度,按照GB/T 3976规定的课桌椅各型号的身高范围进行评价,被测课桌椅号数在使用者身高范围内,则分配符合。

测量时应注意:

(1)学生身高与课桌椅型号测量尺为折叠尺,使用时必须打开呈直线,不能弯曲。

(2)测量学生身高时,应让学生保持正确姿势:立正,上肢自然下垂,足跟并拢、足尖分开呈60度,躯干自然挺直,头部正直,两眼平视前方。

(3)课桌高度测量点:课桌近胸处上缘与地面垂直高度。

(4)课椅高度测量点:课椅座面前缘中点与地面垂直高度。

计算公式:按实习式(3-9)计算

$$M = c/b \times 100\% \qquad \text{实习式(3-9)}$$

式中：

M——课桌或课椅分配符合率；

c——课桌或课椅号与就坐学生身高相符的人数；

b——被测学生人数。

（七）黑板

1. 黑板尺寸　使用激光测距仪或钢卷（直）尺测量黑板的高度与宽度。弧形黑板宽度测量时测量直线距离（即弓弦方向的长度），而不应沿弧形面测量。

2. 黑板反射比

（1）仪器设备：使用（光）照度计进行现场检测。

（2）检测方法：将黑板垂直分成四等份，取三条等分线的中点为测定点。选择不受直接光影响的被测表面位置，将照度计的接收器紧贴黑板选定的测定点，读取照度显示值，此时显示值为入射照度，然后将接收器的感光面对准同一测定点，逐渐平移离开，待读数稳定后，读取照度计显示值，此时显示值为反射照度。

计算公式：按实习式（3-10）计算

$$\rho b = E_{fl} / E_{R1} \qquad\qquad 实习式（3-10）$$

式中：

ρb——黑板反射比；

E_{fl}——黑板反射照度（lx）；

E_{R1}——黑板入射照度（lx）。

以三个测定点的平均反射比为代表值。

三、生活饮用水快速检测

（一）色度

生活饮用水色度检测采用的是铂-钴标准比色法。

1. 原理　用氯铂酸钾和路滑钴配制成与天然水黄色色调相似的标准色列，用于水样目视比色测定。规定 1mg/L 铂［以 $(PtCl_6)^{2-}$ 形式存在］所具有的颜色作为 1 个色度单位，称为 1 度。即使轻微的浑浊度也干扰测定，浑浊水样测定时需先离心使之清澈。

2. 试剂　铂-钴标准溶液：称取 1.246g 氯铂酸钾（K_2PtCl_6）和 1.0g 干燥的氯化钴，溶于 100ml 纯水中，加入 100ml 盐酸（=1.19g/ml），用纯水定容至 1000ml。此标准溶液的色度为 500 度。

3. 仪器　使用成套高型无色具塞比色管（50ml）、离心机等进行检测。

4. 检测步骤

（1）取 50ml 透明的水样于比色管中。如水样色度过高，可取少量水样，加纯水稀释后比色，将结果乘以稀释倍数。

（2）另取比色管 11 支，分别加入铂-钴标准溶液 0ml，0.50ml，1.00ml，1.50ml，2.00ml，2.50ml，3.00ml，3.50ml，4.00ml，4.50ml 和 5.00ml，加纯水至刻度，摇匀，配制成色度为 0 度，5 度，10 度，15 度，20 度，25 度，30 度，35 度，40 度，45 度和 50 度的标准色列，可长期使用。

（3）将水样与铂-钴标准色列比较。如水样与标准色列的色调不一致，即为异色，可用文字描述。

5. 计算　按实习式(3-11)计算色度：

$$色度(度) = V_1 \times 500/V \qquad 实习式(3-11)$$

式中：

V_1——相当于铂-钴标准溶液的用量，单位为毫升(ml)；

V——水样体积，单位为毫升(ml)。

（二）浑浊度

生活饮用水浑浊度的测定主要有散射法和目视比浊法两种方法。

1. 散射法——福尔马肼标准

（1）原理：在相同条件下，用福尔马肼标准混悬液散射光的强度和水样散射光的强度进行比较。散射光的强度越大，表示浑浊度越高。

（2）试剂

1）纯水：取蒸馏水经 0.2μm 膜滤器过滤。

2）硫酸肼溶液(10g/L)：称取肼溶液[$(NH_2)_2 \cdot H_2SO_4$，又名硫酸联胺]1g 溶于纯水并于 100ml 容量瓶中定容。

3）环六亚甲基四胺溶液(100g/L)：称取环六亚甲基四胺[$(CH_2)_6N_4$]10g 溶于纯水，于 100ml 容量瓶中定容。

4）福尔马肼标准混悬液：分贝吸取硫酸肼溶液 5ml、环六亚甲基四胺溶液 5ml 于 100ml 容量瓶内，混匀，在 25±3℃放置 24 小时后，假如纯水至刻度。此标准混悬液浑浊度为 400NTU，可使用约 1 个月。

5）福尔马肼浑浊度标准使用液：将福尔马肼浑浊度标准混悬液用纯水稀释 10 倍。此混悬液浑浊度为 40NTU，使用时再根据需要适当稀释。

（3）仪器：散射式浑浊度仪。

（4）检测步骤：根据仪器使用说明进行操作，浑浊度超过 40NTU 时，可用纯水稀释后测定。

（5）计算：根据仪器测定时所显示的浑浊度度数乘以稀释倍数计算结果。

2. 目视比浊法——福尔马肼标准

（1）原理：硫酸肼与环六亚甲基四胺在一定温度下可聚合生成一种白色的高分子化合物，可用作浑浊度标准，用目视比浊法测定水样的浑浊度。

（2）试剂

1）纯水：取蒸馏水经 0.2μm 膜滤器过滤。

2）硫酸肼溶液(10g/L)：称取肼溶液[$(NH_2)_2 \cdot H_2SO_4$，又名硫酸联胺]1g 溶于纯水并于 100ml 容量瓶中定容。

3）环六亚甲基四胺溶液(100g/L)：称取环六亚甲基四胺[$(CH_2)_6N_4$]10.00g 溶于纯水，于 100ml 容量瓶中定容。

4）福尔马肼标准混悬液：分别吸取硫酸肼溶液 5ml、环六亚甲基四胺溶液 5ml 于 100ml 容量瓶内，混匀，在 25±3℃放置 24 小时后，加入纯水至刻度。此标准混悬液浑浊度为 400NTU，可使用约 1 个月。

（3）仪器：成套高型无色具塞比色管，50ml，玻璃质量及直径均须一致。

（4）检测步骤

1）摇匀后洗去浑浊度为 400NTU 的标准混悬液 0ml，0.25ml，0.50ml，0.75ml，1ml，1.25ml，2.50ml，3.75ml 和 5ml 分别置于成套的 50ml 比色管内，加纯水至刻度，摇匀后即得浑浊度为 0NTU，2NTU，4NTU，6NTU，8NTU，10NTU，20NTU，30NTU 和 40NTU 的标准混悬液。

2）取 50ml 摇匀的水样，置于同样规格的比色管内，与浑浊度标准混悬液系列同时摇震均匀后，由管的侧面观察，进行比较。水样的浑浊度超过 40NTU 时，可再用纯水稀释后测定。

（5）计算：浑浊度结果可于测定时直接比较读取，乘以稀释倍数。不同浑浊度范围的读书精度要求见实习表 3-1。

实习表 3-1 不同浑浊度范围的读数精度要求

浑浊度范围 /NTU	读数精度 /NTU
2～10	1
10～100	2
100～400	10
400～700	50
700 以上	100

（三）肉眼可见物

采用直接观察法。

将水样摇匀，在光线明亮处迎光直接观察，记录观察到的肉眼可见物。

（四）pH

国家标准规定的生活饮用水 pH 的检测方法有玻璃电极法和标准缓冲溶液比色法。本节主要介绍玻璃电极法。

1. 原理 以玻璃电极为指示电极，饱和甘汞电极为参比电极，插入溶液中组成原电池。当氢离子浓度发生变化时，玻璃电极和甘汞电极之间的电动势也随着变化，在 25℃ 时，每单位 pH 标度相当于 59.1mV 电动势变化值，在仪器上直接以 pH 的读数表示。在仪器上有温度差异补偿装置。

2. 试剂

（1）苯二甲酸氢钾标准缓冲溶液：称取 10.21g 在 105℃ 烘干 2 小时的苯二甲酸氢钾溶于纯水中，并稀释至 1000ml，此溶液的 pH 在 20℃ 时为 4.00。

（2）混合磷酸盐标准缓冲溶液：称取 3.40g 在 105℃ 烘干 2 小时的磷酸二氢钾和 3.55g 磷酸氢二钠，溶于纯水中，并稀释至 1000ml。此溶液的 pH 在 20℃ 时为 6.88。

（3）四硼酸钠标准缓冲溶液：称取 3.81g 四硼酸钠，溶于纯水中，并稀释至 1000ml。此溶液的 pH 在 20℃ 时为 9.22。

以上三种缓冲溶液的 pH 随温度的变化而稍有变化差异，见实习表 3-2。

3. 仪器

（1）精密酸度计：测量范围 0～14pH 单位，读数精度为小于等于 0.02pH 单位。

（2）pH 玻璃电极。

（3）饱和甘汞电极。

实习表 3-2　pH 标准缓冲溶液在不同温度时的 pH

温度 /℃	标准缓冲溶液, pH		
	苯二甲酸氢钾 标准缓冲溶液	混合磷酸盐 标准缓冲溶液	四硼酸钠 标准缓冲溶液
0	4.00	6.98	9.46
5	4.00	6.95	9.40
10	4.00	6.92	9.33
15	4.00	6.90	9.18
20	4.00	6.88	9.22
25	4.01	6.86	9.18
30	4.02	6.85	9.14
35	4.02	6.84	9.10
40	4.04	6.84	9.07

（4）温度计，0～50℃。

（5）塑料烧杯，50ml。

4. 检测步骤

（1）玻璃电极在使用前应放入纯水中浸泡 24 小时以上。

（2）仪器校正：仪器开启 30 分钟后，按仪器使用说明书操作。

（3）pH 定位：选用一种与被测水样 pH 接近的标准缓冲溶液，重复定位 1～2 次，当水样 pH＜7.0 时，使用苯二甲酸氢钾标准缓冲溶液定位，以四硼酸钠或混合磷酸盐标准缓冲溶液复定位；如果水样 pH＞7.0 时，使用四硼酸钠苯二甲酸氢钾标准缓冲溶液定位，以苯二甲酸氢钾或混合磷酸盐标准缓冲溶液复定位。

如果发现三种缓冲液的定位值不成线性，应检查玻璃电极的质量。

（4）用洗瓶以纯水缓缓淋洗两个电极数次，再以水样淋洗 6～8 次，然后插入水样中，1 分钟后直接从仪器上读出 pH。

甘汞电极内为氯化钾的饱和溶液，当室温升高后，溶液可能由饱和状态变为不饱和状态，故应保持一定量氯化钾晶体。

pH 大于 9 的溶液，应使用高碱玻璃电极测定 pH。

（五）游离余氯

生活饮用水游离余氯的检测方法有 N,N- 二乙基对苯二胺（DPD）分光光度法和 3,3′,5,5′- 四甲基联苯胺比色法。

1. N,N- 二乙基对苯二胺（DPD）分光光度法　本方法适用于经氯化消毒后的生活饮用水及其水源水中游离余氯和各种形态的化合性余氯的测定。本方法最低检测质量为 0.1μg，若取 10ml 水样测定，则最低检测质量浓度为 0.01mg/L。

高浓度的一氯胺对游离余氯的测定有干扰，可用亚砷酸盐或硫代乙酰胺控制反应以除去干扰。氧化锰的干扰可通过做水样空白扣除。铬酸盐的干扰可用硫代乙酰胺排除。

（1）原理：DPD 与水中游离余氯迅速反应而产生红色。在碘化物催化下，一氯胺也能与 DPD 反应显色。在加入 DPD 试剂前加入碘化物时，一部分三氯胺与游离余氯一起显色，通过变换试剂的加入顺序可测得三氯胺的浓度。本标准可用高锰酸钾溶液配制永久性标准系列。

（2）试剂

1）碘化钾晶体。

2）碘化钾溶液（5g/L）：称取 0.50g 碘化钾（KI），溶于新煮沸放冷的纯水中，并稀释至 100ml，储存于棕色瓶，在冰箱中保存，溶液变黄应弃去重配。

3）磷酸盐缓冲溶液（pH: 6.5）：称取 24g 无水磷酸氢二钠（Na_2HPO_4），46g 无水磷酸二氢钾（KH_2PO_4），0.8g 乙二胺四乙酸二钠（Na_2-EDTA）和 0.02g 氯化汞（$HgCl_2$）。依次溶解于纯水中稀释至 1000ml。

4）$HgCl_2$ 可防止霉菌生长，并可消除试剂中微量碘化物对游离余氯测定造成的干扰。$HgCl_2$ 剧毒，使用时切勿入口、接触皮肤和手指。

5）N,N- 二乙基对苯二胺（DPD）溶液（1g/L）：称取 1g 盐酸 N,N- 二乙基对苯二胺 [$H_2N \cdot C_6H_4 \cdot N(C_2H_5)_2 \cdot 2HCl$]，或 1.5g 硫酸 N,N- 二乙基对苯二胺 [$H_2N \cdot C_6H_4 \cdot N(C_2H_5)_2 \cdot H_2SO_4 \cdot 5H_2O$]，溶解于含 8ml 硫酸溶液（1 + 3）和 0.2g Na_2EDTA 的无氯纯水中，并稀释至 1000ml。储存于棕色瓶中，在冷暗处保存。DPD 溶液不稳定，一次配制不宜过多，储存中如溶液颜色变深或褪色，应重新配制。

6）亚砷酸钾溶液（5g/L）：称取 5g 亚砷酸钾（$KAsO_2$）溶于纯水中，并稀释至 1000ml。

7）硫代乙酰胺溶液（2.5g/L）：称取 0.25g 硫代乙酰胺（CH_2CSNH_2），溶于 100ml 纯水中。硫代乙酰胺是可疑致癌物，切勿接触皮肤或吸入。

8）无需氯水：在无氯纯水中加入少量氯水或漂粉精溶液，使水中总余氯浓度约为 0.5mg/L。加热煮沸除氯。冷却后备用。使用前可加入碘化钾，用本标准检验其总余氯。

9）氯标准储备溶液 [$\rho(Cl_2) = 1000\mu g/ml$]：称取 0.8910g 优级纯高锰酸钾（$KMnO_4$），用纯水溶解并稀释至 1000ml。用含氯水配制标准溶液，步骤繁琐且不稳定。经试验，标准溶液中高锰酸钾量与 DPD 和所标示的余氯生成的红色相似。

氯标准使用溶液 [$\rho(Cl_2) = 1\mu g/ml$]：吸取 10ml 氯标准储备溶液，加纯水稀释至 100ml。混匀后取 1ml 再稀释至 100ml。

（3）仪器

1）分光光度计。

2）具塞比色管（10ml）。

（4）分析步骤

1）标准曲线绘制：吸取 0ml、0.1ml、0.5ml、2ml、4ml 和 8ml 氯标准使用溶液置于 6 支 10ml 具塞比色管中，用无需氯水稀释至刻度。各加入 0.5ml 磷酸盐缓冲溶液，0.5ml DPD 溶液，混匀，于波长 515nm，1cm 比色皿，以纯水为参比，测定吸光度，绘制标准曲线。

2）吸取 10ml 水样置于 10ml 比色管中，加入 0.5ml 磷酸盐缓冲溶液，0.5ml DPD 溶液，混匀，立即于 515nm 波长，1cm 比色皿，以纯水为参比，测量吸光度，记录读数为 A，同时测量样品空白值，在读数中扣除。如果样品中一氯胺含量过高，水样可用亚砷酸盐或硫代乙酰胺进行处理。

3）继续向上述试管中加入一小粒碘化钾晶体（约 0.1mg），混匀后，再测量吸光度，记录读数为 B。如果样品中二氯胺含量过高，可加入 0.1ml 新配制的碘化钾溶液（1g/L）。

4）再向上述试管加入碘化钾晶体（约 0.1g），混匀，2 分钟后，测量吸光度，记录读数为 C。

5）另取两支 10ml 比色管，取 10ml 水样于其中一支比色管中，然后加入一小粒碘化钾晶体（约 0.1mg），混匀，于第二支比色管中加入 0.5ml 缓冲溶液和 0.5ml DPD 溶液，然后将此混合液倒入第一管中，混匀。测量吸光度，记录读数为 N。

（5）计算

实习表 3-3　游离余氯和各种氯胺，根据存在的情况计算

读数	不含三氯胺的水样	含三氯胺的水样
A	游离余氯	游离余氯
B–A	一氯胺	一氯胺
C–B	二氯胺	二氯胺 + 50% 三氯胺
N	——	游离余氯 + 50% 三氯胺
2（N–A）	——	三氯胺
C–N	——	二氯胺

根据实习表 3-3 中读数，从标准曲线查出水样中游离余氯和各种化合余氯的含量。

$$\rho(Cl_2) = \frac{m}{V}$$
　　　　　　实习式（3-12）

式中：$\rho(Cl_2)$——水样中余氯的质量浓度，mg/L；

　　　　m——从标准曲线上查得余氯的质量，μg；

　　　　V——水样体积，ml。

（6）精密度和准确度：5 个实验室用本标准测定 0.75mg/L 及 3mg/L 余氯样品，相对标准偏差范围分别为 2.5%～16.9% 及 1%～8.5%。以 0.05mg/L 作加标试验，平均回收率为 97.0%～108%，加标质量浓度为 0.3～0.5mg/L 时，平均回收率为 90.0%～103%；加标质量浓度为 1～3mg/L 时，平均回收率为 94.0%～106%。

2. 3,3′,5,5′- 四甲基联苯胺比色法　本方法适用于经氯化消毒后的生活饮用水及其水源水中总余氯及游离余氯的测定。本方法的最低检测质量浓度为 0.005mg/L 余氯。超过 0.12mg/L 的铁和 0.05mg/L 的亚硝酸盐对本标准有干扰。

（1）原理：在 pH 小于 2 的酸性溶液中，余氯与 3,3′,5,5′- 四甲基联苯胺（以下简称四甲基联苯胺）反应，生成黄色的醌式化合物，用目视比色法定量。本标准可用重铬酸钾溶液配制永久性余氯标准色列。

（2）试剂

1）氯化钾 - 盐酸缓冲溶液（pH 2.2）：称取 3.7g 经 100～110℃ 干燥至恒重的氯化钾，用纯水溶解，再加 0.56ml 盐酸（ρ20 = 1.19g/ml），并用纯水稀释至 1000ml。

2）盐酸溶液（1+4）。

3）3,3′,5,5′- 四甲基联苯胺溶液（0.3g/L）：称取 0.03g 3,3′,5,5′- 四甲基联苯胺（$C_{16}H_2ON_2$），用 100ml 盐酸溶液[$c_{(HCl)}$ = 0.1mol/L]分批加入并搅拌使试剂溶解（必需时可加温助溶），混匀，此溶液应无色透明、储存于棕色瓶中，在常温下可使用 6 个月。

4）重铬酸钾 - 铬酸钾溶液：称取 0.155g 经 120℃ 干燥至恒重的重铬酸钾（$K_2Cr_2O_7$）及 0.465g 经 120℃ 干燥至恒重的铬酸钾（K_2CrO_4），溶解于氯化钾 - 盐酸缓冲溶液中，并稀释至 1000ml。此溶液生成的颜色相当于 1mg/L 余氯与四甲基联苯胺生成的颜色。

5）Na_2EDTA 溶液（20g/L）。

（3）仪器：具塞比色管（50ml）。

（4）分析步骤

1）永久性余氯标准比色管（0.005～1mg/L）的配制。按实习表3-4所列用量分别吸取重铬酸钾-铬酸钾溶液）注入50ml具塞比色管中，用氯化钾-盐酸缓冲溶液稀释至50ml刻度，在冷暗处保存可使用6个月。

实习表3-4　0.005～1mg/L永久性余氯标准的配制

余氯（mg/L）	重铬酸钾-铬酸钾溶液（ml）	余氯（mg/L）	重铬酸钾-铬酸钾溶液（ml）
0.005	0.25	0.40	20.0
0.01	0.50	0.50	25.0
0.03	1.50	0.60	30.0
0.05	2.50	0.70	35.0
0.10	5.0	0.80	40.0
0.20	10.0	0.90	45.0
0.30	15.0	1.0	50.0

注：若水样余氯大于1mg/L时，可将重铬酸钾-铬酸钾溶液的浓度提高10倍，配成相当于10mg/L余氯的标准色，配制成1～10mg/L的永久性余氯标准色列

2）于50ml具塞比色管中，先加入2.5ml四甲基联苯胺溶液（1.2.3.3），加入澄清水样至50ml刻度，混合后立即比色，所得结果为游离余氯；放置10分钟，比色所得结果为总余氯，总余氯减去游离余氯即为化合余氯。

注：a. pH大于7的水样可先用盐酸溶液调节pH为4再行测定。

b. 水样中铁离子大于0.12mg/L时，可在每50ml水样中加1～2滴Na_2EDTA溶液，以消除干扰。

c. 水温低于20℃时，可先温热水样至25～30℃，以加快反应速度。

d. 测试时，如显浅蓝色，表明显色液酸度偏低，可多加1ml试剂，就出现正常颜色。又如加试剂后，出现橘色，表示余氯含量过高，可改用余氯1～10mg/L的标准系列，并多加1ml试剂。

（六）菌落总数

水样中菌落总数指水样在营养琼脂上、有氧条件下、37℃培养48小时后，所得1ml水样所含菌落的总数。池水细菌总数一般采用平皿计数法进行测量。

1. 培养基

（1）营养琼脂：成分包括蛋白胨10g，牛肉膏3g，氯化钠5g，琼脂10g～20g，蒸馏水1000ml。

（2）培养基的制作：将上述成分混合后，加热溶解，调整pH为7.4～7.6，分装于玻璃容器中（如用含杂质较多地琼脂时，应先过滤），经103.43kPa（121℃，15lb）灭菌20分钟，储存于冷暗处备用。

2. 仪器　使用高压蒸汽灭菌器、干热灭菌箱、培养箱（36℃±1℃）、电炉、天平、冰箱、放大镜或菌落计数器、pH计或精密pH试纸、灭菌试管、平皿（ϕ90mm）、刻度吸管、采样瓶等仪器设备进行检测。

3. 检测步骤

（1）以无菌操作方法，用灭菌吸管吸取 1ml 充分混匀的水样，注入灭菌平皿中，倾注约 15ml 已融化冰冷却到 45℃左右的营养琼脂培养基，并立即旋摇平皿，使水样与培养基充分混匀。每次检验时应做一平行接种，同时另用一个平皿只倾注营养琼脂培养基作为空白对照。

（2）待冷却凝固后，翻转平皿，使底面朝上，置于 36℃±1℃培养箱内培养 48 小时，进行菌落计数，即为水样 1ml 中的菌落总数。

4. 菌落计数及报告方法　作平皿菌落计数时，可用眼睛直接观察，必要时用放大镜检查，以防遗漏。在记下各平皿的菌落数后，应求出同稀释度的平均菌落数，供下一步计算使用。在求同稀释度的平均数时，若其中一个平皿有较大片状菌落生长时，则不宜采用，而应以无片状菌落生长的平皿作为该稀释度的平均菌落数。若片状菌落不到平皿的一半，而其余一半中菌落数分布又很均匀，则可将此半皿计数后乘 2 以代表全皿菌落数。然后再求该稀释度的平均菌落数。

5. 不同稀释度的选择及报告方法

（1）首先选择平均菌落数在 30～300 之间者进行计算，若只有一个稀释度的平均菌落数符合此范围时，则将该菌落数乘以稀释倍数报告之（实习表 3-5 中实例 1）。

（2）若有两个稀释度，其生长的菌落水均在 30～300 之间，则视二者之比值决定，若其比值小于 2 应报告两者的平均数（实习表 3-5 中实例 2）。若其比值大于 2 应报告其中稀释度较小的菌落总数（实习表 3-5 中实例 3）。若其比值等于 2 应报告其中稀释度较小的菌落总数（实习表 3-5 中实例 4）。

（3）若所有稀释度的平均菌落数大于 300，则应按稀释度最高的平均菌落数乘以稀释倍数报告之（实习表 3-5 中实例 5）。

（4）若所有稀释度的平均菌落数小于 30，则应按稀释度最低的平均菌落数乘以稀释倍数报告之（实习表 3-5 中实例 6）。

（5）若所有稀释度的平均菌落数均不在 30～300 之间，则应以最接近 30 或 300 的平均菌落数乘以稀释倍数报告之（实习表 3-5 中实例 7）。

（6）若所用稀释度的平板上均无菌落生长，则以未检出报告之。

（7）若所用稀释度的平板上都菌落密布，不要用"多不可计"报告，而应在稀释度最大的平板上，任意数其中 2 个平板 1cm² 中的菌落数，除 2 求出每平方厘米内平均菌落数，乘以皿底面积 63.6cm²，再乘以其稀释倍数作报告。

实习表 3-5　稀释度选择及菌落总数报告方式

实例	不同稀释度的平均菌落数			两个稀释度菌落数之比	菌落总数/（CFU/ml）	报告方式/（CFU/ml）
	10^{-1}	10^{-2}	10^{-3}			
1	1365	164	20	—	16 400	16 000 或 $1.6×10^4$
2	2760	295	46	1.6	37 750	38 000 或 $3.8×10^4$
3	2890	271	60	2.2	27 100	27 000 或 $2.7×10^4$
4	150	30	8	2	1500	1500 或 $1.5×10^3$
5	多不可计	1650	513	—	513 000	510 000 或 $5.1×10^5$
6	27	11	5	—	270	270 或 $2.7×10^2$
7	多不可计	305	12	—	30 500	31 000 或 $3.1×10^4$

（8）菌落计数的报告：菌落数在 100 以内时按实有数报告，大于 100 时，采用两位有效数字，在两位有效数字后面的数值，以四舍五入方法计算，为了缩短数字后面的零数也可以用 10 的指数来表示（实习表 3-5"报告方式"栏）。

（七）总大肠菌群

总大肠菌群指一群在 37℃培养 24 小时能发酵乳糖、产酸产气、需氧和兼性厌氧的革兰氏阴性无芽胞杆菌。水样中的总大肠菌群的测定采用多管发酵法。

1. 培养基与试剂

（1）乳糖蛋白胨培养液：

1）成分：蛋白胨 10g，牛肉膏 3g，乳糖 5g，氯化钠 5g，溴甲酚紫乙醇溶液（16g/L）1ml，蒸馏水 1000ml。

2）制作：将蛋白胨、牛肉膏、乳糖、氯化钠溶于蒸馏水，调整 pH 为 7.2～7.4，再加入 1ml 16g/L 的溴甲酚紫乙醇溶液，充分混匀，分装于装有倒管的试管中，68.95kPa（121℃，10lb）高压灭菌 20 分钟，储存于冷暗处备用。

（2）二倍浓缩乳糖蛋白胨培养液：按上述乳糖蛋白胨培养液，除蒸馏水外，其他成分分量加倍。

（3）伊红美蓝培养基

1）成分：蛋白胨 10g，乳糖 10g，磷酸氢二钾 2g，琼脂 20～30g，蒸馏水 1000ml，伊红水溶液（20g/L）20ml，美蓝水溶液（5g/L）13ml。

2）制作：将蛋白胨、磷酸盐和琼脂溶解于蒸馏水中，调整 pH 为 7.2，加入乳糖，充分混匀后分装，68.95kPa（115℃，10lb）高压灭菌 20 分钟。临用时加热融化琼脂，冷至 50～55℃，加入伊红和美蓝溶液，混匀，倾注平皿。

（4）革兰氏染色液

1）结晶紫染色液

成分：结晶紫 1g，乙醇（95%，体积分数）20ml，草酸铵水溶液（10g/L）80ml。

制作：将结晶紫溶于乙醇中，然后与草酸铵水溶液混合。

2）革兰氏碘液

成分：碘 1g，碘化钾 2g，蒸馏水 300ml。

制作：先将碘和碘化钾进行混合，加入蒸馏水少许，充分振摇，待完全溶解后，再加蒸馏水。

3）脱色剂：乙醇（95%，体积分数）。

4）沙黄复染液

成分：沙黄 0.25g，乙醇（95%，体积分数）10ml，蒸馏水 90ml。

制作：将沙黄溶于乙醇中，待完全溶解后加入蒸馏水。

5）染色法：将培养 18～24 小时的培养物涂片。将涂片在火焰上固定，滴加结晶紫染色液，染 1 分钟，水洗。滴加革兰氏碘液，作用 1 分钟，水洗。滴加脱色剂，摇动玻片，直至紫色脱落为止，约 30 秒，水洗。滴加复染剂，复染 1 分钟，水洗，待干，镜检。

2. 仪器　使用培养箱（36℃±1℃）、冰箱（0～4℃）、天平、显微镜、平皿（ϕ90mm）、试管、分度吸管（1ml、10ml）、锥形瓶、小导管、载玻片等仪器设备进行检测。

3. 检测步骤

（1）乳糖发酵试验

1）取 10ml 水样接种到 10ml 双料乳糖蛋白胨培养液中，取 1ml 水样接种到 10ml 单料乳糖蛋白胨培养液中，另取 1ml 水样注入 9ml 灭菌生理盐水中，混匀后吸取 1ml（即 0.1ml 水样）注入 10ml 单料乳糖蛋白胨培养液中，每一稀释度接种 5 管。

对已处理过的出水厂自来水，需经检验或每天检验一次的，可直接接种 5 份 10ml 水样双料培养基，每份接种 10ml 水样。

2）将接种管置 36℃±1℃ 培养箱内，培养 24±2 小时，如所有乳糖蛋白胨培养液都不产气产酸，则可报告为大肠菌群阴性；产气产酸者，则按下列步骤进行分离培养和证实试验。

（2）分离培养：将产酸产气的发酵管转种在伊红美蓝琼脂平板上，于 36℃±1℃ 培养箱内培养 18～24 小时，观察菌落形态，挑取符合下列特征的菌落作革兰氏染色、镜检和证实试验。

深紫黑色、具有金属光泽的菌落；

深黑色、不带或略带金属光泽的菌落；

深紫红色、中心较深的菌落。

（3）证实试验：经上述染色镜检为革兰氏阴性无芽孢杆菌，同时接种乳糖蛋白胨培养液，36℃±1℃ 培养箱内培养 24±2 小时，有产酸产气者，即证实有总大肠菌群存在。

4. 结果报告　根据证实为总大肠菌群阳性的管数，查 MPN（最可能数）检索表，报告每 100ml 水样中的总大肠菌群最可能数（MPN）值。五管法结果见实习表 3-6。稀释样品查表后所得结果应乘以稀释倍数。如所有乳糖发酵管均为阴性，可报告总大肠菌群未检出。

实习表 3-6　用 5 份 10ml 水样时各种阳性和阴性结果组合时的最可能数（MPN）

5 个 10ml 管中阳性管数	最可能数（MPN）
0	<2.2
1	2.2
2	5.1
3	9.2
4	16.0
5	>16

四、校内公共场所检测

（一）空气细菌总数

公共场所空气中细菌总数是指公共场所空气中采集的样品，计数在营养琼脂培养基上经 35～37℃、48 小时培养所生长发育的嗜中温性需氧和兼性厌氧菌落的总数。细菌总数的测定一般使用撞击法和自然沉降法两种方法。

1. 撞击法

（1）仪器和设备：使用六级筛孔撞击式微生物采样器、高压蒸汽灭菌器、恒温培养箱、平皿（ϕ 90mm）等仪器设备进行检测。

（2）培养基的成分和制作

1）使用的营养琼脂培养基的成分包括：蛋白胨 10g，氯化钠 5g，肉膏 5g，琼脂 20g，蒸馏水 1000ml。

2）制作：将蛋白胨、氯化钠、肉膏溶于蒸馏水中，校正 pH 为 7.2～7.6，加入琼脂，121℃，20 分钟灭菌备用。

（3）采样

1）采样点：室内面积不足 50m² 的设置 1 个采样点，50～200m² 的设置 2 个采样点，200m² 以上的设置 3～5 个采样点。采样点按均匀布点原则布置，室内 1 个采样点的设置在中央，2 个采样点的设置在室内对称点上，3 个采样点的设置在室内对角线四等分的 3 个等分点上，5 个采样点的按梅花布点原则布置，其他的按均匀布点原则布置。采样点距地面高度 1.2～1.5m，距墙壁不小于 1m。采样点应避开通风口、通风道等。

2）采样环境条件：采样时关闭门窗 15～30 分钟，记录室内人员数量、温湿度和天气状况等。

3）采样方法：以无菌操作，使用撞击式微生物采样器以每分钟 28.3L 流量采集 5～15 分钟。采样器使用按说明书要求进行。

（4）检验：将采集细菌后的营养琼脂平皿置 35～37℃培养 48 小时，菌落计数。

（5）结果报告：采样点细菌总数结果计算：菌落计数，记录结果并按稀释比与采气体积换算成 CFU/m³（每立方米空气中菌落形成单位）。

一个区域细菌总数测定结果：一个区域空气中细菌总数的测定结果按该区域全部采样点中细菌总数测定值中的最大值给出。

2．自然沉降法

（1）仪器和设备：使用高压蒸汽灭菌器、恒温培养箱、平皿（φ90mm）、采样支架等仪器设备进行检测。

（2）培养基的成分和制作：同撞击法。

（3）采样

1）采样点：室内面积不足 50m² 的设置 3 个采样点，50m² 以上的设置 5 个采样点。采样点按均匀布点原则布置，室内 3 个采样点的设置在室内对角线四等分的 3 个等分点上，5 个采样点的按梅花布点原则布置。采样点距地面高度 1.2～1.5m，距墙壁不小于 1m。采样点应避开通风口、通风道等。

2）采样环境条件：采样时关闭门窗 15～30 分钟，记录室内人员数量、温湿度和天气状况等。

3）采样方法：将营养琼脂平板置于采样点处，打开皿盖，暴露 5 分钟。

（4）检验：将采集细菌后的营养琼脂平皿置 35～37℃培养 48 小时，菌落计数。

（5）结果报告：计数每块平板上生长的菌落数，求出全部采样点的平均菌落数，检验结果以每平皿菌落数（CFU/皿）给出。

（二）照度

1．仪器设备　使用（光）照度计和激光测距仪或钢卷（直）尺进行现场检测。照度计的量程下限不大于 1lx，上限不小于 5000lx；示值误差不超过 ±8%。

2．检测点布置

（1）测点数量：整体照明检测时，室内面积不足 50m² 的设置 1 个测点，50～200m² 的设置 2 个测点，200m² 以上的设置 3～5 个测点。

（2）测点位置：整体照明检测时，室内 1 个测点的设置在中央，2 个测点的设置在室内对称点上，3 个测点的设置在室内对角线四等分的 3 个等分点上，5 个测点的按梅花布点原则布置。

如检测的是特殊需要的局部照明时，可测量其中有代表性的一点。如果是局部照明和整体照明兼用的情况下，应根据实际情况合理选择整体照明的灯关关闭还是开启，并在测定结果中注明。

（3）测点距离：测点距地面高度 1～1.5m。

3. 检测方法　光源是白炽灯应开启 5 分钟后、气体放电灯应开启 30 分钟后开始测量。

按仪器使用说明书要求检查调整照度计，将照度计的受光器水平放置待测位置，选择量程并读取照度值。测量过程中，操作人员不可遮挡光线，服装应为深色不反光的材质，以免对测量结果造成影响。

4. 结果计算　一个区域的平均照度以该区域内个测点测量值的算术平均值给出。

（三）噪声

1. 仪器设备　使用数字声级计进行现场检测。数字声级计的测定范围（A 声级）30～120dB，精度为 ±1.0dB。

2. 检测点布置

（1）测点数量：对于噪声源在公共场所外的，室内面积不足 50m² 的设置 1 个测点，50～200m² 的设置 2 个测点，200m² 以上的设置 3～5 个测点。

对于噪声源在公共场所内的，设置 3 个测点。

（2）测点位置：对于噪声源在公共场所外的，室内 1 个测点的设置在中央，2 个测点的设置在室内对称点上，3 个测点的设置在室内对角线四等分的 3 个等分点上，5 个测点的按梅花布点原则布置。

对于噪声源在公共场所内的，在噪声源中心至对侧墙壁中心的直线四等分的 3 个等分点上设置检测点。

（3）测点距离：测点距地面高度 1～1.5m，距墙壁和其他主要反射面不小于 1m。

3. 检测方法　测量前使用校准器对声级计进行校准。测量时声级计可以手持也可以固定在三脚架上，放置于检测点，并尽量减少声波反射影响。

对于稳态声源，用声级计快当读取 1 分钟指示值或平均值，对于脉冲噪声读取峰值和脉冲保持值。对于周期性噪声，用声级计慢档每隔 5 秒读取一个瞬时 A 声级值，测量一个周期。对于非周期非稳态噪声，用声级计慢档每隔 5 秒读取一个瞬时 A 声级值，连续读取若干数据。

4. 结果计算

（1）室内环境噪声为稳态噪声的，声级计指示值或平均值即为等效 A 声级 L_{Aeq}。

（2）室内环境噪声为脉冲噪声的，声级计测得的峰值即为等效 A 声级 L_{Aeq}。

（3）室内环境噪声为周期性或其他非周期非稳态噪声的，等效 A 声级 L_{Aeq} 按实习式（3-8）计算。（见教学环境监测方法噪声检测部分）

（四）室内温度

1. 仪器设备　使用玻璃液体温度计或数显示温度计。

（1）玻璃液体温度计：刻度最小分值不大于 0.2℃，测量精度 ±0.5℃。并配备温度计悬挂支架。由于玻璃的热后效应,玻璃液体温度计零点位置应经常用标准温度计校正,如果零点有位移时,应把位移值加到读数上。

(2)数显示温度计:最小分辨率为 0.1℃,测量精度 ±0.5℃。

2.检测点布置

(1)测点数量:室内面积不足 50m² 的设置 1 个测点,50～200m² 的设置 2 个测点,200m² 以上的设置 3～5 个测点。

(2)测点位置:室内 1 个测点的设置在中央,2 个测点的设置在室内对称点上,3 个测点的设置在室内对角线四等分的 3 个等分点上,5 个测点的按梅花布点原则布置。

(3)测点距离:测点距地面高度 1～1.5m,距墙壁不小于 0.5m,距离热源不小于 0.5m。

3.检测方法

(1)玻璃液体温度计法:将温度计悬挂在测点处,放置 5～10 分钟后读数,读数时先读小数后再读整数。读数时视线应与温度计标尺垂直,水银温度计按凸月面的最高点读数,酒精温度计按凹月面的最低点读数。读数应快速准确,以免人的呼吸气流影响读数的准确性。为防止日光等热辐射的影响,必要时温包需要用热遮蔽。

(2)数显式温度计法:按说明书操作仪器,将温度计探头放置测点处进行读数。待显示器显示的读数稳定后,即可读出温度值。

(五)氯消毒剂中有效氯

对于氯消毒剂中有效氯的测定,国家标准规定使用碘量法。该方法适用于固体或液体含氯消毒剂中有效氯的测定。

1.原理　含氯消毒剂中有效氯在酸性溶液中与碘化钾反应,释放出相当量的碘,用硫代硫酸钠标准溶液滴定,计算有效氯的含量。

2.试剂

(1)碘化钾晶体。

(2)冰乙酸。

(3)硫酸溶液。

(4)淀粉溶液(5g/L):称取 0.5g 可溶性淀粉,用少许纯水调成糊状,边搅拌边倾入 100ml 沸水中,继续煮沸 2 分钟,冷后去上清液备用。

(5)硫代硫酸钠标准溶液(0.1mol/L):称取 26g 硫代硫酸钠及 0.2g 无水碳酸钠,溶于新煮沸放冷的纯水中,并稀释至 1000ml,摇匀。放置 1 周后过滤并标定浓度。

(6)标定:准确称取 3 份 0.11～0.14g 于 120℃干燥至恒重的基准级重铬酸钾至于 250ml 碘量瓶中。于每瓶中加入 25ml 纯水,溶解后加 2g 碘化钾及 20ml 硫酸溶液,混匀,于暗处放置 10 分钟。加 150ml 纯水,用硫代硫酸钠标准溶液滴定,至溶液呈淡黄色时,加 3ml 淀粉溶液。继续滴定至溶液由蓝色变为亮绿色,记录用量 V_1。同时做空白试验,记录用量 V_0。按实习式(3-13)计算硫代硫酸钠标准溶液的浓度。

$$c = m/[(V_1 - V_0) \times 0.04903]　　　　\text{实习式(3-13)}$$

式中:

c——硫代硫酸钠标准溶液的浓度;

m——重铬酸钾的质量,单位为克(g);

V_1——滴定重铬酸钾的硫代硫酸钠标准溶液的体积,单位为毫升(ml);

V_0——滴定空白的硫代硫酸钠标准溶液的体积，单位为毫升（ml）；

0.04903——与1ml硫代硫酸钠标准溶液相当的以克表示的重铬酸钾的质量。

3. 仪器

（1）滴定管，50ml。

（2）碘量瓶，250ml。

4. 检测步骤

（1）将具有代表性的固体样品于研钵中研匀，用碱量法称取1～2g，置于100ml烧杯中。加入少量纯水，将样品调成糊状。将样品全部转移至250ml容量瓶中，加纯水到刻度，混合均匀。

（2）液体样品及可溶性样品可按产品标示的有效氯含量，吸取或称取适量，于250ml容量瓶中稀释至刻度，混合均匀。

（3）于250ml碘量瓶中加入1g碘化钾晶体，75ml纯水，使碘化钾溶解，加入2ml冰乙酸。从容量瓶中吸取25.0ml样品溶液，注入上述碘量瓶中，密塞，加水封口于暗处放置5分钟。

（4）用硫代硫酸钠标准溶液滴定至溶液呈淡黄色时，加入1ml淀粉溶液，继续滴定至溶液蓝色刚消失为止，记录使用量V。

5. 计算　按实习式（3-14）计算含氯消毒剂中有效氯含量。

$$\omega(Cl_2) = (V \times c \times 0.3545 \times 250 \times 100)/(m \times 25) \qquad \text{实习式（3-14）}$$

式中：

$\omega(Cl_2)$——含氯消毒剂中有效氯含量，%；

V——硫代硫酸钠标准溶液的用量，单位为毫升（ml）；

C——硫代硫酸钠标准溶液的浓度，单位为摩尔每升（mol/L）；

0.3545——与1ml硫代硫酸钠标准溶液[$c(Na_2S_2O_3)=1mol/L$]相当的以克表示的有效氯的质量。

m——氯消毒剂的用量，单位为克（g）。

五、食（饮）具消毒效果快速检测

常用的食（饮）具消毒效果快速检测指标为大肠菌群，检测方法为纸片法。

（一）实验耗材

食（饮）具消毒采用专用的大肠菌群快速检验纸片。

（二）采样方法

随机抽取消毒后准备使用的各类食具（碗、盘、杯等），取样量可根据大、中、小不同供餐规模，每次采样6～10件，每件贴纸片两张，每张纸片面积25cm²（5cm×5cm）。用无菌生理盐水湿润大肠菌群检测用纸片后，立即贴于食具内侧表面，30秒后取下，置于无菌塑料袋内。

筷子以5只为一件样品，用毛细吸管吸取无菌生理盐水湿润纸片后，立即将筷子进口端（约5cm）抹拭纸片，每件样品抹拭两张试纸片，放入无菌塑料袋内。

（三）检测方法

将已采样的纸片置于37℃培养箱内，培养16～18小时。若纸片保持紫蓝色不变，为大肠菌群阴性；若纸片变黄并在黄色背景上呈现红色斑点或片状红晕，为大肠菌群阳性。

（段佳丽）

附　录

附录1　突发公共卫生事件相关信息报告卡

初步报告　　　进程报告（次）　　　结案报告

填报单位（盖章）：＿＿＿＿＿＿＿　填报日期：＿＿＿＿年＿＿＿月＿＿＿日

报告人：　　　　　　　　　　联系电话：

事件名称：＿＿＿＿＿＿＿＿＿＿＿＿＿＿＿＿＿＿＿＿＿＿＿＿

信息类别：1. 传染病；2. 食物中毒；3. 职业中毒；4. 其他中毒事件；5. 环境卫生；6. 免疫接种；7. 群体性不明原因疾病；8. 医疗机构内感染；9. 放射性卫生；10. 其他公共卫生突发事件

等级：1. 特别重大；2. 重大；3. 较大；4. 一般；5. 未分级；6. 非突发事件

初步诊断：　　　　　　初步诊断时间：＿＿＿＿年＿＿＿月＿＿＿日

订正诊断：　　　　　　订正诊断时间：＿＿＿＿年＿＿＿月＿＿＿日

确认分级时间：＿＿＿＿年＿＿＿月＿＿＿日　　　订正分级时间：＿＿＿＿年＿＿＿月＿＿＿日

报告地区：　　　省　　　市　　　县（区）

发生地区：　　　省　　　市　　　县（区）　　　乡（镇）

详细地点：＿＿＿＿＿＿＿＿＿＿＿＿＿＿＿＿＿＿＿＿＿＿＿＿

事件发生场所：1. 学校；2. 医疗卫生机构；3. 家庭；4. 宾馆饭店写字楼；5. 餐饮服务单位；6. 交通运输工具；7. 菜场、商场或超市；8. 车站、码头或机场；9. 党政机关办公场所；10. 企事业单位办公场所；11. 大型厂矿企业生产场所；12. 中小型厂矿企业生产场所；13. 城市住宅小区；14. 城市其他公共场所；15. 农村村庄；16. 农村农田野外；17. 其他重要公共场所；

18. 如是医疗卫生机构，则：（1）类别：①公办医疗机构；②疾病预防控制机构；③采供血机构；④检验检疫机构；⑤其他及私立机构；（2）感染部门：①病房；②手术室；③门诊；④化验室；⑤药房；⑥办公室；⑦治疗室；⑧特殊检查室；⑨其他场所；

19. 如是学校，则类别：（1）托幼机构；（2）小学；（3）中学；（4）大、中专院校；（5）综合类学校；（6）其他

事件信息来源：1. 属地医疗机构；2. 外地医疗机构；3. 报纸；4. 电视；5. 特服号电话95120；6. 互联网；7. 市民电话报告；8. 上门直接报告；9. 本系统自动预警产生；10. 广播；11. 填报单位人员目睹；12. 其他

事件信息来源详细：_____

事件波及的地域范围：_____

新报告病例数： 新报告死亡数： 排除病例数：

累计报告病例数： 累计报告死亡数：

事件发生时间： 年 月 日 时 分

接到报告时间： 年 月 日 时 分

首例病人发病时间： 年 月 日 时 分

末例病人发病时间： 年 月 日 时 分

主要症状：1. 呼吸道症状；2. 胃肠道症状；3. 神经系统症状；4. 皮肤黏膜症状；5. 精神症状；6. 其他（对症状的详细描述可在附表中详填）

主要体征：（对体征的详细描述可在附表中详填）

主要措施与效果：（见附表中的选项）

附表：传染病、食物中毒、职业中毒、农药中毒、其他化学中毒、环境卫生事件、群体性不明原因疾病、免疫接种事件、医疗机构内感染、放射卫生事件、其他公共卫生事件相关信息表

注：请在相应选项处画"○"

《突发公共卫生事件相关信息报告卡》填卡说明

填报单位（盖章）：填写本报告卡的单位全称

填报日期：填写本报告卡的日期

报告人：填写事件报告人的姓名，如事件由某单位上报，则填写单位

联系电话：事件报告人的联系电话

事件名称：本起事件的名称，一般不宜超过30字，名称一般应包含事件的基本特征，如发生地，事件类型及级别等

信息类别：在作出明确的事件类型前画"○"

突发事件等级：填写事件的级别，未经过分级的填写"未分级"，非突发事件仅适用于结案报告时填写

确认分级时间：本次报告级别的确认时间

初步诊断及时间：事件的初步诊断及时间

订正诊断及时间：事件的订正诊断及时间

报告地区：至少填写到县区，一般指报告单位所在的县区

发生地区：须详细填写到乡镇（街道），如发生地区已超出一个乡镇范围，则填写事件的源发地或最早发生的乡镇（街道），也可直接填写发生场所所在的地区

详细地点：事件发生场所所处的详细地点，越精确越好。

事件发生场所：在作出明确的事件类型前画"○"如是医疗机构，其类别：选择相应类别，并选择事件发生的部门。

如是学校，其类别：选择学校类别，如发生学校既有中学，又有小学，则为综合类学校，其余类似事件信息来源：填写报告单位接收到事件信息的途径

事件信息来源详细：填写报告单位接收到事件信息的详细来源，机构需填写机构详细名称，报纸注明报纸名称、刊号、日期、版面；电视注明哪个电视台、几月几日几时哪个节

目；互联网注明哪个 URL 地址；市民报告需注明来电号码等个人详细联系方式；广播需注明哪个电台、几时几分哪个节目

事件波及的地域范围：指传染源可能污染的范围

新报告病例数：上次报告后到本次报告前新增的病例数

新报告死亡数：上次报告后到本次报告前新增的死亡数

排除病例数：上次报告后到本次报告前排除的病例数

累计报告病例数：从事件发生始到本次报告前的总病例数

累计报告死亡数：从事件发生始到本次报告前的总死亡数

事件发生时间：指此起事件可能的发生时间或第一例病例发病的时间

接到报告时间：指网络报告人接到此起事件的时间

首例病人发病时间：此起事件中第一例病人的发病时间

末例病人发病时间：此起事件中到本次报告前最后一例病例的发病时间

主要症状体征：填写症状的分类

主要措施与效果：选择采取的措施与效果

附录2　学校卫生综合评价

表 A.1　学校卫生管理监督评价记分表

学校名称：			负责人：	
地址：	联系电话：		评价日期：　年　月　日	

项目 （100分）	评价指标	分值	实际得分	
			单项	合计
突发公共卫生 事件管理 （10分）	建立校长为第一责任人制度	2		
	建立突发公共卫生事件应急处理领导小组	2		
	制定学校突发公共卫生事件应急处理预案	2		
	建立突发公共卫生事件报告制度	1		
	有专职或兼职报告人	1		
	定期（每学期1次）开展防控突发公共卫生事件宣传教育 活动	1		
	每学年开展一次突发公共事件应对演练	1		
	因校方责任发生的其他突发公共卫生事件	※※		
传染病预防 控制管理 （15分）	有校长为第一责任人的传染病预防控制工作小组	2		
	有传染病疫情报告制度	2		
	有专人负责疫情报告	2		
	有晨检制度	2		
	有学生因病缺勤登记、追踪制度和复课证明查验制度	1		
	有新生入学接种卡、证查验制度	1		
	定期（每学期1次）开展预防传染病知识的宣传活动	1		
	寄宿制或600名学生以上非寄宿学校配备卫生专业技术人员； 600名以下非寄宿学校配备保健教师或卫生专业技术人员	2		
	寄宿学校应设立卫生室，非寄宿学校视规模设卫生室或保 健室	2		
	因校方责任发生传染病暴发流行	※※		
常见病与 多发病管理 （10分）	建立学生健康体检档案	2		
	建立体检异常学生登记记录	1		
	建立体检结果向家长反馈制度	1		
	制订学生常见病与多发病防治计划、措施			
	开展预防近视专题宣传活动	1		
	每年实施1次学生健康体检	2		
	定期（每学期1次）开展健康生活方式、营养和慢性病预防 知识教育和宣传活动	1		
	校医院、卫生所、卫生室、医务室有《医疗机构执业许可证》	※		

表A.1给出了学校卫生管理评价项目、评价指标、各项分值和实际得分

表 A.1　学校卫生管理监督评价记分表（续）

学校名称：			负责人：		
地址：		联系电话：	评价日期：　　　年　　月　　日		
项目 （100分）		评价指标	分值	实际得分	
				单项	合计
学校 食品 安全 管理 （20分）	学生食堂 （13分）	餐饮服务许可证有效	※		
		从业人员持健康证明	1		
		从业人员有食品安全知识培训证明	1		
		有各项食品安全管理制度	2		
		食品生产加工条件符合要求	2		
		食（饮）具实施消毒	2		
		食（饮）具消毒情况监测频率符合规定要求（至少1次/月）	1		
		从业人员个人卫生符合要求	1		
		烹饪加工要烧熟煮透（中心温度在70℃以上）	1		
		原料采购、运输和储藏条件符合要求	1		
		有索证索票制度，建立台账	1		
	外供快餐 （2分）	供餐单位食品生产或餐饮服务许可证有效	※		
		包装、运输和分发条件应符合要求	1		
		一次性餐盒符合要求	1		
	超市 （食杂店） （5分）	食品流通许可证有效	※		
		从业人员持健康证明	1		
		从业人员有食品安全知识培训证明	1		
		有食品进货查验记录制度	1		
		按照保证食品安全的要求贮存食品	1		
		不得有变质或超过保质期的食品	1		
	因校方责任发生集体性食品安全事故		※※		
生活饮用水 卫生管理 （10分）		集中式供水依法取得卫生许可证	※		
		二次供水蓄水设施定期（每年1次）清洗、消毒	1		
		分散式供水有卫生安全防护设施并对水质进行消毒	1		
		建立供水卫生管理制度	2		
		涉水产品符合相关卫生要求	2		
		配备专（兼）职供水人员	2		
		水质监测频率符合当地规定要求	1		
		供水人员持健康证明上岗	1		
		供应饮用水水质符合卫生要求	※		
		因校方责任发生校内生活饮用水污染事故	※※		
教室 环境 卫生 管理 （15分）	课桌椅 （3分）	每间教室内最少设2种不同型号的课桌椅	2		
		每人1席	1		
	黑板 （2分）	无破损	1		
		无眩光	1		
	教室采光 （2分）	教室墙壁和顶棚为白色或浅色，窗户为无色透明玻璃	1		
		单侧采光光线应从座位左侧入，双采光主采光窗应设在左侧	1		
	教室照明 （4分）	灯管垂直黑板	2		
		控照式灯具，不宜用裸灯	2		
	微小气候 （2分）	教室应设通气窗，寒冷地区应有采暖设备	2		
	噪声（1分）	教室不受音乐室等外界环境干扰	1		
	监测报告有效		※		
	监测频率符合规定（1次以上/2年）（1分）		1		

表 A.1 给出了学校卫生管理评价项目、评价指标、各项分值和实际得分

表 A.1　学校卫生管理监督评价记分表（续）

学校名称：				负责人：		
地址：			联系电话：	评价日期：　　年　月　日		
项目 （100分）		评价指标		分值	实际得分	
					单项	合计
生活 环境 卫生 管理 （9分）	厕所 （3分）	教学楼每层设厕所，室内厕所有洗手设备		2		
		独立设置的厕所与生活饮用水水源和食堂相距30米以上		※※		
		无蝇、蛆		1		
	学生宿舍 （6分）	男、女生宿舍分区或分单元布置		1		
		不设在地下室或半地下室		1		
		保证学生一人一床		1		
		保证通风良好（寒冷地区宿舍应设有换气窗）		1		
		宿舍内设有厕所、盥洗设施		1		
		有卫生管理制度		1		
公共 场所 卫生 管理 （11分）	公共浴池 （4分）	依法取得卫生许可证		※		
		从业人员有健康证明		1		
		有浴室卫生消毒制度		1		
		监测报告有效		1		
		监测频率（1次以上/年）		1		
	游泳馆 （3分）	依法取得卫生许可证		※		
		建立健全卫生管理制度		1		
		游泳场所的通道及卫生设施应定期消毒、保持清洁、无异味		1		
		监测频率符合规定（1次以上/年）		1		
	体育馆 （2分）	馆内环境清洁卫生、禁止吸烟		1		
		监测频率符合规定（1次以上/年）		1		
	图书馆 （2分）	馆内采用湿式清扫，保持馆内整洁，禁止吸烟		1		
		监测频率符合规定（1次以上/年）		1		
合理缺项项目总分_____分　　管理应得分_____分　　管理实得分_____分　　标化后得分_____分						

注1：※ 为重要指标，若该指标不合格，本项目不得分。

注2：※※ 为关键指标，若该指标不合格，直接评价该校为学校卫生不合格。

注3：教室环境卫生管理项目中各指标得分应为抽样检查教室数的平均分，普通高等院校不参加此项评价。

注4：有合理缺项时，总分中减掉该项目分值后，为应得分。即：管理应得分=100-合理缺项项目总分。如缺少学生宿舍，总分值中应减掉学生宿舍的单项分值。标化后得分=（各项实际得分的总和/应得分）×100。

表 A.1 给出了学校卫生管理监督评价项目、评价指标、各项分值和实际得分

表 A.2　学校卫生监测评价记分表

学校名称：				负责人：		
地址：				联系电话：		
抽样监测教室数：				评价日期：　　　年　　月　　日		

项目 (100分)		评价指标	评分标准	分值	实际得分	
					单项	合计
学校食品安全监测 (食饮具消毒) (10分)		感官指标、理化指标、细菌指标	其中一项指标不合格整项不得分	8		
		监测频率达到至少1次/月		2		
生活饮用水监测 (10分)		细菌总数、总大肠菌群、消毒剂余量、色度、浑浊度、臭和味、肉眼可见物、pH及当地根据水源水质实际情况增加的其他项目	其中一项指标不合格整项不得分	8		
		监测频率符合当地规定要求		2		
教室环境卫生监测 (60分)	人均面积 (10分)	小学≥1.36m²、1.15～1.36m²、<1.15m²	≥1.36m²　得满分 1.15～1.36m²　得5分 <1.15m²　不得分	10		
		中学≥1.39m²、1.22～1.39m²、<1.22m²	≥1.39m²　得满分 1.22～1.39m²　得5分 <1.22m²　不得分			
	课桌椅分配符合率 (10分)	≥80%、79%～40%、<40%	≥80%　得满分 79%～40%　得5分 <40%　不得分	10		
	黑板 (10分)	尺寸≥1m×3.6m(小学) 　　≥1m×4.0m(中学)	弧形黑板的长度按照玄长测量	5		
		下缘与讲台地面的垂直距离0.8～0.9m (小学)、1.0～1.1m(中学)	不在此范围不得分	3		
		反射比0.15～0.2	≥0.2　不得分	2		
	教室采光 (10分)	采光系数≥2.0%	<2.0%　不得分	4		
		窗地面积比≥1:5	<1:5　不得分	4		
		后(侧)墙壁反射比0.7～0.8	<0.7　不得分	2		
	教室照明 (10分)	课桌面照度≥300lx、课桌面照度200～300lx、课桌面照度<200lx	≥300lx　得满分 200～300lx　得3分 <200lx　不得分	5		
		灯桌间距≥1.7m	<1.7m　不得分	2		
		黑板面照度≥500lx	<500lx　不得分	3		
	微小气候 (4分)	二氧化碳≤0.15%	>0.15%　不得分	2		
		室温16℃以上(冬季采暖地区)	<16℃　不得分	2		
	噪声 (4分)	外环境对普通教室产生的噪声≤50dB	>50dB　不得分	2		
		两排教室相对长边距≥25m	<25m　不得分	2		
	监测频率为每2年1次(2分)		一项未测　不得分	2		

表 A.2 给出了学校卫生监测评价项目、评价指标、评分标准、各项分值和实际得分

表 A.2　学校卫生监测评价记分表（续）

学校名称：				负责人：			
地址：				联系电话：			
抽样监测教室数：				评价日期：	年	月	日

项目 （100分）		评价指标	评分标准	分值	实际得分	
					单项	合计
生活环境卫生监测（8分）	厕所（4分）	每蹲位≤40人（男生）	>40人　不得分	1		
		每蹲位≤13人（女生）	>13人　不得分	1		
		0.6米长小便槽≤20人（或20人设1个小便斗）	>20人　不得分	1		
		小学厕所蹲位宽度≤18cm	>18cm　不得分	1		
	学生宿舍（4分）	人均使用面积≥3.0m²	<3.0m²　不得分	2		
		盥洗室门与居室门间距离≤20m	>20m　不得分	2		
公共场所卫生监测（12分）	公共浴池（4分）	池水浊度≤30度、室温25℃、照度≥50lx、二氧化碳≤0.15%	其中一项指标不合格整项不得分	3		
		监测频率1次以上/年		1		
	游泳馆（4分）	池水细菌总数≤1000个/ml、大肠菌群≤18个/L、混浊度≤5度、余氯0.3～0.5mg/L、空气细菌数（撞击法）≤4000CFU/m³、二氧化碳≤0.15%	其中一项指标不合格整项不得分	3		
		监测频率1次以上/年		1		
	体育馆（2分）	可吸入颗粒物≤0.25mg/m³、室内温度≥16℃、空气细菌数（撞击法）≤4000CFU/m³、二氧化碳≤0.15%	其中一项指标不合格整项不得分	1		
		监测频率1次以上/年		1		
	图书馆（2分）	室内温度≥20℃、照度≥300lx、噪声≤50dB、空气细菌数（撞击法）≤2500CFU/m³、二氧化碳≤0.10%	其中一项指标不合格整项不得分	1		
		监测频率1次以上/年		1		

合理缺项项目总分_____分　　监测应得分_____分　　监测实得分_____分　　标化后得分_____分

注1：普通高等学校不参加教室环境卫生监测评价。

注2：有合理缺项时，总分中减掉该项目分值后，为应得分。即：监测应得分＝100－合理缺项项目总分。如缺少学生宿舍，总分值中应减掉学生宿舍的单项分值。标化后得分＝（各项实际得分的总和/应得分）×100。

表A.2给出了学校卫生监测评价项目、评价指标、评分标准、各项分值和实际得分

表 A.3　学校卫生综合评价判定

学校名称		日期	年　月　日
综合评价判定	100×（管理实得分＋监测实得分）/（管理应得分＋监测应得分）＝	等级	

表A.3给出了学校卫生综合评价判定结果和等级

附录3 学校卫生监督被监督单位信息卡

被监督单位(个人):

注册地址:

地址:

行政区划代码:□□□□□□

被监督单位组织机构代码:□□□□□□□□-□

被监督单位经济类型代码:□□

表 号:卫统14表

制表机关:卫生部

批准机关:国家统计局

批准文号:国统制〔2010〕5号

有效期至:2012年

一、基本情况

法定代表人(负责人): 身份证件名称:

证件号码:□□□□□□□□□□□□□□□□□□

学生总数□□□□□□ 其中:男生□□□□□□ 女生□□□□□□

住宿学生数□□□□□□ 教职员工数□□□□□

二、学校类别

1. 初等教育□ 2. 中等教育□ 3. 高等教育□ 4. 其他教育□

三、办学性质

1. 公办□ 2. 民办□ 3. 其他□

四、校内辅助设施数

1. 学生集体食堂□□ 2. 学生宿舍(间)□□□ 3. 洗浴场所□□

4. 学生厕所(蹲位)□□□ 5. 游泳场所□□ 6. 体育馆□□

7. 图书馆(阅览室)□□

五、饮用水

1. 集中式供水□ 2. 二次供水□ 3. 分质供水□ 4. 分散式供水□ 5. 其他□

六、健康管理

1. 校医院(室)、卫生室数□□□ 卫生专业技术人员数□□□□

 保健室数□□□ 保健教师数□□□□

2. 学生体检数□□□□□□

3. 学生健康档案:有□ 无□

4. 学生常见病防治:开展□ 部分开展□ 未开展□

5. 急、慢性传染病、地方病防控:开展□ 未开展□

6. 开设健康教育课:是□ 否□

7. 突发公共卫生事件应急预案:有□ 无□

报告单位: 报告单位负责人:

报 告 人: 报 告 日 期:

附录4　学校卫生监督案件查处信息卡

被查处单位（个人）：

注册地址：

地址：

行政区划代码：□□□□□□

被查处单位组织机构代码：□□□□□□□□-□

被查处单位经济类型代码：□□

表　号：卫统15表

制表机关：卫生部

批准机关：国家统计局

批准文号：国统制〔2010〕5号

有效期至：2012年

一、基本情况

法定代表人（负责人）：_____　身份证件名称：

证件号码：□□□□□□□□□□□□□□□□□□

二、学校类别

1. 初等教育□　2. 中等教育□　3. 高等教育□　4. 其他教育□

三、办学性质

1. 公办□　2. 民办□　3. 其他□

四、案件查处情况

1. 案件来源：

　　（1）在卫生监督检查中发现的□　（2）卫生机构监测报告的□

　　（3）社会举报的□　　　　　　　（4）上级卫生行政机关交办的□

　　（5）下级卫生行政机关报请的□　（6）有关部门移送的□

2. 违法事实：（可多选）

　　（1）学校环境质量以及黑板、课桌椅的设置不符合国家有关标准□

　　（2）学校未按照有关规定为学生设置厕所和洗手设施□

　　（3）寄宿制学校未为学生提供相应的洗漱、洗澡等卫生设施□

　　（4）未为学生提供充足的符合卫生标准的饮用水□

　　（5）学校体育场地和器材不符合卫生和安全要求使学生健康受到伤害□

　　（6）组织学生参加劳动不当致使学生健康受到损害□

　　（7）供学生使用的文具、娱乐器具、保健用品不符合国家有关卫生标准□

　　（8）拒绝或者妨碍学校卫生监督员实施卫生监督□

　　（9）其他违法行为□

3. 处罚程序：（1）简易程序□　（2）一般程序□：听证□

4. 处罚过程：立　案　日　期：□□□□年□□月□□日

　　　　　　　决定书送达日期：□□□□年□□月□□日

5. 行政处罚决定：（可多选）　处罚文号或编号：_____

　　（1）警告□　（2）其他□

6. 行政强制及其他措施:(可多选)(1)责令限期改进□ (2)其他□

7. 行政复议:维持□　撤销□　变更□　限期履行职责□　确认具体行政行为违法□

8. 行政诉讼:驳回□　维持□　撤销□　部分撤销□　变更□　限期履行职责□

9. 结案情况:(1)执行方式:自觉履行□　强制执行□

　　　　　　(2)执行结果:完全履行□　不完全履行□　未履行□

　　　　　　(3)不作行政处罚□

　　　　　　(4)结案日期:□□□□年□□月□□日

五、其他处理情况

移送司法机关□

报告单位:＿＿＿＿＿＿＿＿＿＿＿＿＿＿＿＿　　报告单位负责人:

报　告　人:＿＿＿＿＿＿＿＿＿＿＿＿＿＿＿＿　　报　告　日　期:

附录5　学校卫生被监督单位信息汇总表

填报单位（章）：　　　　统计时限：　　　　单位：　　　　所

学校类别	学校数	教职工数（人）	学生数（人）			住宿学生数	办学性质			校内辅助设施数（个）							饮用水					校医院（室）、卫生室数（个）	卫生专业技术人员（人）	保健室数（个）	保健教师数（人）	学生体检数（人）	健康管理					
			合计	男生	女生		公办	民办	其他	学生集体食堂（间）	学生宿舍（间）	洗浴场所	学生厕所（蹲位）	游泳场所	体育馆	图书馆、阅览室	集中式供水	二次供水	分质供水	分散式供水	其他						有学生健康档案	开设健康教育课	学生常见病防治 开展	学生常见病防治 部分开展	开展急慢性传染病、地方病防控	有突发公共卫生事件应急预案
	(1)	(2)	(3)	(4)	(5)	(6)	(7)	(8)	(9)	(10)	(11)	(12)	(13)	(14)	(15)	(16)	(17)	(18)	(19)	(20)	(21)	(22)	(23)	(24)	(25)	(26)	(27)	(28)	(29)	(30)	(31)	(32)
总计　a																																
初等教育　b																																
中等教育　c																																
高等教育　d																																
其他教育　e																																

填报日期：　　　　填报人员（签字）：　　　　单位负责人（签章）：

附表 6　学校卫生监督案件查处信息汇总表

填报单位（章）:

统计时限:

单位: 件

学校类别	查处案件数 (1)	违法事实* ① (2)	② (3)	③ (4)	④ (5)	⑤ (6)	⑥ (7)	⑦ (8)	⑧ (9)	⑨ (10)	行政强制及其他措施 责令限期改进 (11)	其他 (12)	行政处罚案件数 (13)	结案案件数 (14)	处罚程序 简易程序 (15)	一般程序 (16)	其中:听证 (17)	行政处罚决定 警告 (18)	其他 (19)	行政复议 (20)	行政诉讼 (21)	执行情况 执行方式 自觉履行 (22)	强制执行 (23)	执行结果 完全履行 (24)	不完全履行 (25)	未履行 (26)	不作行政处罚 (27)
总计　a																											
初等教育　b																											
中等教育　c																											
高等教育　d																											
其他教育　e																											

填报人员（签字）:　　　　　　　　　　　单位负责人（签章）:

填报日期:

注：违法事实：①学校环境质量以及黑板、课桌椅的设置不符合国家有关标准；②学校未按照有关规定为学生设置厕所和洗手设施；③寄宿制学校未为学生提供相应的洗漱、洗澡等卫生设施；④未为学生提供足够的符合卫生标准的饮用水；⑤学校体育场地和器材不符合卫生和安全要求使学生健康受到损害；⑥组织学生参加劳动不当致使学生健康受到损害；⑦供学生使用的文具、娱乐器具、保健用品不符合国家有关卫生标准；⑧拒绝或者妨碍学校卫生监督员实施卫生监督；⑨其他违法行为

附录7　学校卫生监督档案参考模板

学校卫生监督档案

学校名称:

主管部门:

建档时间:　　　年　　月　　日

目　录

表1　学校卫生管理基本情况

学校名称：_____

学校地址：_____

联系方式：_____

行政区划代码：□□□□□

学校组织机构代码：□□□□□□□ - □

学校经济类型代码：□□

一、基本情况

　　法定代表人（负责人）：_____　　联系方式：_____

　　主管卫生负责人：_____　　联系电话：_____

　　学生总数：_____　　其中：男生_____　　女生_____

　　住宿学生数：_____　　教职员工数：_____

二、学校类别

　　1. 初等教育□　　2. 中等教育□　　3. 高等教育□　　4. 其他教育□

三、办学性质

　　1. 公办□　　2. 民办□　　3. 其他□

四、校内辅助设施数

　　1. 学生集体食堂_____　　2. 学生宿舍（间）_____　　3. 洗浴场所_____

　　4. 学生厕所（蹲位）_____　　5. 游泳场所_____　　6. 体育馆_____

　　7. 图书馆（阅览室）_____

五、饮用水

　　1. 集中式供水□　　2. 二次供水□　　3. 分散式供水□　　4. 桶装饮用水□

　　5. 其他□

六、健康管理

　　1. 学校保健室数_____　　保健教师数_____

　　2. 学生体检数_____

　　3. 学生健康档案：有□　　无□

　　4. 学生常见病防治：开展□　　部分开展□　　未开展□

　　5. 急、慢性传染病、地方病防控：开展□　　未开展□

　　6. 开设健康教育课：有□　　无□

　　7. 突发公共卫生事件应急预案：有□　　无□

表2　学校饮用水卫生基本情况

一、基本情况

饮用水单位：_____　　地址：_____

饮用水管理负责人：_____　　联系电话：_____

直接供管水人员数：_____　　有体检合格证人数：_____

供水人口数：_____　　卫生许可证：有□　无□

二、供水方式

1．集中式供水：市政□　乡镇□　自建□　　2．二次供水□

3．分散式供水□　　4．桶装饮用水□

三、供水水源类型

江河□　湖泊□　水库□　泉水□　井水□（深度　米）　窖水□　其他□

四、水源防护措施：

五、供水消毒方式

1．氯化消毒□　　2．二氧化氯消毒□　　3．紫外线消毒□　　4．臭氧消毒□

5．机械加药□　　6．人工加药□　　7．不消毒□

六、水质监测

1．本年度是否开展水质监测：是□　否□　　频次：

2．水质监测结果：合格□　不合格□

七、供应学生饮用水

1．开水□　　2．自带水□

3．桶装饮用水□　桶装水生产许可证：有□　无□　　检验报告：有□　无□

八、检验能力

1．检验室：有□　无□　　2．检验员数□□

3．检验内容：

九、饮用水污染事件

本年度是否发生饮用水污染事件：是□　否□

表 3　学校公共场所卫生基本情况

一、基本情况

公共场所单位：_____　　地址：_____

卫生管理负责人：_____　　联系电话：_____

从业人员数：_____　　有健康合格证数：_____

卫生许可证：有□　　无□

二、管理制度

1. 卫生管理制度：有□　　无□

2. 卫生培训考核制度：有□　　无□

3. 公共卫生用品进货索证：有□　　无□

4. 公共场所危害健康事故应急预案或者方案：有□　　无□

三、单位类别

1. 住宿场所□　　　2. 游泳场所□　　　3. 沐浴场所□

4. 美容美发场所□　5. 体育馆□　　　　6. 图书馆□

7. 其他□

四、经营方式

1. 学校自办□

2. 承包经营□　　承包经营单位名称：

五、集中式空调通风系统

1. 有□清洗□消毒□　　2. 无□

六、消毒

1. 顾客用品用具进行　清洗□　消毒□　更换□　检测□

2. 顾客用品用具不进行　清洗□　消毒□　更换□　检测□

七、量化分级

1. A级□　　2. B级□　　3. C级□　　4. 未评级□

八、监测报告

1. 有□份数□，其中合格数□　　2. 无□

九、公共场所发生危害健康事故：是□　　否□

表4　学校传染病防控基本情况

一、基本情况

学校传染病管理机构：＿＿＿＿＿＿＿＿＿＿＿＿＿＿＿＿＿＿＿＿＿＿＿

负责人：＿＿＿＿＿＿＿＿＿＿＿　　联系电话：＿＿＿＿＿＿＿＿＿＿

传染病疫情报告人：＿＿＿＿＿＿　　联系电话：＿＿＿＿＿＿＿＿＿专职□　兼职□

二、管理制度

1. 突发公共卫生事件应急预案：有□　　无□

2. 传染病疫情报告制度和登记记录：有□　　无□

3. 因病缺勤病因追查与登记制度：有□　　无□

4. 病因排查结果登记日志：有□　　无□

5. 晨检记录：有□　　无□

6. 对传染病病愈返校情况进行管理（如提供病愈证明等）：有□　　无□

7. 学生发生传染病后，教室、宿舍及生活场所是否消毒：是□　　否□

8. 有CDC传染病防控工作指导相关记录：有□　　无□

三、健康管理

1. 高等学校：校医院或卫生科　有□　个数□　无□

　　　　　　　校医院设保健科（室）　有□　个数□　无□

　　　　　　　是否有《医疗机构执业许可证》　有□　无□

2. 城市中小学校：卫生室　有□　个数□　无□　专职卫生技术人员　有□　人数□　无□

3. 农村中心小学和中学：专职卫生技术人员　有□　人数□　无□

4. 学生人数不足600人的学校：配备专职或兼职保健教师　有□　人数□　无□

5. 学生健康档案：有□　无□

6. 学生人数：＿＿＿＿＿＿＿＿＿＿＿＿＿　　体检人数：＿＿＿＿＿＿＿＿＿＿

7. 学生常见病防治：开展□　部分开展□　未开展□

8. 开展学生常见病防治项目：＿＿＿流感等＿＿＿

9. 开设健康教育课：是□　否□　频次　□节/（周、二周）

四、学生宿舍及其他卫生设施

1. 学生宿舍：有□　其中，男＿＿间，女＿＿间，合计＿＿间　住宿人数：＿＿无□

2. 经营方式：（1）学校自办□　（2）承包经营□

3. 学校宿舍管理机构：＿＿＿＿＿＿＿＿＿＿＿＿

　　负责人：＿＿＿＿＿＿＿＿＿＿＿　　联系电话：＿＿＿＿＿＿＿＿＿＿

4. 公寓管理人员持有健康合格证明和培训合格证明：是□　否□

5. 建立学生宿舍卫生管理制度（包括通风与消毒）：是□　否□

6. 公用厕所：（1）水冲式厕所（男/女）/　　（2）旱厕　有□　无□

7. 流动洗手设施：有□　无□

表5　学校教学卫生基本情况

一、基本情况

　　学校名称：＿＿＿＿＿＿＿＿＿＿＿＿＿＿＿＿＿＿＿＿＿＿＿＿＿＿＿＿＿

　　学校地址：＿＿＿＿＿＿＿＿＿＿＿＿＿＿＿＿＿＿＿＿＿＿＿＿＿＿＿＿＿

　　主管教学负责人：＿＿＿＿＿＿＿＿＿＿＿　　联系电话：＿＿＿＿＿＿＿＿＿＿＿

二、教学卫生

　　1. 学生每天学习时间：小学□ 小时　中学□ 小时　大学□ 小时

　　2. 教室

　　　　人均使用面积小学≥1.15m² 中学≥1.22m²：是□　否□

　　　　教室前排课桌前缘与黑板应有2m以上距离：是□　否□

　　　　后排课桌后缘距黑板不超过9m：是□　否□

　　　　各列课桌间应有不小于0.6m宽的纵向走道：是□　否□

　　3. 课桌椅

　　　　每间教室内最少设2种不同型号的课桌椅：是□　否□

　　　　每人一席：是□　否□

　　4. 黑板

　　　　尺寸≥1m×3.6m（小学）；≥1m×4.0m（中学）：是□　否□

　　　　完整无破损，无眩光：是□　否□

　　　　下缘与讲台地面的垂直距离（小学）0.8～0.9m；（中学）1.0～1.1m 是：是□　否□

　　　　讲台桌面距教室地面的高度一般为1.2m：是□　否□

　　5. 教室采光

　　　　教室采光玻地比（窗的透光面积与室内地面面积之比）不得低于1∶6：是□　否□

　　　　教室墙壁和顶棚为白色或浅色，窗户为无色透明玻璃：是□　否□

　　　　单侧采光应从座位左侧入，双采光时主采光设在左侧：是□　否□

　　6. 教室照明

　　　　灯管垂直黑板：是□　否□

　　　　采用控照式灯具，没有裸灯：是□　否□

　　　　教室照明配备40瓦荧光灯9盏以上：是□　否□

　　　　灯具距桌面的悬挂高度为1.7～1.9 m：是□　否□

　　　　黑板照明设有40瓦荧光灯2盏，并配有灯罩：是□　否□

　　7. 教室微小气候

　　　　教室设通气窗：是□　否□

　　　　寒冷地区教室有采暖设备，冬季室温≥16℃：是□　否□

　　　　新装修完的教室经过室内空气检测，符合《室内空气质量标准》，并保持通风换气：是□　否□

　　8. 教室噪声

　　　　教室不受音乐室干扰：是□　否□

　　　　教室与铁路的距离不小于300m：是□　否□

　　　　教室不与交通干道、市场、公共娱乐场所毗邻：是□　否□

　　9. 卫生监督机构能够开展学生教室卫生监督监测：是□　否□

填表说明

1. 本档案适用于全省各级各类学校(包括托幼机构)。

2. 各级卫生监督机构负责对辖区内各级各类学校建立监管档案并存档。

3. 各级卫生监督机构应结合当地学校卫生监督管理实际情况建立相应的学校卫生监督档案。

4. 本档案各规范用语同《卫生监督信息报告工作手册》。

参考文献

[1] 季成叶. 儿童少年卫生学. 7版. 北京：人民卫生出版社，2012.

[2] 季成叶. 现代儿童少年卫生学. 2版. 北京：人民卫生出版社，2010.

[3] 马军. 学校卫生学. 北京：高等教育出版社，2010.

[4] 孙长颢，王德才. 卫生监督学实习指导. 北京：人民卫生出版社，2015.

[5] 张欣，庞淑兰. 儿童少年卫生学（案例版）. 北京：科学出版社，2009.

[6] 樊立华. 卫生监督学. 2版. 北京：人民卫生出版社，2013.

[7] 樊立华. 卫生法律制度与监督学. 3版. 北京：人民卫生出版社，2012.

[8] 樊立华. 卫生法规与监督学. 北京：人民卫生出版社，2006.

[9] 兰娟. 传染病学. 8版. 北京：人民卫生出版社，2013.

[10] 陈焱. 卫生监督理论与实践. 北京：科学技术文献出版社，2011.

[11] 陈锐. 卫生计生综合监督执法技术指南. 北京：中国协和医科大学出版社，2016.

[12] 阚学贵. 食品卫生监督. 北京：法律出版社，2007.

[13] 王苏阳，薛晓林，陈锐. 基层复合型卫生计生监督人才培训课程规划书. 北京：中国协和医科大学出版社，2014.

[14] 刘印国，李贵新，范宪民. 卫生执法监督基本知识问答. 北京：中国标准出版社，2009.

[15] 徐天强. 卫生监督工作指南. 2版. 上海：上海科学技术出版社，2012.

[16] 陈锐. 卫生监督现场快速检测技术指南. 北京：中国质检出版社，2015.

[17] 卫生部政策法规司. 中华人民共和国卫生标准汇编（2011年度）. 北京：中国标准出版社，2012.

[18] 刘雪林，宋宏彬，孙岩松. 卫生监督技术及应用. 北京：军事医学出版社，2009.

[19] 陈仕学. 卫生监督学案例与实训教程. 杭州：浙江大学出版社，2016.

[20] 陈锐，王民生. 卫生检测与评价名词术语. 北京：中国质检出版社，中国标准出版社，2015.

中英文名词对照索引

Y

Z